Interrogatio Iohannis
und
Apokryphon Iohannis

CARCASSONNE, KATHEDRALE:
Darstellung von Gott dem VATER, der den SOHN auf den Knien hält und ihm den GEIST in Form einer TAUBE einbläst. – Leider in den religiösen und politischen Wirren der folgenden Jahrhunderte beschädigt.

INTERROGATIO IOHANNIS
(Das geheime Buch der Katharer)
Ein bogumilisches Apokryphon
Nach dem lateinischen Original in Wien

und

APOKRYPHON IOHANNIS
(Das geheime Buch des Johannes)
Manuskripte aus Nag-Hammadi-Codex II, III und IV
Nach 1 französischen und 3 englischen Versionen

Mit einer Einführung:

Die Geburt des Christentums und seine Bedeutung im 21. Jahrhundert

Edition Oriflamme 2019

IMPRESSUM

Interrogatio Iohannis – Das Geheime Buch der Katharer: (Die Fragen des
Johannes): Das bogumilische Apokryphon, aufbewahrt als
lateinisches Manuskript in der Österreichischen Staatsbibliothek Wien
(lat. 1137, ff. 158^V-160)
und
Apokryphon Iohannis Das geheime Buch des Johannes (die Lehren des Erlösers):
Apokryphon aus dem 2.-3. Jh.
(Nag Hammadi Codex II,III, IV; Berlin Gnostic Codex 8502,2; Bible Gnostique 64,14-71,2)
Nach 1 französischen und 3 englischen Versionen
ins Deutsche gebracht durch M.P. Steiner

Mit Anmerkungen und einer Einführung von P. Martin:
Die Geburt des Christentums im 1. Jh. n. Chr. – Seine Bedeutung im 21. Jh.
Illustriert

CIP:
Deutsche Nationalbibliothek
Schweizer Nationalbibliothek

SUCHBEGRIFFE:
Theogonie, Anthropogonie, Urchristen,
Gnosis ,Transfiguration, Abendmahl, Häretiker

Copyright disclaimer under section 107 of the U.S. Copyright Act 1976.
Our queries for explicit allowance by publishers of source material in English and
French remaining unanswered, we take them for silently granted,
with thanks.

© EDITION ORIFLAMME, CH-4002 BASEL, 2019
ISBN 978-3-907103-05-0
Printed in Germany

Satz, Buchgestaltung und Umschlag: Adhoc-Organisation, CH-4002 Basel
(Schweiz)

INHALT

EINLEITUNG 7
  Vorbemerkungen 8
  Die Überlieferung der geistigen Hierarchien 13
  Und immer wieder die bange Frage nach dem ‹Bösen› 16
  DER ORIENT – QUELLGEBIET DES CHRISTENTUMS 20
  Ophiten, Sethianer und Andere 22

ERSTE GEHVERSUCHE DES CHRISTENTUMS 25
  Die Urchristen als Ketzer 26
  Die Kirchenväter als Häresiologen 28
  Die Ebioniten 37
  Die Nikolaiten – Proto-Ketzer und Ur-Gnostiker 42
  Der Hund weiß nicht mehr warum er bellt 53

RITUALE UND IHRE BEDEUTUNG 61
  Rituale als inneres Erleben 62
  Die Wassertaufe – Ritus der Umwendung zum Licht 64
  Eucharistie - Menschenopfer als Dank- und Gedenkfeier .. 65
  Totem-Kult und Toten-Kult 77
  Der Reigen von Jesus mit seinen Jüngern 78

ALTE UND NEUE MYSTERIEN 81
  Mythen als Führer zum Aufstieg ins Licht 82
  Der Osiris-Mythos 86
  Wichtige Aspekte der Großen Mysterien 87
  Die Symbolik von Tod und Auferstehung 92

TAUFE UND TÄUFER 99
  Johannes – Eine Taufe, Viele Täufer 100
  Die Johannes-Schriften 102
  Johannes, der Jünger Jesu 105
  Johannes der Heiden-Christ 105
  Johannes der Apokalypse 106
  Johannes Dositheos – Wer waren die Täufer? 108
  Johannes der Täufer 114
  Maria Magdalena 116

DIE GEBURT DES RÖMISCHEN CHRISTIANISMUS 119
  Der Jesus-Mythos nach Paulus 120
  Die Einsetzung der Römischen Jesus-Mysterien 123
  Die Expansionspolitik des Paulus 132
  Der Siegeszug des paulinischen Christianismus 134

INTERROGATIO IOHANNIS UND APOKRYPHON IOHANNIS

2000 JAHRE JESUS-FORSCHUNG UND KEIN ENDE 137
   Endzeit und das Friedensreich Gottes 138
   Die ‹Jüdischen Jesus-Mysterien› 139
   Die Kashmir-Variante: Jesus in Indien 140
   Wer war der «historische Jesus»? 142
   Jesus und Johannes – Lösung eines mehrfachen Dilemmas 143
   Drei Kreuze auf Golgotha 146
   Und wo blieb der wahre Jesus? 147
   Durch Finsternis zum Licht 149
   Jesus und der kosmische Christus 153
BOGUMILENTUM UND KATHARERTUM 161
   Zum religionspolitischen Rahmen der Interrogatio Johannis 162
   Der Orient kommt nach Westen 164
   Der Auftritt des Bogumilentums 165
   Von den Bogumilen zu den Katharern 169
   Bibliographisches zur Interrogatio Johannis 171
INTERROGATIO JOHANNIS – TEXT UND ÜBERSETZUNG 177

APOKRYPHON IOHANNIS 195
   Bibliographisches zum Apokryphon Iohannis 196
   Zum Handlungsrahmen des Apokryphon Iohannis 198
APOKRYPHON DES JOHANNES - DER TEXT 201
SCHLUSSWORT 230
DIE ANMERKUNGEN 233
   Anmerkungen zur Einführung in die Thematik dieses Buchs ... 234
   Anmerkungen zum Text der Interrogatio Johannis 263
   Anmerkungen zum Apokryphon Iohannis 270
ANZEIGEN 282

Einleitung

«*Die wahren Christen sind der Welt allezeit Ketzer!*»
(Sebastian Frank in seinem Ketzer-Alphabet)

Interrogatio Iohannis und Apokryphon Iohannis

VORBEMERKUNGEN

Ursprünglich war nur eine kurze Einführung in die Bibliographie und ins Umfeld der beiden so besonderen Texte geplant, die hier zum ersten Mal in möglichst genauer deutscher Übersetzung erscheinen. In der heutigen Zeit ist das echte Schriftmaterial aus den und über die protochristlichen Bewegungen und Lehren um ein Vielfaches reichhaltiger geworden, als was noch vor 50 Jahren zur Verfügung stand, weil die Publikation der ab 1945 entdeckten nicht-kanonischen Schriften erfolgreich verzögert wurde: Noch stets hängt die Welt an der Strippe des *Mythos* von Zwölf Stämmen aus einem *mythischen* JAKOB in Kanaan, dem ‹Tempel Salomonis›, dem ‹Sklaventum in Ägypten›, ist sie gefangen im hegemonialen Mythos der sog. ‹Patriarchen› der anti-historischen Geschlechtertafel in Genesis 5 – und im Mythos über die Entstehung der Septuaginta (LXX) selbst: Vor dieser gab es keine ‹Biblische Geschichte›, sondern nur Bruchstücke von Mythen und Volkserzählungen, wie *Buch Jasher* belegt.[1] So kam es, daß die erste Schriftlegung des theokratischen Buchs par excellence – der LXX eben – einen eigenen Entstehungsmythos erhielt: den Mythos der 70 Rabbiner, die in 70 Tagen 70 buchstabengleiche Versionen des Einen Buchs erarbeitet hätten. In Wirklichkeit erstreckte sich die Entstehung der *Septuaginta*, wie allgemein bekannt, über mehr als drei Jahrhunderte, gefolgt von zahllosen interkonfessionellen Korrekturen, der Herstellung der Vulgata mit Anpassungen durch HIERONYMUS, von Adaptationen, Einfügungen und Ausmerzungen späterer Übersetzer, Kardinäle und Päpste der folgenden Jahrhunderte. Erst im Jahr 2001 fand dieser Prozeß in der Version der *Bibel von Jerusalem* ihren vorläufigen Abschluß.

Neueste Forschungen vorallem in der arabischen Literatur (die durch die Autoren der Septuaginta natürlich nicht erfaßt wurde), zeigen nämlich, daß die sogenannten Israeliten ursprünglich Stämme nomadischer Ost-Hunnen waren, die sich, im Lauf ihrer ‹Feldzüge› vom Indus bis zum Mittelmeer, in Südwest-Arabien (belegt für das heutige Yemen, Saudi-Arabien und Äthiopien) ansiedelten, und zwar an Orten, die dieselben Namen tragen bzw. trugen, wie die viel späteren biblischen Bezeichnungen in Kanaan (heute Palästina), wo erst die Großmächte Ägypten und Syrien die zuvor nach Babylon exilierten Völkerstämme ansiedelten, um (nach Abzug der Assyrer und Babylonier aus dieser Gegend um ca. 530 v.Chr.) das Macht-Vakuum im bis dahin großteils unwirtlichen und daher nur teilweise besiedelten Kanaan so schnell als möglich mit Menschen zu füllen,

EINLEITUNG

auf deren Wohlergehen sie keinen besonderen Wert legten. – Dies bestätigt erneut, daß ein ‹Volk Judah› nie existierte, bis der in Kanaan angesiedelte Nomaden-Clan diesen Namen annahm: zuerst als Kleinkönigtum (Hirtenkönige), zuletzt als römische bzw. englische Provinz, zu der die Römer aus verwaltungstechnischen Gründen noch Samarien und Galiläa hinzuschlugen, und erst nach 1945 als formeller Staat, während in Yemen und bis nach Ost-Indien, schon lange vor Christus und noch heute, große Jüdische Gemeinden, jüdische Kleinkönige und deren Verfolgung der Christen dokumentiert sind.[2]

Dies erklärt denn auch befriedigend die Geschichte von ABRAHAM, KETHURA und deren sechs Enkel aus ISMAEL, die durch die Autoren der Septuaginta anti-historisch enterbt und den Juden untergeordnet wurden, während die Sache in *Buch Jasher* ganz anders geschildert wird.[3]

Die beiden hier in deutscher Übersetzung vorgestellten Texte sind nun von besonderer Bedeutung, weil sie erstens im ursprünglichen, unzensierten Wortlaut stehen, und zweitens weil damit die bisher nur Wenigen zugänglichen Inhalte endlich der breiten Öffentlichkeit vorgestellt werden – unter Berücksichtigung des vielfältigen geistigen und religiösen Weltbilds des ersten Jahrhunderts nach den Geschehnissen *«von Bethlehem bis Golgotha»*.

Dieses Weltbild war geprägt durch eine Vielzahl von Einflüssen seit ZOROASTER und BUDDHA, die z.T. bereits *christisch* genannt werden dürfen – d.h. Lehren fernöstlicher Wandermönche, synton mit den späteren, als sicher geltenden Lehren des CHRISTUS JESUS – Lehren, die auch in vielen bei Nag-Hammadi und Qumran entdeckten und im Lauf der letzten Jahrzehnte auf Englisch und Französisch erschienenen Texten erhalten sind. Fürs ‹orthodoxe› religiöse Establishment stellten diese Lehren bereits damals Häresien dar; ihre Autoren-Kollektive und Jünger wurden bereits damals verfolgt.

Umso mehr ist verständlich, daß die geheimen Archive, welche die konfiszierten und verheimlichten, aber nicht verbrannten Manuskripte beherbergen, heute mehr denn je darauf warten, ihre unschätzbaren Inhalte der ganzen Welt preiszugeben. Denn das hohe Geistgesetz verbietet, daß heilige Schriften ganz zerstört würden, und nur ganz verwerfliche Menschen würden es wagen, dieses Gesetz zu brechen. – Wir sind daher überzeugt, daß in der Vergangenheit oft Duplikate vernichtet wurden; daß aber stets ein Original aufbewahrt und gesichert wurde: Das ist der Hauptgrund für die Existenz von *Genizas* – z.B. Höhlen mit Tonkrügen voller vom Gebrauch beschädigter Schriftrollen und ‹Bücher› – samt jenem «*Raum mit 10'000 seit Jahrhunderten nie geöffneten Packen voller Dokumente ...*» in den Geheimarchiven des Vatikans, den *Edmond Bordeaux-Székély* in seiner ersten Essener-Schrift erwähnt.[4] – Die eigentlichen, heilig gehaltenen Originale sind wohl nicht unter dem Wüstensand verrottet, sondern schlummern noch hinter den Mauern wohlbehüteter Archive und Bibliotheken – von einsamen kleinen Klöstern im Hochland von Tibet bis in die Großstadt Rom.

Das Meiste davon ist nicht konform mit den theokratischen Macht-Systemen, und wird daher offiziell mehr oder weniger kategorisch abgelehnt, oder als exotische Kuriosität betrachtet - oder ganz verschwiegen. Anderes stammt von Sekten der genannten Zeit, worunter vorallem jene der Ophiten, der Sethianer, der Barbeloiten, Essener und diverser anderer jüdischer und nicht-jüdischer Gemeinden. Vieles davon begegnet ‹in frisierter Form› in von Persien, Ägypten und Syrien her beeinflußten Schriften, hat im heutigen kanonischen Christentum seinen Niederschlag gefunden, oder ist darin stillschweigend wörtlich aufgenommen: der archaische Einfluß bleibt!

Jede dieser vielen Traditionen mit ihren regional mythischen bzw. regional kulturellen und kultischen Wurzeln hatte ihre spezifische Berechtigung. Bis ca. ins 12. Jh. unserer Zeit führte das zum freien Austausch unter Eingeweihten, dokumentiert durch Berichte griechischer, römischer und orientalischer Historiker wie SOLON, PORPHYRIUS, BEROSUS und AL-KINDI, um einige zu nennen.

Fern davon, fremde Kulte sofort zu verdammen und zu bekämpfen, bereicherten einander diese alten Eingeweihten durch häufiges Reisen, was sie mit einer Vielfalt von Standpunkten, Überlieferungen und Ansichten zu den ‹letzten Fragen› bekannt machte: Das sind die ewigen Fragen nach dem wahren Wesen von Gott, nach der Entstehung und dem wahren Lauf der Welt und nach der eigentlichen Bestimmung der Menschheit. Wer von solch einer Reise durch die antike Welt heim kam, mochte dann Elemente des so Gesehenen, Gehörten und innerlich Erlebten in die heimische Überlieferungen einfügen, was zu den synkretistischen Religions- und Philosophie-Systemen mit ihren *interkontinentalen Übereinstimmungen* führte, die wir heute verwundert studieren können.

EINLEITUNG

Die extremsten Beispiele für diese Durchmischung sind babylonische Hymnen, die z.t. wörtlich im Römischen Missale auftauchen – oder Terracotta-Figuren des antiken Mexico, die unverkennbar Yoga-Stellungen und -Mudras darstellen. Ebenso die verschiedenen und doch gleichen Rituale, die im Christentum als Taufe und Eucharistie weiter leben, und auf die im Folgenden noch eingegangen werden soll.

Die offizielle Lehre bringt noch heute (und nur hinter vorgehaltener Hand) nur jüdische Vorläufer in Bezug zu dem, was seit dem 3. Jh. n. Chr. zur Weltreligion des Christianismus aufgebaut wurde, und zwar so, als ob es nur die eine, rabbinische Variante des Judentums gegeben hätte. In Wirklichkeit war damals – also um die Zeitenwende vor unserer derzeitigen – das Judentum bis zur Zerstrittenheit in Fraktionen und Sekten aufgefächert, so wie das heutige Christentum auch. Es ginge aber zu weit und wäre unnütz, Art und Motive für diesen Fächer zu analysieren: Diese Frage sei mit dem ganz allgemeinen Hinweis auf die Vielfalt von Interessen, Denkweisen und Mächten abgemacht, die alles menschliche Denken und Handeln seit je bestimmen, bzw. selber zu politischen Zwecken mißbraucht – oder aber rundweg erstickt werden. Dazu kommt im Kanaan jener Zeitenwende das Element des *Messianismus*: Dieser wurde vorallem getragen durch die zwei Äste des zuerst einzigen Clans des erst ab 539 v.Chr. (nicht früher!) definitiv hier seßhaft gewordenen kleinen Nomadenstamms, «davidisches Judah» genannt. Aus ihm kam die Reihe von Aufständen gegen die jeweiligen Kolonialmächte Syrien, Ägypten, Babylon und Rom, bzw. gegen die von diesen eingesetzten Prokuratoren – in der uns interessierenden Zeitspanne die Hasmonäer.[5]

Was ist es, das immer wieder zu diesen absoluten, intoleranten und meist zu niedrigen Zwecken fixierten ‹Orthodoxien› führt? – Es ist der auch im menschlichen Blutswesen so tief verankerter Machttrieb vorallem des männlichen Genus jeder animalischen Spezies seit dem Fische-Stadium der Lebewesen: eine Denk- und Handlungsweise, die heute im *menschlichen Reptilienhirn* – Relikt einer Vorstufe höher entwickelter Gehirne – geortet wird, und dem eine manische Aggressivität zugrunde liegt, die vom gewöhnlichen Denken des gewöhnlichen animalischen Menschen an sich selbst weder erkannt noch unter Kontrolle gehalten werden kann. Es ist die Dynamik, die zu Rudel-Kämpfen und zu Kämpfen unter den Alpha-Tieren einer Rasse führt – kurz: zu Kriegen ohne Ende. - Machttrieb, der sich beweist, ja, beweisen *muß* – indem er die Herrschaft über ein stets größeres

Revier, eine stets wachsende Meute ausdehnen und sehr oft durch tödlich endende Kämpfe befestigen muß.

Das grausamste Raubtier unter allen ist bekanntlich die Spezies Mensch, die ihr menschliches Privileg vor allen anderen Geschöpfen – nämlich den sogenannten menschlichen Verstand – dazu benutzt, ihre Mitgeschöpfe zu dominieren bzw. umzubringen in einem Ausmaß, das tierische Revierkämpfe weit übersteigt: Was nützt ‹Macht› über Ländereien, in denen man sich nie aufhalten wird? – Was nützen gigantische Massen von Geld, das niemand hat, und das man auch in vielen Leben nur zu einem kleinen Teil nutzen könnte? – Was nützt die Herrschaft über Millionen oder Milliarden von Menschen, mit denen man niemals irgend einen auch noch so fernen Kontakt haben möchte noch wird? – Das sind Fragen menschlicher Vernunft; – jenes aber ist Ausdruck eines Drangs, der sich mit Vernunft oder Verstand weder begründen noch besänftigen läßt.

Konstruktive Vielfalt ist also nicht nur eine Frage der Vernunft, sondern auch der seelischen Entwicklung der Menschheit (das *Corpus Hermeticum* nennt es *das Gemüt*),und aus oben beschriebenen Gründen – vorallem im Falle kulturellen und kultischen Lebens – eine Frage der Kenntnis weltumfassender Tatsachen: Facetten des vielflächigen Kristalls, den wir gewöhnlich DIE WAHRHEIT nennen, und der keinem Menschen jemals zur Gänze sichtbar werden kann.

Groß ist die Vielfalt vor- und außer-jüdischer spiritueller Einflüsse auf menschliches Denken, auf menschliches Glauben und auf die menschliche Seele überhaupt. Diese reichen z.T. indirekt über Jahrtausende hin und prägten auch die Lehren von JESUS. Wer anstelle des (stets unhaltbaren) Exclusivitätsanspruchs einer einzigen Religion die Offenheit und Mühe aufbringen mag, die weltweite Verflechtung der unzähligen Glaubens- und Ritual-Systeme über Jahrtausende zu betrachten und im positiven Sinn zu *durch-schauen*, kann vor sich ein Kaleidoskop aufleuchten sehen, dessen Farbenspiel endlich als eine durch völkische und rassische, soziale und kulturelle, geschichtliche und über-geschichtliche Menschenvielfalt spielende Harmonie meist unbewußten religiösen Einheitsempfindens wahrnehmbar wird: einer Einheit, die erfahren kann, wer immer sich unbefangen in ein brüderliches Gespräch mit irgend einem (stets anders) glaubenden Menschen «hinein wagt» – unabhängig von Beider sozialem, kulturellem, politischem und geistigem Hintergrund – und seien die Beiden sich noch so fremd!

Die Überlieferung der Geistigen Hierarchien

Die *Welt der Geister* – das Naturreich zwischen Menschen und Göttern – war einst selbstverständliche Gegenwart für Menschen jeder sog. *Naturreligion* mit deren Naturgeistern und Natur-Göttern. In Mittelalter und Renaissance wurden diese jedoch durch die Römische Kirche konsequent ausgerottet und durch sog. Heilige ersetzt. An der Basis einer Naturreligion steht die Urverbundenheit mit allen Geschöpfen, wonach Alles im Universum seine besondere göttliche Kraft besitzt und diese – oft je nach Laune – wirken läßt. Dies sind die Kräfte und Mächte, die die übermenschliche *Sphäre der Geister und Dämonen* bevölkern. Beide sind nicht a priori ‹böse›, sondern eine Kategorie von mit der geistigen Welt verbundenen Wesen (griech. *Daimones* – δαιμονες), also auch keine Götter. Die Spitze dieser Hierarchie geht in schicksalshafte und kosmische bis makrokosmische Kräfte und Mächte über, die das Reich der Götter bewohnen und wirklich göttlich genannt werden können: Direkt von der allerhöchsten Gottheit emaniert, können sie doch – wenn die physischen und geistigen Voraussetzungen dazu erfüllt sind – auf der menschlichen Ebene wahrgenommen, verstanden und genährt werden.[6] Das hat nichts mit Götzendienst zu tun, sondern ist die religiöse Ebene der esoterischen Geisteswissenschaft, die nicht nur ein theoretisches Wissen darstellt, sondern auch einen stets innerlich, oft auch äußerlich erlebten Erfahrungsschatz, der gut oder übel angewandte Magie (z.B. Kräfte verstärkende Riten) einschließt: GNOSIS ist keine Theorie, sondern Erfahrungswissen. –

Es würde nun zu weit führen, hier das Geistige Reich des Universums im Einzelnen darzulegen und zu erklären. Es aber ganz außer Acht zu lassen, wäre auch falsch, denn unsere beiden Texte gehen in mehreren Einzelheiten darauf ein (siehe auch Abb. S. 88).

Heutzutage ist man gewohnt, vom Mineral-, Pflanzen-, Tier- und Menschenreich zu sprechen, und von diesem gleich zum All-Einen Gott überzugehen. Daß dies ungenügend ist, ist auch einfacher Überlegung verständlich, vorallem wenn man bedenkt, daß es kein kleinstes Elementarteilchen geben kann, dem nicht ein ordnender Geist zur Seite steht: ‹Der Geist› und eine Form geistigen Bewußtseins sind überall und in Allem gegenwärtig - jederzeit!

Ein *Mineral* oder *Metall* folgt dem Lauf von Kristallisation, Transmutation und Auflösung nach den *Gesetzen der Sternenwelt* – entsprechend den Lebensbedingungen *seiner* Welt: Es ‹kennt› nicht diese Bedingungen, sondern wendet die Allem innewohnenden *kosmischen* Naturgesetze auf sich an, bzw. läßt diese Gesetze *neu-*

tral an sich geschehen, sofern man darin ein Bewußtsein erkennen will. – Wirklich kann man gelegentlich elementale geistige Lebens-Funken sehen (sog. Bionen, z.B. im Schacht eines dunklen Brunnens oder in der Krypta einer alten Kirche). Auch Irrlichter sind eine dieser minimalen Formen des Lebens, an denen heutige Menschen achtlos vorüber gehen, weil sie nur noch grobstoffliche Dinge wahrzunehmen im Stande sind.

Eine *Pflanze* mag für ihren Wuchs, für ihr rechtzeitiges Blühen und Fruchttragen die Gegebenheiten der Umwelt ‹beurteilen›, in die sie durch das Niederfallen ihres Samens eingefügt wurde: Ein Same ‹weiß›, ob und wann er an diesem oder einem anderen Ort keimen, in welche ätherisch vorgeprägte Form z.B. der gedeihende Baum hineinwachsen soll; – doch ein wirkliches *Urteil* ist das nicht, und nicht einmal eine unbewußte *Wahl*: Es folgt die Pflanze den *mineralischen Gesetzen* von Sympathie und Antipathie – von Wachstum und Ordnung. –

Ebensowenig ‹urteilt› ein *Tier* – nicht einmal eines, das bereits eine gewisse Individualität entwickelt hat wie z.B. ein Hund, ein Pferd oder eine Katze: Zwar wählt es den Ort für seine Ernährung, Vermehrung und sogar für seinen Tod gemäß dem Freiheitsgrad seiner Beweglichkeit; – aber es folgt darin den *pflanzlichen Gesetzen* von Gliederung, Orientierung und Anpassung, ohne bewußtes Urteil – und ohne Unterscheidung von ‹Gut› und ‹Böse›. Ein Hundebesitzer wird wohl einmal seinen Hund strafend anblicken und «*Böser Hund!*» zu ihm sagen, weil dieser seinem Instinkt oder seiner Gewohnheit an ‹unpassendem› Ort oder Zeitpunkt gefolgt ist, wie jeder Mensch auch; doch ein Hund wird nie einen Menschen ‹böse› finden, sondern höchstens unverständlich oder bedrohend. Das Urteil über ‹Gut› oder ‹Böse› hat aber primär mit Angst nichts zu tun: Es ist eine ausschließlich menschliche ‹Leistung›; denn es bedingt ein Ich, das die Welt, als dessen Mittelpunkt es sich sieht, nach seinem subjektiven, d.h. egozentrischen Empfinden beurteilt.

Wenn nun der gewöhnliche Mensch sein Leben und Trachten folgerichtig nach den Normen der Tierwelt ausrichtet und dementsprechend *weitgehend unbewußt* umsetzt, so richtet der geistig orientierte Mensch sein Leben bewußt nach den Normen der Universellen Lehre des Einweihungspfads aus und setzt diese Normen auch tatwirklich in seinem täglichen Leben um, wobei sein Geist-Seelen-Selbst sein gewöhnliches Selbst beobachtet und unter eine

Die Überlieferung der geistigen Hierarchien

seelische Vernunfts-Kontrolle nimmt: Man kann nicht zwei Dimensions-Sphären zugleich beleben, will man sich mit einer höheren Dimension bleibend verbinden.

Diese angestrebte höhere Dimension (die Fünfte bzw. Sechste) gehört zur Welt der Genien und Geister; die siebente Dimension wäre dann die der ‹Götter› (Seraphim, Cherubim, Throne). - Vorallem die westliche Zivilisation hat diese Begriffe, die noch im 18. Jh. im Volk bekannt waren, durch Erziehung und Verbildung praktisch ausgerottet: Vorstufe zum Atheismus und zur Abschaffung der Religion in den ‹modernen› Schulen von heute. Das sind Schritte seelischer Verarmung von nie gehabtem Ausmaß - und absolut verderblich!

Als Gegen-Bild eignet sich das Konzept des Daoismus, wo neben dem Einen Allumfassenden DAO auch Geister (vorallem jene der Ahnen, von Örtlichkeiten und von verstorbenen hohen Eingeweihten) gegenwärtig und gemäß ihrer Art wirksam sind. – Wirksam sind sie wohl auch bei uns im Westen, aber fast niemand mehr ist sich ihrer bewußt – auch Eingeweihte nicht ...

Wie nun DAO – der göttliche All-Geist auf den genannten Ebenen – und vorweg auf der Geist-Ebene - *Alles hervorbringt*[7], so gibt *Tugend* – DE – allem seine positive *Dynamik* – innerlich wie äußerlich – und darum sein Gedeihen und seine Gestalt. Aber damit diese *Gestalt* sich als spürbare und eventuell sichtbare *Form* manifestieren kann, braucht es *Substanz* – sei es stoffliche oder feinstoffliche (ätherische oder materielle) Substanz, sei es ein als solches eigenständiges *Wesen* – ein *Selbst*. Das ist eine Form von *Leben* – von *Eigenleben* sogar, und sei es auch auf einer sehr niedrigen und kaum selbstbewußten Ebene. – Die Vollendung eines Geschöpfs als manifestiertes ‹Ding› jedoch besteht im *Bewußtsein* dieses Geschöpfs: in seiner Selbst-Wahrnehmung (*«ich bin»*) und in seiner Selbst-Reflektion (*«ich bin ich»*), in seinem bewußten *Tun* (*«ich will»*) und in seinem entschiedenen *Nicht-tun* (*«Nein!»*).

Mit anderen Worten: Der Höhepunkt der Entwicklung einer Manifestationsform als solcher ist ihr *selbst-bewußtes Ich* und ihre *Reflektion der Umwelt*. Ein Mensch, der empfänglich ist für die Schwingungen kosmischer und mikrokosmischer Harmonie, für die Strahlungen und feinsten Schwingungen von Wohlbefinden und ‹Ordnung›, wird auch empfinden den Ausdruck von Freude, Glück und Dankbarkeit jedes einzelnen Geschöpfs sowie von kreatürlichen Gemeinschaften: ein Wald, ein Flug Staare, die Gebilde in einer Tropfstein-Höhle, eine Gruppe auf ein gleiches Ideal hin orientierter Menschen, und so fort ...

Auf dieser Höhe stehen nun aber längst nicht alle Geister in der Geister-Welt. Vielmehr sind Geister wie Sylphen, Kobolde und Elementalgeister (das sind die Bewohner, nicht aber die Herren der vier stofflichen Elemente und ihrer Manifestationsformen) eher launisch flatterhafte Wesen – liebevoll oder böse gesinnt (oder beides, je nach Gelegenheit), oft scherzhaft schlau, oft allein auf direkten Nutzen gerichtet – und je nach Entwicklungsstufe mehr der kreatürlichen Schöpfung oder hohen geistigen Sphären verbunden. Zu diesen gehören z.B. auch solche, die einzelne Menschen oder Kollektive zu bestimmten Aktionen oder Reaktionen veranlassen – vom Suchtmittel-Genuß bis zum Fußball-Stadion, vom Medium bis zum Schamanen, vom Theaterpublikum bis zur Kirchgemeinde, um einige willkürliche Beispiele zu nennen.

Höhere Geister wären solche, die Erfindungen oder hohe Gedanken vermitteln, bis hinauf zum höchstem Devachan mit seinen Sphären von Mathematik, Musik, Schachspiel ..., wo man sagen kann: Hier geht die Geisterwelt ins Reich der Götter über.

Nach dieser stark vereinfachten Erklärung versteht man, daß das Geisterreich nicht einfach vernachlässigt werden darf, sondern vom Kandidaten der Mysterien unbedingt in sein Bewußtsein einbezogen und richtig verstanden werden muß, ist es doch das Reich, in das er bald eintreten wird – sei es durch den leiblichen Tod, sei es dank seiner ‹erfolgreichen› Transfiguration.

Zusammenfassend ist es gut, daran zu erinnern, daß Alles was im Stoff manifestiert ist, zuvor - oder gleichzeitig - in der Geisterwelt existiert, lebt und wirkt, und daß die nächste Aufstiegsstufe nach dem Menschenreich das Reich der Geister und - möge es so sein: der göttlichen Geister ist.

Diese Feststellung leitet willkommen zum nächsten Abschnitt über, in dem sichtbar wird, daß auch nicht alle Götter ‹gut› - d.h. der universellen Harmonie aus edlem Antrieb dienstbar sind.

UND IMMER WIEDER DIE BANGE FRAGE NACH DEM ‹BÖSEN›

Das hier folgende *Geheime Buch des Johannes* wird öfters mit dem *Geheimen Buch der Katharer* verwechselt, was die Unterscheidung der verschiedenen ‹johanneischen› Schriften nicht erleichtert. Was man mit einiger Sicherheit sagen kann, ist, daß die in der ‹Nag-

UND IMMER WIEDER DIE BANGE FRAGE NACH DEM BÖSEN

Hammadi-Bibliothek› gefundenen apokryphen Schriften alle einer im weitesten Sinne gnostischen Strömung entsprungen sind, deren es um die vorletzte Zeitenwende herum mehrere gab. Die im gegenwärtigen Umfeld wichtigsten sind die Lehren der *Sethianer* und der *Barbelo-Gnostiker* (Barbeloiten). Das deutlichste Merkmal dieser Schiften ist die Erwähnung bis detaillierte Beschreibung der Entstehung der Welt: Kosmogenese und Anthropogenese sowie der daran beteiligten und damit verflochtenen Archonten und Æonen im Reich der Götter (Theogonie), besonders – und vorallem bei den Katharern – die Erscheinung des ‹Bösen› in der Welt, und die unterschiedlichen Interpretationen, bzw. die Einstufungen des Schöpfers bzw. Demiurgen in ihrem Glaubens-Rahmen.

Dieser Rahmen wird vorallem dadurch charakterisiert, daß unterschieden wird zwischen dem Einen Allumfassenden Gott (dem All-Ein-Guten, der ‹MONADE›) und dem komplexen Mythos eines Schöpfergottes, der hervor tritt, schafft, fällt und endlich samt seiner niedrigen, mit ihm «gefallenen» Welt erlöst wird. Dieses Konzept, das zur Basis dessen wurde, was allgemein der gnostische Dualismus genannt wird, wird nachfolgend im Kapitel über die Täufer erklärt.

Einen entscheidenden Schritt stellen die DREI STELEN DES SETH dar, die in den Nag-Hammadi-Schriften als *Zeugnis des Dositheos zu den drei Stelen des Seth* erscheinen, und wo die pluralistische Philosophie des DOSITHEOS als *Sethianismus* zutage tritt. Die ersten zwei Stelen bzw. deren Hymnen sind gerichtet an den Ersten Menschen (PIGERADAMUS), an den AUTOGENES (siehe *Apokryphon des Johannes*) und an BARBELO bzw. den BARBELO-ÆON. Die dritte Stele zeigt aber, daß der All-Eine Gott absolut im Vordergrund steht. Und unverkennbar ist die Ähnlichkeit dieser Texte mit den Lobgesängen im *Corpus Hermeticum*, wie z.B. hier:

« ... *Du Unerzeugter, aus dem alles Ewige ist samt den Æonen, den in Allem Vollkommenen und Vereinten und den vollkommenen Einzelnen. Wir preisen Dich, Unstofflichen, Dasein vor allem Dasein, Erste Substanz vor allem Substanziellen, Vater der Göttlichkeit und der Lebenskraft, Schöpfer des Gemüts, Verleiher der Güte, Spender der Glückseligkeit: Wir preisen Dich - wir, die wir die Kenntnis* (Gnosis) *haben ...*

«*Wie sollen wir Dich preisen? – Wir können es nicht, aber wir sagen Dir Dank: Wir, die wir gering sind - weil Du, der Du erhaben bist, uns geheißen hast Dich zu rühmen so wie wir können.*

Wir preisen Dich, weil wir erlöst sind, und wir rühmen Dich immer wie wir können ... » —

Interrogatio Iohannis und Apokryphon Iohannis

Zu dem in all diesen Mythen und Philosophien wichtigen ‹Bösen› oder ‹Übel› wäre klärend zu sagen: Einerseits verlangt menschliches Sinnen, Suchen und Meditieren nach einer Erklärung dieses Phänomen-Komplexes, ausgehend von der zentralen zweifelnden Frage nach All-Güte, Allmacht und All-Gerechtigkeit des Einen Gottes: Wer diese Fragen nicht stellen würde, wäre befangen in pietistisch resignativer Lämmer-Gläubigkeit. – Andererseits steht es um das ‹BÖSE› gleich wie um die ‹FINSTERNIS›: Beide sind *per se nichts Reales*, sondern definieren sich allein als Abwesenheit der gegenteiligen Kräfte: allumfassende LIEBE und alldurchdringendes LICHT. - Nicht umsonst liest man Im *Johannes-Evangelium*: «... *und das Licht* WOHNT *in der Finsternis – aber die Finsternis hat es nicht ergriffen!*» – Genau so ‹wohnt› vollkommene Kenntnis in jedem menschlichen Mikrokosmos; aber der vom LICHT nicht erleuchtete Mensch hat keinen Zugriff auf diese ihm innewohnende Allwissenheit. Als Ursache im weitesten Sinne kann man dazu nur sagen: Wenn in dem uns ‹bekannten› Universum Alles seine zwei *gegenteiligen*, also einander *ergänzenden* Seiten hat (sog. ‹Duale›), so muß das notwendigerweise auch fürs ‹DAS GUTE› gelten. – Was also IST wirklich ‹DAS BÖSE›?

Aus der Überzeugung heraus, daß Licht und Kenntnis «eines Tages» den Sieg davontragen müssen und werden, ergibt sich dann die Antwort auf die Frage: *«Was muß geschehen, damit ... ?»* – und diese Antwort gipfelt in der Aufforderung an jeden bewußt werdenden Menschen, sich mit-aufgefordert und mit-verantwortlich zu fühlen, diesem in der heutigen Realität noch unerkennbaren positiven Ungleichgewicht «nachzuhelfen» durch sein individuelles Streben in positiver Ausrichtung auf Licht, Wahrheit und Leben!

Wenn nun gelegentlich erklärt wird, alles Üble, das dem Menschen widerfährt, sei allein ihm selbst – seinem eigenen Denken, Reden und Tun – zuzuschreiben, so ist dieser Selbstanklage entgegenzuhalten: Streng betrachtet, hat keine einzige Idee oder Regung – also kein Gedanke, kein Wort und keine Handlung eines Menschen - ihren allerersten Grund in ihm selber, sondern kommt aus einer der bei Max Heindel «Welten» genannten sieben Sphären der universellen Existenz (‹DAO›): Die insgesamt sieben Glieder einer menschlichen Persönlichkeit sind nicht *Generatoren*, sondern ‹nur› *Resonanzkörper* oder *Transformatoren* zur Verwirklichung bzw. Abweisung der aus diesen Sphären wirkenden Reize oder Impulse. Nicht der Impuls oder Reiz also kommt «aus dem Menschen selbst»: Worauf es ankommt, sind die *bewußte oder unbewußte* Offenheit und Entscheidung, für oder gegen einen Impuls – also die *Reaktion* auf den Reiz – vorallem aber die individuelle Grund-Orientierung (*Glaube, Hoffnung, Liebe - Licht, Wahrheit, Leben*). Aus dieser Sicht wird klar, daß ein ganz spezifisches *mehrfaches Bewußtsein* nötig ist – erstens, um Impulse zu bemerken, zu identifizieren, zu verarbeiten – und zweitens, sie dank gereiftem Unterscheidungsvermögen – *in freiem Willen bewußt* – positiv oder negativ umzusetzen – oder eben nicht.

Daraus folgt nun ein überaus wichtiger Faktor für die individuelle gnostische Entwicklung: *Der Begriff der Schuld* wird in seiner Bedeutung völlig verändert; jener zwangshafte der *Sünde* entfällt ganz. Vergleichen wir es mit einer gewöhnlichen Krankheit – einer ‹Grippe› zum Beispiel: In gewohnten Momenten im Zeit-Raum-Kontinuum der Welt ist der Grippe-Infekt *endemisch* – das Übel als Menschheits-Zustand. Also muß der Mensch sich gegen Grippe (Versuchung) *wappnen* durch eine *geeignete Prophylaxe*. Damit werden sowohl Gleichgültigkeit als auch Laxheit und Defaitismus (*«alle Menschen sind fundamental böse; da ist gar nichts zu machen»*) ausgeschlossen: Achtsamkeit («*Wachsamkeit*») ist ein erster Schritt zu *Bewußtheit*. – Zwar sind, um beim Beispiel zu bleiben, Alle derselben Virenkonzentration ausgesetzt – aber nur relativ Wenige setzen die Infektion als physische Krankheit (d.h. *eigentliche ‹Bosheit›*) um. – Warum? – Die beste Variante sind prophylaktische homöopathische (Erfahrungswissen = Gnosis) und diätetische Abwehr-Maßnahmen (geistige Orientierung zum Licht, kontrolliertes Denken, Reden und Tun etc.) – all dies auf der Basis eines *klaren Willens* - nicht der Vireninfektion zu *widerstehen*, sondern Gesundheit zu *fördern*.

Die schlechteste Variante sind die nachweislich unwirksamen bzw. selbst krank machenden *Impfungen* (Verbote, Drohungen, Selbstkasteiung udgl.), die, wie das pietistische Christentum besonders gut zeigt, das Üble oder ‹Böse› verdrängen, bis es *spontan ausbricht*.

Wer nun durch fahrlässiges Verhalten «eine Grippe macht» (wie der Arzt sagt), ist zwar *«selber schuld»*, aber deswegen nicht *«böse»*; wer aber trotz Vorsicht - dessen *System* (*Grund-Orientierung)* war einfach *zu schwach*, der Krankheit (*Versuchung, Impuls*) zu widerstehen. Die Analogie besteht nun darin, daß höheres Bewußtsein und größere Standhaftigkeit bei erhöhter Achtsamkeit dazu führen, daß der Mensch immer öfter und klarer *in freiem Willen bewußt* zu unter-

scheiden und positiv oder negativ zu wählen vermag. Nicht allein so
– aber ganz sicher so – wird der Mensch das ‹Böse› überwinden –
und endlich *immun werden* gegen diese endemische Weltkrankheit,
die eigentlich die *Kinderkrankheit der Menschheit* ist: Vorwürfe
sind *auch hier* nutzlos; und selbst bei bester Bemühung und reifem
Verantwortungs-Bewußtsein liegt die vollkommene Heilung in
der Erlangung der göttlichen Gnade, und nicht in einer humanistischen oder puristischen Vervollkommnung der naturmenschlichen
Persönlichkeit!

DER ORIENT – QUELLGEBIET DES CHRISTENTUMS

Mehrere *christianistische*, d.h. *Kanon-konforme* Gruppen nehmen
sich heute die ‹originale›, unredigierte Form der LEHREN JESU zum
Vorbild, die aus apokryphe Niederschriften direkter und indirekter
Jünger Jesu ausgezogen werden können. In chinesischen, indischen, mongolischen, syrischen und Babylonischen Funden aus 300
bis 3000 Jahren vor Jesus finden sich *christische* (z.T. manichäische) Botschaften wie jene in Qumran am toten Meer und Nag-Hammadi in Ägypten. Letztere Entdeckung ist zu einem überquellenden Bronn von Informationen, Interpretationen und Einsichten
geworden. Diese sog. *Nag-Hammadi Bibliothek* wird als eigentliche
«*Gnostische Bibel»* apostrophiert.[8]

Indessen lassen sich Stränge zeitloser Ritualistik identifizieren,
vorallem bezüglich der Rituale der unterschiedlichen Opfer, die dem
Einen Gott oder auch untergeordneten Göttern dargebracht wurden
und werden: vom sogenannten *Wort-Opfer*, das wiederholt im *Corpus
Hermeticum* begegnet, bis zu den kannibalischen bis carnivoren
Opfer-Ritualen in Ost und West – damals wie heute. Die typischsten Beispiele sind die Rituale von *Eucharistie und Taufe*, auf die
noch besonders eingegangen werden wird.

Die nicht-jüdischen Einflüsse auf das auftauchende und schnell
wachsende Christentum, die gerade in den genannten relativ jungen Funden zum Ausdruck kommen, stammen vorallem aus dem
Vorderen und Mittleren Orient (einschließlich Griechenland und
Ägypten), reichen aber bis ins äußerste Indien: Indische bis Babylonische Mythologie sowie philosophische Denkformen, Maximen
und Maßstäbe aus *Buddhismus*, *Daoismus* und *Zoroastrismus* ... –

All dies war im vorderen Orient vor 2000 Jahren ebenso präsent
wie in der Römischen Kirche von heute. Dazu kommen natürlich

DER ORIENT – QUELLGEBIET DES CHRISTENTUMS

die Einflüsse der diversen Eroberer von Canaan und Rom im Lauf der Geschichte – vorallem die jener größten und am längsten dauernden Besetzung Canaans durchs pharaonische Ägypten, bzw. von Jezreel/Israel durch Assyrer, Babylonier und Perser, und dazu die Überlieferungen der Alten Hebräer. –

Überdies noch Einflüsse der ‹Söhne› der keltischen Muttergöttin DANA - die *Tuatha Dé Danaan* (gleicher Wortstamm wie *Titanen*, und auch als solche überliefert), die von den Hellenen bzw. «Danaern» (den ‹Griechen›) abgelöst, aber nicht vergessen wurden – siehe auch den Riesen Goliath und Andere seiner Sippe, die das AT erwähnt. - Einflüsse auch der Phönizier, Philister und endlich der Römer, bis es seit dem 3. Jh. unserer Zeitrechnung zum unaufhaltbaren Aufschwung der kleinen Provinz Judäa kam, was leider im Zionismus gipfelte, der nur noch Ansprüche nach ‹JAKOB› aus ‹SEM› anerkennt und – allen Menschenrechten zum Spott und nach besagter Raubtier-Manier – den ur-ansässigen Brüder aus ISMAEL alle Existenzberechtigung abspricht. – Doch kehren wir zum Thema der rituellen «Einheit in der Vielfalt» zurück!

Zu den *nicht-jüdischen Einflüssen* im Großraum Babylon und Assyrien (inklusive heutige Türkei), Persien, Sabah und Ägypten – samt den kaum bekannten übrigen kultischen Zuflüssen aus Europa, Indien und China entlang der Karawanenstraßen – gehören vorallem Bewegungen und Gemeinschaften, die aufgrund der genannten Textfunde im 20. Jh. durch die Namen ihrer Stifter oder Führer definiert werden: Beispiele sind die ideologischen Führer VALENTINUS, BARDESANES, MARKION, BASILIDES und SIMON MAGUS. Dann die *Mandäer* und *Manichäer* im Osten sowie die hellenisch-ägyptisch beeinflußten *Nazoräer*, *Sethianer* und *Hermes-Jünger*, und noch die *Barbeloiten*[9] sowie die *Ophiten* oder *Naassäer* – ein Kult worin, wie im Dionysos-Kult, Schlangen eine wichtige Rolle spiel(t)en: *Naass* und *Ophis* bedeuten in ihrer jeweiligen Sprache *Schlange*. – Von ihnen allen soll noch kurz die Rede sein. - Der Ausdruck ‹Sekte› stellt übrigens keine *Abwertung* einer Gruppe dar; er bezeichnet allein ihre *Abweichung* von einer ‹Mainstream›-Gruppe (Staatsreligion) – bzw. ihre geistig und kultisch autonome Selbständigkeit.

Die ältesten *nicht-jüdischen* Einflüsse aufs junge Christentum kamen von Indien. Auch das Judentum selber wurde – außer durch babylonisch-chaldäische und syrische Einflüsse – von Indien her beeinflußt. Eine große Zahl religiöser Ikonen der *«Christlich-Orthodoxen Kirche»* stellt Jesus, Maria und auch Heilige mit typischen Yoga-Handgesten, mit sog. ‹Mudras› dar. – JESUS und BUDDHA wurden sogar gelegentlich mit demselben Mudra abgebildet (siehe Abb. S. 41).[10] Unter den Abbildungen durch Christen der Ostkirche sind zehn solcher Mudras bekannt. Das bedeutet, daß die Magie von Yoga-Mudras ein zentrales Element in den Meditationen auch der Ostkirche darstellte. Die typische Gebetshaltung mit gefalteten Händen ist eine davon. – Vielleicht wurden dadurch auch besondere ‹Tugenden› angedeutet. Das paßt zur Überlieferung, JESUS habe im Alter von 13-29, und wiederum nach seiner Auferstehung, in Indien gelebt, und der Apostel Thomas habe dort die Gemeinde der sog. *Thomas-Christen* gegründet. Nichts spricht *gegen* diese Möglichkeit (Siehe das Kapitel *Jesus in Indien*).

Offenbar zeigen historische Dokumente auch noch an, daß es sowohl ca. 3 Jahrhunderte *vor* als auch *während* der Entstehung des Christentums, in allen Ländern rund ums Mittelmeer sog. *Sramanas*, d.h. buddhistische Heilige, missionierende Wanderrmönche speziell der *Jain-Sekte* gab. Dies erklärt die Gegenwart der erwähnten Yoga-Mudras ebenso wie die kultischen Überlappungen von Christentum, Buddhismus, Jainismus und Hinduismus – ganz abgesehen von der mediterranen und orientalischen Mythologie und von diversen weltweit praktizierten Riten.[11] Gelegentliche Hinweise der Evangelisten auf das heilende oder heiligende Auflegen der Hände in vielen Beispielen mögen bedeuten, daß auch JESUS Mudras zum Heilen benutzte und sie seine ‹Patienten› sogar lehrte, damit sie gesund und energetisch heil bleiben konnten, wenn er weggegangen war.

OPHITEN, SETHIANER UND ANDERE

Zur Zeit von JOHANNES DEM TÄUFER und JESUS VON NAZARETH standen Galiläa und Samaria (Phönizien und das ursprüngliche Nord-Reich mit Hauptstadt Jezreel) noch unter syrischer Herrschaft: ein weitaus größeres und wichtigeres Gebiet als das kleine Stammesgebiet, das später unter den Römern die Provinz Judäa sein sollte. Neue Bewohner der Region waren nochmals im 4. Jh. (offenbar aufgrund einer längeren, historisch unklaren Entvölkerungs-Welle über ganz Canaan) von Babylon und Syrien her angesiedelt worden. Die erwähnten hunnischen und arabischen Nomaden waren um 734 v.Chr. aus dem Raum Süd-Arabiens nach Babylon straf-deportiert, ums Jahr 539 aber im Raum Canaan angesiedelt worden: Das war das sogenannte ‹Babylonische Exil›. Bis dahin hatten, historisch dokumentiert, keine ‹Juden› in ‹Palästina› gewohnt.[12]

Im Gebiet des ‹Nord-Reichs› von Canaan kam aus genannten Gründen eine kulturell bunte Mischung von Völkern und Bräuchen zusammen – samt den östlichen Kulten aus Mazdaismus, Hinduismus, etc. Es herrschte hier daher (im Gegensatz zum Süden) große gegenseitige Toleranz, und Vermischung auch der Kulte selbst. Neben der althebräischen und der chaldäischen Kultur und Religion begegneten hier Kulte aus unterschiedlichsten Quellen. Ebenso war das politische Klima hier viel ruhiger, ohne größere Aufstände, sodaß die Römer weniger eingreifen mußten. Summarisch kann man also sagen: Der Unterschied zwischen Nord und Süd war sehr groß; die Bewohner im Norden betrachteten sich nicht als Juden; und das erklärt denn auch den bekannten pharisäische Spruch bezüglich JESUS: «Kann denn aus Galiläa ein Prophet kommen?», – Oder die Verwunderung der Frau am Brunnen, die Jeus gebeten hatte, ihm Wasser zu reichen: Dieselbe Verschiedenheit gilt auch für die Religionen Samariens. Und auch die revolutionären Sikarier um JOHANNES DOSITHEOS (den ‹Täufer›) gehörten dazu. -

Ein typischer doktrinärer Unterschied bestand z.B. bezüglich der körperlichen Auferstehung, die von den Pharisäern gelehrt, von Sadduzäern, Samariern, Galiläern und späteren Gnostikern (ORIGENES, MARKION) abgelehnt, aber ins römische Christentum aufgenommen und in späteren Auseinandersetzungen (Inquisition, Islam) zu einem Hauptargument gemacht wurde. Die Meinung von EPIPHANIUS in seinem *Panarion von 80 Häresien* wird im nachfolgenden Kapitel *«Urchristen als Ketzer»* erwähnt.

Zur gleichen Zeit kamen in Ägypten die gnostischen Lehren der Hermetiker auf, die nur einen Teil der jüdischen Bibel (der ersten, seitdem geänderten Version der LXX) anerkannten. Bei ihnen hieß JEHOVAH JALDABAOTH oder auch der DEMIURG, d.h. *er, der Vergängliches*, oder wörtlich *Verderbliches schafft*. Er galt also nicht als der höchste Gott, sondern als Archon.[13] Das ist die berühmte Gestalt «mit dem Löwenkopf»[14]. Im Gegensatz dazu steht der ‹ERSTE MENSCH, ADAMAS› – d.h. der *Unverderbliche* (vgl. das englische *dam-age*). – Zusammen mit diesen Lehren interpretierten auch die *Ophiten* (natürlich) die Schlange im Paradies ganz anders als die Bibel, nämlich als Lebenskraft und Lehrerin von

Erkenntnis, ähnlich wie SOPHIA in der OGDOAS (siehe Abb. Äonologie S. 229).[15]

Was den Demiurgen JALDABAOTH angeht, so ist hier noch ein Aufsatz des hervorragenden Autors Giles Quispel (1916-2006) zu erwähnen: *The origin of the gnostic Demiurge*, in seinem Buch *Gnostic Studies*, Bd. I.[16]

Und zum Schluß wäre zu ergänzen, daß in Samarien noch die alte Magie gepflegt wurde, und daß bei den Samariern – im Gegensatz zu den Juden – die Frauen im Kult den Männern gleichgestellt waren, wie dies auch in den Mysterien, bei den ägyptischen und essenischen *Therapeutates*, und später bei den Katharern und Gnostikern der Fall war.

Burkhard Mangold (1872-1950), Tempera auf Karton: Speisung der 5000,

Erste Gehversuche des Christentums

Die Urchristen als Ketzer

Sollen Lehre und Lebensweise einer Sekte ausgewogen betrachtet werden[17], ist es unumgänglich, sowohl ihre Vorläufer als auch ihre Nachfolger zu kennen und gerecht zu betrachten. Daß diese Betrachtungsweise zu Schlüssen führt, die der heutigen Theologie nicht sehr geläufig, der römischen Doktrin aber geradezu zuwider sind, ist verständlich, darf aber die ernsthafte Analyse der Tatsachen nicht trüben. Der Ausdruck «Sekte» steht durchwegs gleichwertig neben dem Ausdruck «Gruppe mit einem Gründer oder Führer».

Die Namen ‹häretischer›, d.h. der Kirchenlehre widersprechender Sekten kommen oft aus Spottnamen, oft von Mißdeutungen der bei ihnen verwendeten Riten und Begriffe. Meistens aber beziehen sie sich auf Namen ihrer Anführer (was auch durch den Kommentator bedingt sein kann). – Andere wurden nach Eigentümlichkeiten ihres Kults benannt.

Hier geht es darum, aufgrund alter und neuester Quellen den Hintergrund zu beleuchten, vor dem das Christentum in mehreren Gruppen seine ersten Gehversuche machte, aus denen die große Römische Kirche siegreich hervorging, indem sie ein eigenes Dogma entwickelte, alle *früheren* Auffassungen aber als Ketzerei brandmarkte, ausgrenzte, und mehr oder weniger gewalttätig erstickte.

Die Widersprüchlichkeiten und Sinnwidrigkeiten mancher NT-Texte lassen im aufmerksamen Leser den Eindruck aufkommen, daß «irgend etwas nicht stimmt». Wirklich stimmt allerhand nicht. Die folgenden Seiten sollen aufzeigen warum, und was – als Folge der Textfunde in Qumran und Nag-Hammadi im kanonischen Text der Bibel nicht länger haltbar ist; ja, daß einige Textstellen längst in keiner wahrlich christlichen Gemeinschaft mehr anerkannt werden sollten. Dies betrifft vorallem Stellen in pseudo-apostolischen Schriften des paulinischen Christentums seit dem 3. Jh., womit Gläubige bevormundet und Andersgläubige verurteilt werden – samt den dabei angedrohten «ewigen Strafen». Dazu kann man nur sagen: Alles Strafen ist menschlich: Gott ist Liebe!

Im Folgenden werden Aussagen mehrerer Häresiologen mit objektiven Fakten verglichen. Das Sektenwesen und die Geburt des Christentums werden als Ganzes kurz beleuchtet, da es unseres Wissens eine solche Beschreibung derzeit in deutscher Sprache nicht gibt. Auch steht dies mit den beiden Haupttexten dieses Buchs in engstem Zusammenhang.

DIE URCHRISTEN ALS KETZER

Als konkretes Beispiel für die systematische Ketzerverfolgung durch DIE KIRCHE (Kirchenväter, späte Bibelkorrektoren, Übersetzer wie HIERONYMUS) wurden die *Nikolaiten* gewählt. Das war eine christlich gnostische Sekte des 1./2. Jh., die im NT, vorallem seit dem ‹Kirchenvater› EPIPHANIAS, mehrfach mit abstrusen Verleumdungen hart verurteilt wird (z.B. Off. 2:6, 15). Seit Endredaktion der Apokalypse im 3. bis 5. Jh. und über Jahrhunderte, bis in heutige hoch akademische Übersichtswerke und ins Internet werden diese Anschuldigungen besinnungslos kolportiert und gar noch lustvoll ausgeschmückt.

Daher wird den Nikolaiten in diesem Buch ein größeres Kapitel gewidmet. – Moderne öffentliche Nachschlagewerke bringen die Nikolaiten sehr unterschiedlich oder überhaupt nicht – je nach Orientierung der Autoren. Im Folgenden werden Auszüge aus oben genannten enzyklopädischen Werken und aus Original-Werken häresiologischer und kirchengeschichtlicher Autoren beider ‹Lager› eingeflochten. Angaben in gewinkelten Klammern <...> bezeichnen Standorte in der Universitätsbibliothek Basel, jene in geschwungenen Klammern { ... } sind Randbemerkungen des Herausgebers des Gegenwärtigen.

Heute wie damals befinden ‹Historiker›, wenn sie einen Gegenstand sehen, den sie nicht verstehen, es handle sich um einen *Kultgegenstand*, und – wenn es sich um eine konkrete Figur – ob Tier, Mensch oder Symbol – handelt, jene Menschen hätten dieses Objekt (oder die Person) *angebetet*. So wurden auch die *Ophiten* (die sog. *Serpentinarii*) dahin interpretiert, daß die Schlange einmal im Kultus verwendet, dann wieder als Gott verehrt worden sei. – *Lange*[18] nennt die Schlange ein Symbol der ACHAMOT, die er als Äquivalent zu SOPHIA IN DER OGDOAS sieht; – also als Symbol des ‹Guten Prinzips›. So schreibt auch *Irenœus*[19]: «Einige sagen, die SOPHIA selbst sei zur Schlange geworden, weshalb sie auch der Gegner des Schöpfers des Adam gewesen sei, den Menschen die Erkenntnis eingepflanzt habe und darum weiser gewesen sei als Alle. – *Quidam ipsam Sophiam serpentem factam dicunt, quapropter etiam contrariam extitisse factori Adæ et agnitionem hominibus immisisse, et propter hoc dictum serpentem omnium sapientiorem*».

Yves Schumacher beschreibt in seinem Buch *Tiermythen und Fabeltiere* mehrere noch heute aktuelle Schlangenkulte.[20] - Im 19. Jh.

Interrogatio Iohannis und Apokryphon Iohannis

– dem überheblichsten in der Kulturgeschichte der Menschheit – nannte man die Ophiten auch « ... *vermutlich Betrüger, die sich gerne für Zauberer angesehen sahen*». Tertullian, der freizügigste obzwar nicht boshafteste Rezensent, schreibt[21]:

«Sie verehren die Schlange so sehr, daß sie sie sogar dem Christus selbst vorziehen. Sie nämlich – sagen sie – lehrte uns den Ursprung der Kenntnis von Gut und Böse. – *Serpentem magnificant in tantum ut illum etiam ipsi Christo præferunt. Ipse enim (inquiunt) scientiæ nobis boni et mali originem dedit*». –

Die *Gnostiker* hätten die Schlange überdies (bzw. darum) insofern verehrt, als sie sie als die Aufklärerin zur Befreiung aus der Gewalt des JALDABAOTH – des Schöpfers und Fürsten der stofflichen Welt – aufgefaßt hätten.[22] – Auch JESUS erscheint gelegentlich als OPHIT.

Die Kirchenväter als Häresiologen

Der Titel sagt es schon: Die Kirchenväter sind die Erfinder häresiologischer Systeme und Aufzählungen – und mithin auch der Verurteilung der so ‹analysierten› Gruppen als ‹Ketzer› (Häretiker):

Ohne Kirchenväter keine Häresie. – Ohne die Kirchenväter als offizielle Vertreter einer *vorerst noch gar nicht existierenden* Kirche und einer noch während Jahrhunderten im Auf- und Ausbau begriffenen, zweckmäßig synthetischen Doktrin; – ohne unermüdliches Engagement der aus wessen Gnade auch immer ‹heiligen› Kirchenväter und Päpste hätte das gnostische Christentum eine wahre Erlösungsreligion werden können und hätte (nach dem Verschwinden der antirömischen Parteien) entweder die ganze Menschheit verändert und durchgeistigt, oder es hätte sich als ‹dritte Kraft› ins gespaltene Judentum eingereiht. Stattdessen entwickelte sich das esoterische Judentum im Untergrund weiter (Kabbalisten und Chassidim); seine beiden Christus-Zweige aber wurden verschmolzen und zur neuen staatlichen Mysterienreligion Roms umfunktioniert. – Darüber mehr später.

Indes: «*der Geist weht wo er will*»: Der Wind kann nicht in Säcke gesperrt werden, und die einmal entstandene breite esoterische Bewegung jener Zeit konnte nicht abgetötet werden. Für heutige Betrachter entsteht so ein Bild wie jenes, das damals der Jordan im Sommer gezeigt haben mag: Eine sehr breite Talsohle, kreuz und quer durchzogen von teils ganz ausgetrockneten, teils spärlich oder munter sprudelnden Rinnsalen. Manche versickerten, um andernorts wieder aufzutauchen oder sich mit anderen Rinnsalen zu vereinen – aber immer gab es Grün – Büsche, Bäume ... Auch Vögel und anderes Getier auf der Durchreise aus fernen Ländern machte hier Halt ...

DARSTELLUNG EINES DÄMONS (‹TEUFELS›) AUF EINEM RENAISSANCE-DRUCK:
Die Erschlagenen verbluten unbeachtet; die Seele des Königs reißt ein durch die
Flügel als solcher gekennzeichneter Dämon an sich, der an fern-östliche Masken von
Dämonen, z.B. in Indonesien, erinnert: Volks-Überlieferung kennt keine Grenzen.

Genau so zeigt sich uns die Vielfalt von Lehren: ‹häretische› Bewegungen – Schismata aus einer Einheits-Lehre, die es als solche noch gar nicht gab ... – Die strategischen Eckpfeiler der Politik Roms jedoch waren von Anfang an klar definiert:

▷ Zerschlagen der jüdischen Anstrengungen, selbständig zu werden (Die Hasmonäer hatten als Prokuratoren versagt).
▷ Zerschlagen bzw. dominieren aller geistigen Bewegungen im vorderen Orient zugunsten einer einzigen Lehre, nach der General-Strategie: *«teile und herrsche»*.
▷ Alleinbestimmung über diese Lehre zugunsten einer absoluten *Weltmacht Rom*.
▷ Stärken der Hegemonie Roms durch entsprechende Handels- und Flottenstützpunkte, weltweit.
▷ Stärken der politischen Vormacht des cäsarischen (kasarischen) Rom mit allen Mitteln westlich des Indus; in späterer, dritter Phase auch östlich davon (diese heute noch nicht erreicht).
▷ Handlungs-Unfähigkeit *der ganzen Welt* ohne Zustimmung des kasarischen ‹Rom› (heute weitgehend erreicht).

Der zweite Punkt wird illustriert durch das doppelte Rom des Constantinus (Westrom und Ostrom) sowie durch die Konstruktion *ex nihilo* des Islam auf der Basis des AT: sowohl ‹Isaakiten› als auch ‹Ismaeliten› sind ‹Abrahams-Söhne›, also *Semiten*. – Der Gnostizismus ist aber *das Erbe aus* CHAM. – Damit bestätigt sich auf eigenartige Weise der Spruch des Epiphanius: ROM, nicht die katholische Kirche, *«ist der Anfang {principium = caput} von Allem»*. – In Wirklichkeit und für den Westen *begann also Alles mit dem Trojanischen Krieg*, und mit ÆNEAS als wahrem Gründer Roms (siehe Anm. 149).

Man halte diesen Exkurs weder für unnötig noch für allzu weitschweifend: Nur indem man diese weltweiten Zusammenhänge begreift, kann man die kolossale Strategie hinter dem gesamten Weltgeschehen erkennen. – Nur so versteht man, daß die komplizierte, weitgefächerte *Häresiologie der Kirchenväter* ein in seiner Art bewundernswürdiges Kunstgebäude ist. Was nämlich die Substanz der Anschuldigungen an die scheinbar so verschiedenen ‹Häretiker› angeht, so kommt man nach gründlichem Studium der Quellen zum Schluß, daß die diversen Lehren der ersten drei Jahrhunderte unserer Ära, die alle mehr oder weniger gnostisch orientiert sind, im Wesentlichen *zwei Ursprünge* haben:

DIE KIRCHENVÄTER ALS HÄRESIOLOGEN

Der eine Ursprung ist das, was Außenstehende heute «die jüdische Kabbalah» nennen. Diese Lehre oder Tradition (denn *Qabb-allah* bedeutet vorallem *Überlieferung* und *Gottes-Erkenntnis*) ist der Rest eines viel größeren philosophischen Gebäudes, dessen Fundament wir heute nur bis nach Chaldäa zurückzuverfolgen vermögen. Die berühmten *«drei Magier aus dem Morgenland»* kamen aus *Chaldäa*, Mesopotamien (Persien, Yemen) und Æthiopien – also aus dem alten *Großreiches Sabah* = *Land des Lichts*. - Das ist die erwähnte Weltgegend, wo die genannten Nomadenstämme, u.a. des «Volks aus Abraham» nach der Großen Flut wirklich lebten, bis sie, wegen dauernden Aufstände gegen ihre assyrischen Herren, durch TIGLAT PILESAR um 734 v.Chr. ins Babylonische Exil deportiert wurden.

An die Überlieferung der ‹Drei Magier› – *spirituelle Könige* aus dem Morgenland – knüpft auch *Wolfram von Eschenbach* in seinem PARZIVAL an, wo er u.a. von der *Sternenweisheit* und von der *Sternenschrift* des FLEGETANIS spricht[23]. Die so verstandenen *Sterne* (vorallem die *zwölf Planeten*, wovon heute erst zehn offiziell bekannt sind) sind mit den *zwölf Sephirot* verwandt, wovon ebenfalls nur *zehn* offen genannt werden. Das mittelalterliche Konzept des *Sternenwegs der Eingeweihten* ist ein konkreter Teil dieser kabbalistischen *Sternenweisheit.*[24]

Der zweite Ursprung bezüglich ‹Häresie› und Häresiologie ist die Lehre von der *Entstehung der Archonten und Äonen*, welche die sethianischen Gnostiker verbreiteten, und die im *Apokryphon des Johannes* begegnet (siehe dort). Wie die Lehre vom Baum der Sephiroth ist auch die gnostische Äonologie eine *Emanationslehre*, die beschreibt, wie der Eine, Unkennbare, Unnennbare sozusagen *Bilder oder Aspekte* schuf, die gewisse Seiner Eigenschaften, Kräfte und Wirkungen (‹Tugenden›) erst rein geistig, dann immer mehr sinnlich wahrnehmbar manifestierten: Das unsichtbare (sozusagen ultra-helle) Licht der Gottheit umhüllte sich zunehmend mit Hüllen von sich verdichtenden Schatten, wodurch es erst sichtbar, dann spürbar, dann faßbar wurde – bis es in der grobstofflichen Welt, die auch ‹Finsternis› genannt werden kann, kristallisierte:

«Ohne die Sephirot – ohne Wahrnehmung der Aspekte der Manifestation Gottes – gibt es keinen Gott» – so bringt die *Qabballah* es auf den Punkt.

Beide so gedachten Ursprünge enthalten heimlich *als Kern* die Manifestation dessen, was man SOHN nennen kann, und was in beiden Systemen genannt wird: *Synthese der Gegensätze*, WORT,

LOGOS, DAT, KIND, FRUCHT, u.s.w.[25] – Auch versteht sich ganz von selbst, daß die *dritte Lehre*, nämlich die *synthetische Lehre Roms* in ihrer *globalen Strategie* und aus Anlaß des messianischen Christentums die subtilen Nuancen der Qabbalah und jene der gnostischen Äonologie berücksichtigen weder wollte noch konnte. Denn das Ziel in den Systemen *beider oben erklärter Quellen* besteht darin, daß der Mensch *in freiem Willen* eine Anzahl Bedingungen erfüllen lerne, die erlauben, daß er (bzw. sein Mikrokosmos) *zum Vater aufsteige* – zu jenem Urlicht, jenem Ein-und-Alles, woraus Alles entstand, und in das «am Ende der Tage» Alles wieder eingehen soll. In beiden Systemen ist die Rede von einem a*ufwärts führenden Pfad* in diesem höchsten Verständnis. Jesus sagte, ganz im esoterischen Sinne: *«Ich bin die Tür!»* – Die Tür, das ist im Lebensbaum Jesod! Da aber das Mark aller Selbsterlösungslehren aus Selbstlosigkeit (Ich-Vergessenheit), Selbstverantwortung und Liebe besteht, sind auch beide genannten Quellen, *bezüglich der Zielsetzungen Roms*, ‹verdammenswürdige Häresien›! –

Nach diesen grundlegenden Vorbemerkungen kommen wir nun zurück auf die Kirchenväter und ihre Häresiologie.

Woher kam die Vielfalt sog. häretischer Gruppen und Sekten? Die Häresiologen – Epihanius an ihrer Spitze – bauten ein komplexes intellektuelles System auf, um dieses Phänomen wenigstens mental in den Griff zu bekommen. – Ein eitles Bemühen, das uns dennoch eine Vielzahl von Informationen überliefert, die sonst heute verloren wären. – Zwar gab es wirklich *auch* Gruppen, die zeitlich aufeinander folgten: eine (meist inhomogene) Sekte konnte aus einer oder mehreren anderen hervorgehen und gewisse Elemente daraus betonen bzw. ablehnen. Solche Elemente waren:

▷ *Chiliasmus* – die Lehre vom Tausendjährigen *Reich dieser Welt*, das alles Unglück und alle Ungerechtigkeit des irdischen Lebens ersetzt durch eine *Neue Welt-Ordnung* der Liebe und des Friedens.

▷ *Eschatologie* – die Lehre von den vier Weltzeitaltern und der Endzeit, dem *Ende dieser Welt*, bevor eine neue Welt erscheint.

▷ *Asketismus* – die Lehre, daß das neue göttliche Friedensreich nur erlangt werden könne unter der Voraussetzung des Abschieds von dieser Welt der Gegensätze dadurch, daß man sich möglichst davon distanziert. - Also: *Verzicht* auf Alles, was nicht lebensnotwendig ist, auf Alles was die *Bindungen an diese Welt* und die *Abhängigkeit* von deren «sinnlichen Ketten»

DIE KIRCHENVÄTER ALS HÄRESIOLOGEN

verstärken kann; – in erster Linie aber Reinheit in Gedanken, Wort und Tat; Verzicht auf Fleisch, Wein, Beischlaf; – in letzter Konsequenz auch Verzicht auf Musik, Kunst, Tanz, zivilisierte Nahrung, Kleider (vgl. die indische Jain-Sekte). – Der «*vernünftige Gottesdienst*» aber besteht im *vernünftigen Maß* und in der *bewußten Freiwilligkeit*, die allein die ersehnte Freiheit von dieser Welt bewirken können.

▷ *Messianismus* – die Lehre von einem in der Welt auftretenden königlichen Gottessohn, der «Alles in Ordnung bringt», selbst diese Neuen Weltordnung regiert und «die Lebenden und die Toten richten» wird, wobei dies ursprünglich nur bedeutete: Wer die geistigen Bedingungen erfüllt, steigt ins ‹himmlische› d.h. göttlich-geistige Lebensfeld auf (eine höhere Dimension); wer sie nicht erfüllt, muß nochmals in irdisches, d.h. animalisch-stoffliches Leben und physischen Tod zurückkehren. Die dritte Möglichkeit ist dann die vollkommene *Vernichtung*, d.h. Auflösung eines allzu verdorbenen Mikrokosmos, verbunden mit der Rückkehr all seiner Komponenten zu ihrem Ursprung. Diese Vorstellung radikalsten Karmas wurde bald ausgebaut zum Drohmittel für *Unfolgsame im menschlichen Sinne*: Mittel zur besseren *Manipulierbarkeit der Massen*, in Form des Schreckensbilds einer Hölle mit ewiger Verdammnis.

Zu diesen teils naturreligiösen, teils magisch-philosophischen Elementen kamen nun Teile der neuen ‹christlichen› Doktrin Roms, die man heute als die paulinische kennt. Diese Teile sind:

▷ Die effektive *Göttlichkeit Jesu*.
▷ Seine *Geburt aus einer Jungfrau* (wie schon frühere Sonnen-Helden vor ihm)
▷ Seine *zugleich animalische und göttliche Natur* (in wörtlich-symbolischem Sinn: *der Sphinx*)
▷ Seine Qualifikation als *Messias der Juden* – besonders seine Abkunft vom mythischen König DAVID.
▷ Sein *Leiden und Tod am Kreuz* (die ‹Schuld dafür wird seit 2000 Jahren zwischen Juden und Römern hin und her geschoben) – und seine *Auferstehung*.
▷ Die *leibliche Auferstehung aller Toten* am Letzten Tag – dem «Tag des Gerichts».
▷ Der Irrglaube, der SIMON PETRUS der Evangelien sei Jesu Jünger mit Zunamen KÈPHAS/KIPHA (Jo 1:40) und von diesem

quasi als Grundfels der Kirche mandatiert worden, was zwar durch alle späteren Tatsachen – aber nie verbal - dementiert wird (aramäisch KIPHA heißt übrigens *Kiesel, nicht Fels*).²⁶

▷ Der Glaube, PAULUS sei wirklich ein Apostel von JESUS dem Nazarener gewesen, obschon er erst im Jahr 40, und dann als Diener des Herodes erscheint. Daß er als gesetzestreuer pharisäischer Jude zum Jünger des gesetzestreuen JESUS, dann aber plötzlich zum hellenistischen Progressiven wird (Beschneidung), ist eine der vielen Ungereimtheiten, wovon die *Römische Lehre* überquillt.

▷ Der Irrglaube von der Einsetzung *kirchlicher Sakramente* als von Jesus legiertes «Testament» ...

... und was der immer detaillierteren, z.t. dem Orient nachempfundenen, z.t. frei erfundenen Lehren, Vollmachten und Privilegien der Kirche und ihrer Repräsentanten sonst noch sind.

Diese besonderen Elemente also wurden jeweils über die beiden genannten ‹Quell-Konzepte› gelegt – bzw. abgelehnt – was die unterschiedlichen Gruppen von ‹Häretikern› ergab. Gleich gelagerte Sekten wurden im Urteil der Häresiologen getrennt, indem diese hier dieses, dort jenes Kriterium betonten und die tatsächlichen Verhältnisse lustvoll – heute würde man sagen: für die kirchliche Regenbogenpresse – überzeichneten, ausschmückten oder ganz verkehrten – *pervertierten*. Deren wichtigste sind folgende, wobei zwischen JESUS als *Person* und dem CHRISTOS als *kosmischer Kraftausgießung* essentiell zu unterscheiden wäre:

▷ Der CHRISTUS sei nicht körperlich erschienen, sondern wie der Schatten einer menschlichen Phantasie-Vorstellung oder Vision (sog. ‹Doketismus›).

▷ Der CHRISTOS selbst sei eine Taube (eine alt-orientalische Vorstellung des GRAALS), die auf die 12 Aeonen niedersteige, i.e. auf die 12 Apostel; und einer davon würde fallen.

▷ Die *fleischliche Auferstehung* sei nicht *Fleisch*, sondern die *Vier Elemente*.

▷ DER CHRISTUS JESUS habe zur Bildung seines Körpers die vier Qualitäten: *Feuchte, Tröckne, Kälte und Wärme* von der Erde genommen, und zuletzt das von der Erde Angenommene an die *Vier Elemente* zurückgegeben. Diese Ausdrucksweise impliziert. daß die *Vier Qualitäten* a priori rein geistige ‹Tugenden› – *virtutes* – sind oder waren, die sich zu Kräften und dann zu Äthern verdichteten, um zuletzt im Stoff manifest zu werden.

DIE KIRCHENVÄTER ALS HÄRESIOLOGEN

▷ *Die Manichäer* seien den Lehren eines Persers namens MANES oder TURBO gefolgt.

Aufgrund dieser Vielfalt, und weil die von den Häresiologen angegebenen Kriterien oft irreführend sind, kann auf eine ausführliche Aufstellung der ‹Häresien› verzichtet werden. Bis vor ca. 100 Jahren war man bezüglich dieser Bewegungen fast ausschließlich auf Kolportagen durch Kirchenväter und deren Plagiatoren angewiesen – einschließlich der Bibel mit ihren in weiten Teilen willkürlich rezensierten Texten. Zu diesen Texten gehören auch die zahlreichen Schriften, die einem ‹JOANNES›/‹JOCHANNAN› zugeschrieben werden. Die Tatsache, daß besonders das Johannes-Evangelium und die Apokalypse gnostische Elemente enthalten, ließ die Leser während Jahrhunderten über deren ganz unmotivierte, ja, *der Lehre Jesu diametral entgegengesetzte Aussagen* hinwegsehen. Solche Aussagen sind alle Formen von *Verurteilung* und *Straf-Androhungen* an ‹Ketzer› und ‹Heiden› – sowie alle Hervorhebungen der eigenen Person durch den jeweiligen Autor (Eigenlob, Privilegien).

Im 19. Jh. jedoch begann eine eigentliche orientalistische Sprachforschung, wurden dank neuen Übersetzungen alte Texte bekannt: Von den Veden und Upanishaden über die Hieroglyphen Ägyptens bis zu originalen Texten der mittelalterlichen Manichäer – darunter auch schon Übersetzungen später bei Nag-Hammadi gefundener Texte – kam immer mehr Material ans Licht. So sah das 20. Jh. die Entdeckung zahlloser verloren geglaubter Schriften - bzw. zeitgenössische Kopien davon. Heute ist man in der Lage, sehr viele Fälschungen (Insertionen, Fehl-Orthographien) in den so lange für reine göttliche Inspiration gehaltenen Bibeltexten zu identifizieren – ganz abgesehen von absichtsvollen Fehlübersetzungen.

Ein so stark vereinfachtes Urteil – wie berechtigt es Ends aller Enden auch sei – erscheint allzu unwissenschaftlich, daher unhaltbar: Es bedarf besserer Begründung. Genaues Studium zeigt indes immer deutlicher, wie schwach Invektiven zugunsten der Ketzerjagd abgestützt sind; – wie wenig faktische Authentizität sich dafür festlegen läßt, und welch dramatische Konsequenz aus diesen Tatsachen folgt: für den Hegemonie-Anspruch auch der Apokalypse im Rahmen des NT, für den historisch-dogmatischen Wahrheitsanspruch des NT im Rahmen aller religiösen Schriften – nicht nur des Christentums, sondern auch der benachbarten Religionen – sowie für die Glaubwürdigkeit der christianistischen Doktrin ganz allgemein und unter allen möglichen Aspekten. Man sieht sich deshalb vor die folgenden drei summarischen Postulate gestellt:

1. Ehrlich zu bekennen die Tatsache, daß keine von Menschenhand verfaßte Schrift den Anspruch erheben kann, rein und unverfälscht aus göttlicher Inspiration geflossen zu sein und daher das göttliche WORT in Reinheit, bleibender Wahrheit und Vollkommenheit vermitteln zu können.

2. Ehrlich zu bekennen, daß wahrer, innerlich erlebter Glaube an eine *autonom gewählte, innerlich erfahrene Lehre* jederzeit unabhängig ist von jeglicher Schrift, mithin auch von jeder historischen Persönlichkeit wie Evangelisten, Propheten oder Heilige - wie immer deren Namen und Titel sein mögen. Selbst die *christianistische Religion als solche* bliebe gleich, hätte JESUS nie real gelebt: Der Unterschied liegt in der makrokosmischen esoterischen Bedeutung dieser konkreten «Fleischwerdung des Geistes» und im Eindringen dieses ganz besonderen ‹Blutes› in die Erde am Beginn einer neuen – der Fische-Ära.

Rudolf Steiner hat diesem Mysterium – u.a. aus Anlaß von Ostern und Pfingsten – mehrere Vorträge gewidmet. Diese kosmisch magischen Folgen aus den hier berührten Vorgängen für Welt und Menschheit in der aufsteigende Wassermann-Ära – der *Ära des Neuen Bewußtseins* — sollen im Folgenden noch sichtbar gemacht werden.[27]

3. Daß *inneres Christentum* die mythischen Elemente – Wundertaten, Gleichnisse, Weisheitsworte JESU und früherer CHRISTUS-Avatare sowie die reale Existenz eines JESUS als zeitweiligen Trägers des höchsten solaren Christusgeists umfaßt, daß es aber JESUS war, der das Eine Gebot – das dreifache Liebesgebot – vor die Menschheit stellte, und daß aufgrund des Mysteriums von Golgotha und dessen Folgen die Erde und somit der ganze Kosmos mit Christus-Kraft geladen und auf eine höhere Ebene angehoben wurden. Die Umsetzung dieses *Wissens* in ein durch die Menschheit *gelebtes Geist-Seelen-Bewußtsein* ist wirklich der Sinn der gesamten Menschheitsgeschichte.

Diese Tatsachen und die damit verbundene *Verantwortung der Menschheit als Ganzer* stehen weit höher als die klein-menschlichen Machtansprüche, welche die Welt so sehr bewegen! Ehrlich zu bekennen ist auch die unausweichliche Tatsache, daß, wer immer irgend einer Form des ‹Monotheismus› – oder eines Theismus mit einem höchsten Vatergott – huldigt, *im Kern* denselben Gott bezeugt, denselben Weg beschreibt, dasselbe Ziel anstrebt – ob Christ, Jude,

Muslim, oder wer auch immer; – und daß wir darum in Wirklichkeit *Alle Brüder und Schwestern auf demselben Pfad* sind: Die Vielfalt der Religionen sollte nicht zu Kampf und Streit Anlaß sein, sondern zu *Schönheit, geistigem Reichtum und Freude*: Das muß – da sie früher nicht ausgesprochen werden durfte – die einigende religiöse Devise des neuen Jahrtausends sein!

Wird das Urteil fanatisierter Glaubenshüter von den Schlacken der Verleumdung gereinigt, gehen die meisten der angegriffenen ‹häretischen Sekten› deutlich als der Gnosis zugewandte, wenn nicht überhaupt gnostische Gruppen hervor: Ihre Lehren unterscheiden sich allenfalls in Einzelheiten, und das Schimpfwort ‹Heiden› trifft alle Gruppen bezüglich aller Anderen mit gleichem Recht. Damit ist fast alles gesagt. – Indessen sei die Frage der einzelnen Häresien und der zeitlichen Reihenfolge – immer anhand der sog. *Nikolaiten* – kurz im Detail aufgenommen:

DIE EBIONITEN

Die Ebioniten gelten als die Vorläufer der Nikolaiten. Sie gehen auf *keinen Stifter* zurück, sondern aufs hebräische אביון – *ebion*, d.h. *ein Armer, Bedrängter*. Daß es einen Stifter HEBION gegeben habe, wurde von den Kirchenvätern behauptet und sogar in den *Talmud von Jerusalem* aufgenommen. So wurde der erfundene EBION auch noch zum Nachfolger des CERINTHOS (siehe unten), der aus der Sekte der NAZORÄER hervorgegangen sei[28]. Der habe auch *«in Kochba, einer Ortschaft Samariens»* gelehrt (tatsächlich wohl mißverstanden nach SIMON BAR KOCHBA, dem historischen Anführer des jüdischen Aufstands gegen Rom, um 132-135) – und sei sogar nach Rom gereist. – Ein typisches Beispiel von Kirchenväter-Journalismus ...

Die Version der Judenchristen in Palästina liegt sicher näher[29], wonach die Ebioniten *«in Armut und Einfachheit»* lebten – also in der essenischen Form der Askese: Sie hätten ihre Güter verkauft, all ihr Geld den Diakonen gegeben, seien darauf *in Armut und Bedrängnis* geraten und hätten daher ihre Benennung erhalten. Sie seien im Jahr 36 aus Jerusalem {nach Pella} geflüchtet[30], und PAULUS habe Kollekten zugunsten notleidender Brüder veranstaltet[31]. – Ausführliches dazu siehe im Kapitel um DOSTHEOS.

Ursprünglich in Palästina ansässig, hielten sich die *Ebioniten* streng an jüdische Grundsätze, Lehre und Lebensweise und suchten Judentum und Christentum zu vereinen. Als ums Jahr 70 Rom den Aufstand unter JOCHANNAN BEN-LEVI niederschlug, befolgten fast alle kanaanitischen Christen das mosaische Gesetz. In Jerusalem war *«ein Bischof aus der Beschneidung»*. Als nun VESPASIAN den Juden verbot, Jerusalem zu betreten, bildete sich in Pella, jenseits des Jordans, auch eine Gemeinde von ‹Heidenchisten›, d.h. von unbeschnittenen Christen, die sich den MARKOS zum Bischof gab, der auch als Autor des gleichnamigen ältesten Evangeliums gilt (verfaßt in Rom). Dadurch entstand eine Teilung der Christen. Unter den Augen des Sanhedrin hätte keine heidenchristliche Gemeinde sich bilden können. Die Teilung betraf also nicht nur die Beschneidung, sondern die ganze Lebensweise. Daß PAULUS dafür wenig Sensibilität zeigte, hat ganz klare instrumentelle Gründe: Er stammte aus Cilicien in Thrakien, obschon er sich bei Gelegenheit als *in Jerusalem aufgewachsenen pharisäischen Juden* ausgab - aber auch als römischen Patrizier (aus Adoption durch die Flavier), der sich hauptsächlich Rom verpflichtet fühlte; – genau wie FLAVIUS JOSEPHUS auch.

Als dann der jüdische Staat und der Sanhedrin aufgelöst waren, schlossen sich die von Pella zurückkehrenden Judenchristen den Heidenchristen in Jerusalem an. – Lange kommentiert:

«Da nun in den übrigen christlichen Gemeinden die Grundsätze des Apostels Paulus und des [hellenistischen Apostels[32]] Johannes galten, und deren Episkopats-System bereits eine Vereinigung derselben bewirkt hatte, mußten die Judenchristen Jenen als eine Häresie erscheinen. Umgekehrt sahen die Heidenchristen die gesetzestreuen Juden als Ketzer an».

Die Judenchristen orientierten sich an den Richtlinien, die Lebensweise und Lehre von JESUS bestimmt hatten; die paulinischen Christen aber setzten die klug konstruierte Lehre des PAULUS durch: Diese besaß – wie die Weltgeschichte gezeigt hat – eine viel größere Mehrheitsfähigkeit, weil sie *die alten Mysterien wiederbelebte.*

Die *Ebioniten*, die ihrerseits aus den Lehren der *Nazoräer* (deren Beginn siehe unten) hervorgegangen waren, wurden – darin sind sich auch die Kirchenväter einig – zum Ursprung der Nikolaiten, und diese wieder zu jenem der *Cerinthianer* (Cerinthos war zweifelsfrei ein Judenchrist): – Das waren die eigentlichen christlichen *Gnostiker*.

Die Kirchenväter waren – das ist verständlich – außerstande, eine objektive Schilderung der Glaubensinhalte dieser ‹Sekte› zu geben, teils aus Unkenntnis (Tertullian, Irenäus), teils aus bösem Willen (Epiphanius, Hieronymus). Dazu kommt, daß gerade die militantesten Gegner der gnostisch orientierten Sekten in ihrer Vergangenheit selbst deren Mitglieder gewesen waren. Das Zusammenführen all dieser tendenziösen Quellen erlaubt indessen einen Einblick in die

DIE EBIONIITEN

wahren Verhältnisse und Ansichten der Urchristen in Syrien und Kanaan (Palästina hieß nur der breite Küstenstreifen des vormaligen Philisterlands (Philistina), vorallem seit man dank den in den letzten Jahrzehnten entdeckten Dokumenten die wahre Überlieferung der Essener und Gnostiker besser kennen gelernt hat.

Der Hauptzug all dieser ‹Häresien› war die von den Nazoräern übernommene Grundhaltung, neben der eigenen jüdischen (jetzt also der judenchristlichen) Lehre auch andere Traditionen gelten zu lassen. Ein fast ebenso wichtiger Punkt war der, daß auch die größten Propheten der alten jüdischen Tradition *Menschen* waren – wenn auch von besonders ausgezeichnetem Lebenswandel, Wissen und Gerechtigkeit – so wie JESUS auch. Diese Sichtweise hinderte die Ebioniten nicht, an JESUS als an den CHRISTUS und MESSIAS zu glauben, obschon sie nicht die nazoräische Sicht der *Geistgeburt Jesu* vertraten, sondern seine primär menschliche Abstammung *«von Maria und Joseph aus der Blutlinie von David und Salomo»*.

Dazwischen gab es Lehren unterschiedlicher ‹Geburten JESU› im Zusammenhang mit der gnostischen Tradition von der Entstehung der Äonen: Die eine Sicht war: JESUS habe nicht vom Demiurgen JALDABAOTH seinen Körper erhalten wie gewöhnliche menschliche Mikrokosmen, sondern er habe einen Geistkörper vom JESUS DER OGDOAS erhalten und eine Geistseele direkt von SOPHIA[33]. – Eine andere Sicht war jene, er sei ein bereits gereinigter und befreiter Mikrokosmos gewesen, der alle Eigenschaften einer befreiten Seele in die Welt mitbrachte. – Wieder eine andere Sicht war jene, der CHRISTOS habe Maria als «Schlauch» benutzt, um aus der geistigen Welt in die stoffliche Welt zu gelangen, und habe bei seinem Weggang alles Stoffliche der Stoffsphäre wieder zurückgegeben. Genau verstanden, schließt keine dieser Vorstellungen die anderen aus ... –

Von den Nazoräern kam den Ebioniten auch die chiliastische Überlieferung (Weltende, jüngstes Gericht); daneben ihre strenge Einhaltung der jüdischen Gesetze, Feiertage, Bräuche und anderer Vorschriften. So verwarfen sie die Lehren des PAULUS, weil er *das Gesetz entgegen dem Willen Jesu aufgehoben* hatte. - All dies zeigt, abgesehen davon daß damals die wahren Begebnisse noch im Gedächtnis sein mußten, wie ganz und gar erfunden die Behauptung des EPIPHANIUS ist, ein Ebionite habe dem JOSEPH[34] zugerufen: *«Glaube an Jesus, den unter Pontius Pilatus dem Landpfleger Ge-*

kreuzigten, als an den Sohn Gottes und als an den aus dem Schoße Mariæ geborenen. Christos, den aus Gott seienden und von den Toten Auferstandenen, der kommen wird, um die Toten zu unterscheiden {wörtlich: *den Einen den Siegeskranz zu verleihen*}». - Und dies wiederum zeigt, daß die *jungfräuliche Geburt* zur Zeit des Epiphanius noch nicht als Lehre galt: er hätte das sonst gesagt. – Auch war damals noch nicht von einem schaurigen «*... zu richten die Lebendigen und die Toten ...*» die Rede, sondern von demselben «*Siegeskranz für den Wettlauf*», den das *Corpus Hermeticum*[35], und die manichäischen Texte erwähnen [36] - und das heißt: *selbst-erlöst dank der «Wiedergeburt aus Wasser und Geist».*

Aus ihrer Einhaltung der mosaischen Gesetze wird allgemein abgeleitet, die *Ebioniten* hätten auch den Rest von AT und NT akzeptiert und befolgt. Das ist aber zu differenzieren und gilt nicht für alle ihre Zweige gleich:

Die *Ebioniten* verwarfen – so LANGE – sämtliche paulinischen Briefe. Andere Autoren behaupten, sie hätten außer der Sendung Jesu auch das ganze NT angenommen (das damals noch gar nicht verfaßt war!) – Wieder Andere behaupten, dies gelte fürs *Evangelium der Hebräer*, das LANGE zu Unrecht mit dem *Evangelium des Matthäus* für identisch hält: Vielmehr scheint das *Evangelium der Hebräer* mit dem *Evangelium der Ebioniten* identisch zu sein.[37]

Gemäß Lange wäre das *Matthäus-Evangelium* das *judenchristliche*, das *Lukas-Evangelium* das *paulinische*, und das *Johannes-Evangelium* das *heidenchristliche*. – Wenn nun das *Johannes-Evangelium das gnostische* genannt wird, so trifft dies nur auf Teile wirklich zu (insbesondere auf den Prolog). Indes kann auch Stellen aus den übrigen Schriften eine gnostische Interpretation unterlegt werden – ja, es wurde sogar schon allen Ernstes unternommen, den erwähnten Haß-Versen in der Apokalypse bezüglich der Nikolaiten eine gnostische Sinngebung aufzupressen, obgleich sie ganz offensichtlich unchristlich und antignostisch orientiert sind. Überdies wurde das 4. Evangelium durch eine Mehrzahl von Autoren redigiert und im Lauf der Zeit so oft nach-redigiert und abgedruckt wie kein anderes. – Feststellungen, die dazu führten, daß das *Matthäus-Evangeliums* als des *judenchristliche* bezeichnet wurde, sind:

> ▷ Das *Matthäus-Evangelium* enthalte Elemente der ebionitischen (judenchristlichen) Lehren, einschließlich der *niederen Herkunft Jesu – nicht aus ‹davidischer Königslinie›*.

ARDHAPATAKA-MUDRA

CHRISTUS AMITA-BUDDHA
(Mosaik in Ravenna) (Ling-Men-Grotte, China)
Bildquelle: *Wikimedia Commons* Bildquelle: *Wikimedia Commons*

Das Ardhapatak-Mudra ermöglicht es Menschen, sich von Belästigungen frei zu halten – z.B. von negativen Elementen im Leben einer Persönlichkeit (Aura).

ANJALI-MUDRA

MARIÆ HIMMELFAHRT BUDDHA
Pinacoteca Vaticana mit Anjali-Mudra (Namaste)
Bildquelle: *centuriespast.tumble.com* Bildquelle: *Wikimedia Commons*

Das Anjali-Mudra vereinigt linke und rechte Hirnhälfte und läßt uns unseres göttlichen Selbsts bewußt werden, mindert Stress, mehrt Respekt vor Anderen.

Interrogatio Iohannis und Apokryphon Iohannis

▷ Die Lebensgrundsätze der Ebioniten seien im *Evangelium des Matthäus* enthalten.

▷ MATTHÄUS selbst habe seinen Bericht erst bei der Taufe Johannis begonnen; der Rest sei «*durch seine Auftraggeber* {so LANGE; siehe unten} *ergänzt*» worden.

▷ Auch das *Evangelium der Ebioniten* habe erst mit Jesu Taufe durch Johannes begonnen.[38]

▷ Die Gültigkeit des mosaischen Gesetzes bei Matthäus mache dieses zum judenchristlichen.

▷ Dem entspreche die «*Strenge Jesu gegenüber den Pharisäern sowie die Wichtigkeit der Beobachtung des Gesetzes in der Bergpredigt*» (Lange).

▷ Der messianische Gedanke an *ein sichtbares messianisches Reich und ein Gericht* entspreche den Ebioniten.

Lange schreibt dazu:

«Das *Evangelium des* JOHANNES konnte den Ebioniten nicht willkommen sein; und es erhielt sich bereits in der Urkirche die Überlieferung, JOHANNES [der Apostel[39]] habe – als er in Kleinasien war – *auf Aufforderung durch die dortigen Bischöfe* sein Evangelium vorallem den *Ebioniten*, den *Cerinthiern* und anderen *judenchristlichen* Sekten entgegengestellt.» – Dasselbe schreibt auch HIERONYMUS,[40] und ebenso Lange in *Prœmium Comm[entuarii] ad Matth[œum]*: «*Als Johannes in Asien war, und als bereits die Saat der Häretiker wucherte: jene des Cerinthos, der Ebioniten und Anderer ... - cum esset [Johannes] in Asia et iam hœreticorum semina pullulerunt, Cerinthi, Ebionitium et ceterorum ...*»

DIE NIKOLAITEN: PROTO-KETZER UND UR-GNOSTIKER

Das hier folgende Kapitel ist, wie angekündigt, besonders ausführlich, da es Alles enthält, was seit dem 3. Jh. die Ketzer-Jagd der Römischen Kirche, vorweg der *Kirchenväter*, ausmachte.

Die Aufforderung zum Haß gegen die Nikolaiten wird sogar dem CHRISTUS JESUS selber in den Mund gelegt, der erstens die Liebe predigte und zweitens die Nikolaiten überhaupt nicht kannte – und über dies zwei bis drei Jahrhunderte nach dem Tod des Jüngers JOHANNES, der noch immer fälschlich als Autor der Apokalypse gilt. Die Nikolaiten aber existierten von Ende 1. Jh. bis höchstens ins 5. Jh. als eine mangels sachlicher Dokumentation nicht genau beschreibbare Gemeinde, die aus den Ebioniten hervorging. Von den Kirchenvätern grob diffamiert, werden sie zugleich von denselben als Ursprung des

alexandrinisch hellenistischen Gnostizismus bezeichnet, was so ebenfalls nicht haltbar ist (Erklärungen siehe weiter unten).
Danach wird die Bezeichnung «Nikolaiten» erst wieder im 12. Jh. im Zusammenhang mit dem nicht durchsetzbaren Zölibat der Kleriker benutzt.[41] – Die Verurteilung von Lehre und Lebensweise der Nikolaiten – eines synkretistischen, eher liberalen, jedoch eindeutig christlichen Gnostizismus mit asketischen Zügen – definierte den Rahmen aller künftigen Ketzerverfolgungen.

Zum Lager der hitzigsten Gegner der Nikolaiten gehören u.a. IRENÄUS[42] (Ende 2. Jh.); – TERTULLIAN[43] (3. Jh.); – HIPPOLYTOS[44] (Mitte 3. Jh.); – AUGUSTINUS[45] (Ende 3. Jh.); – EPIPHANIUS[46] (4. Jh.); – und noch Philastro[47] di Bologna (‹Philastrus›, 4. Jh.); – dieser ist eine empfehlenswerte Quelle zusätzlicher Informationen. –

Hieronymus[48] (4. Jh.) und Isidor[49] (6. Jh.) sind etwas kritischer und sachlicher als die Anderen. Dazu kommen Weitere, die alle mehr oder weniger Irenäus bzw. Epiphanius abschreiben, und die in ihren Kommentaren mehr oder weniger in den behaupteten Lastern des Nikolaus und der Nikolaiten schwelgen. –

Ein zweites, gemäßigteres ‹Lager› bestand in der Frühzeit aus Clemens v. Alexandria[50] (gest. vor 215) und Eusebius (4. Jh., historisch in mehrere Persönlichkeiten zerteilt).[51] In der neueren Zeit kamen noch Jacquier (Iaquierus, 16. Jh.), E.R. Roth (16. Jh.) und Arnolds *Unparteiische Kirchen- und Ketzergeschichte* (1699) dazu. Ein Autor des 19. Jh., Lobegott LANGE, der hier viel zitiert wird: war ein starker Verehrer des paulinischen Christentums[52].

LANGE[53], den wir als umfassendste Quelle bevorzugen, da er *kein Gnostiker ist*, stellt fest, die eigentliche *christliche Gnosis* sei *später* als z.B. die *Nikolaiten* erschienen, doch seien diese «*die Erben der uralten orientalischen Gnosis*»; und eine *gnostische Philosophie* habe auch in der Jüdischen Frühzeit in Form der Qabbalah bereits bestanden. Die Wurzeln der Gnosis wären wohl im *alten Indien* zu finden, wollte man die Veden entsprechend durchforschen. Doch für den Westen fließt die *bewußte mystische, d.h. abstrakte Betrachtung und bildlos innerliche Kenntnis* von der Ursache aller Ursachen erst aus der *Mentalität* Babylons (Chaldäer, Assyrer, ab ca. 4500 v. Chr.). Hier nämlich scheint zum ersten Mal systematisches Überlegen und Lehren *in der Öffentlichkeit* aufzutauchen. Als *ein* Element der Gnosis wird ja ihr «*Coming Out*» in Schulen, Lehrhäusern, Priesterkollegien etc. angesehen, deren erste allerdings bereits die um 700 v.Chr. gegründete indische *Universität von Takshila* war[54]

Bereits die *Ebioniten* als Nachfahren der *Nazoräer* waren bezüglich des pharisäischen Judentums *Häretiker*. – Die *Nikolaiten* sind also deren Erben. Daher waren sie für die Projektion eines *kollektiven Feindbildes* geeignet – nämlich jenes der zahlreichen urchristlichen Gemeinden, die die paulinische Lehre samt PAULUS selbst ablehnten: Sie sind es, die schrieen, sie würden nichts mehr essen, bis Jener zu Tode gebracht worden sei[55], bzw. die ihn vor Antiochien steinigten (Apg 14:19). Der Zweck der Lehren des PAULUS war ja, wie bereits gezeigt, ein politischer; – und ob nun Atwil mit seinem Buch[56] die Tatsachen ganz genau trifft oder nicht: die Essenz ist sicher zutreffend – umso mehr, als sich das Ganze zur Zeit des CONSTANTINUS – also während der auf die Flavier folgenden Kaiser-Dynastie – wiederholte, als die paulinische Lehre definitiv zur Staatsreligion wurde. Nur war damals das Bischofs-System bereits etabliert, und eine eigentliche Vergöttlichung des Constantinus und seiner Söhne stand außer Frage.

Die so vagen wie unchristlich in die *Apokalypse* übernommenen Vorwürfe gegen die Nikolaiten wurden durch die eifrigen Kirchenväter beliebig erweitert und lustvoll ausgeschmückt. *Epiphanius* z.B: faßt deren Lehre zum Teil nur summarisch zusammen als *«dieselben Schändlichkeiten wie die Anderen»*, oder dergleichen. Seine Kommentare scheinen die ältesten zu sein und sind bei Weitem die ausführlichsten, wenn auch z.T. verworren - und immer extrem tendenziös. Ein kurzer Satz macht dies deutlich:

«Die heilige katholische Kirche ist der Beginn von Allem». –

Ein etwas längerer Satz von Epiphanius zeigt es noch besser:

«Der Adam Protoplastos[57] *wurde gebildet nicht aus der Beschneidung, sondern unbeschnitten im Fleisch, eine Vorhaut habend. Er war nämlich kein Götzenanbeter und kannte den Vater, den Sohn und den Heiligen Geist. Ja, er war ein Prophet und wußte, was der Vater dem Sohn gesagt [nämlich]: Laßt uns den Menschen machen ... Dasselbe muß man von Abel und von Seth und von Enos und von Enoch und von Methusalah und von Noah und von Heber, bis hinunter zu Abraham. annehmen ...».*

Muß man das wirklich? –Die Aufzählung zeigt unter Anderem, daß auch Epiphanius mit der Überlieferung der Qabbalah in Berührung gekommen war, die er jedoch ebenfalls nach seinem klerikalen Vorurteil interpretierte. – Denn: wer oder was ist wirklich dieser *Adam Protoplastos* der Kabbalah?

DIE NIKOLAITEN

Bei Papus[58] lesen wir: *«Adam Kadmon ist der Adam vor dem Fall; Adam Belial ist der Adam der ‹Hüllen› oder ‹Schalen›»* { aus dem griechischen ‹*Hylè*› abgeleitet – so nennt die Kabbalah die Formen gröberer Geistigkeit bis hin zur Manifestation im Stoff}; – und: *«Adam Protoplast ist das Urprinzip der sich differenzierenden Seelen».* – Und Franck[59]: schreibt über ihn: *«... Ja, er ist besonders das Abbild Gottes, bloß in der Gesamtheit von dessen unendlichen Attributen betrachtet. Er ist die Gegenwart Gottes auf Erden ... – der himmlische Adam ist es, der, aus der tiefsten Ur-Dunkelheit hervorgehend, den irdischen Adam gestaltet hat».* –

Und dieses *rein geistige, göttliche* Menschen-Urbild war also, gemäß Epiphanius, *«unbeschnitten im Fleisch, eine Vorhaut habend»*!?

Wie erbärmlich erscheint doch neben der poetischen und machtvoll geistigen Schau der Qabbalah und der Vision der hellenisch-ägyptischen sethianischen Schriften des Urchristentums die so ganz materialistische, auf geringste Nebensächlichkeiten sich versteifende Blickweise der ‹heiligen Kirchenväter›, die damit zugleich zu den Vätern des Rassismus wurden, wie der folgende Passus zeigt:

«... die Äthiopier sind schwarz von der Sünde, weil sie jenes {ein sogenannt häretisches} *Mysterium begehen.»*

Epiphanius als logischer Feind der Judenchristen identifiziert 80 Häresien in 13 *Klassen* oder ‹*Ordnungen*› von Häretikern. In die *zehnte Klasse* setzt er als erste der vier Sekten aus der Ordnung der *Samariter* die *Essener*; – als fünfte *Sekte des Judentums* {Samariter gelten nicht als Juden!} sieht er die *Nasaräer* {sic!}; als achte *«die Anwesenheit Christi, der 12 Apostel und 70 Jünger».* – Somit wird der leibliche Christus samt Jümgern zum Ketzer gestempelt!

Welch tiefer Einblick in die Art der ‹heiligen Väter› der weltweiten (*katholikè*) Repräsentantin der Liebesbotschaft Jesu!

Das hindert EPIPHANIUS aber nicht, noch rasch das *kirchliche Dogma des Teufels* zu bringen (hier stark gekürzt):

«Und – oh Saat des Teufels, wodurch er den Geist der Menschen verdreht und von der Lehre der Wahrheit zu Laster und Schande verführt ...! – Indem sie Solches und Ähnliches vorbrachten, sind die Gnostiker mit der Nikolaitischen Häresie verbunden aus der Wahrheit gefallen, und sie haben nicht nur den Geist Derer, die ihnen treu sind, sondern auch deren Körper und Seelen ... in Knechtschaft gestürzt ... , indem sie menschliches Fleisch sowie Unrat sowohl essen als auch berühren, die ich nicht einmal alle auszusprechen, geschweige denn zu berichten wage, wegen des überaus großen Schmerzes, den meine Seele ihretwegen erfährt ... » –

Oh armer EPIPHANIUS mit der kranken Phantasie!

«Die Anderen» sind eine zum Teil lineare Folge von ‹Häretikern›, die auch zu CERINTHOS und den *Ebioniten* führt, an deren Kopf auch *«ein gewisser* MENANDER*»* steht. Dieser verdient besondere Erwähnung, weil er offenbar als Erster der Reihe lehrte, die Welt sei *von Engeln erschaffen worden*; während sein griechischer Name *Menander – Μηνανδρος* zugleich *Mondmann* bedeutet: Die Esoterik lehrt ja, die irdischen Geschöpfe seien *von den Mond-Engeln geformt* worden.

Ein Exkurs über JOHANNES zeigt nochmals, *wie die Gnostiker gegen Johannes gestellt* wurden – und umgekehrt. – Besonders fällt auf:

«Sie haben aber viele Bücher. Sie geben auch ein Buch heraus, [das heißt]: Interrogationes Mariæ {das dritte bis fünfte Buch der Schrift *Pistis Sophia*?[60]} *– Andere geben unter dem Namen des* JALDABAOTH *und des* SETH *viele Bücher heraus, und Andere nennen sie Offenbarungen von* ADAM *selbst. Andere haben es gewagt, Evangelien unter dem Namen Seiner Jünger herauszugeben und schämen sich nicht, zu sagen, der Erlöser selbst ... habe ihnen diese schändlichen Werke offenbart ...»* –

Wer dürfte nun noch daran zweifeln, daß die kanonischen Evangelien eben *nicht auf die Jünger Jesu zurück gehen?* –

Was EPIPHANIUS *nicht* erwähnt, das ist, daß seine hämischen Worte über NIKOLAUS, indem er ihn als *«geistigen Eunuchen»* darstellt, *wörtlich zitieren*, was im Buch der *Interrogatio Johannis* (Wiener Manuskript, Zeile 190 f.) über die Ehelosigkeit zu lesen ist!

Es sei nun noch angefügt, was die Motivation erklärt, woraus Epiphanius die Gnostiker allesamt verdammt (offenbar erging es ihm wie dem Augustinus, der aus Unverständnis bzw. Unvermögen zum Apostaten des Manichäismus wurde:

«Wollte ich [alles erzählen], so schließt EPIPHANIUS, *so müßte ich dieses Werk zu einem großen Haufen ausdehnen. Denn dieser Häresie, oh Geliebte, verfiel ich selbst, und was [mein Geschriebenes] behandelt, das habe ich selbst in eigener Person gehört. Denn die so getäuschten Frauen ... wollten uns in unserer Jugend auch in Aegypten, jenem verderblichen und schändlichen Land des Archimagiros* {er will wohl sagen: *der magischen Erz-Pfuscherei*} *... zu denselben Kühnheiten verleiten. Aber ... (wir) haben Erbarmen gefunden und sind ihren verderblichen Händen entkommen. Denn jene verdorbenen Mädchen liefen mir nach, verlachten mich, zeigten auf mich, indem sie einander gegenseitig neckten: „Wir konnten*

DIE NIKOLAITEN

(so sagten sie) den Jüngling nicht halten; so haben wir ihn in die Hände des Fürsten [dieser Welt] entlassen, um [dort] unterzugehen."
«*Denn die Hübscheste unter ihnen umgibt sich selbst wie ein Köder ...* {oh der enttäuschten Liebe!} *– Und der gnädige Gott befreite mich von ihrer Verdorbenheit, sodaß ich, nachdem ich ihre Bücher gelesen und ihre wahren Ansichten erkannt hatte, nicht verführt wurde, sondern entfloh, nicht geködert wurde, sondern mich bemühte, Jene auch den Bischöfen des Orts anzuzeigen und diesen die geheimen Namen dieser Gemeinschaft anzuzeigen, sodaß sie aus jener Gegend vertrieben wurden (es waren nämlich etwa 80 Namen), damit die Gesellschaft von ihrer streitsüchtigen und dornenvollen Art gereinigt würde ... und deutlich konnten wir von ihnen sagen: Nicht was wir getan (ferne sei es!) – sondern was wir genau von denen erfuhren, die uns dazu überreden wollten, es aber nicht vermochten, ...*» –

Die Gnostiker im Allgemeinen würdigt Epiphanius der folgenden Kolportage:

«*Es gebe auch ein Buch, Stirps Mariæ – Sproß der Maria – genannt, woraus sie entsetzliche und verderbliche Dinge zitieren. Darum nämlich (sagen sie) sei* ZACHARIAS *im Tempel erschlagen worden, weil er eine Vision hatte - und aus Furcht, als er die Vision erzählen wollte, seinen Mund verstopft fand. Er sah nämlich (sagen sie) zur Stunde des Räucherns, als er das Räucheropfer darbringen wollte, einen Mann stehen in Gestalt eines Esels; und als er heraus kam, und sagen wollte: „Wehe euch, wen betet ihr da an!" – da verstopfte seinen Mund Der, den er im Tempel gesehen hatte, damit er nicht sprechen könne. Als aber sein Mund geöffnet wurde und er wieder sprechen konnte, da offenbarte er ihnen das, und sie erschlugen ihn; – und so starb* ZACHARIAS *...*» – Vgl. Lk 1:5 ff. [61]

Dieses Zitat hat vermutlich folgende Basis:

«*Sie überliefern nämlich,* SABAOTH *habe eines Esels Form; Andere sagen: eines Schweins; – und das sei der Grund, weshalb den Juden geboten sei, keine Schweine zu essen. Der sei nämlich der Schöpfer von Himmel und Erde, und der Himmel, die nach ihm sind, und von dessen Engeln.* [13].

«*Des Weiteren: Beim Tod gehe die Seele dort bei diesen Fürsten vorbei, und sie könne nicht* [ins Reich der Himmel] *eintreten, wenn sie nicht die Kenntnis (oder sagen wir lieber: die Verdammnis) dieser Stufe besitze, und wenn sie die Hände der Fürsten und Gewalten befriedigt habe, könne sie entkommen.*» – «*Sie bringen auch ein*

erfundenes Evangelium im Namen des Apostels Philippus[62]: *„Denn der Herr (so sagt der) hat mir offenbart, was die Seele sagen muß, wenn sie aufsteigt zum Himmel, und wie sie den einzelnen höheren Gewalten antworten muß".*[63]:
„Denn ich erkannte mich selbst (sagt die Seele) und sammelte mich überall, und ich erzeugte keine Kinder des Fürsten [dieser Welt], sondern ich habe seine Wurzeln ausgerissen und die verstreuten Glieder eingesammelt {vgl. Mythos von Isis & Osiris!} – *und ich kenne Dich und weiß wer Du bist"* ... - *„Denn ich" (sagt sie) „bin aus den Höhen", und so (so sagt er* {= Philippus}*) wird sie entlassen."* – *Wenn aber gefunden wird, daß sie ein Kind erzeugt hat, so wird sie in der Hölle zurückgehalten, bis sie die eigenen Kinder* {dort?} *empfangen und in sich zurück ziehen kann."*

Inzwischen haben neue Textfunde das «Evangelium des Philippus» selbst zutage gefördert; und so zeigt sich erneut, was H.P. Blavatsky in *Isis Unveiled* schrieb:

«Die Römische Kirche hat zwei weit mächtigere Feinde als ‹Häretiker› und ‹Ungläubige›; und diese sind ... Archäologie, vergleichende Mythologie und {vergleichende} Philologie.»

ISIDOR VON SEVILLA (6. Jh.) scheint sich vorwiegend des EPIPHANIUS als Quelle bedient zu haben; – er verzichtet aber ganz auf böswillige Elemente aus eigener Feder. Höchstens die unmittelbare Gegenüberstellung gegensätzlicher Aussagen kann als stummer Kommentar verstanden werden, wie z.B.:

«Die Collicianer kommen von einem gewissen Collicius. Sie sagen, Gott mache nichts Schlechtes, entgegen dem was in der Schrift steht: Ego Dominus creans mala. (Ich, der Herr, der das Üble erschafft).

«Die Florianer leiten sich ab von Florian. Diese sagen, Gott habe das Böse erschaffen, entgegen dem was in der Schrift steht: fecit deus omnia bona (Gott hat alles gut(e) erschaffen).»

Eine besondere ‹Häresie› fällt am Ende der stichwort-artigen Aufzählung einiger ‹Exoten› in ISIDOR's Register auf:

« ... Andere nehmen eine Unzahl von Welten an ...». –

Während Jahrhunderten bestand ja der Vatikan darauf, daß es *nur eine einzige Welt* gebe – die unsrige – weil in der Bibel nur von einer die Rede sei!

Isidors Schrift wurde durch einen elsässischen Pfarrer herausgegeben und 1516 in Wien gedruckt. Seine Schlußbemerkung kann zu allen Rom-treuen Aufzählungen von Häresien gesetzt werden:

Die Nikolaiten

«Das sind die Häresien gegen den katholischen Glauben, die von den Aposteln (??) und den heiligen Vätern und Konzilien verdammt werden; und während sie in vielen Irrtümern untereinander uneins sind, conspirieren sie doch über einen gemeinsamen Nenner gegen die Kirche Gottes. – Aber auch wer immer die heilige Schrift anders versteht, als es der Sinn des Hl. Geistes fordert, aus dem sie geschrieben ist {sc. des obersten Klerus Roms}, *auch wenn er nicht aus der Kirche austritt, kann dennoch ein Häretiker genannt werden.»*

Als letzte kritische Stimme betreffend Häresie am besonderen Beispiel der *Nikolaiten* sei noch die Schrift von E.R. Roth erwähnt.[64] Dieser gehört zu den gemäßigten, selbst recherchierenden Autoren. Er bringt die *Nikolaiten* in Verbindung mit den *Bileamiten* und den entsprechenden Grundsätzen der Juden in der Didache: *«Nie könnte ein Ei dem anderen ähnlicher sein, als die Lehre der Nikolaiten* {so wie sie von den kirchlichen Autoren überliefert wird} *und jene der Didachè Balaami».* Roth bringt den bekannten Vorwurf der Unzucht in Verbindung mit der Priester-Ehe seit dem Mittelalter:

«Was ihre Unzucht betrifft, so entspricht sie dem Gebrauch des Klerus zu jener Zeit: Die Ehe wurde verabscheut, aber freie Liebe akzeptiert, entsprechend päpstlichem Edikt und Gewohnheit, daß es heiliger sei, der freien Liebe zu pflegen, als eine Ehe einzugehen. Dem entsprechend dichtete Mantuanus über die Stadt Rom folgendes Distichon:

> *I pudor in villas, si non patiantur easdem*
> *Et villæ vomicas: urbs est jam totā lupanar*
> *Geh in die Städte, oh Scham, wenn nicht auch die Städte dieselben*
> *Seuchen erleiden: Schon ist Rom insgesamt ein Bordell!* »[65]

Betreffend *das Essen von Opferspeisen* erzählt Roth, in Antiochien habe Julianus Apostata sämtliche Quellen und Brunnen und alle Lebensmittel den Göttern weihen lassen, um so die Judenchristen entweder Hungers sterben zu lassen oder dazu zu zwingen, Opferspeisen zu essen. Die Nikolaiten hätten also solches gegessen, *«obgleich, wie* Theodoret *sagt, unter Klagen und Seufzen – etsi, ut ait Theodoretus, lugentes et gementes».* – Vollkommen entkräftet wird der genannte Vorwurf ausnahmsweise – obschon unfreiwillig – durch die Worte von Augustinus:[66]

«Dieses sein {des Nikolaus} *Verhalten wurde zu einer schändlichen Sekte gemacht, wo der indifferente Gebrauch der Frauen beliebt ist. Jene trennen auch nicht ihre Speisen von denen, die den Göttern geopfert werden, und sie bekämpfen auch andere Riten der*

abergläubischen Heiden nicht. – Quid ejus (Nicolai) factum in sectam turpissimam versum est, in qua placet usus indifferens fœminarun. Hi nec ab iis, quæ idolis immolantur cibos suos separant, et alios ritus gentilium superstitionum non adversantur.» - Sie aßen also nicht einmal die Opferspeisen selbst, sondern nur Speisen *aus derselben Küche* und ließen Andere bei deren Brauch in Ruhe!

Als einzige Gegenstimme zu allen genannten Schmähschriften genügt *Gottfried Arnold's Kirchen- und Ketzergeschichte.*[67] Das ist eines der zu Recht bekanntesten Häresiologie-Werke – wenn nicht das bekannteste in deutscher Sprache. Hier wird nicht nur bereits um 1700 – also während in ganz Europa noch die Scheiterhaufen brannten – mit der Hysterie der Hexen- und Zauberer-Verfolgung und des kirchlichen Teufelsglaubens aufgeräumt, sondern eben auch mit dem Ketzerwahn.

Bezüglich der *Nikolaiten* wird Arnold besonders deutlich:

«Ehe ich zu den übrigen gehe, muß ich der Nicolaiten nicht vergessen, die beim Johannes Offenb. II.6.14 mit nahmen also benennet werden [68]. *Da es denn mercklich ist, daß nicht so wohl ihrer Sätze und Wortkriege, als ihrer Wercke gedacht wird, die man hassen solle ... so werden ihre Wercke klar genannt, nämlich, daß sie Götzenopfer gegessen und Hurerei getrieben ex Irenæo lib. I. cap. 2; – constit Apost. lib.VI.c.8: Woraus es auch Andere wiederholen, obgleich Andere, Neuere noch mehr Lehrsätze von Gott und Christi hinzutun; – vielleicht darum, daß es nur an viel irrigen Meinungen bei diesen Ketzern nicht fehlen solle, Iren[æus] lib.III. c.II; – August[inus]. hær.5.; – Philaster hær. 33; – Epiph. hær. 25 ...*

«Epiphanius gibt sich abermahls sehr bloß, wenn er nach seinen vorgefaßten Meinungen, die er für orthodox hält, dem Nicolao etwas andichtet, was ihm nimmermehr in Sinn kommen ist ... Es ist aber klar genug, daß er {Epiph.} *hier abermals aus seinem Gehirn eine Ketzerei erdacht hat; denn erstlich ist nicht zu erweisen, wird auch von Vielen geleugnet, daß dieser gute Nikolaus ein Anführer solch unreiner Vögel gewesen. Ja, wo sich auch etliche dießfalls auf ihn berufen hätten, so mercken die Alten wohl an, daß sie seine wohlgemeinten Worte böslich gedeutet und mißbraucht haben. Zudem hätte der Epiphanius ausmachen* {d.h. erkennen} *sollen, daß zur Zeit der Apostel ein Gelübde oder zumindest ein allgemeiner Vorsatz der Enthaltung durchaus im Schwange gewesen [ist], sodaß mans einem für übel oder gar strafbar gehalten hätte, wenn er sich der Ehe*

DIE NIKOLAITEN

gebraucht hätte. – Ebenso steht hier anzumercken, da[ß] sich der Autor {sc. der Autor der Apokalypse!} *nicht scheut, Johanni oder vielmehr Christo Schuld zu geben, er hätte die Nicolaiten deshalb der Hurerei bezichtigt, weil sie im Ehestand gelebt hätten: Indem Christus deswegen eine Jungfrau zur Mutter haben wollen, damit keiner seiner Jünger auch nicht einmal heiraten sollte.*

«*Solchergestalt hat immer einer dem Anderen etwas aufbürden wollen, nur damit er selbst bei Ehren und in der opinion der rechten Lehre bleibe. Im übrigen will man sagen, es seien die Gnostiker von diesen ersten Nikolaiten herkommen ... – Sie selbst aber mögen nit lange gedauert haben, wie die übrigen alle, so in den ersten Zeiten rotten* {= *Aufsehens*} *gemacht haben. Indem entweder die anderen wahren Christen mit den ihnen von Gott gegebenen und gesegneten Mitteln sie von ihrer boßheit abgekehret / oder auch die heyden ihnen sowohl als den übrigen / die unter dem Christen namen bekant waren / den garauß mögen bey guter zeit gemachet haben.*»

Mit «*Heiden*» aber meint er wohl nicht die Griechen und Römer, sondern die Juden! – Und das braucht nun keinen Kommentar.

Ein Kuriosum noch – das *Anabaptisticum et enthusiasticum Pantheon* [69] – sei nur am Rande erwähnt, weil es die damals neu aufgetauchte englische *Quäker-Bewegung* sowohl mit den Nikolaiten als auch mit den Rosenkreuzern und anderen Protestanten gleichsetzt, indem es auch den Lutheraner-Pfarrer und ersten modernen Theosophen, *Valentin Weigel* (1533-1588) erwähnt und dabei feststellt, daß «... *Weigel und alle die ihm nachfolgen / sie heißen gleich Rosencreutzer oder Pansophisten ... Widertäufer seyn*». –

Weigel und den Rosenkreuzern wird hier sogar das ganze 10. Buch gewidmet. – Typische Pointe: Der brave Autor des Buchs ereifert sich über die ‹Tatsache›, daß protestantische und rosenkreuzerische Autoren ihre Namen nicht bekannt gäben; – sein eigener Name aber bleibt trotz prächtigem In-Folio-Titelblatt im Dunkel.

Franciscus Oehler's *Corpus Hæreticorum* bringt außer den gewohnten spirituellen (theologischen) ‹Häresien› auch noch wissenschaftliche Aspekte der Antike (Mathematik: «*eine so verderbliche Lehre wie die Arithmetik*», Astronomie, Gematria – *ratio computationis literarum*), und dazu – den Nikolaiten zugeschrieben – «*Eine andere Häresie sagt, es gebe unendlich viele Welten, nach der Meinung gewisser Philosophen, wo doch die Schrift sagt, es gebe nur eine Welt ... – Ebenso die apokryphen Propheten, d.h. die geheimen, wie die Heiden sagen; so wie auch Demokrit, der von vielen Welten spricht und der wegen seiner großen Weisheit, als er so predigte, Viele in Zweifel stürzte und zu Irrtümern verleitete».*

Mit den Nikolaiten als Proto-Häretiker wird offenbar auch die Genesis im *Apokryphon Iohannis* assoziiert. Jene hätten gesagt:

«Zuerst waren nur Finsternis und Tiefe und Wasser; und die Erde wurde in der Mitte abgetrennt, und der Geist trennte diese Elemente. Da stürzten sich die Finsternisse auf den Geist und erzeugten 4 Aeonen, und diese 4 wieder 4 Aeonen. Die zur Linken und zur Rechten aber – sagte er – sind Licht und Finsternis. Und Jemand habe jenes Weib, jene Kraft (das Licht) begattet. Daraus seien die Götter geboren und die Menschen und die Engel und die sieben Geister ... – Sie setzen hinzu, auch einige Propheten seien aus ihr geboren, mit so verwunderlichen Namen wie Βαρκαββα» {*Barkabba*, d.h. etwa Sohn der Mitteilung/Überlieferung – oder gar wieder anstelle von SIMON BAR-KOCHBA. Man vergleiche mit dem aktuellen Text}.

Weitere interessante ‹Irrtümer› sind:

▷ *«Andere ... sagten, Judas habe etwas Gutes getan, indem er den Erlöser verriet. Der war nämlich, sagen sie, der Urheber des guten Wissens, dank welchem uns die himmlischen Mysterien eröffnet worden sind. Während aber die Gewalten (virtutes) im Himmel nicht wollten, daß der Christus leide, ... und weil Judas wußte, daß wenn der Christus leiden würde, er den Menschen das Leben bringen würde, verriet er den Herrn.*[70]

▷ *«Andere behaupteten, ein Evangelium der Vollkommenheit empfangen zu haben*[71] *... »*

▷ *«... JALDABAOTH, geboren aus NORIA und BARBELO, so einer Frau, oder wie andere sagen, CAULACAUCH, ein Mensch.*

▷ *... NORIA aber kommt von Feuer und Licht* {arab. نور hebr. נור – *nwr* = Feuer, Licht}, *wie das griechische* πυρ – *pyr bei der* PYRRHA *des* DEUKALION {siehe griechische Mythologie und vgl. JOHANNES DAMASCENUS: *De Hæreseis.»* -

▷ *«Es gibt auch eine Häresie, die sagt, unter DEUKALION und PYRRHA habe es eine Sinthflut gegeben – älter als jene, welche unter NOAH erfolgte. Die Arche sei in Griechenland gewesen, auf dem Berg Parnassos ... ; – und auch danach habe es nochmals eine Sinthflut gegeben ... ».*[72]

DIE NIKOLAITEN

▷ *«Es gibt auch Häretiker, die behaupten, Griechen oder Ägypter oder Perser hätten begonnen, die Erde zu beschreiben, nicht Noah habe sie unter seine drei Söhne verteilt ...»*
▷ *«Es gibt auch noch Häretiker wie die Manichäer, Gnostiker und Nikolaiten, welche zu sagen wagen, daß David kein Prophet Christi gewesen, und auch kein Lehrer und Ausleger aller göttlichen Schriften, sondern ein menschlicher Sänger und Chronist.»*
▷ *«Es gibt eine Häresie die glaubt, es gebe Sterne am Himmel, die nicht fix seien»* {also Planeten und Kometen}.
▷ *«Es gibt auch Häretiker, die bestreiten, daß Adam von Gott das Pater Noster empfangen habe»*.

Und so geht es munter weiter, mit z.T. so abstrusen ‹Häresien›, daß es schade ist, sie hier übergehen zu müssen ...
Über mehrere Häresiarchen wird berichtet, sie seien «examiniert worden», als sie nach Rom kamen, und dann bei ihrer Rückkehr nach Osten liquidiert worden. Das Bild drängt sich auf, diesen Besuchen habe eine Bekanntmachung Roms zugrunde gelegen, welche die Vorsteher aller den Christus Jesus bekennenden Gemeinden (Ecclesiæ) – zu einem «Meinungsaustausch» zwecks *gemeinsamer Formulierung einer vollständigen Lehre Christi* nach Rom gerufen habe. – Die diversen Häresiarchen hätten darin die Möglichkeit gesehen, einen Beitrag zur *einen wahren christlichen Überlieferung und Lehre* zu leisten, Rom aber das einfachste Mittel, alle ‹Irrlehren› rasch zu erkennen, ihre Urheber unschädlich zu machen und so *eine einzige Weltreligion* und *Welt-Kirche* zu begründen (eine Komponente zur noch heute diskutierten Weltordnung «NWO»). Die Kirchenfürsten hätten dann überdies die so erhaltenen Bücher und Lehren verdammt, in Geheimarchive verbracht und deren Lehren selektiv für sich umgebogen, um daraus das heute weltweit gültige Glaubensbekenntnis zu formulieren. – Aber die *Akasha-Chronik* weiß es besser.

DER HUND WEISS NICHT MEHR, WARUM ER BELLT ...
In seinem Buch *Il Celibato Sacerdotale – Der Zölibat der Priester* – bringt Giuseppe FORNASARI einige neue historische Hinweise und Text-Quellen[73]: – Nach Fornasari findet sich im 11. Jh. unter Papst Gregor IX der typisierende Ausdruck *Nikolaiten* als Bezeichnung für die *Priester-Ehe in der Ostkirche*, und bald darauf auch für *Priester-Ehe und Priester-Konkubinat in der Westkirche*. Der Be-

DIE NIKOLAITEN : PROTO-KETZER UND UR-GNOSTIKER

griff *Nikolaiten* mit NIKOLAUS als Häresiarchen taucht auch mehrfach auf in der «*Entgegnung oder Widerlegung des Büchleins von Niketas dem Kühnen*» – «*Responsio sive contradictio adversus Nicetæ Pectorati libellum*». – Letzteres war verfaßt worden 1054 als «*Libellum contra Latinos editus* – *Büchlein gegen die Latier*» (d.h. die Römer), eines Klostermönchs in Konstantinopel, des später bekannten Bogumilen-Bischofs NICETAS[74] (zit. in: Umberto in Silva Candida, *Adversus Simoniacos*, I, III, cap. 39). Ein anderer Autor im selben Sinne ist Pietro Damiani (Petrus Damianus).

Weiteres zu den Nikolaiten in: *Dictionnaire de la Théologie Catholique* XI, 1931, Spp. 499-506; – *Enciclopedia Catholica* VIII, 1952, Sp. 1859; – *Die Religion in Geschichte und Gegenwart*, 3. Aufl. 1960.

Fornasari reduziert die patristische Literatur auf «*un peccato di impurità, accompagnato [più] o meno da ardite speculazioni cosmologiche* – eine Sünde der Unreinheit, begleitet von mehr oder weniger abenteuerlichen kosmologischen Spekulationen ... ». – Zweifellos urteilt er so, weil er weder die Tradition der Kabbalisten noch die Äonologie der Gnostiker kennt und daher diese beiden Behauptungen nicht abwägen kann gegen die auf der Hand liegende Weigerung der ‹Häretiker›, die Ehe als ein *Sakrament*, die Scheidung aber als ein *Anathema* der Kirche zu akzeptieren.

Interessant ist noch, wie Fornasari NIKOLAUS und STEPHANUS sowie die Apostel der Evangelien, PETRUS und JUDAS, als Paare nebeneinander stellt – allerdings in der Meinung, das seien Gegensatzpaare, während es sich in Wirklichkeit gerade um Parallelen handelt: STEPHANUS wurde (unter Mittäterschaft des PAULUS) als *Häretiker* – also als *Judenchrist* und daher wirklich als *Gnostiker* – gesteinigt; NIKOLAUS wurde als Gnostiker durch Rufmord beseitigt. – JUDAS wurde von der kirchlichen Berichterstattung «erhängt» (eine anti-historische Kolportage zu Judas, dem Neffen des DOSITHEOS; siehe dort), der Apostel PETRUS aber als «römischer Bischof» ausgezeichnet, der er nie war, noch je sein konnte – vorzüglich weil er bekanntlich niemals in Rom war.[75] – Darum ist, syntaktisch genau gelesen, der Satz von HIERONYMUS, dem geschickten Dialektiker und Kabbalisten, höchst instruktiv:

«*Nicht alle Bischöfe sind wirklich Bischöfe. Es genügt, Petrus anzusehen; – aber auch Judas sollst du erwägen. Stephanus mußt du verdächtigen; – aber auch Nikolaus mußt du respektieren, den der Herr in der Apokalypse durch seinen Spruch verdammt ... ».*

DER HUND WEISS NICHT MEHR, WARUM ER BELLT

Die «Verdammung der Nikolaiten» durch den CHRISTUS JESUS der Apokalypse ist umso flagranter, als Er selbst, wie soeben bemerkt, bei Epiphanius unter den jüdischen Häretikern aufgelistet ist. Es würde also scheinen daß Hieronymus dieses Spiel entlarven wollte.

Daß dann im 11. Jahrhundert die *Nikolaiten,* die alles Geld verachteten, ausgerechnet der *Simonie* bezichtigt werden, macht die Sache noch durchsichtiger: Ist dies doch gerade die Zeit, wo Simonie und Libertinismus in der Kirche Roms – vorallem im Vatikan – ihre höchste Blüte feierten!

Obige Darstellung wird gestützt durch jene in *Philasters Catalogus Hæreticorum,* der – wie Fornasari (a.a.O., p. 16) – korrekt vermerkt: *«Insgesamt werden die Nikolaiten gleich hinter die Manichäer und die Gnostiker eingereiht, weil sie das Gesetz, die Propheten, das Alte und Neue Testament verwerfen und sich ausschließlich dem Studium der Apokryphen widmen».* {Dies allein schon war – falls es zutraf – eine verfehmte Häresie}. – Und Fornasari weiter:

«Diese drei Kategorien von Ketzern glauben überdies, einerlei Gott habe die Seele gemacht, ein anderer den Körper {das entspricht der gnostischen Tradition zur Geburt Christi} *– und aberkennen dem* DAVID {der gemäß allen archäologischen Forschungen nirgends auffindbar ist} *die Gabe der Prophetie: Inanzitutto, i Nicolaiti [vengono] posti subito dopo i Manichei e gli Gnostici, [perché] rigettano la Legge ed i Profeti – il Vecchio ed il Nuovo Testamento – dedicandosi esclusivamente alla lettura degli Apócrifi. Queste tre categorie di eretici inoltre credono „quod alter deus fecit animam, alter carnem" – e disconoscono a Davide il dono della profezia.»* –

Andererseits erklärt gerade CASSIANUS (360-432, cit. a.a.O) *«... er* {NIKOLAUS} *sei einer jener Jünger gewesen, die in Allem für jene Zeit als so vollkommen befunden werden, wie es heute in den Klöstern nur Wenige gibt».*

Fornasari (a.a.O., *Appendice* I, p. 111) weist auch noch darauf hin, daß die Nikolaiten nicht immer im Sinne der Häresie, aber stets in pejorativem Sinne genannt wurden.

Bei dem von Fornasari zitierten UMBERTO DI SILVA CANDIDA kommt die *Nicolaitica Hæresia* vollends nur im Zusammenhang mit der damals aktuellen Situation in der Kirche - *Ehe, Konkubinat und Simonie der Kleriker* - zur Sprache. Und in ähnlichem Sinn und Geist wurden auch die *Patarener* ‹berühmt›.

INTERROGATIO IOHANNIS UND APOKRYPHON IOHANNIS

Ein Dekret der Synode von 1074 – so FORNASARI – sagt, daß der eine Chronist – ECKEHARDT DE AURA – schreibt: «... *Papst Gregor [der Neunte] verfluchte in der Synode die Simoniten, d.h. Verkäufer und Käufer des Heiligen Geistes, und ordnete an, die Nikolaiten – d.h. die verheirateten Priester – vom Altardienst zu entfernen, und verbot den Laien das Hören von deren Messen.* – *Gregorius papa, habita synodo, simoniacos, venditores scilicet et emptores Spiritūs sancti anathematizavit, et nicolaitas, uxoratos videlicet sacerdotes, ab altaris ministerio removeri decrevit, et laicis eorum missas audire interdixit ».* –

HUGO DE FLAVIGNY als Anhänger von Gregor benutzte im Jahr 1051 beim Tod von Hermann von Metz bezüglich der Nikolaiten auch gar den Ausdruck «*... die buhlerische Ketzerei der Nikolaiten ... nach Gewohnheit der [Kirchen-]Väter verdammt – fornicaria hœresis Nicolaitarum ... patrum consuetudine condemnata»*, ohne diese ‹Gewohnheit› zu hinterfragen noch zu begründen. Doch beruft er sich dabei auf AUGUSTINUS; – und diese ‹Legitimation› wird noch lange nach Gregor großzügig übernommen. Der Vorgang verstärkt sich noch, sodaß 1172 HEINRICH, HERZOG VON SACHSEN UND BAYERN den Sultan seiner Polygamie wegen einen Nikolaiten nennt!

Noch einfacher wird es, wenn CASSIODORUS formuliert, eigentlich seien doch *alle Häretiker auch Nikolaiten* (im bekannten Sinne) – oder wenn AMBROSIUS AUTPERTUS bemerkt, alle Häretiker seien ein *dummes Volk*, und alle, die nicht [an die Dogmen der Kirche Roms] glauben, seien mit gutem Recht *«den Nikolaiten, also dem dummen Volk zuzurechnen».* Letzterer geht endlich so weit, zu sagen, es gebe *auch innerhalb der Kirche Nikolaiten;* – nämlich, indem er die aktuelle Simonie der Kleriker auf die Nikolaiten überträgt: *Jene, die irdische Schätze ansammelten, entgegen dem Wort in Mt. 6:19, bzw. Lk 12:16-20.* –

In den letzten 150 Jahren scheinen das Thema *Ketzer* im Allgemeinen, und das der *Nikolaiten* im Besonderen niemanden mehr sonderlich interessiert zu haben. Das ist auch nicht verwunderlich: Wer mochte sich um solch schmutzige Kleinigkeiten kümmern, wo es doch so hochwichtige neue Textfunde wie jene von Qumrân und Nag-Hammadi zu begutachten, zu übersetzen und zu verstehen galt? – Wo so dramatische und die ganze Welt umfassende geistige Veränderungen sich nach allen Seiten ausbreiteten und das bekannte Wort verwirklichten: *«Denn nichts ist verborgen, das nicht offenbart werden – nichts geheim, was nicht erkannt werden wird»* – ein gnostisches ‹*Logion Jesu*›, das ausgerechnet allein das *Johannes-Evangelium* nicht bringt! – Der *Dictionnaire d'Histoire et de Géographie* (Paris, 1869) erwähnt zwar einige Päpste, Bischöfe und Zaren etc. des Namens NIKOLAUS, ja sogar den schweizerischen NIKLAUS VON DER FLÜEH; aber die Nikolaiten existieren dort nicht. Auch die bekanntesten Lexika nach 1800 berichten kaum etwas zum Stichwort Nikolaiten und deren NIKOLAUS.

Nur der moderne *New Exegesis Dictionnary* sagt über NIKOLAUS kurz und bündig: *«Einer von 7 Bischöfen, bestimmt für die Sorge für griechische Witwen; wahrscheinlich der einzige* {griechische} *Proselyt, was bedeutet, daß Die Kirche ihre Aktivitäten ausweitete und nun auch heidnische* (d.h. *nicht-jüdische*) *Menschen einschloß.* – *One of 7 bishops designated to the care of greek widows; – probably the only (greek) proselyte, signifying, that the Church was widening their activities, including now pagan (gentile) people as well».* –

Damit erklärt sich nun die Bedeutung des noch heute so polpulären ST-NIKLAUS als Bild des einstigen Witwen und Armenpflegers, als welcher der DIAKON NIKOLAUS wirkte. – Die Nikolaiten-Saga als Hebel gegen alle ‹Ketzer› gehört also wirklich zur Antwort der ‹Heidenchristen› auf die «allzu erfolgreiche Vermehrung der Judenchristen in Kleinasien» (siehe unten, Kapitel *«Johannes der Jünger Jesu»*). Man erhält daher den Eindruck, daß weithin verschwiegen werden soll, was nicht sein darf, nämlich, daß Nikolaus tatsächlich einer der oft genannten «Sieben antiochischen Diakone» war; – daß er sich aber als unzweckmäßig für die neue Form der Lehre «Christi» nach APOLLONIUS bzw. SIMON - d.h. gemäß PAULUS - erwies.

Die historische Teilung der Persönlichkeit im kirchlichen Interesse begegnet ja auch bei den Kirchenvätern. Fündig wird man dann in zwei spezialisierten Kirchen- bzw. geistesgeschichtlichen Werken der neusten Zeit: In der *katholischen Enzyklopädie* DECA[76] und im interdisziplinären DGWE [77] – dem neuesten großen Werk zum Thema *«Gnosis und Kirche»*:

Der interdisziplinäre DGWE *steht bezüglich des Stichworts* NICOLAITES *ganz auf der Seite der Rigoristen. Es folgen die gewohnten Diffamierungen samt der Erwähnung von* JEZEBEL, *die hier überdies noch «wahrscheinlich eine nikolaitische Anführerin – probably a Nicolaitan leader»* – *genannt wird, deren Kenntnis die tiefen Geheimnisse des Teufels* – *«the deep things of Satan»* – *umfaßt hätten.*[78] *Sie wird nochmals genannt im Zusammenhang mit Tertullians Diskussion über Apoc 2:20, und ihre ‹Kenntnisse› werden als*

mit den Nikolaiten verbunden interpretiert. – Die Aeonologie der Gnostiker wird hier verständnislos und kirchlich-orthodox erwähnt als die *«Entstehung verschiedener Kombinationen von Aeonen und anderer widerlicher Wesen ... – and other foul beings»*. –
Soviel Unkenntnis und Häme in einem so wichtigen Werk aus dem Jahr 2005 ist wirklich sehr beeindruckend. – Dazu kommt eine große Anzahl Literaturquellen zwischen 1915 und 1987; – also längst überholtes Halbwissen zum Thema.

Der vor über 100 Jahren erschienene Band über die *Gnosis* von G.S. Mead, dem großen Okkultisten und engen Mitarbeiter von H.P. Blavatsky[79] hingegen liefert sehr aufschlußreiche Ergänzungen im Sinne der Bestätigung, ja Bekräftigung der oben entwickelten Beurteilungen aus den erst jüngst öffentlich publizierten *koptischen Apostelgeschichten von* PAULUS, PETRUS *und* JOHANNES.[80] – Daraus ergibt sich das Folgende:

EPIPHANIUS zitiert sichtlich Teile aus dem *Erlöserbuch* im *Buch des Großen Logos*, das G.S. Mead in seinem Werk auszugsweise wiedergibt, – ebenso Teile aus den Textsammlungen am Ende des 19. Jh., die als *Askew Codex*, als *Codex Brucianus* und als *Achmin Codex* wieder bekannt geworden sind[81].

Das Resultat all dieser Untersuchungen und Textstudien bezüglich der Nikolaiten kann nun so zusammengefaßt werden: Zu Recht werden die Nikolaiten als Paradebeispiel ‹häretischer› Bewegungen am Beginn des Christianismus betrachtet. Eine *Sekte der Nikolaiten* gab es wirklich – sei es ab Beginn des zweiten Jahrhunderts unserer Zeitrechnung oder später; und zwar war wirklich der antiochische DIAKON NIKOLAUS deren ‹Anführer›. Zu ihren Vorgängern gehörten die *Ebioniten* – selbst Nachfolger der Essenischen Sekte der *Nazoräer*, d.h. zur Gruppe um JAKOBUS, den ältesten Bruder JESU. Zu den Nachfolgern der Nikolaiten gehörten gnostische Gruppen wie die *Cerinthianer*. Die Strömungen der *Ophiten, Sethianer und Barbeloiten* waren mit ihnen offenbar *nicht direkt* verbunden, haben aber die zwei im gegenwärtigen Buch gebrachten Haupt-Schriften beeinflußt.

Die Invektiven im NT gegen die Nikolaiten sind also von zweierlei Art: Erstens betreffs ihrer ‹Werke›, die in Apoc. 2: 6 et al. verdammt werden. Diese Vorwürfe basierten ursprünglich auf absichtlicher Verdrehung harmloser bzw. damals üblicher Verhaltensweisen und Riten, die durch böswillige Kolportage mehr und mehr zu exemplarischen Ungeheuerlichkeiten aufgebauscht und jahrhundertelang von niemandem kritisch hinterfragt wurden.

Die Lehre der Nikolaiten war klar nach einer Mischung aus orientalischer, hellenistischer und ägyptischer Gnosis ausgerichtet: tolerant gegen Andersgläubige auf der Basis des AT, aber wie viele Andere ablehnend gegenüber dem Konzept des PAULUS für die römischen *Jesus-Mysterien*. Das Folgende wird zeigen, wie die Gruppen der beiden Christoi JOHANNES-DOSITHEOS und JESUS bzw. des JAKOBUS JUSTUS zusammenflossen, und wie PAULUS daraus einige Jünger für seine Zwecke abwarb – namentlich SYMEON PETRUS, BARNABAS und der in Rom MARKOS genannte Apostel Johannes[82]. – Diese Nazoräer mehr noch als die *Ebioniten* müssen es sein, die LANGE (a.a.O.) mit den bei IRENÄUS erwähnten *Judenchristen* meint, die sich in Klein-Asien so stark vermehrten, daß die ‹Bischöfe Asiens› den besagten JOHANNES-MARKOS baten, ein *gegen die Judenchristen* – also *gegen das gnostische Christentum* – gerichtetes *Evangelium* zu verfassen (vgl. S. 102 ff.).

Folgende Tatsachen und deren Auswirkungen gälte es nun zu bedenken, um die verderbten Text-Teile zu bereinigen:

a) Als die Apokalypse festgeschrieben wurde (ab 3. bis 11. Jh.), war ‹JOHANNES› längst gestorben, NIKOLAUS und die *Nikolaiten* längst vergessen. Dennoch dienen Letztere bis heute als Schreckgespenst und Sammelbegriff für jegliche Häresie (so wie die *Manichäer*, *Katharer* und *Albigenser*).

b) Sogar bei Epiphanius, dem überaus Rom-Treuen, den doch Alle gelesen und kommentiert, und sehr Viele auch kritiklos abgeschrieben haben, wird ausdrücklich dargelegt, daß die Gnostiker ausgerechnet mit den Nikolaiten in engster Verbindung standen, ja aus ihnen hervorgegangen seien (a.a.O., p. 36).

c) Haß ist kein Wort echten Christentums – noch viel weniger eines des CHRISTUS JESUS, der das berühmte «*Liebe Deine Feinde*» predigte und am Kreuz für sie betete, während der ‹multiple JOHANNES› des 4. Evangeliums nur mehrmals *Liebet eure Brüder* wiederholt (Jo 13:34; – 14:15; – 15:12, 17). –

Selbst wenn man sich der Ansicht moderner Textkritiker anschlösse, die sich alle darin einig zu sein scheinen, daß die *Offenbarung* von einem Gnostiker oder dergleichen verfaßt sei (was augenscheinlich *nicht* der Fall ist), so wäre die bewußte Passage betreffend die Nikolaiten *ersatzlos zu streichen* – als eine *Häresie der Kirche gegen ihre eigene Lehre* nämlich, deren *Praxis* diese *Lieblosigkeit* allerdings entspricht. Alles Andere bedeutet eine Verstärkung jener

Kräfte, die der wahren Erkenntnis Gottes und Jesu Christi als Personifikation des SOHNS oder LOGOS entgegen wirken, und die das Licht mit Finsternis umhüllen, dadurch dem «Fürsten dieser Welt» dienend und ihn stärkend.

Wenn wir also zum Schluß dieses Kapitels betonen, daß die Bibel nach wie vor eine der bemerkenswertesten Sammlungen heiliger Schriften und esoterischer Weisheiten ist, so beklagen wir doch auch, daß sie an so vielen Stellen – ja über ganze ‹Bücher› hinweg befleckt und mißbraucht wurde und noch heute wird, um menschliche Machtbedürfnisse zu stützen, Ungerechtigkeiten zu rechtfertigen und unmenschliches Blutvergießen in der ganzen Welt zu legitimieren – und dies im Namen des höchsten Vater-Gottes, im Namen seines Sohnes, des CHRISTUS JESUS (des LOGOS), und im Namen des Heiligen Geistes!

Mit anderen Worten: Die *«Häresie der Nikolaiten»* hat als solche nie existiert, es sei denn – wie alle *bonafiden ‹Häresien›*, also *alle Gnosis* – als ein Versuch, die arbiträren Lehren der römisch-christlichen Kirche zu korrigieren, bzw. die damals neue jüdisch-christliche Gnosis besser in den Vordergrund zu rücken und durch orientalische Elemente zu bereichern. – Aufgrund der hier *zusammen gefaßten* Recherchen und Studien darf das in der Überschrift gestellte Rätsel in einem einzigen Satz gelöst werden, den man in sämtliche Bibeln an geeigneter Stelle eintragen dürfte, wollte man der Sache gerecht werden:

Die «Häresien der Nikolaiten» waren ihr jüdisch-gnostisch-christlicher Lebenswandel: die wahre Nachfolge Jesu nach dem Gesetz!

Rituale und ihre Bedeutung

RITUALE ALS INNERES ERLEBEN

Kein Mensch – so sagten wir früher andernorts[83] – kein Mensch kann leben, ohne an irgend eine ‹höhere Macht› zu glauben – sei sie menschlich oder übermenschlich, nur geistig oder auch physisch wahrnehmbar. Man könnte von *einem eingeborenen religiösen Instinkt* sprechen, der nach einer Form des Ausdrucks sucht und befriedigt werden will. – Dieser Ausdruck, diese Befriedigung werden am ehesten und direktesten gefunden in Ritualen, weil diese primär nicht den Intellekt («Geist») ansprechen, sondern direkt in die Seele dringen: ins Gemüt – und dies besonders, wenn sie noch von physischen Empfindungen begleitet werden. Rituale sind auch eine Art seelischen Sicherheits-Ventils. Im Extremfall d.h. unter entsprechenden Rahmenbedingungen und Einwirkungen kann ein Ritual sogar eine *Extase* hervorrufen ($εκστασις$ – *ek-stasis* – ein *außerhalb [von sich] Stehen*. Man nennt das auch: *außer sich geraten*).

Dies traf vorallem in den Mysterien der Antike zu, wo rituelle Gesänge, Musik, Tänze und Ekstase sowie die anschließende Bruder-Mahlzeit – das ‹*Liebesmahl*›, *Agape* – ganz selbstverständlich zusammengehörten. Man denke dabei an die im *Corpus Hermeticum* hervorgehobenen «Wort-Opfer»[84]) und an den diesen ähnlichen ‹*Reigen des Kreuzes*› mit JESUS als Tanzmeister im Kreis seiner Jünger: ein Ritus im Freien nach dem *Letzten Abendmahl.*[85]

Für die über-intellektuelle Mentalität der meisten heutigen Menschen besteht gegenüber der Antike die Schwierigkeit, daß der kritische Verstand sich gegen die rein seelische Erhebung im Ritus wehren zu müssen meint, indem er sie ‹logisch kontrolliert› und dadurch verhindert: Allzulange sind die Menschen dazu erzogen worden, nur gelten zu lassen, was nach theoretischen Maßstäben ‹beweisbar› scheint. Dadurch wird verhindert, daß die *Seele des Einzelnen* sich im Ritual mit der *All-Seele* verbindet – und somit auch, daß das Ritual seine volle Wirkung entfalten kann, die u.a. darin besteht, die am Ritual beteiligten Menschen zu einer in vollem Seelen-Bewußtsein aufs Ziel des Rituals ausgerichteten Gruppe zu verbinden, was das Ganze zu ungeahnter – zu übermenschlicher Wirkung – Be-Geist-erung eben – zu erheben vermag.

Welches die wichtigsten Rituale innerhalb der Gemeinschaften um den CHRISTUS JESUS seien, ist natürlich Ansichtssache. Die Kirche Roms hat bekanntlich sieben Sakramente eingeführt und als bindend für jeden Menschen erklärt, mit den ominösen Worten: «*Alle Sakramente des Neuen Bundes wurden gemäß seinem*

RITUALE ALS INNERES ERLEBEN

freien Willen und dem göttlichen Ratschluß von Jesus Christus unmittelbar und persönlich eingesetzt».
Kaum zu glauben, daß solch eine arbiträre, durch nichts gestützte Aussage von den blindgläubigen Schafen dieser Kirche seit bald 2000 Jahren brav akzeptiert wird! In Wirklichkeit hat der JESUS der Schrift kein einziges Sakrament – kein einziges Ritual bindend vorgeschrieben. Einige dieser sog. Sakramente sind auch pure Erfindung und vorallem Mittel, um Menschen – von der Stunde ihrer Geburt bis über ihren leiblichen Tod hinaus - magisch an diese Kirchen-Hierarchie zu binden, womit erreicht werden soll, daß – besondere Bedingungen vorbehalten - kein einziges Schaf dieser magischen Hürde entfliehen, deren Æon aber wachsen kann. – Man sehe sich diese sieben fetten Nebeneinkommens-Quellen des Klerus dennoch kurz genauer an: Diese ‹Sakramente› heißen: Taufe, Firmung, Eucharistie, Beichte, Krankensalbung, Priesterweihe, Ehe.

Das Tauf-Ritual soll von Jesus «eingesetzt» worden sein, indem er selbst getauft wurde. – Die *Firmung* ist eine rein machtpolitische Erfindung: Befestigung des Schafs im Stall der Kirche. – *Die Eucharistie* wurde nicht als Auftrag «eingesetzt», sondern als Erinnerungshilfe an die Dinge, die Jesus seine nahen Vertrauten gelehrt hatte, im Sinne von: *«Wenn ihr das Passah zusammen feiert, so denkt dabei an mich ... ».* – *Die Beichte* ist ein uralter Brauch, hier zu kirchlichen Zwecken mißbraucht: Quelle für Mitwissertum, Kontrolle und Geld. – *Die Anleitung zur ‹Krankensalbung›* erscheint als typisch *schwarzmagisches Ritual.* – *Die Ordinierung zum Priester* soll der betreffenden Person tatsächlich – so der formelle Text – *«die* GEWALT *über den eigentlichen ... und den mystischen Leib Jesu Christi vermitteln»* ! – Und *die Ehe als zwingendes Ritual* endlich: ebenfalls eine Erfindung der Kirche: Bis ins Mittelalter war die Ehe für gewöhnliche Menschen eher eine Konvention aus praktischen Gründen, und relativ flexibel. Nur im Fall *dynastischer Blutlinien* spielte sie eine wichtige magische Rolle. Das ‹Sakrament der Ehe› der Kirche Roms hingegen ist eine weitere moralische Zwangsjacke zur Unterwerfung der Gläubigen unter die Dominanz der *magischen Gewalt Roms*, von wo die düstere Drohung schallt: *«Wer sich nicht kirchlich trauen läßt, ist vor Gott nicht verheiratet und lebt in einer sündhaften Beziehung»*! – Warum wird diese siebenfache seelische Vergewaltigung von Millionen von Menschen geduldet und durch Schuldgefühle unterstützt? Das ist klarem Denken unerklärlich. – Hingegen versteht man gut, daß Urchristen ebenso wie spätere Gnostiker, Katharer, Tempelritter u.s.w. nichts davon akzeptierten – selbst um den Preis von Folter und Tod nicht! Allerdings deutet vorallem die Römische Kirche sehr viele altheidnische Rituale für sich um. Die typischsten Beispiele sind *das Kreuz* als *Heiliger Baum*: Das ist der delphische ‹*Omphalos*› (Nabel der Welt), die alt-germanische *Welt-Esche Yggdrasil*, die im AT oft erwähnte *Eiche* und das indische Phallus-Symbol der *Lingam-Steine* für SHIVAH. Auch die ‹christlichen› Taufbecken finden sich in Indien als *Heilige Quelle* bei jedem Shivah-Heiligtum wieder. - Für die klassische Taufe der Antike und noch für gewisse Täufer-Gruppen der Gegenwart kennt man die Vorschrift, daß der Täufling bis zum Hals im Wasser sein muß, wie es auf vielen Darstellungen früherer Jahrhunderte sowie anhand der sog. *Piscina* – dem weiten Becken für Massen-Taufen in oder neben manchen romanischen und gotischen Kirchen - heute noch zu sehen ist.

DIE TAUFE ALS RITUAL DER UMKEHR

Das bekannteste Ritual der christianistischen Kirchen ist zweifellos die Taufe: Keine sakrale Geste ist so häufig und in so vielen Varianten künstlerisch abgebildet worden wie sie – von den naiv anmutenden, eindrücklich nüchternen Fresken des Mittelalters bis zu den prunkvoll kitschigen Monumentalbildern dea Rokoko, mit Königen, Heerscharen von Engeln und dergleichen mehr. - Doch was ist der Sinn dieser Handlung?

Heutige Vorstellungen beginnen verständlicherweise in den Szenen des NT, und zwar am Jordan; doch ist der Akt der Taufe viel älter. Der zentrale Sinn war offenbar der der *Umkehr* (Neubeginn) – und zwar von der urtümlichen Naturreligiosität mit ihren Göttern und Dämonen – Asuras, Devas, Kraftshtras etc. – zur monotheistischen Auffassung vom rein geistigen Gott (oder einer Götterfamilie aus Vater, Mutter, Sohn). Die *Umkehr* bestand also darin, sich von einem im wörtlichen Sinne Gott-losen Zustand *umzuwenden* zu einem Zustand gezielter Gläubigkeit und Verehrung des Einen (dreifachen) Gottes. Der Ritus der Wassertaufe betonte die *innere Bekehrung* des Kandidaten von seinem bisherigen Lebenslauf zu einem neuen – das bedeutete sozusagen eine *Neugeburt* oder *Wiedergeburt*, und es ist nur folgerichtig, daß diese Neugeburt verbunden war mit einer neuen Namensgebung: Die berühmte «Bekehrung des SAULUS zum PAULUS» ist ein typisches Beispiel dafür. Heute wird darum unter ‹Taufe› automatisch eine neue Namensgebung, verbunden mit der *Anbindung an die respektive Kirche*, verstanden.

Warum aber spielt das Wasser die wichtigste Rolle? Einerseits natürlich bezüglich der Waschung, die ursprünglich eine wirkliche Ganzkörper-Waschung war, in späteren Zeiten und Gelegenheiten aber nur noch symbolisiert wurde durch das Eintauchen dreier Finger ins magisch geladene Wasser eines symbolischen Taufbeckens, wie man es in heutigen Kirchen kennt. Wasser ist seit je der Inbegriff von Reinheit und Heiligkeit: Ohne Wasser kein Leben – also auch kein *Neues Leben*. Daß nun diese Taufe vorallem in Flüssen oder Seen – in Ermangelung derselben in Taufbecken für eine bis Hunderte von Personen stattfand, hat den einfachen Grund, dass nicht nur das Wasser heilig war, sondern daß das entsprechende Gewässer das Heiligtum eines Gottes, bzw. der Gott selbst war. Bekannt ist der Fluß Nereus (ein Greis) in der hellenischen Sage; Weniger bekannt ist, daß der Fluß Jordan *Lord Jordan* – also der verehrliche Gott Jordan war: Dieser Gott war dann sozusagen der Taufzeuge, dem gegenüber der Täufling sich sakral verpflichtete, sein Taufgelübde einzuhalten. Daß übrigens Johannes der Täufer im ‹Kamelhaar-Mantel› abgebildet wird, liegt teils an der uralten Einweihungstradition, wonach man dem i.o.S. Getauften je nach kulturellem Umfeld ein Antilopen-, Ziegen-, Löwen- oder Pantherfell überwarf – teils am Auftreten der sog. Wüstenväter oder Wüsten-Prediger. - Soviel zum Ritual der Taufe.

Eucharistie - Menschenopfer als Gedenk-Feier

In der heutigen Bibliographie erscheint die *Interrogatio Johannis* auch unter dem Titel *Geheimes Abendmahl*. – Dies vielleicht um zu erschweren, daß dieser Text mit den Katharern bzw. Bogumilen in Verbindung gebracht wird, die von Manchen noch heute als Häretiker verfehmt sind. Das ändert aber nichts an den Tatsachen und Motiven, die diesen Text begleiten.

Das am weitesten verbreitete Ritual ist wohl das der ‹Messe› in entsprechenden Kirchen, wo allerdings am soeben postulierten *«vollen Seelenbewußtsein der ganzen Gruppe»* zu zweifeln ist.

Nun besteht der Brennpunkt der Messe in der ‹Transsubstantiation› oder ‹Wandlung› – d.h. in der Suggestion, daß durch die Beschwörungen des Priesters im magischen Ritual der Messe das Brot bzw. die Oblate wirklich zu Fleisch, der Wein wirklich zu Blut würden. Dabei sei erwähnt, daß es magisch-symbolisch einen groben Verstoß gegen den *im Stoff vollzogenen Ritus* bedeutet, wenn der *rote Wein* durch unvergorenen und sogar weißen Traubensaft ersetzt wird: Nicht umsonst wird roter Wein *«Blut der Reben»* genannt und als stoffliches Siegel (sozusagen als das Blut Gottes) zum *Neuen Bund Gottes mit der Menschheit* nach der ‹Großen Flut› verstanden. – Zweitens (dies gilt für die Antike!), förderte der Wein den Rausch der *Erhobenheit der Seele über das Wachbewußtsein hinaus* – also die Extase und deren Ausdruck in Gesang und Tanz bei geöffnetem Seelenzentrum. Dabei gilt das oben Gesagte genauso hier: Die eigentliche, *innere* Bedeutung und Wirkung z.B. des dionysischen Rituals konnte nur bei Jenen zum Tragen kommen, die daran *in voller Hingabe der Seele* teilnahmen. Wo nicht (also für den Orgiasten allein um der Orgie willen) blieb der Rausch nur ein Rausch erhöhter Unbewußtheit, den man «ausschlafen» mußte (vgl. *Corpus Hermeticum: Pymander*). Man müßte dann die Verse des EURIPIDES ganz exoterisch, roh und im vulgärsten Sinne orgiastisch verstehen:

Oh Lust für den, der im Bergwald in rasendem / Lauf stürzt hin auf den Grund / Gehüllt ins heilige Hirschkalbfell, dürstend nach / Blut des getöteten Böckleins – nach rohem Genusse ...»

Den modern ‹zivilisierten› Leser wird vorallem bei der letzten Zeile des Zitats schaudern; doch dieser Schauder vergeht weitgehend, kennt man den Dionysos-Kult besser und versteht daher die Bedeutung jener Worte. – Darauf soll noch eingegangen werden.

Indes bleibt das moderne kirchliche Ritual der *öffentlichen Eucharistie* auf der Ebene kultischer Form stecken – oder aber es ruft gar ganz unerwünschte Kräfte – ‹Geister› – auf den Plan (vgl. die ‹Todesser› bei Harry Potter sowie unsere Abb. S. 29: surrealistische Darstellung einer wahren Realität). – Moderne Skeptiker sind der ‹aufgeklärten› Meinung, bei der Eucharistie handle es sich ohnehin nur um Übernahme eines Götzendiensts in die christlichen Kirchengebräuche. Dieser Irrtum soll aber alsbald geklärt werden.[86] –

Die kirchliche Eucharistie benutzt klassische Symbole, die aber aus der Spät-Antike stammen: Die kreisrunde Oblate (‹Sonne› mit Kreuz-Symbol = ‹Rosenkreuz›), über dem silbernen Kelch (Mond) als Symbolik der Heiligen Hochzeit von Luna und Sol, Geist und Seele, und somit aller bipolaren (‹zweigeschlechtlichen›) Duale in der Welt, begegnet als Schaubrot schon im Mithras-Kult.[87]

Dies gesagt, und in Anbetracht der diesbezüglichen *Frage des ‹Johannes›,* die zweifellos sehr viele Menschen sich stellen, ohne eine ganz befriedigende Antwort zu finden (auch in unserem Text nicht), ist es sinnvoll, hier mehr in die Tiefe zu gehen: Man wird dann u.a. feststellen, daß z.B. zwischen dem Dionysos-Kult, dem jüdischen Passah-Mahl und dem sog. Letzten Abendmahl Jesu mit seinen Jüngern kaum ein innerer Unterschied besteht.

Der Ausdruck *Messe* oder *Missa* ist sprachlich schwer zu erklären. Jedenfalls handelt es sich um eine *Botschaft* oder ein *Denkmal* in *lithurgischer Magie*, wo *theurgische Zeichen von Stein*, griechisch λιϑος = *lithos* = *Stein*, ‹*in die Welt gesetzt*› werden.

Was man hingegen leicht verstehen kann, ist der Ursprung des Ausdrucks *Eucharistie*, der gerne mit dem Wort *christlich* in Verbindung gebracht wird, was auf keine Weise zutrifft. Vielmehr führt etymologische Analyse nicht nur zur wahren sprachlichen Wurzel, sondern auch (einmal mehr) zur Übernahme antik ‹heidnischer› Gebräuche in die modernen christianistischen, wodurch dann auch das erwähnte Dilemma aus Seelen-Wirkung und Intellektbefriedigung mühelos positiv aufgelöst wird.

Der Ritus der Eucharistie ist somit keine ‹christliche› Originalität, sondern einer der ältesten sakralen Riten der Menschheit, der seit den Zeiten der indischen Rishis in jeder Epoche nach dem jeweiligen Stand des Empfindens von Moral, Sittlichkeit und *gelebter Religiosität* (d.h. *Gott-Verbundenheit*) durchgeführt wurde und wird. Das Wort *Eucharistie* kommt also nicht von *christ-*, sondern vielmehr von *charis*, d.h. *Freude, Gunst, Gnade*, und ist daher verbunden mit Begriffen wie «*zugunsten von*», oder «*um ... willen*», oder auch «*... zuliebe*». – Besonders klar ist die Ableitung von χαριστηριος (3) – *charistèrios* – zusammengesetzt aus χαρις, *charis* – *Dank, Dankbarkeit, Angedenken*, und στηριζω, *stèrizō* – *befestigen*. Somit hat der Ausdruck *Eucharistie* auch die Bedeutung von *Mahnmal* (*oder Denkmal*) *zur höchsten Dankbarkeit:* (ευχαριστον – *euchariston* ist ein Superlativ) – also explizit jene eines Opfers zum Zeichen und zum Zeugnis bleibend dankbaren Gedenkens. – Damit klingen bereits die Worte der Evangelien an, wo Jesus ausdrücklich sagt:

«*Das tut, indem ihr meiner gedenkt!*». —

Wessen es zu *gedenken* gilt, soll sogleich erklärt werden:
Soeben wurde der Vers zitiert:
Oh Lust für den, der im Bergwald in rasendem Lauf ... »

Gemäß dem Mythos in Anmerkung 86 verbrannte Zeus die Titanen zu Asche und erschuf daraus die Menschen. Man denkt dabei an einen anderen Mythos, wonach die Menschen «aus Staub vom Boden» gemacht wurden.[88] – Das Zerreißen und roh Verzehren wurde im Dionysos-Kult nachempfunden, indem ein geweihtes Opfertier ebenso zerrissen und verzehrt wurde, «begleitet von großen Mengen Weins». Diese rituelle Metapher hatte den Sinn, das zuvor dem Gott geheiligte Tier für Alle, die es verzehrten, zum Träger und Vermittler des Gottes zu machen. Dem entsprechend ist das *« Blut des getöteten Böckleins»* der Wein, der mit dem Opfertier eingenommen wurde, und in der sehr wahrscheinlich Blut des Opfertiers (klassisch: eines Widders) geflossen war, was magisch verstanden eine ‹homöopathische› göttliche Wirkung *und Identität* zeitigen mußte. Die antiken «wilden Orgien» waren also – entsprechendes Bewußtsein vorausgesetzt – eine Feier im Andenken an den sich opfernden Gott, der dabei erfahrene Rausch die Gegenwart des Gottes in den betreffenden Menschen. – Bleibt noch anzumerken, daß der Begriff *Orgie* eine durch Priester beaufsichtigte rituelle Handlung oder Feier bezeichnet: οργια – *orgia* heißt: (geheimer) *Gottesdienst* und *Opferhandlung*, ein *Mysterium* – insbesondere jenes von DEMETER, DIONYSOS/BACCHOS, KYBELE oder der Kabīren. Der dabei erreichte extatische Zustand fand seine verfremdete Bezeichnung im modernen Wort *Org[i]asmus* – οργιασμος. Und die fundamentale Persönlichkeitsveränderung im Rausch der Orgie war natürlich eine physische Metapher für das, was mystische Gnosis heute die (bewußte, nüchterne!) Gottverbundenheit nennt.

Bleibt zu erklären, woher überhaupt das Bedürfnis nach einer metaphorischen Opferung des Sonnen-Logos stammen mag. Die Antwort lautet am sinnvollsten für heutiges Verständnis so:
Der natürliche Mensch erfährt seine irdische Existenz seit Urzeiten als eine große Mühsal, als einen ‹Kampf› gegen physische Elemente und Naturkräfte, als ein Buhlen um die Hilfe von Naturgeistern und Göttern; und der Wunsch, sich von dieser Mühsal zu befreien oder befreit zu werden, ist zweifellos ebenso alt. – Doch wie soll diese Befreiung geschehen? – Die Antwort wird in einer Anzahl von Erlösungslehren gefunden, die alle darauf beruhen, daß der Mensch sich durch entsprechenden Lebenswandel und eine metaphysische Verbindung mit der Gottheit dieser Erlösung oder Rettung würdig erweise (das älteste typische Beispiel für die gegenwärtige Ich ist der *Enoch-Mythos*). Aber dieser ‹erfolgversprechende Lebenswandel› muß den Menschen zuerst gezeigt, besser noch: vorgelebt werden durch ein Individuum, das die Erlösung bereits besitzt oder gar selbst repräsentiert: Das ist der Ursprung des Messias-Mythos, worin Gott (ein Gott oder Halbgott – aber stets ein Sonnengeist wie Mithras und Jesus, oder

DER VORCHRISTLICHE GEOPFERTE GOTT:
Dieser Fundgegenstand gehört zu den Orphischen Mysterien,
wie die Aufschrift deutlich zeigt:

Orpheos Bakkikos – der bacchische Orpheus.
Oder wie man – etwas gewagt – auch lesen könnte:
Orpheus Bakkikyos – Orpheus, der dionysisch Empfangene; oder noch,
im Wortspiel von Kyos/Kyrios: *der im Fleisch empfangene Herr[gott].*

ein Sonnenheld wie Sigurd und Cuchullain, oder eben ein Sonnen-Gott wie Dionysos) auf die Erde nieder steigt bzw. auf ihr geboren wird, um diese gott-menschliche Verbindung und Erlösung zu bewirken, indem er *geopfert wird*. Dieser Erlöser kommt stets von der Sonne, weil durch die Sonne die göttliche Liebeskraft in die Ich einstrahlt. – Und die höchste Manifestation göttlicher Liebeskraft ist der CHRISTUS. Man vergegenwärtige sich einmal kurz, was für ein unerhörtes ‹Leiden› es sein muß für den sublimen göttlichen Geist, der in Sphären höchster Reinheit, auf der Ebene höchster Schwingungs-Frequenzen (also im sublimsten, reinsten und umfassendsten Bewußtsein) zu existieren ‹gewohnt› ist, seine Strahlung und Schwingung so weit abzudämpfen, bis sie für die im Stoff verhafteten irdischen Menschen erfahrbar, ertragbar, verstehbar – und *imitierbar* werden: Das ist als wollte ein Mensch in einem faulenden Fieber-Sumpf zu Wolken von Moskitos predigen!

Wenn nun weiter oben erklärt wurde, daß zwischen Eucharistie und Passah-Mahl kein wesentlicher Unterschied bestehe, ja, wenn wir es wagen, Letzteres als eine Übertragung der antiken Bacchanalien ins Judentum zu bezeichnen, dann auch, weil das Besprengen des Altars mit Blut des Opfertiers beim jüdischen Holokaust-Opfer eine hervorragende Bedeutung hat. Und es ist daher aus mystischer Sicht nur logisch, daß die Evangelien die Kreuzigung Jesu auf dieses Datum festlegen, an welchem von Alters her, bzw. anhand des Sonnen-Mythos von Dionysos, der Tod des Winterkönigs und die Geburt des Sommer-Königs (des Sonnen-Königs, also die Wiederkunft des sublimen Sonnengeists) gefeiert wurden. Es wäre ja rein akademische Überheblichkeit, zu glauben, die messianische Hoffnung und die Ideation der «Rückkehr ins Vaterhaus» seien erst einige Hundert Jahre alt und pur ‹christlich›!

Gerade hier erlebt der vergleichende Religions-Forscher wieder einmal eine fast ganz unerwartete Überraschung:

Der Mönch *Cristobal de Molina* berichtete ca. 1530 an seinen vorgesetzten Bischof in Spanien über die monatlichen Fest-Riten bei den Inca's (alle ihre Feste, Bräuche und Überlieferungen waren religiös fundiert), und vorallem über ein Mai-Ritual, bei dem es offenbar – wie beim keltischen Samhain-Fest – um die Sonne ging. Dort lesen wir das Folgende:[89]

> «Und am anderen Tag, in derselben Ordnung kamen sie heraus auf denselben Platz. Und nachdem die *Huacas*[90] und der (oberste) Inca und weitere Personen aufgestellt waren, brachten sie auf den

Platz eine große Anzahl Viehs aller Art aus allen vier Provinzen, genannt ... . Die Menge des besagten Viehs war so groß, daß ... es mehr als 100'000 Häupter waren; und dieses Vieh mußte rein sein, ohne irgend ein Fehl oder Fleck, und wohlgenährt und noch nie geschoren. Und dann wählte der Sonnenpriester vier Widder – die reinsten – und opferte sie auf diese Weise: Einen für den Schöpfer (*Hechador*), einen für den Donner(er) (*Trueno*), einen für die Sonne, und einen für Huanacaurí {den besonderen Gott des obersten Inca}. Und wenn er das besagte Opfer verrichten wollte, hatten sie auf einigen großen Platten von Gold das gedachte Fleisch, und mit dem Blut der Widder, die Jener opferte (*sacrificar* = *heiligen*), besprengte er das besagte Fleisch. Die Widder waren weiß und wohlgenährt und hießen *cuyllo*, und jene Platten mit dem besagten Fleisch waren vor dem Thron der Sonne (sc. des Sonnenpriesters); und der Hohepriester sagte mit lauter Stimme, sodaß Alle es hören konnten:

«Sehet wohl zu, wie ihr dieses Fleisch eßt; denn wer es in Sünde und mit geteiltem Willen und Herzen ißt, den wird die Sonne unser Vater sehen und züchtigen, und es wird zu eurem großen Ungemach sein. – Und wer es mit ganzem Willen essen wird, dem werden es der Schöpfer, der Donner(er) und die Sonne lohnen, und sie werden euch Kinder und glückliche Jahre schenken, und daß ihr viel zu essen haben werdet, und alles Nötige im Wohlstand.»

Und so erhoben sie sich, um es zu einzunehmen (*tomar*), indem sie zuerst einen feierlichen Schwur leisteten, bevor sie das besagte Opferfleisch (*yahuansanco*) [zu sich] nahmen, und in dem sie versprachen, nie in irgend einer [üblen] Sache [beteiligt] zu sein, noch über den Schöpfer, noch über die Sonne, noch über den Donner (*Trueno*) zu murren, noch auch Verräter zu sein an ihrem Herrn, dem obersten Inca, unter Strafe, daß ihnen dies zu Verdammnis und Ungemach gereichen würde. Und der Priester der Sonne nahm von der Platte was er wollte mit drei Fingern und tat es in seinen Mund und kehrte an seinen Platz {Thron oder Sitz} zurück. Und in der gleichen Ordnung und mit demselben Schwur erhoben sich die Sippen (*parcialidades*), und so gaben sie es Allen, bis hinunter zu den Sklaven (*criaturas*).

Und sie behielten von besagtem Opferfleisch für Jene übrig, die abwesend waren, und schickten davon an die Kranken, die in ichren Betten lagen; denn man hielt für sehr unglücklich Jeden, der an diesem Tag nicht dazu kam, vom heiligen Opferfleisch (*yahuansanco*) zu bekommen. Und sie taten all dies mit so großer Sorgfalt, daß kein Brosämchen davon zu Boden fiel, denn sie hielten es für eine große Verfehlung, wenn dies bei Einem geschah.»

Wieder möchten wir hinweisen auf die Wortgleichheit dieses Texts mit jenem im «Letzten Abendmahl» im NT, wo gesagt wird: *« ... Wer aber unwürdig ißt und trinkt, der ißt und trinkt sich selbst zu einem Urteil!»*[91] (Andere übersetzen: *« ... zu einem Verhängnis»*, wie der hier zitierte Text der Inca's.)

Bibhu Dev Misra, ein indischer Forscher und Freund schreibt dazu: *«In Indien waren Tier-Opfer während der vedischen Periode üblich und sind es in Dorfgemeinschaften noch heute. Das Opfertier, das gewöhnlich eine Ziege ist, muß rein und fleckenlos sein, und vorweg mit Weihwasser geheiligt werden. Das Tier symbolisiert zugleich den Gott selbst, der geopfert wird».* – Und andernorts: *«Es ist interessant, festzustellen, daß in vedischen Zeiten AGNI in einem speziellen Opferritus Tieropfer (pasuyajna) erhielt, genannt Niruddha pasubandha yajna. Hier wurde einmal pro Jahr oder Halbjahr ein Ziegenbock geopfert, um INDRA und AGNI günstig zu stimmen. Eine der ältesten Hindu-Schriften – das Satapatha Brahmana sagt, daß AGNI ins Opfertier eintritt, sodaß es AGNI selber ist, der geopfert wird. – Anderseits finden wir, daß der höchste Schöpfergott PRAJAPATI als das Opfer betrachtet wird, und daß durch die Teilnahme am Opfer die Götter gestärkt werden».* – So weit Bibhu Dev Misra.[92]

Dazwischen sei nur kurz erwähnt, daß auch das Wort *Mystèrion* zusammengesetzt ist, nämlich aus dem Stamm *myo* – schweigen – und στηρίζω – *stèrizo* – aufrecht erhalten, stützen, sodaß die Mysterien ausdrücklich als *Stütze für was nicht ausgesprochen werden darf* benannt werden. Der Myste (*My-stès*) – ist also: Der (bezüglich der Mysterien) *schweigend steht* oder *schweigend bleibt*.

Kehren wir zur Eucharistie zurück, deren Ursprung *für den Okzident* im hellenischen *Dionysos-Kult* (Höhepunkt im 6. Jh. v. Chr.) liegt. Wir fassen zusammen: DIONYSOS, keltisch BACCO, lateinisch BACCHUS oder auch LIBER – das *Knäblein* – ist ZAGREUS, der Sohn von ZEUS – also ein Sohn der zentralen Sonne, des Vaters aller Götter – in Sanskrit: DJAUS-PITR, besser bekannt als JUPITER. DIONYSOS ist der Typus des aus den Höhen *herabgestiegenen Gottes*, der fleischgewordene solare Geist. Heute und im Falle des kosmischen CHRISTOS sprechen wir vom *höchsten Sonnengeist.* – Die Dionysos-Riten

RITUALE ALS INNERES ERLEBEN

umfaßten also das Trinken von Wein, verstanden als Blut Gottes – sowie den Verzehr von Fleisch, verstanden als der Leib Gottes. Fulcanelli in seinem *Mysterium der Kathedralen* (a.a.O.) schreibt, die griechisch orthodoxen Christen würden zu Ostern ein Lamm rituell braten, indem sie einen Stab von Kopf bis Schwanz längs durch das geschlachtete Tier stoßen, um es zu drehen; mit einem zweiten Stab aber die beiden *Vorderbeine* oder ‹*Hände*› senkrecht *abspreizten – im Gedenken an* die Kreuzigung Christi.

Wer in den Orgien das «Fleisch des Gottes» aß und im geweihten Wein sein Blut trank, dessen Fleisch und Blut wurden *«vom Gott erfüllt».* Zweifellos erschien dann der bacchantische Rausch als Wirkung des jetzt im Bacchanten fließenden göttlichen Blutes, und der Kräfte und Tugenden des sonnenfrohen Gottes. – Damit wurden im Stoff die Worte umgesetzt (bzw. vorweg genommen):

«Wer mein Fleisch ißt und mein Blut trinkt, der bleibt in mir und ich in ihm!»

Im Laufe der Zeit veränderte sich der Dionysos-Ritus unter dem Einfluß höher stehender Kulturen wie jener Ägyptens, Assyriens, Indiens und Phöniziens. Die Grundidee des Dionysos-Kults – also des Blut-Opfers – blieb bestehen; aber sie wurde verfeinert. So entstand der subtilere *Orphische Kult.* Dieser Kult enthielt bereits gnostische Elemente und Ansätze zu einer *Erlösungs-Religion*: Die Orphiker wandelten den blutigen Ritus nämlich in einen mehr metaphorischen. Sie waren Vegetarier und asketisch geneigt; darum ersetzten sie die *blutige Omophagie* durch eine *unblutige Kommunion*, worin das Fleisch des Gottes ersetzt wurde durch Kuchen aus Weizenmehl (CERES!) und Honig (VENUS!) – doch immer im Gedenken an den geopferten GOTT-SOHN. Die Weizen-Kuchen wurden zum Weizen-Brot, und dieses schon im Mithraismus zu den Schaubroten – hier bereits mit einem eingezeichneten Kreuz. Darum ist das *Brechen des Brotes* in der christianistischen Abendmahls-Geschichte von hoher symbolischer Bedeutung, nämlich im Sinne der hinge-opferten Ich-Persönlichkeit als Umsetzung der Metapher für den *zerrissenen Körper des Gottes*, mit dem JESUS sich ausdrücklich als Nachfolger von DIONYSOS und ORPHEUS identifiziert (Abb. S. 69 & 175). Dies zeigt, daß JESUS, der den Dionysos-Ritus zweifellos kannte, sich (in Vorausschau auf seine baldige Aburteilung) als ein im klassischen Blutopfer Geopferter und so (durch *Transfiguration*) zum Gott-Menschen Gewordener identifizierte, wobei er sich am Orphischen, nicht am Dionysischen Kult orientierte. Wenn es also im Bibeltext heißt: «... *nahm das Brot, sprach das Dankgebet darü-*

ber und sprach ... », so ist das einerseits die Handlung des Familienvaters, der das Mahl dankend segnet, andererseits jene des Mysteriarchen in der Tradition des erwähnten *dankbaren Angedenkens* in der Eucharistie.

Das Ceres- bzw. Kybele-Mysterium, das dem Dionysos-Kult ähnelt, wird beschrieben am Ende von Lukians *Goldenem Esel,* wo der zum Esel (IAO!) verzauberte Lucius entzaubert, d.h. *erlöst* wird, indem er *Rosen frißt.* Man könnte dies als eine frühe Anspielung ans spätere Rosenkreuzertum verstehen.

Nebenbei gilt es einmal mehr, daran zu erinnern, daß der verehrte Gott BACCHOS oder IAKCHOS vorallem IAO hieß: Das ist eine Vor-Form des Namens JAHWEH (vgl. MOSE am brennenden Busch). Es ist derselbe IAO wie jener, der gemäß einer Überlieferung dem greisen ZACHARIAS im Allerheiligsten mit einem goldenen Eselskopf erschien (vgl. S. 47, 156, Anm. 13, 61, Abb. S. 210 etc.). Als Jener dann die Schweigepflicht verletzte, wurde er getötet. – Man beachte: ονος – *onos, Esel,* ist, gemäß Etymologie auch Teil des Namens DIONYSOS.

Im Laufe der Zeit wurde das Opfer des Gottes in offener Sprache umgemünzt zum Opfer des Kandidaten der Mysterien selber. Ging es anfangs darum, den Gott *durch Verzehren* in sich Fleisch werden zu lassen und den Gedanken der Transfiguration als unaussprechliches Mysterium zu verschweigen, so trat nun zunehmend der esoterisch geistige Gehalt in den Vordergrund, wodurch nicht mehr nur die *physisch ätherische Kraft* des Gottes, sondern sein *Geist selbst* im Kandidaten *Fleisch wurde.* Diese geheime Lehre erreichte die heutige Zeit in schriftlicher Form als Orphische Hymnen und griechische Mysterienspiele. Wurde in der orgiastischen Ekstase die Gegenwart des Gottes in *physischer Ausgelassenheit (Charis)* wahrgenommen; – geschah diese Wahrnehmung während Jahrhunderten in der Abgeschiedenheit von Klausen und Klöstern wie bei den ‹Wüstenvätern›, so kann man heute offen formulieren:

Gnosis ist das dankbar freudige geistig-seelische Wiedererkennen (Euchariston) der Gottheit im Innen wie im Außen!

Als berühmtester orphischer Eingeweihter gilt Pythagoras: Er übte einen großen Einfluß auf die antiken Einweihungsmysterien aus – vermutlich dank seinen (mehreren!) höheren Einweihungen aus der gesamten Region von Griechenland, Klein-Asien und Ägypten. Sein Einfluß erstreckte sich bis zu den Neu-Platonikern und (vorchristlichen) Gnostikern, und auf diesem Weg bis in die Neuzeit – einbegriffen das alsbald aufstrebende Christentum, das im heutigen transfiguristischen Rosenkreuzertum gipfelt.

Die rein rituell begriffene Eucharistie im Sinne von Erinnerung und Dankbarkeit dem interkosmischen CHRISTOS gegenüber benötigt also überhaupt keine stofflichen Zutaten wie Fleisch, Brot oder Wein: Auf der höchsten Bewußtseins-Ebene des modernen ‹Mysten›, des Eingeweihten ins esoterische Christus-Mysterium, genügt *die alleinige Idee* – der alleinige Wortklang von *«Brot und Wein»* – um ihm das Mysterium des sog. Abendmahls zu vergegenwärtigen: ‹*Brot*› bedeutet dann: leiblicher Träger des Heiligen Geists. – Der Begriff ‹*Kelch mit Wein*› umfaßt im Bild des *Heiligen Graals*, worin nach dem Mythos *das Blut des Gekreuzigten aufgefangen* wurde, das «Blut-Opfer» – anders ausgedrückt das *Liebesopfer* des *herabgestiegenen Sonnengeists* – und, vollständig entstofflicht gesagt: Das Blut bedeutet die Liebes- und geistige Lichtkraft des MAKROKOSMISCHEN CHRISTOS, die wie ein Atem als reines, heiliges Geist-Seelenfluidum Alles und Alle überweht, und die derart physisch ins Blut des Kandidaten aufgenommen wird. Sobald ein Mensch es versteht, sich *in vollem mystischem Seelenbewußtsein* geistig-seelisch zu erheben, vermag er sogar selbst zur Anreicherung des Universums mit geistiger Licht- und Liebes-Energie – *Charistèma* – aktiv und bewußt beizutragen, und sei es noch so bescheiden. Dies geschieht selbstverständlich umso wirksamer, wenn es in einer *gut orientierten Gruppe und in brüderlicher Einheit* geschieht: So bringt der moderne Apostel Christi Brot und Wein – Geistfeuer und Liebes-Lichtkraft – mit in die Welt, «täglich sterbend» durch sein freudiges *Selbstopfer in der* liebevollen *Nachfolge Christi*.

Gleichzeitig bleibt der Kandidat verbunden mit dem ursprünglichen dionysischen Opfer-Gedanken: *Er selbst ist* jetzt das ‹Opfertier› – *sein fleischlicher Leib soll – aber nur metaphysisch! –* «zerrissen», d.h. als ‹Fahrzeug› im physiologisch nötigen Rahmen begriffen werden, damit der geistige Prozeß nicht behindert sondern gefördert werden kann, indem der Kandidat sich *tauft im Blut der Liebe des* CHRISTOS: Das ist dann, was heutige Kandidaten unter dem *Kreuzweg* verstehen: es ist das *«Sterben, um zu leben»* – das *«Stirb bevor du stirbst»* der klassischen Theosophen.

Von einer *geistig niedrigen* Ebene aus betrachtet sieht dieser Prozeß wie etwas Gewalttätiges und Schmerzhaftes aus; auf der höheren Ebene aber überwiegen Freude und Dankbarkeit (‹Begeisterung›) im freudigen JA zum Liebesopfer des Kandidaten – zugunsten von Gott, Universum und Menschheit: So lebt in der tief verstandenen *Eucharistie* der Dionysos-Ritus gereinigt und entstofflicht weiter. So wird *in dankbar liebevollem Gedenken* das Wort JESU gemäß den Evangelien auf höchster geistig-seelischer Ebene verwirklicht:

«*Wer mein Fleisch ißt und mein Blut trinkt, der bleibt in mir und ich in ihm ... – Das tut, um meiner zu gedenken!*».

Auch PAULUS weist nochmals auf das nötige Bewußtsein hin, das bei der *Agape* – dem *Liebesmahl* der *Gemeinschaft* (griech. εκλησια – lat. *ecclesia*) herrschen solle, indem er (1 Cor 11:20-30) sagt:

«*... Wer immer also das Brot ißt oder den Kelch des Herrn trinkt in Unwürdigkeit, wird des [geopferten] Leibes und Blutes des Herrn schuldig sein. Ein jeder aber prüfe sich selbst, und so* (d.h. *in dieser Ernsthaftigkeit und Hingabe*) *esse er von dem Brot und trinke aus dem Kelch. Denn wer unwürdig ißt und trinkt, ißt und trinkt sich selbst zum Gericht, indem er das Leibliche nicht [vom Geistigen und Seelischen] unterscheidet*».

Auch das *Evangelium des Vollkommenen Lebens*[93] erwähnt die Feier der Eucharistie der «*Söhne und Töchter der Menschen, die aus Ägypten gekommen sind – und gesammelt wurden aus allen Stämmen und Völkern und Zungen ... (die) wohnen auf dem Berg Zion – und essen Brot und trinken die Frucht des Weines am Tisch Gottes – und sehen Gott von Angesicht zu Angesicht ...* ». –

Hier steht das Ritual der Eucharistie als Feier der geistigen Umkehr, und zugleich im direkten Zusammenhang mit drei berühmten Gleichnissen: dem vom verlorenen Schaf, dem von der verlorenen Silberdrachme und dem vom Verlorenen Sohn – sowie mit dem Ärger der Pharisäer und Schriftgelehrten (die) «*murrten und sprachen: „Dieser Mensch nimmt die Sünder zu sich und speist mit ihnen!"*».

Dies ist eines der Beispiele, wie JESUS seine Botschaft und seine Riten nicht dem engsten, privilegierten Kreis der Zwölfe vorbehalten wollte, sondern sie für *alle Menschen guten Willens* öffnete. Und es ist ein Beispiel, das einmal mehr zeigt, daß die neue Lehre Jesu ihn weder beim Hohepriester noch beim Römischen Prokurator, sondern bei den etablierten «*Doktoren, Magistern Schreibern und Pfaffen*» (Gœthe in ‹Faust›) verhaßt machte, wie die Evangelien berichten. – Auch der Aufschrei «*Wir haben keinen König!*» ist offenbar ein künstlicher, rein rhätorischer. Worum es hier wirklich ging, waren die ererbten Privilegien und Einkommensquellen – genau wie 1500 Jahre später, als in Basel die gesamte Academia gegen PARACELSUS wetterte und ihn zwar nicht leiblich umbrachte, aber doch gesellschaftlich und psychisch vernichtete. Heutige esoterische Geisteswissenschafter sollen sich daher sehr bewußt sein, in welch privilegierter Zeit wir gerade leben, wo die Botschaft der geistig-seelischen Erneuerung furchtlos und frei an Alle ausgetragen werden darf – und von allen Menschen guten Willens in Freiheit zur Kenntnis genommen und umgesetzt werden kann: Wer weiß, wann dieses ‹Goldene Zeitalter› wieder enden wird!

TOTEM-KULT UND TOTEN-KULT
Allbekannt sind sog. ‹Feiertage› unter Namen wie ‹Totensonntag›, ‹Aller-Seelen›, ‹Halloween› etc. - Ein Volksstamm hat ein Totem: Tier oder Pflanze, Fluß oder Berg, die es günstig zu stimmen gilt, indem man sich ihnen möglichst ähnlich macht (→ schamanistische Tanz-Kostüme). Dies wird auch erreicht, indem man sich diesen Natur-Gott *einverleibt* – indem man also z.B. das Totem-Tier des Stammes oder dessen Lieblingspflanze *rituell verzehrt oder raucht*: In Pflanze, Tier oder Pilz ist *der Gott anwesend!* – Man denke auch daran, daß durch jeden Ritus überdies die Mitglieder der Gruppe enger verbunden werden – unter einander und mit dem Schicksal des ganzen Stammes. [94]

Den Gesetzen der Magie entsprechend ist es wie soeben erwähnt möglich, einen Begriff – einen *imaginierten* ‹Gott› oder ‹Geist› so lange, so intensiv und in so vielen Menschen auf diese Weise anzubeten, bis *eine wirkliche (ätherische) Wesenheit* daraus entsteht. In der offiziellen Christenheit hat z.B. die in stofflichen Darstellungen in Kirchen, Kreuzweg-Kapellen etc. direkt angebetete Gestalt des Gekreuzigten oder Mariens zahllose ätherische *Pseudo-Christusse und Pseudo-Marien* erzeugt, die auch eine gewisse Wirkung haben – aber sicher keine erlösende! – Das möchten Viele nicht gerne glauben, doch entspricht es absolut magischen Gesetzmäßigkeiten!

Leichter versteht man, daß (nach denselben Gesetzen) ein so gepflegter *Totem-Kult* den uralten *Toten-Kulten* nahe steht: Deren Ziel ist es, einen Verstorbenen (z.B. einen Schamanen, Erstgeborenen oder großen Helden des Stamms) möglichst lange «gegenwärtig zu halten», weil er dann nicht wirklich tot ist, seine magischen Kräfte also lange über den leiblichen Tod hinaus wirksam bleiben. Dasselbe gilt z.B. fürs Mumifizieren eines ‹Pharao›, dessen Kraftwirkung damit für Jahrhunderte aufrecht erhalten wird.

Ein ähnliches Beispiel sind die «Götter», d.h. die mumifizierten Köpfe der Vorfahren, die LABANS Tochter RAHEL auf der Flucht mit JAKOB «in ihrem Zelt verbarg».[95] Die Konsequenz für den betreffenden Verstorbenen ist, dass er oder sie daran gehindert werden, einen neuen Lebenszyklus zu betreten und so auf der geistigen Entwicklungs-Spirale höher zu steigen - es sei denn, solch eine Wesenheit sei bereits im physischen Leben dem stofflichen Universum ganz entwachsen gewesen – z.B. durch *Transfiguration* oder eine ihr ähnliche Befreiung der Person vom Rad der Geburten und Wiedertode. –

Die Heiligen Schriften nennen das: *«Er war tot und ist wieder lebendig geworden ...»* – womit natürlich eine rein geistig ätherische Wiedergeburt gemeint ist – nicht die Auferstehung als identische stofflich fleischliche Persönlichkeit, die wieder allen Mühen dieser Welt ausgesetzt, und also wirklich nicht erlöst wäre.

DER REIGEN VON JESUS MIT SEINEN JÜNGERN

Ein ganz besonderes Ritual, das den guten Kirchenchristen bisher vorenthalten wurde, ist der Rundtanz nach dem ‹Letzten Abendmahl›, den Jesus mit seinen Jüngern zelebrierte. Dies zeigt, daß zu jener Zeit nicht nur der magische Gesang, sondern auch magische Gesten und Tänze der ältesten Zeiten noch lebendig und bewußt waren. Heute finden wir davon noch bescheidene Spuren in beschwörendem Kinder-Sing-sang[96], im sog. ‹Cotillon›, oder in der in Frankreich an bestimmten Orten und Tagen im Jahr noch zelebrierten *‹farandole›*. Der untenstehende Text zeigt, daß der ‹Tanzmeister› JESUS nicht nur ein den Takt und Schritt vorgebender Vorsänger war, sondern auch Gesten weitergab (→ *Chansons de Geste!*).

So sagt Jesus im Buch genannt *Die Akten des Johannes* nach dem ‹Letzten Abendmahl› als Auftakt zum bereits erwähnten *Reigen des Kreuzes* zu seinen Jüngern:

> *„Wenn ihr aber meinem Reigen folgt, so seht euch in mir, wie ich spreche; und wenn ihr seht, was ich tue, verschweigt meine Mysterien! Wenn ihr tanzt, bedenkt was ich tue, daß es euer ist, dieses Menschenleid, das ich erleiden werde. Denn ihr könntet überhaupt nicht begreifen, was ihr er leidet, wenn ich euch nicht vom* VATER *gesandt wäre als* DAS WORT *... ".* –

> *«Bevor er aber von den gesetzeswidrigen Juden, die ihr Gesetz von einer gesetzeswidrigen Schlange {gemeint:* JEHOVAH-EL-SHADDAI*} empfangen haben, ergriffen wurde, versammelte er uns alle und sprach: „Ehe ich mich Jenen überantworte, wollen wir dem Vater einen Lobgesang singen und dann zur Erfüllung dessen, was bevor-*

steht, hinaus gehen". Also befahl er uns, einen Kreis zu bilden, und während wir uns bei den Händen hielten, sagte er, in der Mitte stehend: „Antwortet mir mit Amen!" - Nun begann er, einen Hymnus zu singen: „Preis dir, Vater!"

«*Und wir bewegten uns im Kreis und antworteten ihm mit Amen:*

Lob dir, Logos! - Preis dir, Gnade! – Amen.
Lob dir, Geist! – Lob dir, Heiliger! – Lob deinem Preis! – Amen.
Wir loben dich, Vater, wir preisen dich, Licht, in dem keine Finsternis ist. – Amen.
Gerettet werden will ich, und retten will ich. - Amen.
Erlöst werden will ich, und erlösen will ich. - Amen.
Verwundet werden will ich, und verwunden will ich. – Amen.
Gezeugt werden will ich, und zeugen will ich. – Amen.
Verzehren will ich, und verzehrt werden will ich. - Amen.
Hören will ich, und gehört werden will ich. – Amen.
Gedacht werden will ich, der ich ganz Gedanke bin. – Amen.
Gewaschen werden will ich, und waschen will ich. – Amen.

(Die Gnade tanzt den Reigen)

Aufspielen will ich – tanzt alle. – Amen.
Klagen will ich – wehklagt alle! – Amen.
Die einzige Achtzahl lobsingt mit uns. – Amen.
Die Zwölfzahl tanzt oben den Reigen. – Amen.
Dem All wird zuteil, oben zu tanzen. – Amen.
Wer nicht tanzt, erkennt nicht, was geschieht. - Amen
Fliehen will ich, und bleiben will ich. –Amen.
Schmücken will ich, und geschmückt werden will ich. - Amen.
Geeint werden will ich, und einen will ich. – Amen.
Kein Haus habe ich, und Häuser habe ich. – Amen.
Keine Stätte habe ich, und Stätten habe ich. – Amen.
Keinen Tempel habe ich, und Tempel habe ich. – Amen.
Eine Leuchte bin ich euch, die ihr mich seht. – Amen.
Ein Spiegel bin ich euch, die ihr mich erkennt. – Amen.
Eine Tür bin ich euch, die ihr an mich klopft. - Amen.
Ein Weg bin ich euch, den Wandernden. – Amen.

Wenn ihr mittanzt, dann seht euch in mir, wie ich spreche, und wenn ihr gesehen habt, was ich tue, verschweigt meine Mysterien!

Ihr, die ihr gesehen habt, was ich erleide, habt mich leiden gesehen. Und als ihr es sahet, bliebt ihr nicht standhaft, sondern wart völlig bewegt. Ihr wurdet bewegt, um weise zu werden, und ihr habt mich als Stütze. Bleibt in mir!

INTERROGATIO IOHANNIS UND APOKRYPHON IOHANNIS

Wer ich bin, werdet ihr wissen, wenn ich fort gehe. Der ich jetzt zu sein scheine, bin ich nicht. Ihr werdet es sehen, wenn ihr kommt. Wenn ihr zu leiden wüßtet, wäret ihr fähig, nicht zu leiden. Lernt was Leiden ist, und ihr werdet fähig sein, nicht zu leiden. Was ihr nicht selber wißt, werde ich selbst euch lehren. Ich bin euer Gott, nicht die Verräter.

Ich will heilige Seelen in Harmonie mit mir.
Lernt das Wort der Weisheit. Sprecht mir nach:
Ehre sei Dir, Vater – Ehre sei Dir, Wort – Ehre sei Dir, Geist – Amen!

Wenn ihr wissen wollt, wer ich war, da ich alles mit dem Wort verlachte und mitnichten der Schande preisgegeben war, da hüpfte ich. Versteht aber Alles, und wenn ihr versteht, dann bekennt: Ehre sei Dir, Vater – Amen!" » –

BAGNOREGIO (ROMAGNA, ITALIEN): KARFREITAGS-RITUAL

Gegen 23 Uhr erscheint eine schweigende Prozession, die sogleich in der riesigen Barock-Kirche des winzigen-Dorfs verschwindet: Die Hauptpersonen ganz in Weiß; vier Männer tragen feierlich einen toten Körper auf einer Bahre. An der Spitze ein Priester, schweigend das Weihrauchgefäß schwingend allerlei Volks folgt ihnen nach. Auf dem Hauptplatz des Dorfs vor der Kirche flammt knisternd ein Hochfeuer. - Ein schauerliches ‹modernes› Mysterienspiel aus dem heidnischen Orient! Die Szene könnte kaum gruseliger sein, trügen diese Weißkutten auch noch weiße Spitzhüte und Gesichts-Schleier ... —

Alte und neue Mysterien

MYTHEN ALS FÜHRER BEIM AUFSTIEG INS LICHT

Die antike Einweihung in die Mysterien war ein Gemisch aus exoterischen und esoterischen Informationen und physischem Erleben. Sie wurde vermittelt durch Mythen, magische Rituale und rituelle Dramen, sogenannte Mysterien-Spiele, im Alten Ägypten dokumentiert seit mindestens ca. 2500 v.Chr. – Von dort wurden diese nach Griechenland gebracht, wo sie ab ca. 1600 zu den ‹ELEUSINISCHEN›, und in manchen Abwandlungen besonders im Mittelmeer-Raum zu weiteren Mysterien-Kulten Anlaß gaben. Im Wesentlichen lehrten sie (in Erinnerung an die Vorzeit) das Zusammenleben der Menschen mit den Göttern – und die Vereinigung Beider in den höheren Sphären.

Aus dieser komplexen Gesamtheit von Lehren und Überlieferungen wurde dann die sog. *Universelle Lehre*, die Denen, die sich solch tiefer Erkenntnisse würdig zeigten, vorbehalten war, vor den Unwürdigen bzw. Uneingeweihten aber verborgen (occulta) wurden. Die Mysterien drückten sich daher aus über Metaphern, Symbole und Allegorien, ihre innerste Bedeutung zugleich verbergend und offenbarend – je nach dem Bewußtseinsstand des Initianden.

Eines der zentralen Themen dieser Lehren war und ist der *«Kampf der Kräfte des Lichts gegen die Mächte der Finsternis»* - in der äußeren Welt des Kandidaten ebenso wie in seinem Inneren. Indem er seinen inneren Widersacher - und Schritt um Schritt auch die übrigen Hindernisse - überwindet, wird der ‹Pilger› ein ‹Ritter›, und sogar ein ‹König›. Als ‹König› darf er den Tempel und sogar dessen Allerheiligstes betreten. Die zentralen Gegensätze: Licht und Finsternis, YIN und YANG etc. werden personifiziert: OSIRIS und SETH, AHURA MAZDAO und AHRIMAN, QUETZALCOATL und TETZCATLIPOCA ...

Die ursprünglichen Rituale bestanden aus den Kleinen und den Großen Mysterien. Sie enthielten den Einweihungspfad als symbolisches Märchen oder mythisches Schauspiel und zeigten meistens den erwähnten Abstieg des Göttlichen in die Finsternis der Welt, den Weg des Menschen durch die Mühen dieser Welt, und seinen Aufstieg in die Glückseligkeit. In diesen Geschichten spielen stets eine Göttin oder ein Gott in menschlicher Gestalt – und ein Mensch oder Menschen-Paar die Hauptrolle – nebst personalisierten Naturkräften, die im Innern wie im Äußern wirken.

Der OSIRIS-MYTHOS, in dem OSIRIS durch ISIS in einem Schilfkorb *aus dem Wasser gefischt* wird wie wir ihn hier wiedergeben, ähnelt dem von Klein-MOSE. In den ersten Eleusinischen war es die geraubte und in den Hades entführte, dann errettete und ihrer Mutter

ALTE UND NEUE MYSTERIEN

DEMETER-ZOË (dem ursprünglichen Leben im Licht) wiedergegebene Göttin PERSEPHONE.

Das typische Muster des Weltbezogenen Mythos zeigte einen göttlichen Menschen (menschlichen Gott), BIOS (d.h. LEBEN), der jährlich starb und drei Tage danach auferstand - und dies um die Zeit der Tag- und Nachtgleiche im Frühling, die noch heute an Ostern gefeiert wird: Sie symbolisiert das Ende (‹Tod›) des Winters und die Wiedergeburt neuen Lebens mit der Fruchtbarkeit des Frühlings. Die drei Tage zwischen dem ‹Tod› des Winters und der ‹Auferstehung› des Lebens symbolisieren 1° den letzten Wintertag (d.i. der Tag vor dem Æquinoctium); 2° den Tag des Æquinoctiums selber (ein Übergangs-Tag vollständigen Stillstands); und 3° den ersten Tag neuen Lebens danach, mit Fruchtbarkeit und Wachstum.

Das krönende Ereignis in den antiken Mysterien war der Aufstieg in die Gemeinschaft der Götter und Göttinnen, und ins Ewige Leben mit ihnen – selbst ein Gott. Leben und Tod des römischen JESUS nach der Darstellung des NT sind ein weiteres Echo dieses Mythos.

Schon in den ältesten Zeiten der Menschheit vor der Einsetzung der Mysterien-Rituale wurden jährlich Frühlings-Opferfeste gefeiert, um die Götter günstig zu stimmen, sowie als Danksagung (die heutige *Eucharistie*; siehe jenes Kapitel), als Symbolik für den Tod des ‹alten› und die Geburt des ‹neuen› BIOS. Es gab auch die Version des physischen Opfers eines Menschen als Höhepunkt der Mysterien. Im Laufe der Zeit (entsprechend dem aktuellen Tier im Tierkreis) wurden anstelle von Männern (Isaak) und Frauen (Ariadne) im Zeichen der ‹Zwillinge› Ziegen, danach Stiere bzw. Widder geopfert. Den Beginn des Widderzeitalters zeigt ‹*Mose mit den Hörnern*› an: In ihm sind die Hörner des Sonnen-Widders und des Monds vereint.

Im Mysterienspiel wurde der Initiand zum Sohn, Bruder und Liebhaber der Göttin, die sich z.B. mit ihm paarte und ihn so zum lebenden Gott machte – oder er vereinte sich mit der göttlichen *Sponsa* – SOPHIA. Das Kind, das aus dieser Heiligen Hochzeit von Kandidat und Göttin hervorging, war zugleich ein Bild wiedergeborenen Lebens und der geistigen Wiedergeburt des Menschen.

Die Eingeweihten der Mysterien lernten, daß sie zugleich göttlich und menschlich seien. Sie waren gefallen aus – oder hatten vergessen – das alte heilige Wissen; aber die Einweihung brachte dieses Wissen wie eine Erinnerung zurück; und durch die Heilige Hochzeit - *Hieros Gamos* - wurde der Wiedergeborene selbst ein

Gott. - Der Orphische Eingeweihte rief aus: *«Ich bin ein Kind der Erde und des bestirnten Himmels – aber mein Wesen ist vom Himmel allein!»*.

Indem sie sich in andere Länder ausbreiteten, trugen die Mysterien auch dazu bei, die gnostischen Sekten hervorzubringen. Zuerst mußten die Kandidaten ihre Würdigkeit beweisen. Menschen illegitimer Geburt, Sklaven, Verräter und der Religion Abgeneigte waren als Unwürdige von den Mysterien ausgeschlossen. Dies wirft ein neues Licht auf den Zorn der Pharisäer wegen der Lehren von JESUS, der mit ‹Unwürdigen› aß, um sie von ihren moralischen und sozialen Mängeln zu ‹heilen›.

Alles in Allem war – und ist noch heute - der Zweck der Einweihung das innerliche Erwachen und die Selbstverwirklichung des Kandidaten, gipfelnd in zunehmendem persönlichem Erleben seiner Einheit mit dem Göttlichen; – ein Prozeß, der nur durch jeden einzelnen Menschen selber in Selbsterkenntnis, Eigengesetzlichkeit und Selbstverantwortung verwirklicht werden kann.

Das Winter-Solstitium ist der Punkt im Jahresablauf, wo das «weniger werden» der Sonne endet und ihr Wieder-Aufstieg – ihr erneutes «Wachsen» - beginnt (Johannes: *«Ich muß weniger werden, damit Er wachsen kann ... »*). Darum feiert man die Geburt des gottmenschlichen Kindleins (BIOS) stets zur Winter-Sonnwendzeit.

Mysterienspiele fanden regelmäßig statt bis um ca. 392 n.Chr., als Kaiser THEODOSIUS I begann, alle Mysterienschulen und die Tempel der Großen Göttin zu zerstören, die entsprechenden Einweihungs-Riten zu verbieten, um all dies durch Lehren, Rituale und Handlungen der Kirche Roms zu ersetzen – gleich. wie dies die Bibel in den Büchern *Könige* und *Chronik* von den eifernden jüdischen Hohepriestern, aber auch von Paulus berichtet. Darum verschwanden die Mysterientraditionen aus dem öffentlichen Leben. Sie wurden dann einerseits durch *Die Kirche* annektiert und angepaßt, andererseits durch geheime (‹okkulte›) Gruppen und Orden im Untergrund weiter gepflegt. Dies gilt besonders für sog. ‹Heiden› und ‹Ketzer› wie Bogumilen, Katharer, Tempelritter und kirchenfremde Täufer-Gruppen.

Zugleich erschienen zumeist apokryphe, d.h. nicht-kanonische Texte der ersten beiden Jahrhunderte n.Chr. von Sethianern, Barbeloïten, authentischen Jüngern Jesu sowie die originalen Evangelien.

ALTE UND NEUE MYSTERIEN

Der SOHAR als Teil der QABBALAH des mystischen Judentums, die alte Druiden-Weisheit und sogar der mystisch-magische TAROT – sie alle enthalten Aspekte der alten Mysterien; - sie alle weisen mit ihren Symbolen und Mythen auf die erwähnte dreifache Reise von Abstieg, Erdenweg und Aufstieg hin.

THEODOSIUS verbot und vernichtete also beinah die ganze esoterische Lehre im Römischen Weltreich, und die eleusinischen Mysterien erlitten einen allgemeinen Niedergang. – Indes: insgeheim wurden sie trotz schwerster Verbote weiterhin gefeiert und lebten durch die finsteren Jahrhunderte hin weiter, obschon ihres öffentlichen Glanzes beraubt. Es ist gewiß und wird auch mancherorts dokumentiert, daß Rituale der Mysterienbräuche in der Form gesellschaftlicher Zusammenkünfte weiter gepflegt wurden – weit über die Zeit des THEODOSIUS hinaus und sogar bis heute – heute aber zumeist ohne zu wissen, woher sie stammen. Dies trifft vorallem für christliche Dogmen, Rituale und Erzählungen zu, aber auch für Legenden, Sagen und Volksbräuche sowie für die ‹blaue› Freimaurerei, Neo-Druiden und dergleichen. –

Jede Einweihungs-Schule will die Menschen aus der Finsternis ihrer natürlichen Unwissenheit erwecken: aus den Illusionen betreffs der manifestierten Welt mit ihren sinnlichen Erfahrungen, die auch ein Grab genannt wird – und sie in einen Zustand höheren Bewußtseins, genannt ‹Erleuchtung› oder ‹Das Licht› zu bringen. Dieser höhere Bewußtseinszustand wurde durch Uneingeweihte oft «widernatürlich» oder «gegen Natur» genannt, denn es ist unmöglich, die Mysterien aus dem Vernunft-Denken zu begreifen oder zu erklären, noch Spötter oder Kritiker dazu zu zwingen, die Existenz, Wirkung und Bedeutung dieses Prozesses samt seinen Ergebnissen anzuerkennen. Ebenso unmöglich ist es, mit weltlichen Argumenten Jemandem zu beweisen, daß dieses geistige Konzept *in jedem Fall* – geglaubt oder nicht – von direkter Tragweite auch für *seine* Person und *sein* Leben ist. Daher sind initiatische Lehren nur Eingeweihten verständlich und können nur von Jenen geteilt werden, die schon beide Füße auf den langen, beschwerlichen Pfad *bewußter geistiger Evolution* gesetzt haben.

Wenn aber ein Kandidat es wagt, sein Herz für einen festen Entschluß zu öffnen, wenn er oder sie dem Pfad folgt und in dieser Orientierung mit allen Konsequenzen fest bleibt, so werden sie die Folgen geistiger Erfahrung aus erster Hand – GNOSIS – spüren, und sie werden verstehen, warum allein ein spirituell orientiertes und engagiertes Leben das Dasein lebenswert macht.

Von Jahrhundert zu Jahrhundert mögen Worte, Gesten und Symbolik der Rituale sich ändern; aber der innere Prozeß – diese «*Reise quer durch die Finsternis*», begleitet von Prüfungen und allmählicher oder plötzlicher Erleuchtung – bleibt stets dieselbe. Der Zweck ist immer, das Menschenwesen durch vollkommene Regeneration zu höherer oder höchster Erkenntnis zu führen. Das bedeutet stets: Selbstverwirklichung auf einer Wanderung von der Finsternis zum Licht; und das gilt selbst fürs aktuelle Christentum.

In den klassischen antiken Mysterien wird der Kandidat aus dem blendenden Sonnenlicht des Tempel-Vorhofs (der himmlischen Wohnstatt des ‹Anbeginns›) plötzlich ins Düster einer verbotenen Kammer gestoßen (gleich der Geburt in die physische Existenz), und fühlt sich dort allein und hilflos – besonders wenn es sich um eine kleine Höhle handelt.

Der griechische Historiker HERODOT interessierte sich sehr für ägyptische Religion. Das ganze 9. Buch seiner Weltgeschichte widmete er Ägypten und der ägyptischen Religion im Besonderen, weil er diese für den Quell religiösen Verständnisses in Griechenland hielt. Er setzte ISIS der DEMETER gleich, und OSIRIS dem DIONYSOS. Auch DIODORUS SICLUS beschreibt im ersten Jh. n.Chr. den ägyptischen Ursprung der Eleusinischen Mysterien und den Kult für BACCHOS (DIONYSOS).

DER OSIRIS-MYTHOS ALS PROTO-MYSTERIUM

OSIRIS (☉), der Gatte von ISIS (☽), war ein ägyptischer König der Urzeit.[97] Sein Feind, TYPHON (SETH, Chaos, oft kurz «das Böse» genannt) erschlug ihn, hackte seinen Körper in 14 Teile (das ist ein halber Mondzyklus) und schleuderte sie auf die Wasser des Nils, oder wie Andere sagen, in die vier Windrichtungen. ISIS trauerte mit ihren Gespaninnen, suchte die Teile und setzte sie wieder zusammen – bis auf den Phallos, den sie durch einen solchen aus Gold ersetzte, worauf sie sich mit ihm begattete. So wurde HORUS als Sohn des OSIRIS geboren. Der so wiedergeborene OSIRIS wurde der Herrscher der Unterwelt (AMENTI). Als befruchtende Kraft der Natur wurde er zusammen mit ISIS («Mutter Erde») verehrt, der Großen Mutter des Lebens.

In den OSIRIS-MYSTERIEN nahm der Kandidat an einem Drama teil, das die Verstümmelung und Wiederherstellung von OSIRIS wiedergab. Die Erklärungen nach dieser feierlichen Zeremonie wurden Teil der Universellen Geheimen Lehre der heutigen Esoterik.

ALTE UND NEUE MYSTERIEN

OSIRIS war fürs gewöhnliche Volk eine göttliche Person; den Eingeweihten aber ein Symbol und gewichtiger Mythos. Sein Tod, die Trauer von ISIS, die Wiederherstellung seines Körpers und seine endliche Erhöhung in den Götterhimmel waren und sind eine Form, zu lehren, daß hinter dem Tod Ewiges Leben steht, und daß, wenn der Körper auch zerstört ist, die Seele lebendig bleibt. Das ist der Grund, weshalb in ägyptischen Texten der Eingeweihte ausruft: «... ICH BIN [EIN] OSIRIS!»

Das ganze OSIRIS-DRAMA ist sehr ähnlich den Eleusinischen und den Dionysos-Mysterien. Im Ritual von ISIS und OSIRIS wie in allen Einweihungs-Drammata (und so auch noch in der heutigen Freimaurerei) verbringt der Kandidat eine gewisse Zeit in einem finsteren Gelaß, Höhle oder Keller, ähnlich dem Schilfkorb oder hölzernen Sarkophag, worin Osiris im Mythos eingesperrt war.

RA - oder AMEN-RA - wurde der Vater der ägyptischen Könige: Wann immer die göttlich königliche Blutlinie eine Auffrischung benötigte, nahm der höchste Gott es auf sich, als regierender König Ägyptens geboren zu werden. Als solcher besuchte er die Königin in ihrer Kammer und wurde der wirkliche Vater des danach geborenen Kindes. – Jahrhunderte später lehnte die Geschichte von JESUS sich an diesen Mythos an, als es darum ging, zu erklären, wie und durch wen Maria schwanger geworden sei[98]. Der Evangelist LUKAS meldet, sie sei *«durch den Heiligen Geist überschattet»* und durch ihn geschwängert worden (Lk 1:35). So wurde – auch hier – der allerhöchste Gott der physische Vater des menschlichen *Kindgottes* (HORUS, DIONYSOS, JESUS).

Dasselbe sieht man im Alten Mexico: Die CACHINAS konnten z.B. aus einem Felsen auftauchen und die erwählte junge Frau schwängern, ohne sie physisch zu berühren.

WICHTIGE ASPEKTE DER GROSSEN MYSTERIEN

Während die Seele in die Tiefen der physischen Natur untergetaucht ist, vermengt sie sich mit dem finsteren *Tohu-wa-Bohu* der stofflichen Persönlichkeit. Da unterliegt sie den Wünschen, Leidenschaften und Illusionen der natürlichen Sinne. Das Ganze wird das «Gefängnis des Bösen» genannt. ‹Das Böse› in diesem Sinne ist der natürliche Gegensatz zu was gewöhnliche Menschen ‹das Gute› nennen, und unabdingbarer Teil der irdischen Existenz. Die Seele ist also gefangen im Körper, wie verbannt in einem fremden Land, oder wie gefesselt in einem Gefängnis oder einem Grab.[99]

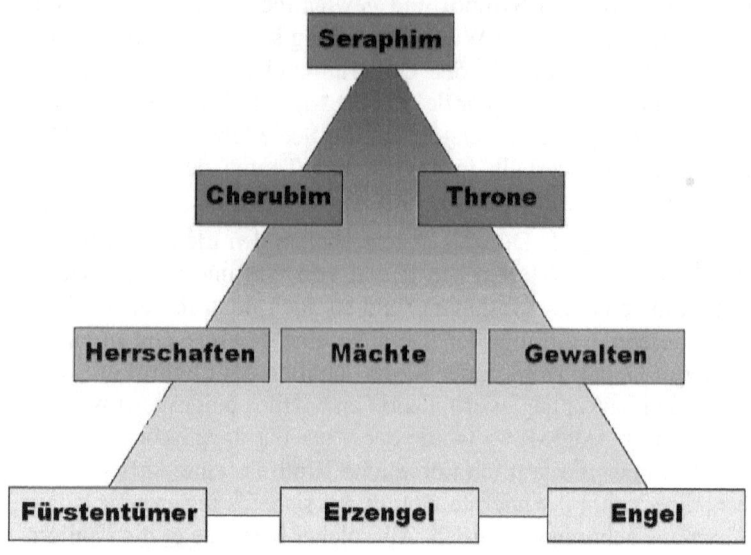

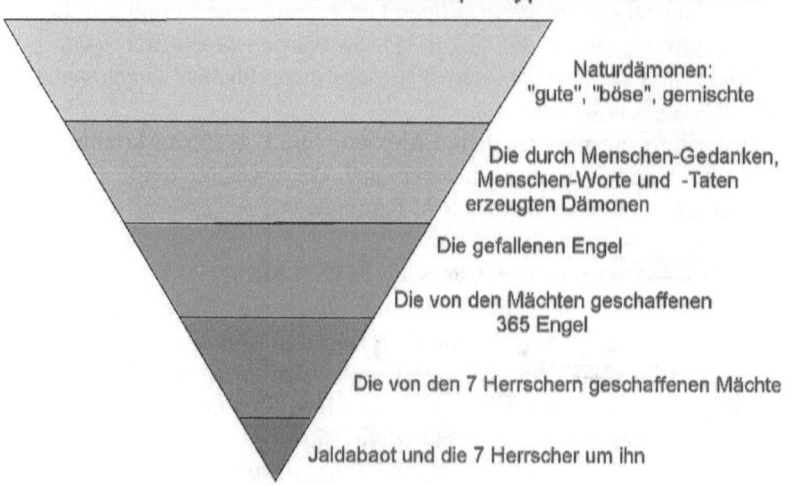

Die Hierarchien der Engel und Dämonen im Apokryphon des Johannes
(Nach Graphiken aus dem Internet, angepaßt)

ALTE UND NEUE MYSTERIEN

Wenn der physische Körper zu funktionieren aufhört, erhebt sich die Seele nach der «anderen Seite des Schleiers» und bereitet sich dort auf einen neuen physischen Lebens-Zyklus vor - bis sie, nach unzähligen Geburten und ‹Toden›, Vollkommenheit erreicht und in ihren göttlichen Ursprung zurückkehrt. Dort herrscht wahres ewiges Leben. Zwischen ‹Tod› und ‹Leben› in der Welt jedoch wertet (so zu sagen) die Seele, d.h. der unmanifestierte Mikrokosmos ihre Erfahrungen des vergangenen Lebens aus, wie in einem Förderkurs. Das ist auch die von den Unwissenden «Tod» genannte Zeit von der Auflösung des Leichnams, den sie soeben verlassen hat, bis zur Zusammensetzung all dessen, was ein nächster (immer menschlicher) Träger desselben Mikrokosmos (‹Seele›) an neuen Kenntnissen und Erfahrungen brauchen wird, wenn er erneut in den Zustand des «lebenden Tods» eintritt, d.h. physisch geboren wird.[100] - Das buddhistische Konzept, daß Seelen zwischen menschlichen und tierischen Existenzen wechseln, wird heute kaum mehr aufrecht gehalten; dennoch soll man tierische Seelen gleich wie menschliche respektieren und lieben.

Es gibt also ‹Kleine› und ‹Große› Mysterien. Letztere wurden alle fünf Jahre gefeiert[101]; Erstere jährlich um dieselbe Zeit. Die DIONYSOS- und KYBELE MYSTERIEN begannen am 15. des Monats Boedromios[102] (unser September). Diese Feiern dauerten insgesamt neun Tage:
- Am ersten Tag versammelten sich die Eingeweihten.
- Der zweite Tag war der Tag der Reinigung, mit Waschungen im Meer oder Fluß.[103] Vom Bad zurückgekehrt, wurden Alle als neugeboren betrachtet[104], denn das Bad wurde als eine *Regeneration* angesehen (man sehe die vielen Darstellungen von Jungbrunnen seit der Renaissance). Nun wurden die Eingeweihten in Felle von *Zicklein* oder *Schafen* (siehe oben) gekleidet - vgl. Das Fellkleid von NIMROD und ESAU, das Kamelfell von JOHANNES DEM TÄUFER und das oben zitierte Distichon!
- Der dritte Tag war der Tag der Ehrungen und Opfer für die entsprechenden Götter.
- Am vierten Tag fand eine feierliche Prozession statt.
- Der fünfte Tag war der ‹Tag der Fackeln›, mit einem Fackel-Umzug am Abend und vielen Vergnügungen[105].
- Am sechsten Tag wurde das Standbild von DIONYSOS, auch IACCHOS oder ZAGREUS (Sohn des ZEUS) genannt, von Athen nach Eleusis gebracht[106] - unter Singen und Tanzen, und mit

89

Musik von Blasinstrumenten und Zimbeln, wie im biblischen Buch der Könige beschrieben: DAVID als Priesterkönig an der Spitze der Volksmenge tanzt für BAAL, da die Bundeslade nach Jebus/Jerusalem gebracht wird! [107].

- In der Nacht vom sechsten zum siebenten Tag der Feierlichkeiten fanden die Erhebungen in höhere Grade statt: Im dritten Grad wurden die Initianden mit Myrten-Kränzen gekrönt. Beim Eintritt in den Tempel reinigten sie sich nochmals symbolisch, indem sie die Hände in ein Becken mit geweihtem Wasser tauchten.[108]
- Am siebten Tag fanden Spiele statt («olympisch», heißt «göttlich», bzw. «zu Ehren der Götter»).
- Am achten Tag folgte die Heilung der Kranken[109]. Am Abend desselben Tags hielt man die Einweihungs-Riten ab (die Einweihung in die niederen Grade fand in Agræ statt). Ein Kandidat der Mysterien war zuerst ein Mystès (schweigend, stumm; vgl. die weiter oben gegebene Etymologie): In gewissen Einweihugsschulen mußte der Neophyt drei volle Jahre stumm bleiben! – Eine harte Probe, wo mancher Petent bereits aufgab. Die innere Bedeutung davon war, daß ein Initiand zuerst lernen mußte, zu beobachten, zu sehen, zu hören, sich der Trügerischkeit der natürlichen Sinne bewußt zu werden, und dabei stumm und bescheiden zu bleiben, zu erkennen, wer er wirklich sei, und richtig denken zu lernen. Es konnte auch bedeuten: Wir müssen unsere äußeren Sinne für die Außenwelt verschließen lernen, bevor wir die geheimsten Mysterien erschauen können (vgl. Dao-De-Ging, Ausg. Ed. Oriflamme, ✣ 56.

Nach dieser Probezeit und weiteren Prüfungen und Tests konnte einer ein EPOPTE werden ($εποπτεω$, *überschauen*, aber auch: *ein Augenzeuge sein*).

- Am neunten Tag fanden Libationen statt (Blut und heißes Fett der Opfertiere, Wein, Oel, Mehl, Blumen), wie es sich für heilige Rituale ziemte.

Die Riten der Großen Mysterien enthielten drei Haupt-Elemente: Die DRAOMENA (was getan wird; $δραω$ – tätig sein, handeln), die DEIKNYMENA (was gezeigt, sichtbar, verstehbar gemacht wird: $δεικνυμι$ - *lehren beweisen, erklären*), und LEGOMENA ($λεγομενα$

- was ausgesprochen, erläutert, gesagt wird[110]). – Sie waren also zusammengesetzt aus dem, was als lebendiges Beispiel in heiligen Gegenständen und Riten in Szene gesetzt wurde, und aus dem was *gesprochen, gesungen* oder *getanzt* wurde. Barbara Walker, eine Forscherin und Autorin in Frühgeschichte nannte diese drei Elemente: *«Das Gesehene, das Gehörte und das Geschmeckte»* - vielleicht in Anlehnung an die Tatsache, daß, wie sie scheibt, *«die Eingeweihten ... den* KYKEŌN *tranken: einen Mischtrank aus Wasser, Honig, Mehl und Kräutern. Er wurde als heiliger Trank überliefert, weil* DEMETER *ihn zu trinken bereit war, als sie durch* IAMBE *getröstet wurde».*

Es mag sein, daß der KYKEŌN (κυκεων) seinen Ursprung im *Soma-Trank* der alten Brahmanen hatte: uraltes *magisches Gebräu* wie das MET – das als *Bier* (Stamm *bere* = *trinken, Trank*) noch heute in *Brauereien gebraut* wird. – Es wurde auch schon gesagt, der Kykeon sei mit psychotropen Substanzen ‹gewürzt› gewesen, z.B. mit dem Ergotamin-haltigen ‹Mutterkorn›-Pilz , der auf *Gerste und Weizen* wächst (→ Gerstenbier und Weizenbier!), wodurch die Initianden die Götter ‹sehen›, und physisch die Rückkehr der PERSEPHONE in die wartenden Arme ihrer Mutter DEMETER/ KYBELE spüren konnten [111]. Derartige magische Tränke kommen oft in Märchen, Mythen und magischen Überlieferungen vor, wenn eine Person ihre Erscheinung oder Wahrnehmung verändern – oder gewisse ‹übernatürliche› Fähigkeiten erwerben will. – Vielleicht meinte Walker mit *«das Geschmeckte»* aber auch, was wir in den Schriften der alten Theosophen Deutschlands und Hollands des 17. Jh. lesen, wo betont wird, daß GNOSIS nicht intellektuell oder wie ein Katechismus gelernt werden kann, sondern sozusagen physisch absorbiert und mit allen Sinnen der Persönlichkeit erfahren – «geschmeckt» - werden muß: GNOSIS ist Kenntnis des Herzens, nicht des Gehirns.

Die genannten drei Aspekte der Einweihung in die antiken Mysterien stellten zusammen die *Aporrèta* dar – die *«unausgesprochenen Dinge».* – Die *Dromena* zeigten den Hierophanten, wie er mit einer Priesterin das Drama von PERSEPHONE und DEMETER aufführte. Die *Deiknymena* waren die heiligen Gegenstände, die *Hiera* (Heiligtümer), wie z.B. den *Larnax* - λαρναξ Βακχου (lat. *Cista Bacchi)* –

also Kiste, Sarg oder Korb der DIONYSOS-MYSTERIEN mit deren Inhalt. Der Kandidat wurde durch den Hierophanten belehrt und durfte nun in den λαρναξ *hinein schauen,* der die mystischen Schlangen, das Brot, den Wein, den Phallos, Eier und einige Weizen-Ähren enthielt. Die *Legomena* waren die geheimen Worte (Namen) und magischen Formeln (Zauber), die zu den Mysterien gehör(t)en.

Der griechische Autor THEOPHRASTOS (ca. 371-287 v.Chr.) berichtet, auch Mahlwerkzeuge seien im λαρναξ gewesen: Mörser und Pistill, die typischen Symbole für geschlechtliche Vereinigung, und zugleich für den gesamten Prozeß von Regeneration und Wiedergeburt, wurden auch zur Bereitung des Kykéon benutzt.

DIE SYMBOLIK VON TOD UND AUFERSTEHUNG

In DEMETER's Haupttempel, ELEUSINIOS genannt, wurde die Ankunft (ελευσις, *eleusis* = *Advent*) ihres göttlichen Kindes BIOS (d.h. *Leben*) zelebriert, worauf auch der Weizenhalm hinweist, der aus der Erde Schoß wiedergeboren wird, wie OSIRIS. Je nach spezifischem Mysterium und Mythos hieß dieser SOHN der Sonnenkraft DIONYSOS (siehe Kapitel *Eucharistie*) – oder TRIPTOLEMOS[112], oder IASION (Ιασιων)[113], oder [ZEUS] ELEUTHERIOS, der Erlöser. – Der neugeborene BIOS (scil. OSIRIS) wurde wie *Weizen* in eine Krippe oder Futter-Schwinge gelegt[114]. Auch er wurde ‹getötet› (geerntet), ‹begraben› (gesät) - und nach drei Tagen ‹auferstand› (keimte) er wieder. Die große Alternative ist: Mahlen des Korns und Backen von Brot aus dem Mehl entsprechen dem Verwandlungsprozeß der Einweihung bis zum Erreichen der vollkommenen Transfiguration nach Seele, Geist und Körper – ein Prozeß, worin der Kandidat durch Einweihungsprüfungen und Lebenserfahrung ‹gemahlen› etc. wird. Das ist, was die Katharer ihr *Endurá* nannten.

Während den Riten für DEMETER/KYBELE identifizierte sich jeder Teilnehmer mit diesem Erlöser-Sohn, und an den *Haloa* - dem *Fest des Dreschbodens* – wurde er mit ihm ‹vergöttlicht› (← ͨαλως, *halōs*; davon ͨαλοαω, *haloao* = *dreschen, prügeln;* und ͨαλλομαι, *hallomai* = hüpfen)[115]. Es war also in den Eleusinischen wie in den Dionysischen und den Christlichen Mysterien das zentrale Konzept dies, sich den Erlöser physisch *ein-zu-ver-leiben* – sein Fleisch zu essen und sein Blut zu trinken. Denn wie im Kapitel *Eucharistie* erklärt, wollte der Mythos von DEMETER und PERSEPHONE, daß der Initiand des Gottes Leib – nämlich Brot (= OSIRIS) und Wein (DIONYSOS) – *konsumierte,* so den Gott selbst *in seinen eigenen Leib aufnahm*[116] und daher wirklich *«mit dem Göttlichen Eins»* wurde.

Im Begehren, dieses Ziel in die ihr eigene Idiosynkrasie des Göttlichen einzubeziehen, machte die Römische Kirche des Mittelalters diese antike Mysterien-Handlung zum Dogma der *Transsubstantiation*, wo Oblate und Wein – *wie in der Antike* - durch die magische Beschwörung des Priesters als tatsächlich ins aktuelle Fleisch und Blut des CHRISTUS JESUS verwandelt postuliert werden. – Während dem Konzil von Trient (1545-63) wurde dieser heidnische Glaube dann offiziell ‹christianisiert›.

Die endgültige Offenbarung der Eleusinischen war *«ein Weizenhalm, gereift in der Stille»*, was die Unaussprechlichkeit der innersten Mysterien unterstrich.

Dasselbe Symbol erscheint bei anderen GOTT-SÖHNEN, so z.B. beim syrischen ADONIS, dem persischen DUMMUZI, dem ägyptischen OSIRIS und bei BAAL: BAAL - DER HERR - war in Syrien, und - glaubt man dem AT - auch in Canaan der Gefährte von ASTARTE-ASTAROTH-ASHERA, die von den jüdischen Hohepriestern jahrhundertelang verschrien und doch nie ganz ausgerottet wurde. Wieder andere Mysterien der Muttergöttin, die lange in ganz Griechenland (Attika!) und im römischen Reich gleich wie die Dionysischen zelebriert wurden, waren jene von ATTIS und KYBELE.[117]

In ASTARTE's Tempel in Byblos hatte übrigens der Weizenhalm einen besonderen Namen: SHIBBOLETH - ein Wort, das die Juden (und daher auch die Freimaurer) als besonderes Paßwort adoptierten.

DEMETER (lat. CERES) – so lesen wir - wurde auch *Mutter des Getreides* genannt – daher die CEREALIEN (das heutige kirchliche *Erntedank-Fest*). Die mittelalterlichen Freimaurer fügten eine weitere Symbolik für DEMETER (d.h. *Göttermutter*) hinzu, indem sie sie *«die alte Beherrscherin von Erde und Meer»* benamsten und das FM-Symbol der *Fülle* einführten: *«Ein Weizemhalm bei einem Wasserfall»*.

Der feierlichste Akt der Zeremonien während der Mysterien-Feier ist, was unter dem Namen *Hieros Gamos*, d.h. *Heilige Hochzeit* bekannt wurde – primär zwischen der Göttin und einem Priesterkönig, wie dies in Babylon der Fall war, als die Götter (die Anunnaki) noch auf Erden wandelten; später aber zwischen Gott oder

Göttin mit einem Menschen, bzw. zwischen Hohepriester und Hohepriesterin. Gemäß Tertullian stiegen während der Mysterienfeier der *Hierophant* (ʽιεροφαντης – d.h. Er der die heiligen [Worte] ausspricht und lehrt) und die Hohepriesterin zusammen in einen unterirdischen Raum des Tempels. Nach einiger Zeit erschienen sie wieder, wo die Versammelten in banger Erwartung harrten, indem sie glaubten, daß von dieser mystisch-physischen Vereinigung der beiden Repräsentanten der Gottheit ihre eigene Rettung abhänge. Dieser Glaube gab ihnen die Überzeugung, von der völligen Auflösung der Seele wie des Körpers im Chaos nach dem Tod errettet worden zu sein. Der feierliche *Paarungs-Akt von Hohepriester und Hohepriesterin* (Vereinigung aller typischen Gegensätze) sollte Regeneration und Vergebung der Sünden *für Alle* bewirken.

«Asterius, ein Bischof an der Wende zum 5. Jh. schreibt: „Geschieht da nicht der Abstieg in die Finsternis, der verehrte Beischlaf des Hierophanten mit der Priesterin, von ihm allein mit ihr allein? Werden da nicht die Fackeln gelöscht, und glaubt da nicht die große, unzählbare Menge, daß, was von den Zweien in der Finsternis getan wird, zu ihrer Erlösung dient?" ...»

Im Laufe der Zeit wurde dieser priesterliche Akt natürlich zu einem rein symbolischen Ritual, während okkulte Orden jedes Jahrhunderts daraus das entwickelten, was an der Wende zum 20. Jh. zu den sexualmagischen Praktiken des OTO, des GOLDEN DAWN und Anderer wurde - ohne die Varianten davon im TANTRA zu vergessen.

Jeder Anwesende mußte sich mit dem entsprechenden Partner der Zwei identifizieren: Das war die ultimative symbolische Erfahrung der *geistigen Vereinigung* oder *Umarmung des Göttlichen*, wodurch die definitive Erlösung erlangt wurde.[118] -

PINDAR schreibt: *«Glückselig ist, wer diese Riten gesehen hat, bevor er unter die Erde geht {begraben wird} ; denn er kennt die Erfüllung [des Sinns] des Lebens. Er kennt dessen göttlichen Quell».*

Die Heilige Hochzeit von Hierophant und Hohepriesterin unterstrich die esoterische Bedeutung des männlichen BIOS (männliche Lebensenergie), der die fruchtbare ZOE (weibliche Lebens-Energie) besamt, und somit an jedem vegetativen Jahresbeginn (dem Frühlings-Vollmond nahe unserem 21. März) einen neuen wiedergeborenen BIOS erzeugt.

Gewisse christliche Gnostiker – die sog. SPERMA-GNOSTIKER praktizierten dieselben Sexualriten mit derselben Ausrichtung. Die VALENTINIANER andererseits kannten einen Ritus der geistigen Hochzeit «*mit Engeln in einem Brautgemach, deren Manifestation sowohl physisch als auch geistig war*».

Ein weiterer Kult nach demselben Konzept, der «*die Göttin in ihrem göttlichen Fieber*» sexueller Leidenschaft zeigte, waren die sog. *Lupercalia.* Nach der Zeremonie wurde sie wieder zur Jungfrau; *und als solche gebar sie ihr göttliches Kind* – jedes Jahr aufs Neue.[119] - Das ‹Fieber› der Göttin beweist ihre *geistige Macht*, die von jedem Eingeweihten gefühlt wird, der sie in spiritueller Vereinigung umarmt und dabei ihr göttliches Kind wird, wonach sie sich von dieser Person zurückzieht, um denselben Prozeß mit einem anderen Eingeweihten zu beginnen, und mit diesem ein neues ‹göttliches Kind› zu erzeugen.[120]

‹Sexualität› war in jener Zeit geheiligt, und wegen der Extase, die sie begleitet, die Erfahrung, die dem Zustand der Glückseligkeit in der Vereinigung mit den Göttern am Nahesten kommt. Darum galt damals Geschlechtsverkehr als ein magischer Fruchtbarkeits-Akt – als ein Ausdruck des Göttlichen; denn in ihrer totalen Hingabe an die sexuellen Instinkte heiligten sich Männer wie Frauen als ‹Gefäße› der göttlichen wiedergebärenden Kraft.

Ein buchstäblich mit dem Göttlichen verbundener Mensch verändert sich. Er oder sie «*wissen mehr als andere Sterbliche und fürchten den Tod nicht mehr. Verschmolzen mit dem Göttlichen sind sie sich einer ersten Geburt zur Ewigkeit sicher*». Diese Sicherheit über eine selige Existenz nach dem Tod erscheint im spätbiblischen Kontext wieder betreffs eines ewigen Lebens (1. Joh 2:25), und betreffs eines «*Ankers für die Seele ... bis hinter den Schleier*» {der das ‹Jenseits› vom ‹Diesseits› trennt} (Hbr 6:19). -

Wer in die Mysterien eingeweiht war, hatte an dieser selben Hoffnung Anteil: «*Du wirst im Himmel erscheinen ... ; - du wirst die Himmel durchqueren ... ; - du wirst Seite an Seite mit den Göttern der Sterne leben ...* ». - Das ist ägyptisches Erbe.

Eine kuriose Talmud-Legende sagt, die zwei Cherubim im Tempel Salomonis seien als ein männlicher und ein weiblicher erschienen: Wenn die Israeliten zum Tempel kamen, war der Vorhang vor der Bundeslade zur Seite gezogen, und man sah die Cherubim in einander verschlungen wie in körperlicher Vereinigung. Dies wurde als wunderbarer Hinweis darauf empfunden, daß die Liebe Gottes für Israel der Liebe zwischen Mann und Weib gleich sei. Und ein jüdischer Bericht aus dem 2. Jh. sagt: «*Wenn Fremde das Heilig-*

tum betraten, sahen sie die Cherubim in einander verschlungen ... sie sahen ihre Nacktheit».

Über die Jahrhunderte hinweg wies also die geschlechtliche Vereinigung auf die *geistige Extase* hin, die ein Erdenmensch erfährt, wenn er ‹ins Feuer des Göttlichen› kommt.

Als im Jahr 1717 in England die Hochgrad-Freimaurerei aufkam, gab es das *Ritual der fünf Punkte brüderlicher Umarmung* zwischen dem Eingeweihten und Gott[121]. - Gemäß THEON VON SMYRNA war *«der erste Teil der Eleusinischen die Reinigung, der dritte die Aufnahme, der vierte die Investitur* (das Einbinden des Kopfs und Aufsetzen der Kronen), *der fünfte war die Freundschaft und Gemeinschaft mit Gott».* Den zweiten Punkt nennt er nicht; es muß sich jedoch um das oben erwähnte dreifache Mysterium handeln.

Die Kleineren Mysterien bereiteten also den Kandidaten durch Lehren und die rechte Lebenshaltung für das vor, was moderne Esoterik *die neue Seelengeburt* nennt, während die Großen Mysterien ihn zur Vereinigung und dauernden Verbindung mit dem Göttlichen – mit dem Heiligen Geist – führten, und damit zur Glückseligkeit des neuen Geist-Seelen-Menschen – Sohn und Bruder Gottes, im jetzigen Leben und danach.

Wer in die Eleusinischen Mysterien eingeweiht war, wurde gelehrt, daß die Bedingungen für Vollkommenheit und Glückseligkeit – in diesem Leben und danach – echte, bedingungslose Liebe zu Gott, zu allen Geschöpfen und zu sich selber sei – zusammen mit dauernder Dienstbarkeit für Alle, bei Erreichen und Erhalten von wahrer innerer Freiheit. Das entspricht dem von JESUS gegebenen Einen Gebot. Dieser Begriff von Autonomie und Selbstverantwortung, charakterisierte ganz besonders die wahren Eingeweihten.

Wer immer mit diesen Lehren in Berührung kam, spürte – auf positive oder negative Weise – wie ihm die Hitze der geistigen Flamme entgegen schlug. Wer sich dann entschloß, positiv zu reagieren, entflammt in der Hoffnung und im Mut, diesen Prozeß anzugehen und zu vollenden, diese wurden gelehrt, daß das sublime Ziel nur erreicht werden kann durch brennendes Verlangen nach der Wahrheit, wohlgeübte Mäßigkeit und wahre Dienstbarkeit für alle Mitgeschöpfe. Die vier Prinzipien in diesem nie endenden Prozeß sind daher: Wahrheit, Freiheit und Liebe, die den Eingeweihten in Schönheit zur dauernden Vereinigung mit dem Göttlichen führen.

Wenn ein Mensch sich ständig bemüht, diese Prinzipien zu verstehen und anzuwenden, wird der Geist der Weisheit – SOPHIA – auf ihn oder sie niedersinken und ihr *Seelengewand, soma psychikon*, und ihren *Geist-Seelen-Körper* zunehmen lassen. Dann wird man sagen dürfen, sie seien *mit dem Oel der Weisheit gesalbt*.

Im gegenteiligen Fall jedoch, d.h. wenn die Menschen sich von diesem Pfad abwenden, dann werden sie tiefer und tiefer in den Morast einer selbstzufriedenen, egozentrischen und nihilistischen Lebenshaltung versinken - bis zum Erreichen eines Zustands so übler Art, daß keine Hoffnung auf Erlösung mehr bleibt. In diesem Fall werden Seele, ‹Körper› und Geist dieses Mikrokosmos vollkommen aufgelöst, und alle ihre Bestandteile kehren zum Urquell der Elemente zurück, woraus sie entstanden sind. Dies ist, was die in die Mysterien Eingeweihten den ZWEITEN TOD nannten.

Der Gnostiker BASILIDES erklärt, Menschen, die Gnosis erfahren haben, seien «schon ihrer Natur wegen» moralisch integer: Moralische Gesetze zu befolgen mag zum Teil der *Reinigung* auf dem Weg passen, der zur Gnosis führt; aber dann müssen alle ethischen Regeln vergessen werden. – CLEMENS VON ALEXANDRIEN schreibt: «*Für Jemanden, dessen ganzes Wesen in ständiger Harmonie mit dem ewigen Gesetz steht, verliert strikter äußerer Gehorsam seinen Wert. Jede Handlung eines Menschen, der Gnosis besitzt, ist eine rechte Handlung*». - Große alexandrinische Meister wie BASILIDES und dessen Nachfolger VALENTINUS sagen: «*Die einzige Regel die es gibt ist, daß es keine Regel gibt*. – Und wohlbekannt ist der ‹Slogan› über dem Eingang zu der von ALEISTER CROWLEY gegründeten *Abtei Thelema*, der aber von der *platonischen Akademie* herkommt: «*„Tu was du willst" sei dein Gesetz!*»

Ein früher christlicher Gnostiker schrieb - in der Meinung daß unser innerstes Selbst ein eingeborener allwissender Gott ist:

«*Die Oelung aber, die ihr empfangen habt von Ihm, bleibt in euch, und ihr habt nicht nötig, daß ein Mensch euch lehre ...* » (1. Joh 2:20, 25, 27).

KATHEDRALE VON ST-PAUL 3 CHÂTEAUX (DRÔME PROVENÇALE):
JOHANNES-TAUFT JESUS
Deutlich sieht man den Altersunterschied der beiden Figuren.

Taufe und Täufer

JOHANNES - EINE TAUFE, VIELE TÄUFER

Wie zu Beginn des Buchs angekündigt, sind Redundanzen und sogar Widersprüche hier nicht zu vermeiden. Da ist ein wahres Dickicht von Figuren, die teils mit einander identisch sind – aber dann doch wieder nicht. Die hier zusammengefaßten Unterscheidungen und Charakteristica wurden aus einer Vielzahl unterschiedlich eingestellter Quellen, deren beste sich dann doch gelegentlich selbst wieder stillschweigend widerspricht, herausgearbeitet, gewichtet und so übersichtlich wie möglich compiliert. Es versteht sich, daß daher gewisse Unstimmigkeiten übrig bleiben, weil auch die neuesten Quellen manche Antworten schuldig bleiben – schuldig bleiben müssen, einerseits des erwähnten Dickichts, andererseits unterschiedlicher möglicher Lesarten der Texte wegen. So erscheinen neben dem JÜNGER JOHANNES, dem EVANGELISTEN JOHANNES und dem mit diesen *nicht identischen* Autor der ‹APOKALYPSE DES JOHANNES› mehrere Täufer: der ‹traditionelle› JOHANNES DER TÄUFER der Evangelien, ein ‹JOHANNES DER EINTAUCHER› namens DOSITHEOS – ein selbst-ernannter MESSIAH, also ein ‹CHRISTUS› – und noch ein weiterer TÄUFER JOHANNES, der aber nicht klar identifizierbar ist, nebst dem JÜNGER JOHANNES, der *eben nicht identisch ist* mit dem «Jünger, den JESUS lieb hatte»: Der wiedererweckte LAZARUS oder ELEAZAR (Joh. 11) erscheint aber ebenfalls mit dem Beinamen JOHANNES. Wie Laurence Gardner in einem seiner Bücher[122] plädieren auch wir dafür, JOHANNES sei gar kein eigentlicher Name, sondern eher ein Königs-Priester-Titel. Ähnliches erging es Wautier in seiner differenzierten Darlegung, wo er selber wieder über 50 Autoren mit über 100 Publikationen zitiert. Und die verschiedenen ‹Schulen› der Textkritik wie z.B. das ‹*Jesus-Seminar*› - jede mit eigener Interpretationsweise - machen die Sache noch komplexer – von den beiden JOHANNES der im gegenwärtigen Buch präsentierten Texte ganz abgesehen.

Mehrspurigkeiten entstehen durch die Personen des CHRISTUS JESUS und jener des CHRISTUS DOSITHEOS («Christos» heißt *ein gesalbter Priesterkönig*), anders gesagt: zwischen JESUS und JOHANNES DEM TÄUFER sowie einem weiteren potentiellen TÄUFER-MESSIAS, und letztens noch eine aus JESUS und seinem Zwillingsbruder JUDAS-THOMAS-DIDYMOS: In allen scheint der Heilige Geist fleischlich gegenwärtig gewesen zu sein. Es ist ja nicht auszuschließen, daß nach der Steinigung des CHRISTUS JESUS, bzw. nach seinem Verschwinden aus Palästina gemäß der ‹Kashmir-Version›, die kosmische Christus-Kraft auf JOHANNES DOSITHEOS übergegangen wäre, auf den die Kreuzigungsgeschichte wirklich zutrifft.[123]

DER JOHANNES-KREIS

Hier ist sofort eine weitere Klärung nötig: Seit Jahrhunderten ist jeder im Westen geborene Mensch von Kindsbeinen an gewohnt, JESUS als Gekreuzigten zu sehen; aber moderne Textforschung besteht darauf, daß der Sikarier DOSITHEOS gekreuzigt, der Nazarener aber gesteinigt wurde (siehe untige Kapitel). Genaue Lesung des Johannes-Evangeliums (Jo 10:31-33; in Verbindung mit Apg 14 läßt absolut Raum für diese andere Version, wenn wir (Jo 11:7) so lesen:

Danach spricht (Jesus?) zu den Jüngern: «Laßt uns wieder nach Judäa» gehen. Die Jünger sagen zu ihm: «Rabbi, eben suchten die Juden dich zu steinigen, und wiederum gehst du dahin?»

Dieser Jesus war also *nicht in Judäa* aktiv, sondern außerhalb, z.B. in Samaria, dem Land des DOSITHEOS mit dem späteren Zunamen JEHOSHUAH/JÈSOUS. So steht in Jo 8:48 *«Die Juden antworteten und sagten zu ihm: Sagen wir nicht recht, daß du ein Samariter bist ... ?»* – Das konnten sie nicht von JESUS sagen, der bekanntlich (Mt 2:1) *«in Bethlehem, im jüdischen Land»* geboren war.

Indes bleiben wir bei der weiter oben gemachten Aussage, daß dies fürs aktuelle Christentum in der Welt nicht wichtig ist. Worauf es ankommt, ist dies: Zu Beginn der letzt-vergangenen Menschheits-Ära der ‹Fische› senkte sich tatsächlich der höchste Geist der Sonne – der KOSMISCHE CHRISTOS – auf die Erde nieder. Nur von den wenigen Menschen wurde er aufgenommen, die ihn als zentrale Liebeskraft im Universum erkannt und sich dafür gut vorbereitet hatten, und die ihn als den göttlichen Hohepriester weiter verkündigten. Kann heute ein Mensch sich dieser UNIVERSELLEN CHRISTUSKRAFT in der Welt und in sich selber - «in seinem Fleisch» - sowie deren Wirkung fürs Universum bewußt werden und *beides* in sich selbst *beleben* - sei dies nun angelehnt an den Eleusinischen, den Dionysischen oder den Paulinischen Christus-Mythos, so ist er oder sie von den Mühen der Erd-Existenz ERLÖST. Die gegenwärtige Übersicht über Überlieferungen, Fakten und esoterische Folgerungen gibt *nur mögliche, keine letzten* Antworten auf die kritischen Fragen von Dogmatikern, materialistisch eingestellten Suchern und Zweiflern, die *«die Hand in die Wunden legen»* müssen, um glauben zu können.

Welches immer aber das geistige Bekenntnis sein möge: Keine spirituelle Bewegung hat die Seelen so vieler so verschiedener Menschen und Völker bewegt und sogar zwei Jahrtausende überdauernde Erörterungen und *Forschungen zur Fleischwerdung des Geistes* iniziiert, wie der Name JESUS CHRISTUS und was damit überall in der Welt – unter welchem offiziellen Namen auch immer – zusammen hängt. Sogar die z.T. wirklich ‹himmlischen› Werke in Architektur und bildender Kunst sowie in Dichtung und Musik des Westens wären ohne das paulinische Christentum nicht entstanden: Auch sie sind zu Trägern der *wahren christischen Botschaft* geworden!

Anders gesagt: Nichts konnte die Menschheit aus ihrem animalischen geistigen Tiefschlaf auf so hohe geistige Höhen erheben, als die sublimen christozentrischen Werke in gestaltender Kunst, Musik und Dichtung: Ausdruck esoterischer Geistigkeit im Hinblick auf das tiefe Verstehen und Verwirklichen der christischen Botschaft. Und nichts kann die Menschheit von diesem hohen Entwicklungsstand zurück in viehische Stumpfheit stürzen, als wenn diese Geistigkeit mißachtet, vergessen und so verloren würde. Der Sinn der gesamten Evolution der Menschheit, ja der ganzen Welt, so sagen wir mit Rudolf Steiner, ginge dadurch verloren. Daß diese Degeneration durch finstere Kräfte gefördert wird;– daß Analphabetismus, Sprachverluderung, Bildungslosigkeit etc. bereits heute in breiten Teilen der Bevölkerung Wirklichkeit geworden sind, ist eine dramatische Wahrheit. Das größte Übel davon ist aber, daß dieser Niedergang *ausgerechnet* (!) durch jene Institutionen in der Welt angetrieben wird, die berufen sind und auch vorgeben, das genaue Gegenteil zu betreiben. Es ist darum höchst notwendig, daß möglichst viele Menschen JETZT ERWACHEN UND BEWUSST WERDEN, *bevor es zu spät ist!*

DIE JOHANNES-SCHRIFTEN

Vorweg bemerkt: die *Thesen*, die in den *Briefen eines oder mehrerer Johannes* zu lesen sind, erscheinen in dem nach JOHANNES benannten *Evangelium* als *Worte* JESU. Das *Johannes-Evangelium* stellt also die Lehre JESU in der Absicht *jenes* ‹JOHANNES› dar, die *Lehre des* PAULUS den ‹*Irrlehren aller Anderen*› entgegen zu stellen. So sieht LANGE alle Schriften des JÜNGERS JOHANNES *«ganz im Sinne von Paulus»* verfaßt, mit dem alleinigen Hauptzweck, die Christen in den Gemeinden vor den «Irrtümern der Häretiker» (d.h. der Judenchristen) zu warnen und beim reinen Glauben der *paulinischen Botschaft* zu halten. Grundsätzlich wurde bis in die Mitte des 20. Jh. JOHANNES als *unzweifelhafter Jünger Jesu* geschildert und behauptet. Dies ist jedoch für den *Autor* JOHANNES in keiner Weise plausibler belegt als für PAULUS, wie noch gezeigt werden soll.

Auch für diesen Aspekt sei LANGE als Quelle bevorzugt, steht er doch ganz hinter PAULUS und dem römischen Christentum, sodaß wir hier keiner Um-interpretation bezichtigt werden können:

DIE JOHANNES-SCHRIFTEN

«Die ‹Irrlehrer› der Judenchristen» – so LANGE – *«hatten bereits an der Wahrheit und Glaubwürdigkeit dessen gezweifelt, was* PAULUS *«im Berufe seines Herrn»* {nämlich des Kaisers} lehrte. Sie hielten PAULUS *für einen Irrlehrer, der ein neues, von Christi Lehren abweichendes Evangelium predige, was auch zutrifft.* JOHANNES *trat in Kleinasien in die Fußstapfen des* PAULUS*; – ihn trafen deshalb dieselben Beschuldigungen [seiner Zeitgenossen].»*[124]

Lange stellt fest, *«daß Johannes gegen die Judenchristen schrieb, daß die gnostisch orientierten Sekten (auch in Klein-Asien!) Judenchristen gewesen, und daß sie es seien, welche* JOHANNES *in seinem ersten und zweiten Brief tadelte».* – Anhand anderer Quellen wurde gezeigt, daß die unter der Autorschaft von ‹JOHANNES› in den Kanon aufgenommenen Schriften dahingehend konzertiert seien, die gnostischen Sekten – also vorweg die Judenchristen – entweder zur Lehre des PAULUS zu bekehren, oder aber sie als Häretiker auszugrenzen und ‹so gut als möglich› zu verunglimpfen – eine Absicht, die immerhin fast 2000 Jahre lang vollen Erfolg hatte. Daß der JOHANNES DER BRIEFE und der JOHANNES DER OFFENBARUNG bis heute mißverstanden wurden als *«ein Gnostiker, der für Gnostiker schrieb»*, liegt daran, daß in Beider Schriften gnostische Elemente eingefügt sind, wie dies auch für jene des PAULUS gilt; – mit demselben Erfolg. Es gab ja auch keinen Grund, echte gnostische Schriften in den Kanon aufzunehmen, wenn dies nicht zugleich der Kirche Roms – Gegnerin der Gnosis – einen essentiellen Nutzen gebracht hätte. So sieht es Lange, und so sehen wir es auch: JOHANNES (der spätere MARKOS) habe den PAULUS bereits in Jerusalem akkreditiert[125]. –

PAULUS verließ Klein Asien ums Jahr 66, also *gerade rechtzeitig vor Ausbruch des jüdischen Kriegs*, *«fuhr gen Rom und starb»*, wie die Quellen, kurz zitiert, sagen! Kurioserweise erscheint gleichzeitig FLAVIUS JOSEPHUS – der einzige Autor, der mit *Pauli Apostelgeschichte des* LUKAS durchs Band übereinstimmt und einig ist: Dies wiederum stützt unsere Hypothese, PAULUS und FLAVIUS JOSEPHUS könnten identisch sein, und also der Lukas der Apg. die lebendige Figur für Beide. – Eine Hypothese, die natürlich unbeweisbar ist.

Dann – nach 66 – (so Lange) habe sich JOHANNES DER JÜNGER gerufen gefühlt, sich in Ephesus niederzulassen und von dort aus *das Werk Pauli fortzusetzen.* – Damit wird der *Jünger Johannes* aber automatisch zum *Heidenchristen.* – Und damit kommt er als christlicher Gnostiker nicht mehr in Frage: Man kann nicht zween Herren dienen, und der Cäsar war sicher der ‹interessantere› Herr.

INTERROGATIO IOHANNIS UND APOKRYPHON JOHANNIS

Der erste Johannesbrief (besonders 1 Jo 2:26 und 5:13) hatte also den Zweck, jenen ‹Irrlehren› entgegenzutreten, bzw. die Getreuen bei der Stange zu halten. Er zielt überdeutlich auf Erstere und benutzt dieselben Ausdrücke wie PAULUS («*Pseudopropheten», «Antichristen»*). Auch die Sikarier-Brüder JAKOBUS und PETRUS (den oft genannten SYMON BARIONA/KEPHAS!) nimmt dieser Johannes aufs Korrn. – Und vielleicht ist gar LUKAS selbst ein PSEUDO-JOHANNES?

Befriedigt concludiert der Paulus-Anhänger LANGE:
«*So war nun dem Judenchristenthume aller Zugang, aller Einfluß auf die Überzeugung der Paulinerchristen in Kleinasien, und zwar für alle Zukunft abgeschnitten ... So war auch nicht [mehr] zu befürchten, daß der unter Vielen herrschende Indifferentismus unter den Christen selbst (!) weiter um sich greifen werde. Johannes wollte demnach weder ein eigentliches Evangelium ... noch eine Streitschrift gegen Judenthum, Gnosis oder die Jünger des Johannes* {d.i. DOSITHEOS, siehe unten}*, noch eine Lebensgeschichte Christi ... liefern ...»*. – Sondern WAS? - Das sind sehr gewichtige Worte!

Zu den Quellen des EPIPHANIUS gehören nun auch das *Apokryphon Johannis* und die *Interrogatio Johannis*, zusammen mit der ‹pseudoclementinischen› *Apostelgeschichte des* PETRUS. Letztere gebe es auch in einer mit dieser verwandten aber nicht identischen koptischen Version. Alle diese Texte werden ins erste Viertel des 2. Jh. gesetzt (Dr. Karl Schmidt und G.S. Mead); doch sind deren Quellen – darunter die zwei *Bücher des* IAO – viel älter und *«kommen wohl aus dem „Ägypten vor der Sinthflut", wie der antike Historiker Manetho schreibt»* (zitiert bei MEAD).

Wie dem auch sei: *«Es kommt gar nicht darauf an»* – so MEAD ganz zu Recht – *«ob wir diesen Zweig der Gnosis Ophitismus, Barbelo-Gnostizismus, nur Gnostizismus, oder Valentinianismus nennen: Für alle diese Unterscheidungen würden wohl die Kompilatoren oder der Kompilator dieser Dokumente wenig Verständnis gehabt haben»*. – Und weiter:
«[Dr. Karl] Schmidt vermutet, daß der ursprüngliche Titel Die Apokalypse oder Die Erleuchtung – und nicht Das Apokryphon des Johannes war. Hier ist also zweifellos von der Urform dessen die Rede, was als Offenbarung des Johannes in die kanonische Bibel eingefügt wurde». – Eine sehr willkommene Feststellung! —

Diese Umschrift konnte aber frühestens im 4. Jh. erfolgen (siehe oben). Damit sind auch die weiter oben plakatierten Ungereimtheiten und

DER JOHANNES-KREIS

Widersprüche des kanonischen Buchs *Offenbarung* einigermaßen zufriedenstellend geklärt.

MEAD zitiert überdies *«einige vergessene Aussprüche Jesu (Logien)»*, die heute teils im kanonischen NT (Evangelien, Paulusbriefe, Apokalypse) wieder auftauchen, teils aber durch apokryphe Schriften bekannt wurden, die erst *nach Meads Ableben* entdeckt wurden – z.B. dies:
«Betet für eure Feinde! – Gesegnet sind, Die über die Vernichtung der Ungläubigen trauern!» –

JOHANNES, DER JÜNGER JESU

Über ihn sind am wenigsten Details bekannt. Wie oben erwähnt, handelt es sich bei ihm *nicht* um den *«Jünger, den Jesus lieb hatte»*: Jener ist vielmehr LAZARUS (ELEAZAR), der Bruder von MARIA MAGDALENA und MARTHA - ebenfalls aus der Familie von JUDAH VON GAMALA – also ein Vetter von JESUS. Gemäß Wautier wäre derselbe LAZARUS auch der (frisch eingeweihte) Jünger, der bei der Verhaftung JESU/DOSITHEI unter Hinterlassung seines Hülltuchs den Häschern nackt entlief (siehe Abb. ‹Kreuzabnahme›, S. 150). - Auch als alleiniger Autor des *Johannes-Evangeliums* kommt dieser JOHANNES nicht mehr in Frage, seit moderne Textkritik feststellte, daß dieses *durch mindestens fünf Autoren aufgesetzt* worden sei.

JOHANNES, DER HEIDENCHRIST

Allgemein wird angenommen, der Johannes der Apokalypse sei identisch mit dem Evangelisten, und dieser identisch mit dem «geliebten Jünger» (der eventuell sogar MARIA MAGDALENA war) – kurz: ein *kanaanitischer Judäer*. Nebenbei bemerkt: Ein *Land Judäa* gab es erst, als die Römer dieser Provinz diesen Namen gaben. Die fraglichen Gegenden hießen Philistina, Samaria, Galiläa, Jezreel etc., gemäß den Stammesbezeichnungen der Einheimischen, also bis lang nach der Judaisierung von Kanaan durch die makkabäischen Kriege um 170 v. Chr. – d.h. bis zur *antihistorischen* biblischen Umbenennung nach den *mythischen* «12 Stämmen Israels» des *mythischen* Patriarchen JAKOB: Keine alttestamentarischen Juden lebten je in Ägypten oder Kanaan, sondern jahrhundertelang in Nubien, Äthiopien, Yemen und der arabischen Wüste, wie rezenteste Forschungen zeigen. – Aber das ist eine andere Geschichte ... [126]

Daß nun dieser JOHANNES ein kanaanitischer Jude gewesen wäre, ist nicht erwiesen; – im Gegenteil, es spricht viel dafür, daß er ein

Grieche – also ein *Heidenchrist* war. Lange fand denn auch, daß ‹JOHANNES› seine Apokalypse *als Gegner der Judenchristen* schrieb, die sich zu jener Zeit – gemäß Befürchtungen des PAULUS – in Kleinasien *«allzusehr ausbreiteten»*[127], und zwar vom erwähnten *Pella*, aus, dem Fluchtort der Judenchristen nach deren Vertreibung aus Jerusalem. Wahrscheinlich kamen sie dort auch mit den syrischen Lehren über Kosmogonie, Aeonologie und Archonten in Kontakt (vgl. die Pistis Sophia-Schrift) sowie mit der uralt-orientalischen *Qabbalah*.

So sah Rom seine Vormachtstellung im Vorderen Orient gefährdet: Es ist ja bekannt daß eine Staatsreligion einen starken Machtfaktor darstellt, was für materialistische Staatsführer wie einen Kaiser (ob Cäsar Zar, Staatspräsident oder hunnischer Kasar) die einzige Motivation ist, sich damit zu befassen. Letztere Aussage von Lange ist umso glaubwürdiger, als sie seinem (wie gesagt paulinischen) Standpunkt entgegenkommt, wonach die Sekte des ‹Apostels› bzw. des ‹Täufers› JOHANNES – so Lange – sich in Jerusalem mit jener des PAULUS vereinte (was so nicht stimmt). – Und daran daß der Auftrag des PAULUS ein machtpolitischer war, den er vollkommen erfüllte, kann u.E. heute kein Zweifel mehr bestehen.

DER JOHANNES DER APOKALYPSE

Als die Essener im Kampf gegen die Römer endgültig geschlagen waren, verkündete ein weiterer JOHANNES in seiner *Apokalypse* das Neue Reich Gottes: Gott würde, anstelle des zerstörten, ein *Neues Jerusalem* auf die Erde herunter senken. Vorallem von Seite gnostisch orientierter Gruppen wird stets angenommen, der Autor der Apokalypse sei ein Gnostiker oder habe den Gnostikern zumindest nahe gestanden. In Wirklichkeit handelt es sich um einen sehr alten Text, der im 3. Jh. ‹aktualisiert› und im Lauf der Jahrhunderte kirchlich nachpoliert wurde. Die reichlich in die Johannes-Schriften eingestreuten gnostischen Zitate und Jesus-Worte seien – sagt man – aus der Überzeugung des JOHANNES geflossen. Das kann aber nicht zutreffen. Denn solch ein Eingeweihter hätte zweifellos gewußt:

- ▷ was die Bedeutung der *Agape* genannten Brudermahlzeit nach den gnostischen Gottesdiensten war.
- ▷ daß die Nikolaiten das Essen von Fleisch verabscheuten (wie selbst die Kirchenväter berichten, und wie es für Nachfolger der Ebioniten auch zu erwarten ist). Mithin aßen sie sicher kein Opferfleisch (eine der Anschuldigungen gegen sie). –

Das Essen von *Opfer-Kuchen* aber war durchs Gesetz unter Sonderumständen *ausdrücklich erlaubt*.

▷ daß das Essen von ‹*Opferspeisen für Götzenbilder*› kein Vergehen gegen das Gesetz war (ebenda)[128]; und noch [129], [130], [131].

▷ daß die Nikolaiten gemäß der asketischen Lehre den Verzicht auf die Ehe empfahlen aber nicht erzwangen (vgl. die anekdotische Geschichte von DIAKON NIKOLAUS und seiner Ehefrau, bzw. das Buch von E.R. Roth.[132])

Diese Unkenntnis ihres Autors relativiert manche Aussage der ‹Offenbarung› – so *mysteriös* dieser Text an manchen Stellen auch sei, der gewiß *unter Anderem auch* aus ägyptischen und orientalischen Traditionen – insbesondere aus chiliastischen Endzeit-Lehren und der syrisch-chaldäischen *Qabbalah* – inspiriert ist. Solch fundierte Bemerkungen strafen die Verdammung der Nikolaiten Lügen – ob diese nun aus Unkenntnis der Fakten oder aus böswillig mißinterpretierter Verhaltensweisen stammen, wie dies bei den Kirchenvätern der Brauch war. Zum theologischen Stellenwert der Apokalypse kann man also ohne Übertreibung sagen:

▷ Die Endredaktoren der biblischen Offenbarung schrieben *nicht aus rein göttlicher Inspiration*.

▷ Sie hatten im Gegenteil ganz konkrete kirchenpolitische Ziele im Auge.

▷ Sie predigten nicht Jesu Liebesbotschaft, sondern babylonisches Recht[133], das Gesetz des AT sowie Qabbalah.

▷ Sie waren keine echten Gnostiker, standen aber dem paulinischen Christentum sehr nahe und *wollten dieses fördern*.

Dieser Intention entsprechen wirklich der erste ‹*Brief des Johannes*› sowie Teile der ‹*Apokalypse des Johannes*, zu deren Quelllen auch das *Apokryphon des Johannes* gehört, das lange ‹verloren› war, in J. Bœhme's Werk (17. Jh.) jedoch noch zitiert wird. Viel alttestamentarisches Strafen und römisch-dogmatische Verpflichtungen (einschließlich der *Verfluchung aller Andersgläubigen*, vorweg der *Nikolaiten*) kommen darin vor. Es erscheint darum deutlich, daß die Apokalypse ihre Beliebtheit in heutigen Gottesdiensten weitgehend ihrer starken okkulten Magie verdankt, d.h. dem Umstand, daß sie sich intellektuellem Verstehen weitgehend entzieht, und je nach Basis-Einstellung verschieden interpretiert werden kann. Die derzeit kanonische Version entstammt jener sehr alten Vorläufer-Schrift sowie der über Jahrhunderte kultivierten Treue gegenüber einer durch

Rom ‹frisierten› Bibel, die zuweilen der tiefen Würdigkeit ihrer Quellen spottet.

JOHANNES DOSITHEOS: WER WAREN DIE TÄUFER?

Als erste Vorausbemerkung sei ehrlicherweise erwähnt, daß wir hier vorallem *André Wautier* (a.a.O.) sehr umfänglich zitieren, dessen Studien in die tiefsten Details reichen, die man nur nach Jahrzehnten gewissenhafter Forschung finden kann. Es wird daher nicht jedes Mal auf diese unerschöpfliche Quelle hingewiesen: dies sei hiermit jedoch in tiefer Dankbarkeit getan.

Als zweite Vorbemerkung ist es nützlich, die persönlichen und Verwandtschafts-Verhältnisse der Hauptpersonen zu umreißen:

Als JESUS entschwand, ging ein Teil seiner Jünger zu JOHANNES DOSITHEOS, ein anderer zur essenischen Gruppe des JAKOBUS, des ältesten Bruders JESU, genannt der Gerechte (JACOBUS JUSTUS›), nach Jerusalem. Es war eine Gruppe hellenistischer Juden und Samaritaner, geleitet von sieben Diakonen, mit STEPHANOS als deren Anführer. Zuvor aber (nach Wautier beim Tod des JOHANNES DOSITHEOS) war ein Teil von dessen Jünger zur Jerusalemer Jesus-Gemeinde gestoßen, geführt durch SIMON (‹KEPHAS› BARIONA), den Bruder und präsumptiven Nachfolger von DOSITHEOS. Von da an hieß die Jerusalemer Gemeinde von Therapeutates NAZORÄER.

Eine große Verwirrung entsteht nun dadurch, daß die Rolle dieses SIMON in den kanonischen Schriften seit dem 2. Jh. verwischt wurde, um den Vormachtsanspruch der Bischöfe von Rom zu zementieren. Es mußte ja der Anschein erweckt werden, daß der sog. Gründer der Gemeinde von Rom von Anfang an der Anführer der Sekte von JESUS gewesen sei, zu der dann einige Anhänger von JOHANNES gestoßen seien. Es handelt es sich hier aber um den PETRUS genannten SIMON BARIONA, der in den ersten Kapiteln der Apg. eine Hauptrolle spielt, dann aber *«an einen andern Ort (ging)»* - nämlich zur Gruppe um PAULUS, der sogleich danach auftrtt. Danach ist JACOBUS der einzige Anführer der Gruppe. Ein weiterer PETROS, nämlich der Jünger JESU, geht nebenher, und dieser ist PAULUS nie begegnet. – Ein dritter PETRUS (SYMEON BARIONA) war der Sohn von KLEOPHAS, dem Bruder von JOSEPH ARIMATHIAS, dem Adoptiv-Vater von JESUS (siehe oben) und somit Jenes Vetter. Dieser PETROS auch sei es (so Wautier), der nach der Verteibung der Juden aus Jerusalem im Jahr 36 dem JACOBUS in Pella nachfolgte. Und aus dieser Gemeinde entstand dann jene der EBIONITEN (siehe dort).

DER JOHANNES-KREIS

Der erste dokumentierte SIMON war ein Jünger von Sheik AL-HASSA'H (→ Kapitel *Jesus und Johannes*). Dieser SIMON brachte die Täufer-Bewegung nach Samarien, wo sie sich ausbreitete. JUDAH VON GAMALA war der offenbar wichtigste, aber früh abgeurteilte Anführer der jüdischen Reaktionäre gegen Rom. Seine Söhne waren wie gesagt JOHANNES ‹DOSITHEOS›, SIMON KEPHAS, d.h. ‹PETROS›, JAKOBUS und ANDREAS. DOSITHEOS war nach dem Tod von JOHANNES DEM TÄUFER, und wieder nach dem Tod von JESUS, der Träger der Täufer-Bewegung, die also offenbar aus dem arabischen Raum kam (Wautier, *Simon le Mage*, p. 29-44). Zwei der Gamala-Söhne wurden ums Jahr 47 als Rebellen gekreuzigt, Dositheos im Jahr 35. Und JAKOBUS JUSTUS wurde 62 als Häretiker gesteinigt. –

JUDAS war der Name eines Neffen von DOSITHEOS. Dieser JUDAS war es, der annlässlich der Salbung Jesu durch MARIA MAGDALENA im Haus des LAZARUS und der MARTHA gegen die Verschwendung aufbegehrte, die er darin sah. Und er war es auch, der nicht JESUS, sondern DOSITHEOS den Behörden um Geld überlieferte, als Jener einen neuen militärischen Handstreich auf den Tempel von Jerusalem plante. *Wautier* widmet dieser Szene der Geschichte zwei interessante Seiten seines Buchs (a.a.O., p. 46-47).

Weiter oben wurden die Verhältnisse vorallem in Samaria geschildert: ein Gemisch von Kulten und Kulturen des Vorderen und Mittleren Orients, im Gegensatz zur noch lange nicht realisierten, aber fanatisch geförderten Monokultur mit monotheistischem Kult gemäß Thora und Pharisäertum. JOHANNES DER TÄUFER hatte den dazumal 29 Jahre alten Jesus am Jordan getauft und sich danach nach Samarien zurückgezogen, *«wo es ebenfalls viel Wasser gab»* (Jo 3:23)[134]. Er hielt JESUS wohl für den (dreifachen, siehe oben) MESSIAH, also auch für einen Krieger, was mit der Person JESU unvereinbar war – umso mehr, falls er wirklich in Indien buddhistisch ausgebildet war (siehe das Kapitel *Jesus in Indien*).

JESUS nannte sich aber nie MESSIAS bzw. König der Juden – es sei denn ausweichend vor PILATUS, mit seiner Antwort: *«Du sagst es»*, bzw. *Ja, ich bin ein König».* Er nannte sich aber oft *Sohn des Menschen*, d.h. einen Avatar des ADAM PROTOGENOS (vide supra)[135]. Auch hatte er von JOHANNES DOSITHEOS die Lehre von der Endzeit vor der Ankunft des Reiches Gottes übernommen. Eine seiner anstößigsten (revolutionären) Aussagen gegenüber den Pharisäern war: *«Das Gesetz ist für die Menschen da – nicht die Menschen für das Gesetz!»* – Das war ein wichtiger Beitrag zum *Beschluß des San-*

hedrin, ihn zu töten – und zwar, wie u.A. Wautier[136] herausfand, *durch Steinigung* (siehe oben):

«*Zur gleichen Zeit erschien* {gemäß Wautier} *in Samaria ein Eremit namens* DOSITHEOS *(«Geschenk Gottes»*) – *ein Sohn von* JUDAH VON GAMALA. *Er hatte in Judäa erfolglos gepredigt und zog sich nun nach Samarien zurück. Clemens von Alexandrien nannte ihn Jünger eines* JOHANNES, *der* HÆMEROBAPTISÈS *genannt wurde, d.h. Einer, der nach essenischem Brauch jeden Morgen im Fluß untertaucht – also wohl selber ein Essener war».* Wautier ist der Meinung, es handele sich bei allen Dreien um dieselbe Person, indem das griechische DOSITHEOS dasselbe sei wie JOHANNES – das aramäische JOCHANNAAN. Es könnten aber auch zwei oder drei Täufer JOHANNES geheißen haben. - Gemäß FLAVIUS JOSEPHUS starb JOHANNES DER TÄUFER jedenfalls nicht *vor* JESUS, sondern zwei bis fünf Jahre *nach ihm*, d.h. zwischen 35 und 38 – wie DOSITHEOS.

DOSITHEOS war also entweder der Nachfolger von JOHANNES DEM EINTAUCHER (BAPTISTÈS), oder dieser selbst. Ihm wiederum folgte sein Bruder, SIMON KEPHA VON SAMARIA nach. Wautier ist der Ansicht, dieser JOHANNES sei derselbe wie der im 4. Evangelium (Jo 1:6 ff.) genannte, wo von keinem anderen JOHANNES die Rede ist. Danach – so die heutigen Textkritiker – stehe der Name JESUS stets für JOHANNES DOSITHEOS. – Erst am Schluß des Evangeliums erscheinen dann auch noch die *Söhne des Zebedäus*, doch ohne direkte Namensnennung. – Nur in den synoptischen Evangelien wird der eine der Beiden JOHANNES genannt.

Noch ein Detail deutet auf JOHANNES DEN TÄUFER als auf einen Essener hin: Die Evangelien lassen ihn sich von Heuschrecken und Honig ernähren. Tatsächlich nennen die Ordensregeln der Essener auf Qumran, neben Anderem was zu essen erlaubt war, «Heuschrekken, Grillen und andere Insekten». Andere sagen, mit «Heuschrecken» sei ein Busch oder Baum gemeint, dessen Früchte «Heuschrecken» gennnt würden. -

Wautier meint, JOHANNES habe zwischen dem Tod seines Vaters JUDAH VON GAMALA und seiner eigenen Predigt-Tätigkeit einige Zeit lang der Bruderschaft angehört. Nicht weit von Qumran habe er, wie man das Evangelium wörtlich übersetzen kann, seine «*Taufe zur Umkehr verkündet*» (griech. κηρυσσων βαπτισμα μετανοιας εις αφεσιν ͨαμαρτιων = *Lassen des – oder Befreiung vom – Fehlverhalten,* («*Vergebung der Sünden*»). Darin vereinte er die essenischen Waschungen mit der *Bekehrung von ‹Heiden› zum Judentum.*

DER JOHANNES-KREIS

Gemäß einer Essener-Schrift mußte diese neue Verbindung «*im Land Damaskus*» stattfinden. Heutige Forscher stellen fest, daß es sich dabei nicht um die Stadt Damaskus im feindlichen Syrien handeln könne. Das hebräische Wort *Damashk* (DMSK) sei ein Anagramm für *Ma-kadesh* (MKDS), was «*beim Heiligtum*» bedeuet. Und das mußte ein wirklich heiliger Ort sein, wo man Gott «*im Geist und in der Wahrheit anbetet*» (Jo 4:23-24). Manche würden, so Wautier, annehmen, dieser heilige Ort sei Qumran selber gewesen, während Andere ein Dorf in dessen Nähr nennen, das DHA MISHK heißt.

Die Gemeinschaft der Essener zerfiel in mehrere Zweige – darunter die *Therapeutates*, die besonders die Heilkunst pflegten, und die auch die Heirat erlaubten – wie jene auf Qumran. Ein anderer Zweig waren die *Sikarier*: Krieger, derenAktivitäten durch das *Essenische Reglement zum Krieg* geordnet waren. Man versteht nun, warum der samarische Sikarier PETRUS ein Schwert trug, und weshalb ‹Jesus› seinen Jüngern, deren Mehrere samaritanische Sikarier waren, empfahl, jetzt ein Schwert zu kaufen (Lk 22:36).[137]

Ein weiterer Name für Jünger der Essener-Gemeinschaft ist *Nazoräer* (oder *Nozrim*), nach dem Wortstamm *netser* = *Sproß* [aus David]. Für unsere Betrachtung ist unerheblich, ob DOSITHEOS, der EINTAUCHER und der HÄMEROBAPTIST ein und dieselbe Person seien: Der Name DOSITHEOS gilt als Pseudonym zum Selbstschutz. JOHANNES DER EINTAUCHER habe noch zu Lebzeiten JESU gegen die Herodianer gehetzt, auch habe er HERODES ANTIPAS gerügt, weil er die Frau seines Bruders PHILIPPUS geheiratet hatte. Die Regeln von Qumran verboten nämlich die Heirat mit einer Nichte.

Diese Vorkommnisse zeigen anhand der Lebensdaten der Herodianer, daß JOHANNES DOSITHEOS im Jahr 34 noch lebte, als Jesus schon gestorben war, und daß er gut daran tat, seinen Namen auf DOSITHEOS zu hellenisieren, um in Samaria und Galiläa weiter zu wirken, von wo aus er es unternahm, seine Jünger mit jenen Jesu zusammenzufühen. *Dieser* PETRUS also war ein Mitglied der bewaffneten Essener. – *Er* schlug dem Schergen Malchos ein Ohr ab!. *Dieser* SIMON BARIONA ist es, dem DOSITHEOS (aka JESUS) den aramäischen Beinamen KEPHAS (*der Stein*) gab – auf Griechisch PETROS – wahrscheinlich, um ihn zu seinem Nachfolger zu machen (siehe Mt 16:17, wo ‹Jesus› den PETRUS *Simon Bariona* nennt, der aber in Jo 21:15 ss. im GR.ORTHOD. NT *Simon Jona*, im GR. NT dagegen *Simon Joannou* – also *Sohn* oder *Jünger des Johannes* heißt). –

Wautier hat noch viel tiefere Einzelheiten erforscht, und wir nehmen seine Aussagen ziemlich getrost für bare Münze.

Als JOHANNES DOSITHEOS bei den Essenern war, war sein Weltbild so, daß der Gott Israels zwei Geister erschaffen habe: den *Fürsten des Lichts* und den *Engel der Finsternis*. Als er (DOSITHEOS) neue Kämpfer gegen Rom rekrutierte, nannte er sich *Messias, Sohn Gottes* und *Sproß Davids* (↔ Jer 31:15). Von seinen Anhängern in Samaria (darunter wie erwähnt auch Ophiten und Sethianer) übernahm er Elemente aus deren zoroastrischen Lehren und entwickelte daraus seinen eigenen Dualismus mit dem *Fürsten dieser Welt* und dem *Vater des Lichts*, welcher der Welt der Finsternis seinen Geist einhaucht.

Alle diese Elemente erscheinen im 4. Evangelium. Dieses sei, so die moderne Textkritik, von insgesamt fünf Autoren verfaßt, deren zweitletzter der Autor des zweiten und des dritten Johannesbriefs sein könnte. Das vorwiegend dem JOHANNES gewidmete Evangelium sei dann durch einen Sekretär des Bischofs von Rom end-redigiert worden. Wautier ist der Ansicht, die Heilung eines Lahmen, die Speisungen der vier bzw. fünf Tausend, das Gehen auf dem Wasser (all dies auch für frühere Christos-Avatare erwähnt) seien dem Sohn Gottes (JESUS) zuzuschreiben, doch sei es DOSITHEUS, der die Händler aus dem Tempelhof vertrieb, der sich in Samarien MESSIAS nannte und mit den Pharisäern sprach. - In Jo 8:12-59 wird er von diesen *ein Samariter* genannt (der Autor nennt die Pharisäer *«die Juden»*, was bedeutet, daß er selber ‹*kein Jude*›, also z.B. ein samaritanischer Jünger des DOSITHEOS war). Jene fragen ihn:*«Du bist noch nicht fünfzig und willst Abraham gesehen haben!?»* – Das zeigt, daß DOSITHEOS dann sicher älter als 40 war, was mit den übrigen Zeitverhältnissen übereinstimmt. Auch das Versprechen, einen *Tröster* zu senden, und der Mann, der (Jo 18:5-7) *als Nazoräer* verhaftet und zuletzt gekreuzigt wird, weil er sich *«König der Juden»* nannte – all dies paßt gut zum Kämpfer JOHANNES DOSITHEOS – aber nicht zu JESUS, der Sanftheit, Liebe und Frieden predigte.

Was bedeuten alle diese Zusammenhänge nun für das Christentum unter dem CHRISTUS JESUS? –

Im ersten Augenblick schockieren diese Forschungs-Ergebnisse und drohen, den lieb gewordenen Glauben ganz aus den Fugen zu werfen. Das ist aber nur eine Frage der Verhaftung mit den seit PAULUS weltweit in einer wachsenden Welt befestigten Bildern und Namen, wie weiter unten noch deutlicher gemacht werden soll. Die sich vielfach überschneidenden Namen schaffen Verwirrung, aber die historischen Fakten sind relativ einfach:

DER JOHANNES-KREIS

JESUS war mit dem Auftrag, den er sich gegeben hatte, insofern gescheitert, als er als ein Gotteslästerer gesteinigt wurde. JOHANNES, dessen Jünger Jesus kurzzeitig gewesen war, machte diesen Auftrag zum seinigen – vorerst, indem er Jesu Jünger zu sich nahm, dann indem er sowohl die Berufung eines MESSIAS für Judah als auch für die gesamte damalige Welt auf sich selber bezog. Die Hochzeit in Kana (Samarien), die an einem Mars-Tag (*«am dritten Tag»*) stattfand, mündete in einem Handstreich auf den Tempel in Jerusalem. Dieser mißlang; DOSITHEOS zog sich nach Bethanien zurück, und zwar zu ‹Simon dem Aussätzigen›, d.h. zu LAZARUS, wo ihn MARIA MAGDALENA, Hohepriesterin der Göttermutter, zum König salbte. Dies mag erklären, weshalb vorab die Tempelritter das Paar JOHANNES und MARIA MAGDALENA so hoch verehrten – wie z.B. in Murviel oberhalb von Montpellier, mit seiner Kirche *St-Jean et Madeleine* und seinem mit einem großen Rosenkreuz geschmückten Templer-Palais. Dasselbe mag für den berühmten ABBÉ SAUNIER in Rennes le Château mit dessen Marien-Turm - *Tour de la Madeleine* - gelten.

Von Bethanien aus startete JOHANNES DOSITHEOS einen zweiten Einzug in Jerusalem, und zwar auf dem Rücken eines Esels-Füllens, womit er seinen Anspruch aufs Königtum bekräftigte – wie in Jo 12:12-13 für JESUS geschildert. Sein letzterAngriff auf Jerusalem scheiterte, weil sein Neffe JUDAS, SOHN des SIMON BARIONA, ihn verriet. JOHANNES wird verhaftet, erst dem Hohepriester vorgeführt, dann dem PILATUS, und endlich dem HERODES, der ihn aburteilt.

Hier ergänzt das *Evangelium des Petrus* den Ablauf: Ein nicht namentlich, aber einmal «Herr» (*Kyrios*), dann «Erlöser» genannter Mann wird durch Herodes in Gegenwart des PILATUS, der sich dessen die Händen wäscht (vgl. Mt 27:24), zur Kreuzigung verurteilt und ruft dort aus: *«Meine Macht! – du hast mich verlassen!»*. – SIMON PETRUS VON SAMARIA (BARIONA) wird sich später *Sohn der Großen Macht* nennen. Das *Petrus-Evangelium* endet so:

«... Und jeder ging nach Hause, traurig über was geschehen war. Ich aber, Simon Petrus und Andreas mein Bruder, wir nahmen unsere Netze und gingen zum Meer. Und mit uns war Levi, Sohn des Alphäus, den der Herr ... » – und dem mag der wunderbare Fischzug gefolgt sein, den die synoptischen Evangelien am Beginn von JESU öffentlichen Auftritten beschreiben (Jo 21:1-13). - Der Ungenannte muß also wohl oder übel DOSITHEOS sein.

Nach diesen Ereignissen (so das *Petrus-Evangelium*) sei der CHRISTUS JOHANNES in der Gestalt eines *«Menschen aus ‹ätheri-*

schem Fleisch»> wieder auf die Erde herabgestiegen, weshalb er Mauern und Türen durchqueren sowie unvermittelt erscheinen und verschwinden konnte. Dies entspricht der Vorstellung der Mandäer sowie dem was über SIMON VON SAMARIEN erzählt wurde.

JOHANNES DER TÄUFER

Aufgrund der oben geschilderten Verhältnisse zeigt sich JOHANNES DER TÄUFER als DOSITHEOS in einer viel wichtigeren Rolle vorallem in Samaria, als sie ihm im NT zugebilligt wird. Wautier ist der Ansicht, daß das junge paulinische Christentum Vieles tat, das genaue Gegenteil dieser Tatsache zu dokumentieren, um die eigene Doktrin zu stützen. Wautier kam zum Schluß, daß der JESUS des 4. Evangeliums eine aus mehreren Persönlichkeiten kombinierte Figur sei. Eine dieser Komponenten sei JOHANNES DER TÄUFER, eine andere JOHANNES-DOSITHEOS, der *Eintaucher* ($\beta\alpha\pi\tau\iota\sigma\tau\eta\varsigma$ – *baptistès*, gleiche Wurzel wie das Wort *Baphomet*, siehe oben, das ebenfalls aus *Eintauchen* und *Färben* i.S.v. *Einweihen* gebildet ist).

Ein kurioser Hinweis ist zu Beginn des 4. Evangeliums die Gesandtschaft von Pharisäern, die JOHANNES fragen, ob er der MESSIAS (also der CHRISTOS, der gesalbte König) sei – oder ELIAS – oder der messianische Prophet aus DAVID: Der von den Juden erwartete MESSIAH muß, wie schon bemerkt, alle drei verkörpern. –

Kurz nachdem JOHANNES JESUS am Jordan begegnet war (im 4. Evangelium ohne ihn zu taufen!), zog er sich wie erwähnt nach Samarien zurück, mit den berühmten Worten: *«Ich muß abnehmen, damit Er wachsen kann ... »*. – Dabei fällt auf, daß sein kirchliches Geburtsdatum (22. Juni) der Sommer-Sonnwende entspricht (wonach die Sonne ‹abnimmt›, während das Geburtsdatum JESU der Wintersonnwende entspricht (wonach die Sonne zu ‹wachsen› beginnt). Und wirklich: Anschließend ist im 4. Evangelium von JOHANNES nicht mehr die Rede. – Das mag erklären, weshalb spätere Gnostiker, Katharer und Tempelritter sowohl die Schriften des NT als auch das Kreuz verachteten.

Wautier zeigt auch, daß die Enthauptung von JOHANNES DEM TÄUFER eine Fabel sei, die wirklich auf THEUDAS zutreffe (den Vater des Rebellenführers JUDAH VON GAMALA), der als solcher im bewaffneten Konflikt mit Rom 7 v. Chr. *enthauptet* worden sei.

Diese Anekdote wiederum erinnert an ESAU, dessen Kopf auf dem Schlachtfeld im Erbfolge-Krieg der Jakobiten gegen die Esauiten mysteriös abhanden kam.[138] – Daß in der biblischen Ver-

DER JOHANNES-KREIS

sion die HERODIAS nach dem Kopf des JOHANNES verlangt, mag einen ähnlichen oder denselben Grund gehabt haben – jedenfalls viel eher als den im Markus-Evangelium angegebenen! – Betreffend die Geburt von JOHANNES teilt Wautier die Hypothese von *D. Massé* mit[139], wonach der Erzeuger von JOHANNES DEM TÄUFER nicht der greise ZACHARIAS gewesen wäre, sondern der Rebellenführer JUDAH VON GAMALA, Sohn des Theudas, Groß-Sohn eines jüdischen Rebellen Namens EZECHIAS (gekreuzigt im Jahr 43 v. Chr.). So betrachtet, scheint es sich bei der Kette von Revolutionskriegern erstens um eine patriotische, zweitens um eine mit dem Messianismus, drittens mit den Sikariern, der bewaffneten Front der Essener verbundene – und viertens um eine dynastische Angelegenheit in der Blutlinie der MAKKABÄER nach 167 v.Chr. gehandelt zu haben. Das letzte Glied wäre dann der samarische JUDAS gewesen, der wie erwähnt seinen Onkel DOSITHEOS verriet und deswegen, gemäß einer weiteren Version, *«von den Seinen grausam umgebracht»* – und zwar wahrscheinlich von einem Dach gestürzt wurde.[140]

Andererseits ist die Beschreibung der Geburt JESU bei LUKAS jener von JOHANNES DEM TÄUFER nach-empfunden: Bekanntlich gehört das berühmte *Magnificat* nicht zu MARIA, sondern zu ELISABETH; und beider Geschichte wurde bei der Geburt von ISAAK ‹entliehen› – bzw. bei jener von SAMSON, bei jener von SAMUEL und Anderen. – Der Zweifelhaftigkeit dieser Version für den «Fall JESUS» steht eine plausiblere gegenüber, die im Kapitel *Jesus in Indien* vorgestellt wird: Die Tempeljungfrau MARIA, wie zuvor ELISABETH unehelich schwanger durch Clan-Chef und Onkel Judah von Gamala, vor der Steinigung gerettet durch ihren anderen Onkel, Joseph von ARIMATHIA, u.s.w., wie bereits berichtet. –

Zeitlich kollidiert die Geburt von JOHANNES DEM TÄUFER (zwischen 15 und 20 v.Chr.), mit jener von JESUS (um 7 v.Chr.). Sie sichert aber die Kontinuität der dynastischen Blutlinie. – Gemäß der slavischen Ersten Fassung der *Jüdischen Kriege* des FLAVIUS JOSEPHUS (die bekanntere zweite auf Griechisch ist besser Romtreu) predigte JOHANNES DOSITHEOS von 4 v.Chr. bis 6 n. Chr. – was mit MATTHÄUS übereinstimmt – und gemäß Wautier auch wieder nach dem Tod des Christus JESUS. Von 30 bis 36 n.Chr. überließ er JESUS das Feld und lebte vorallem in Samarien. – Nach der *Steinigung* des Christus JESUS *wegen Gotteslästerung* ums Jahr 33 habe JOHANNES DOSITHEOS wieder in Judah gepredigt, den Auftrag Jesu zum seinigen gemacht und auch die Rolle des MESSIAS als Königsanwärter übernommen (was beim Pazifisten JESUS nicht der Fall war), sei aber zwischen 37 und 45 als *Rebellenführer* von den Römern *gekreuzigt* worden. – Und man erinnere sich: Wautier hält aus genannten Gründen JOHANNES DEN TÄUFER und JOHANNES DOSITHEOS für identisch (siehe nächsten Abschnitt).

MARIA MAGDALENA

Im 4. Evangelium – so Wautier – *«ist die Jesus genannte Person wirklich je nach Szene* DOSITHEOS, d.h. der Samarier JOHANNES DER EINTAUCHER – oder der Mensch der synoptischen Evangelien, JESUS mit dem Zunamen *«der* NAZORÄER *oder* NAZARENER, *also der* CHRISTOS *der künftigen syrischen Gnostiker – und sogar* SIMON DER MAGIER. *Darum erscheint der* JESUS DES 4. EVANGELIUMS nach seiner Auferstehung als erster der MARIA MAGDALENA (Jo 20:14 ff.). Diese erkennt ihn nicht sogleich, denn der Transfigurations-Körper ist kein genaues Abbild des verwandelten alten, wie man dem *Corpus Hermeticum* a.a.O. im Kapitel *«Über das Schweigen»* entnehmen kann, wo auch das berühmte *«Noli me tangere»* bereits vorkommt. MARIA *war ursprünglich Jesus nachgefolgt; doch es scheint, daß sie sich nach dem Weggang des Nazareners dem* DOSITHEOS *angeschlossen habe: Sie ist vermutlich auch ‹dessen Mutter› an der ‹Hochzeit zu Kana› ... ».*

Man mag zudem bedenken, daß auch im *Evangelium nach Philippus* die Begleiterin von JESUS MARIA MAGDALENA ist. Von ihr wird dort gesgt, daß er sie mehr liebte als seine übrigen Jünger, und sie des Öfteren auf den Mund küßte, weshalb Jene ihn unmutig fragten, warum er Maria mehr liebe als sie, worauf der Erlöser antwortete: *«Warum liebe ich euch nicht so wie sie?»*

MARIA MAGDALENA sei von Magdala, einem Dorf in Samaria gekommen – so die allgemeine Meinung. Doch wo gab es ein Dorf namens Magdala? - Der Name MARIA kam allen Priesterinnen der Muttergötin seit der babylonischen Götter-Mutter MARI zu, die es in der ausschließlich männlichen jahwistischen Religion nicht gab. Der Zuname MAGDALENA, gelesen als MAGAD-HELENA bedeutet *Dame Helena,* und HELENA ist ein öfter begegneter Name der (eventuell einen Propheten begleitenden) Hohepriesterin, wie im Fall des SIMON MAGUS und in jenem der Mutter von Constantinus dem Großen überliefert. Der Ausdruck HELENA aber kommt von *Selene – Mond,* sodaß alle diese Frauen angesehen werden dürfen als der (stets weibliche) Mond – ISIS, die ihrem solaren Gatten

(OSIRIS) ‹nachfolgt›, wie es in der antiken Astronomie stets heißt. Zu ergänzen bleibt das Kuriosum, daß in den *Clementinischen Homelien* SIMON ‹*der Vorläufer*› genannt wird – und zwar der von PETRUS. – Doch dieser war wiederum ein weiterer SIMON, dessen Zuname ebenfalls KEPHAS war ...

HITDA-EVANGELIAR (um 1000): Johannes tauft Jesus.
Aus dem Zodiak mit 12+1 Planeten stürzt sich eine Taube ins Tierkreis-Zeichen der Fische herab. – Die Anschriften heißen: *Sanctus Johannes – Spiritus Sanctus – Jesus Christus.*

In diesem Holzschnitt aus dem 16. Jh. sind Symbolik der Mysterien, der Kirchen-Kritik und der Alchemie sozusagen in Schichten übereinander gelegt ...

Die Geburt des Römischen Christianismus

INTERROGATIO IOHANNIS UND APOKRYPHON JOHANNIS

DER JESUS-MYTHOS NACH PAULUS

PAULUS ist schon selber ein Mysterium: Geboren als thrakischer Kasare und Teppichhändler wurde er, vermutlich durch VESPASIAN selbst, als römischer Bürger adoptiert – gleich wie FLAVIUS JOSEPHUS, mit dem er in allen Punkten so eng übereinstimmt.[141]

Zu Pauli «Damaskus-Erlebnis» wurde bereits das Nötigste gesagt: Dieses spielte sich nicht in Syrien ab, sondern nahe dem Qumran der Essener-Gemeinschaft: PAULUS reiste im Staatsauftrag Roms und spätestens von da an mit dem Ziel, einen neuen staatlichen *Mysterienkult für Rom* zu gründen. Der taktische Meisterzug dabei war der, in Judäa, dessen *Messias-Glauben als Hefe zu ständigen Aufständen* wirkte, endlich Ruhe zu schaffen, indem ein bereits zum Himmel gefahrener *Messias von Staates wegen* definiert und so beide Zweige des messianischen Patriotismus eliminiert würden. Also wurden der priesterliche Lebenslauf des NAZARENERS und die politische Kreuzigung des SIKARIERS (beide mit Namen JEHOSHUAH, siehe oben) *in einer Person vereint*, als JESUS CHRISTUS zum *jüdischen Messias post eventum* ernannt, aber vorallem bei den nicht-jüdischen Untertanen missioniert. So erreichte der den Plan des engsten Kreises um TITUS dynamisierende PAULUS tatsächlich eine neue Pax Romana mit – wie Flavius Josephus in seinem Brief schrieb – Weltherrschaft Roms als Resultat: Eine Mysterien-Religion, die einerseits reale Fakten und real bekannte Figuren einbezog, andererseits aber Einzelheiten und Anekdoten früherer Mysterien in ihren Mythos aufnahm. Der Widerstand der echten Messias-Anhänger gegen diese Umdichtung durch PAULUS wurde dann durch die erwähnte *einseitige Christenverfolgung in Rom* endgültig erstickt, und alle Abweichler vor die Alternative gestellt, entweder sich einzuordnen, oder umgebracht zu werden.

Da dieses Fazit, das wir keine Hypothese, sondern eine *beinah* beweisbare These nennen müssen, zweifellos heftiges Kopfschütteln bewirken kann, sind wir auf Details wie z.B. die Onomatologie angewiesen, die sich aus dem erwähnten *Damaskus-Erlebnis - «vom Saulus zum Paulos»* aufdrängt. Seit Jahrzehnten stak uns diese unplausible Fabel quer im Hals, die im NT in drei einander widersprechenden Varianten erzählt wird, womit zweifellos angetönt werden soll, daß es sich nicht um ‹Facts›, sondern um ‹Fiction› handelt:

Ein römischer Jude und Adoptiv-Flavier – ein *bodenständiger Kaufmann* - reist im exclusiv Kaiserlichen Auftrag der Christenverfolgung und wird, weil er plötzlich «Stimmen hört», *in ictu oculi* zum Förderer desselben Christianismus (nein, eben eines anderen),

DER JESUS-MYTHOS NACH PAULUS

wobei die kaiserliche Berichterstattung seinen Namen um einen einzigen Buchstaben ändert, was eines der beliebten Wortspiele darstellt, die man bei ihm und FLAVIUS JOSEPHUS kennt:

Von SAULUS (jüdisch) zu PAULOS (hellenisch); - was mag das bedeuten? - Mangels Kenntnis einer anderen Parallelsprache der Zeit sind wir aufs Lateinische angewiesen: Lateinisch als die Weltsprache rund ums Mittelmeer. PAULUS als substantiviertes Adjektiv: *wenig, klein* – also der Unwürdige oder Kleine; - im Griechischen aber noch *der Erlöste, der Befreite.* – Und das ist er, zusammen mit dem vom Tod *erlösten* ex-Sikarierführer FLAVIUS JOSEPHUS: Dessen Befreiungs-Brief an den Kaiser lautet so:

«*Du bist freilich der Meinung,* VESPASIANUS, *nur einen Kriegsgefangenen erwischt zu haben, als du den* JOSEPHUS *in deine Gewalt bekamst. Aber weit gefehlt, denn ich erscheine vor dir als* VERKÜNDIGER WICHTIGER DINGE. *Hätte ich mich nicht* DES AUFTRAGS EINES GOTTES *zu entledigen – so würde ich wohl gewußt haben, ... wie es Heerführern zu sterben ziemt ... Laß mich jetzt nur noch sicherer* [uns an einander] FESSELN ... *Du,* VESPASIANUS ... *wirst nicht bloß mein Gebieter sein, sondern* HERR ÜBER DIE ERDE, DAS MEER UND DAS GANZE MENSCHENGESCHLECHT {denn wer die Religion bestimmt, bestimmt alles Volk, und umgekehrt: «*Cuius regimen, eius religo*»!} ... - *weil du beschlossen hast,* DAS VOLK DER JUDEN, DAS DU GESCHAFFEN, ZU BEUGEN ...» {Tatsächlich gab es kein Volk der Juden, bis der Cæsar deren Stammesgebiet als Provinz Judæa definierte}. - «*... weil alles Glück zu den Römern übergegangen ist, und du meine Seele erwählt hast, die Zukunft zu offenbaren, so* BIETE ICH DEN RÖMERN DIE HAND UND BLEIBE AM LEBEN. *Dich aber rufe ich zum Zeugen an,* DASS ICH NICHT ALS VERRÄTER, SONDERN ALS DEIN DIENER ZU IHNEN ÜBERGEHE.»

Zu wem also geht JOSEPHUS über? – So wie er *leugnet* eben: als jüdischer Kollaborateur und *jüdischer Antisemit* (!) zum Cæsar! – Auch der pharisäische Aristokrat SAULUS geht zum Cäsar über und wird zum Adoptiv-Flavier PAULUS.

SAULOS – der Name des ersten Königs der *Israeliten* - bedeutet *der Zierliche, der Gezierte, Tänzelnde ...* – Welch geeigneter Name für einen doppelgesichtigen Diplomaten und Geheimagenten! – Als «*der Geringste*» - bezeichnet er sich in 1 Cor 15:9, und nochmals in Eph 3:8 – und dies sogar ausdrücklich im Gegensatz zu seiner vormaligen Verfolgungspraxis! – Als Saulos spricht er sozusagen selber als *König*; – als Paulos («*ein Weniglein*») ist er der demütige Diener des Cæsars. Und so wird er zum kaiserlichen Missionar für eine neu erfundene Mysterien-Religion.

Tatsächlich zeigt der durch Paulus geschaffene christianistische Mysterien-Kult einen so vollständigen Synkretismus aus Elementen vom äußersten Indien bis ins westlichste Mittelmeer - wie keine Religion je zuvor. So wurde der Begriff der *Religio* (*Anbindng*) doppelt gefüllt: einerseits durch einen zeitgemäßen Kult, anderer*seits durch eine die von Rom beherrschten Volksgruppen vereinen*de *Anbindung ans Imperium Romanum des Kaisers.* – Diese Hypothese ist die einzig sinnvolle, konkrete Antwort auf die Grundfrage: Woher kam dieser mysteriöse Paulus? – Was verschaffte ihm die Kompetenz und Legitimation, eine echte Botschaft zu annektieren und so zu propagieren, daß die Imitation erfolgreicher wurde als die Vorlagen? – Und was oder wer verschaffte ihm die Autorität, diesen seinen synthetischen Mythos im gesamten römischen Imperium (in sieben der wichtigsten Stadtstaaten und der Urbs selbst) *von Staates wegen* zu installieren?

Im Ganzen kommt dieser Paulus kaum als integrer Jünger und Apostel einer Sekte daher – eher als vorweg genommener Kirchenvater. Peter Hofrichter[142] nennt Paulus einen *Christus-Missionar im großen Stil* – einen *Messianismus-Großpropagandisten* und *Christus-Verkäufer*, χριστεμπορος, und heute stimmen wir dem voll und ganz zu. Hofrichter schreibt noch: «*In Anbetracht der sonst völligen Absenz des Christustitels und des Christennamens in der gesamten Didache* {einer Schrift aus dem ersten Beginn des Christianismus} *drängt sich der Verdacht auf, daß die Verkündigung von* JESUS ALS CHRISTOS *oder* MESSIAS *von dieser Schrift und in ihrem Umfeld nicht geschätzt wurde. ... Auch die aus Matthäus und Lukas rekonstruierbare Logienquelle kennt den Christustitel nicht. Ebensowenig bezeichnet das ... Thomas-Evangelium Jesus jemals mit dem Namen „Christus". – Tatsächlich wurden die hellenistischen Jesusgläubigen nach der Darstellung des Lukas erst infolge der Wirksamkeit der Verkünder Barnabas und Paulus in Antiochien erstmals „Christen", also „Messianer" genannt ... Nur [Symeon] Petrus nennt Jesus, wo immer er von ihm redet, konsequent „Jesus, den Christus" ... Dagegen fehlt die Bezeichnung „Christus" völlig bei den Hellenisten der Synagoge von Jerusalem, bei Stephanus und bei den nach seiner Steinigung Zerstreuten».* – Woran mag das liegen?

Die Antwort kommt von Rom, war es doch ein Cäsar, kein Geistlicher, der dem Ganzen die endgültige Identität (Glaubensbekenntnis) gab. Sicher ist, daß der Kaiser keine echt messianische Religion dulden konnte, weil sie unvermeidlich das nationalistische Feuer wieder angefacht hätte. Die berühmten Christenverfolgungen in Rom betrafen bekanntlich die Urchristen – also die Nachfolger der Botschaft JESU und des DOSITHEOS. Das Christentum so wie JESUS es verkündigte, war gut jüdisch und wäre jüdisch geblieben, hätte nicht ROM den ‹Staat› der Juden mit allen Konsequenzen vernichtet, und hätte nicht PAULUS *von Anfang an auf eine Globalisierung hingewirkt*: Erst damit begann die Ausdehnung des Christianismus in der ‹heidnischen› Welt. Diese Phase hatte PAULUS jedoch bereits durch seine *Umdichtung der christlichen Botschaft in ein Mysterium* vorbereitet.

Nun wurde diese sanfte, kaisertreue Religion um ‹JESUS› über die *Sieben Gemeinden Asiens* im Reich verbreitet. Sicher ist, daß PAULUS bei dieser Groß-Operation die wichtigste Rolle spielte, wobei ihm als politischer Berichterstattungs-Stratege FLAVIUS JOSEPHUS zur Seite stand.

DIE EINSETZUNG DER RÖMISCHEN JESUS-MYSTERIEN

Schon seit einiger Zeit haben verschiedene Autoren festgestellt, daß das offizielle Welt-Christentum in Wirklichkeit eine synthetische Religion außerhalb, ja sogar entgegen der Botschaft JESU sei – erschaffen unter Mithilfe eines kleinen Kreises von Eingeweihten am kaiserlichen Hof der Flavier, mit der mehrfachen Zielsetzung, TITUS, den ‹göttlichen SOHN› des ‹göttlichen VATERS› VESPASIAN als den wahren MESSIAH im 1. Jh. unserer Zeit festzulegen. Interessant ist, daß selbst die sich als Nichtjuden betrachtenden Samarier in diese Revolutionskriege verwickelt waren – und das kam so:

Nachdem die Römer um 167 v. Chr. die radikal fundamentalistisch jahwistischen Makkabäer geschlagen hatten, wurden die fremden Hasmonäer (Herodianer) als Priesterkönige über Judah gesetzt. Das führte zu Aufständen der Juden gegen diese und Rom, mit Morden und Kleinkriegen, deren Zweck es war, den wirklichen Messiah als Priesterkönig an die Macht zu bringen – doch welchen?

Genau betrachtet, geht es bei allen Figuren der jüdischen Aufstände und der damit verbundenen Täuferbewegungen um dieses *eine* Ziel und um den *einen* Clan aus AARON (HARŪN!) – mit JESUS, JOSEPH VON ARIMATHIA, MARIA MAGDALENA, MARTHA und LAZARUS als dem einen Ast, und mit den Nachkommen aus JUDAH VON GAMALA als dem anderen. Als Jerusalem erobert und alle Messias-Prätendendeten hingerichtet waren, blieb die Nazoräer-Bewegung der Jünger JESU und jener des DOSITHEOS unter der Führung des ältesten Bruders von JESUS – JAKOBUS – übrig, der ebenfalls (im Jahr 62) bald getötet wurde.[143]

INTERROGATIO IOHANNIS UND APOKRYPHON JOHANNIS

Die verschiedenen Christusse waren also erledigt; deren Gruppen verschmolzen unter dem Namen JESU wie zuvor erklärt, doch eine Rivalität herrschte zwischen den beiden jetzt ‹Clan-Ältesten› SIMON-KEPHAS (Samaria) und JAKOBUS (Judah). Diese Lage nutzte VESPASIAN vorallem mit Hilfe von FLAVIUS JOSEPHUS und PAULUS: Dieser begegnet zum ersten Mal als Verfolger der verbliebenen Messianismus-Reste (Steinigung des Nachfolgers von JAKOBUS, STEPHANUS). PAULI seltsame ‹Bekehrung› geschah so wunderbar, daß sie noch heute von den Meisten für bare Münze genommen wird!) Das erste Erscheinen des JOSEPHUS (als Kriegsgefangener vor Masada) erklärt sein bereits kommentierter Brief an VESPASIAN.[144]

Wie eine Religion zu konstruieren sei, hatte TITUS bereits bei der Errichtung des Vespasianus-Kults zur Vergöttlichung seines Vaters ‹gelernt› (siehe unten). Mit Hilfe der beiden Adoptiv-Flavier PAULUS und JOSEPHUS[145], wurden nun die bereits an Umdenken gewöhnten *Sieben Gemeinden Asiens* nebst den echten Erben des echten JESUS und des JOHANNES DOSITHEOS durch PAULUS nicht nur mit der erstaunlichsten Unverfrorenheit missioniert, sondern zugleich auch ohne eine von außen erkennbare Legitimation unter seine des PAULUS Tutele genommen. Der *Titusbrief* des Paulus deutet jedoch wirklich eine entsprechende Vollmacht an.[146] Unerklärt bleibt dennoch, warum diese unglaublich kühne Selbstverständlichkeit des PAULUS von Millionen von Gläubigen unhinterfragt hingenommen wurde und noch heute wird.

Der kleine Kreis an TITUS' Hof setzte also einen zweckmäßigen Mythos auf, mit ‹JESUS› als Zentral-Figur und begleitet von den allen Mysterienreligionen eigenen epidotischen Verankerungen. Dies ist der biblische Christianismus, den die heutige Welt kennt. Dem Paulus kamen dabei außer seiner Kühnheit seine große Kenntnis der Schriften des AT und mehrerer Mysterien, nebst essenischem Textmaterial von Qumran und Masada zustatten. Die messianische und chiliastische Botschaft des Christus JESUS wurde in eine Neuversion der Apokalypse verschoben, Paulus zum Kirchen-Oberhaupt befördert. Daher die Proteste der Juden in Antiochien und deren Steinigung des PAULUS. – Anders gesagt: Bezüglich JESUS gibt es heute nur noch zwei halbe historische Hinweise auf einen Propheten und Heiligen dieses Namens, der aber betont heruntergespielt wird[147], während der im NT nur JOHANNES, bei JOSEPHUS aber überhaupt nicht genannte «Eintaucher» DOSITHEOS als JESUS CHRISTUS auftritt, bzw. als Johannes der Täufer (siehe unten): Offenbar ist er der

EINSETZUNG DER RÖMISCHEN JESUS-MYSTERIEN

JOHANNES/ JOCHANAAN, der dem 4. Evangelium des NT zur Vorlage diente.

Es wurde auch schon vermutet, ‹PAULUS› und ‹JOSEPHUS› seien identisch: Nie widersprechen – aber oft ergänzen sie einander in der Doppelrolle von ‹JOSEPHUS› als Berater und ‹Geschichts-Sekretär› des Kaisers – und ‹PAULUS› als akkreditiertem Kirchenhaupt der von ihm missionierten ‹Unbeschnittenen› der «Sieben Kirchen Asiens». Diese stehen im Gegensatz zu den Judenchristen Samariens: Die Samarier zählten, obschon sie sich «Nichtjuden» nannten, zu den sog. Judenchristen, weil sie die alt-hebräischen Vorschriften streng einhielten und ihrem gesetzestreuen CHRISTUS folgten.

Auf die gemischte große Gruppe der Heidenchristen war das Konzept des PAULUS vorallem abgestimmt: Sie hatten keine Messias-Ambitonen und waren, wie schon gezeigt, bereits an eine kaiserliche Religion gewöhnt Wird die Erzählung von Josephus (siehe Anm. 147) über FULVIA/FLAVIUS ‹zurück-verkehrt›, so wird die «noble Frau» zum Flavier PAULUS, der sich ohne Bedenken bekehrt und aufgrund königlicher Geschenke (samt Adoption zum Flavier) verpflichtet hatte, die im innersten Kreis um TITUS entworfene und ausgearbeitete *Römisch-Christliche Religion* auszutragen: So wurde auf der typischen Struktur einer konstruierten Mysterienreligion mit ihren traditionellen Zutaten das staatlich gestützte Römische Christentum installiert – und dies gegen den lebhaften Widerstand aller Nachfolger des echten CHRISTUS JESUS.

Drei komplementäre Tatsachen unterstreichen die große Wahrscheinlichkeit für diese Behauptung (nur wer damals lebte, könnte in allen Details dieser komplexen Geschichte heute ganz sicher sein): Sie finden sich in Atwil's Buch *Das Messias-Rätsel*, a.a.O.

Der erste Punkt:

Flavius Josephus erscheint als ein *jüdischer Feldherr* der Juden auf Masada, der gefangen wurde, aber sein verscherztes Leben durch einen klugen Trick zu bewahren wußte: Er bot sich im bereits zitierten Brief dem Kaiser als V-Mann im klassischen Sinne an.[148] Ist das nicht genau die Phraseologie, die wir von PAULUS, dem anderen Adoptiv-Flavier so gut kennen!? Die schwülstige Überläufer-Suada enthält auch bereits Alles, worauf Atwil später in seinem Buch noch hinweist: Die Formulierung von Prophetien *«post eventum»*; und die absolute Loyalität des Juden JOSEPHUS als Juden-Verächter in allen nachfolgenden Maßnahmen gegen die Juden, sein Volk. –

Der zweite Punkt:
Im Jahr 79 starb VESPASIAN und wurde gelegentlich durch den römischen Senat zum Gott erklärt. Sein Nachfolger war sein Sohn TITUS. Dieser schuf eine ganze Religion um seinen Vater, samt einer neuen Priesterschaft: den FLAMINES. Damit bereitete er auch seine eigene ‹Göttlichkeit› vor. In allen Provinzen gab es eine Vespasians-Priesterschaft. In den Ländern um Judäa herum wurde diese koordiniert durch die sog. *Communis Asiæ – die Gemeinde Asiens*, die somit aus *sieben Kirchen (ecclesiæ)* bestand. Das sind die *Sieben Kirchen Asiens*, welche die sog. *Offenbarung des Johannes* (Off. 2:11) erwähnt, und an die der Adoptiv-Flavier PAULUS seine berühmten *Briefe an die Gemeinden* schrieb. – Woher nahm PAULUS die Autorität, diese ‹Gemeinden› mit der Rhätorik eines Kommandanten anzuweisen, resp. zurecht zu weisen!? Undenkbar, daß er dies nicht direkt mit dem Kaiser koordiniert hätte, da dadurch die eine Religion die andere konkurrenzierte! – Liegt es aber nicht überaus nahe, zu verstehen, daß die an den VESPASIANS-Kult gewöhnten, römisch gewordenen Untertanen desto leichter ans Römische Christentum angebunden werden konnten – die Religion des *göttlichen* SOHNS des *göttlichen* VATERS VESPASIANUS?

Atwil schreibt dazu noch, TITUS habe gemäß TACITUS auch Wunder-Heilungen gewirkt. Der Satiriker JUVENAL beschrieb besonders die zynische Haltung der römischen Patrizier: Das sind die Nachkommen des KASAREN ÆNEAS und seiner trojanischen Gesellen, die in klassisch kasarischer Manier (Intrigen, Heiraten und Kriege) die Urbs und das Reich Rom gründeten.[149] Es ist offenbar, daß die römisch christianistische Religion aus der Flavischen hervorging, indem sie den authentischen Messias JESUS als Substrat benutzte und dann eliminierte: Was hätte es genützt, den Krieg gegen die aufständischen Messianiker zu gewinnen, und doch einige Jahre später mit einem neuen Aufstand konfrontiert zu werden? Auch JULIUS CÆSAR adoptierte, als er die Gallier endgültig geschlagen hatte, die gallischen Götter und druidischen Wissenschaften, verbot dann die alte keltische Kultur und bereitete so diese Länder quasi für eine römische Staatsreligion vor. Dasselbe System wurde später - und durch alle Jahrhunderte bis heute – in allen anderen durch Rom eroberten Ländern und Kontinenten kopiert und übernommen – in Europa, Süd-Amerika und anderswo ...

Atwil betont die Kuriosität, daß besonders viele Mitglieder der Flavier zu diesem, dem flavisch paulinischen Christentum übergingen,

EINSETZUNG DER RÖMISCHEN JESUS-MYSTERIEN

wobei sowohl das Zentrum der ersten Christenverfolgungen als auch der Papstsitz in Rom waren. Auch war der erste wirklich dokumentierte Papst, CLEMENS I – ein Flavier. Das ist suggestives Marketing!

Atwil schreibt: «*Auch* ORIGENES, EUSEBIUS *und* EPIPHANIUS *setzten* CLEMES *ganz an den Anfang der römischen Kirche, und alle drei behaupten einmütig,* CLEMENS *sei der ‹Mitarbeiter des Apostels Paulus› gewesen.*» - Hieß dieser ‹Flavier CLEMENS› vielleicht ursprünglich gar DIOKLETIAN? – JOSEPHUS und PAULUS waren wie erklärt im weitesten Sinne Flavier - warum nicht auch z.b. LUKAS, SYMEON, MARKOS oder BARNABAS der Apostelgeschichte!?

Ein dritter Punkt:

Die Nachrichten des JOSEPHUS zur Jüdischen Geschichte werden für ganz unabhängig von der Version der Evangelien gehalten und gelten daher als neutrale Basis im Schriftvergleich. Das eben ist der Grund-Irrtum heutiger Interpretationen: Tatsächlich sind die *Geschichte Jüdischer Altertümer* (Atiquitates Judæorum - AJ) und die *Geschichte des Jüdischen Kriegs* (GJK) widerspruchslos auf die Evangelien abgestimmt – und diese auf die Prophezeihungen des DANIEL. Das gilt insbesondere sowohl bezüglich des Berichts zu den römischen Operationen im Lauf des Feldzugs von VESPASIAN und TITUS sowie bezüglich der Daten während der Belagerung und Eroberung von Jerusalem und Masada. Allein schon diese glatte Übereinstimmung mutet den unabhängigen Beobachter sehr seltsam an. - Einige Beispiele werden dies im Anschluß verdeutlichen. - Das generelle Ergebinis moderner Forschung zeigt damit:

1° Die meisten *Parallelen* innerhalb der synoptischen EVANGELIEN, DANIEL und FLAVIUS JOSEPHUS erweisen sich als historische Artefakte (‹fake news›) und willkürliche Koordination zugunsten der genannten Prophezeihugen.

2° Die Abstimmung von sog. *Prophezeihungen «post eventum»* und realem Ereignis in der Darstellung von GJK und AJ kann unwiderleglich gezeigt werden: Weil es noch keine eigentliche Historizität, also keine absolute historische Zeit-Achse von Daniel bis Masada gab, konnte JOSEPHUS die Zeitverhältnisse ziemlich sorglos definieren, mit Angaben, die zwar selten zu widerlegen, aber oft inkongruent mit den Abläufen sind. Nur selten ist die Zeitdarstellung eindeutig als gefälscht zu erkennen – besonders wenn Reihen geschilderter «Fakten» in GJK und AJ *in genau derselben Abfolge, am genau gleichen Ort und mit denselben Worten* auftreten wie die entsprechenden Ereignisse im NT (siehe unten).

3° Zu wiederholten Malen schiebt der ‹Jude› JOSEPHUS die Schuld an bösen Ereignissen den «bösen Juden» zu (d.h. Judenchristen und Sikariern, «Räuber» und «Verbrecher» genannt) und stellt hingegen die Römer bzw. ausdrücklich TITUS im gleichen Zug betont als am Unglück schuldlos dar, sodaß eigentliche antisemitische Passagen entstehen: Josephus sah sich ganz seinem Brot-Herrn verpflichtet.

4° Die Entmischung von Ereignissen um Akteure gleichen Namens war und ist vorallem der heutigen Theologie Roms aus begreiflichen Gründen zuwider und wird daher in der heutigen Öffentlichkeit weder kritisch gewürdigt noch durchschaut – mit Ausnahme z.B. von Wautier, der oben ausführlich zitiert wurde. – Das extremste Beispiel sind die verschiedenen JOHANNES und PETRUSSE mit und ohne Zunamen SIMON resp. KEPHAS, oder umgekehrt. Die einen sind Mitglieder der messianisch-täuferischen Sikarier-Bewegung des Clans des JUDAH VON GAMALA, die Anderen Vettern desselben Clans, aber seitens JOSEPH VON ARIMATHIA (siehe oben).

5° Wiederholt wird das Judentum als alt und überholt dargestellt, das nun durchs Christentum ersetzt werden solle.

6° Genau dies ist der Sinn der Abschwächung des jüdischen Gesetzes durch den Missionar PAULUS, und der Anlaß zur Empörung der JESUS-Christen und deren (*nicht tödlichen!*) Steinigung von PAULUS und Barnabas durch die Bevölkerung von Antiochien.

7° Vorallem die Sikarier-Überläufer SIMON-PETRUS und BARNABAS zur Lehre des PAULUS zeigen, daß hier Manches unsauber dokumentiert ist – und wahrscheinlich mit Hilfe von Silberdrachmen bewirkt, wie in den Fällen ‹DECIUS MUNDUS› und JUDAS ISKARIOTÈS: Letzterer war zwar ein Neffe und Jünger des ‹Eintauchers› DOSITHEOS, aber schon zu dessen Lebzeit auch ein Rivale, also sicher kein Jesus-Jünger, während sein Vater SIMON ‹KEPHAS›, wie das Johannes-Evangelium (1:42) berichtet, der wirkliche Nachfolger von DOSITHEOS war, der als ‹PETRUS› zur Gruppe um JAKOBUS überging, danach aber *«an einen anderen Ort zog»* (Apg 2:14 ff.; 12:4-18) – nämlich mit PAULUS nach Rom, wo er starb!

Die zentralen Fragen sind nun um Existenz, Passion und Auferstehung JESU gruppiert. Hier sieht es besonders prekär aus: Heutige Theologie argumentiert zwar, die Kreuzigung JESU sei *«das am besten dokumentierte Ereignis in der biblischen Geschichte überhaupt».* – Aber ist sie das wirklich?

Nehmen wir die direkt interessierten und daher *befangenen* Parteien von dieser ‹Dokumentation› aus – also Apostelgeschichte, Kirchen-

EINSETZUNG DER RÖMISCHEN JESUS-MYSTERIEN

väter, bibeltreue Kirchengeschichte, Evangelien *in ihrer heutigen Form*, und natürlich den kaiserlichen *Historicus* FLAVIUS JOSEPHUS: Wer bleibt als neutraler Zeuge zu Lebzeiten JESU oder als zuverlässiger Dokumentalist übrig? – Niemand! – Und das entspricht auch ganz der Absicht der ersten Autoren: Die Gründer der ‹JESUS-Mysterien› haben den wahren Jesus *«im Tiber versenkt»*, indem sie die relative Endredaktion aller Dokumente zum Thema dominierten. Die römischen Autoritäten von den ersten bis zu den letzten Päpsten gingen damit aus offensichtlichen Gründen konform; und das Ganze lief (und läuft noch heute) unter der globalistischen Zielsetzung: «Eine Menschheit, eine Religion, eine Regierung!». – Vor 80 Jahren hieß das: *«Ein Volk, ein Reich, ein Führer!»*. Und noch immer hat ‹das Volk› die Lektion nicht gelernt: Ohne gesundes Volksbewußtsein keine Freiheit - ohne Staatsreligion keine Staatsmacht – ohne *höheres Bewußtsein* kein wahres Menschsein!

Wie dem auch sei: Nur DAVID und SALOMO sind historisch noch magerer dokumentiert als der echte JESUS, nämlich überhaupt nur in den sie direkt betreffenden Texten des AT und in den Geschichten von 1001 Nacht! – Waren die Beiden in Wirklichkeit Araber oder Perser? - Das ist kein maliziöser Scherz, sondern Realität!

Die genaue Zeit der Entstehung der vier offiziellen Evangelien (sicher vor 70)[150] ist unbekannt; der Zeitpunkt der relativen ‹Endredaktion› im 1. – 6. Jh. ist unbestimmbar. Das Johannes-Evangelium mit seinen «mindestens fünf Autoren» zeigt noch heute: Je später die Rezensionen der frühen Quellen, desto ‹römischer› das Ergebnis.

Warum nur legt JOSEPHUS seine Fabeln (lies Anm. 147!) mit der militärischen «Aushebung von 4000» bzw. «Vertreibung von vielen» Juden zurück ins Jahr 19 – die Regierungszeit des TIBERIUS? – Dieser regierte bis ins Jahr 37 und hatte daher von Geburt, Wirken und Passion von JESUS sicher Kenntnis – umso sicherer JOSEPHUS. Wollte man die wahre Identität der ‹Akteure› dieser Fabeln besser schützen?

Denn so wie in der ersten Fabel zweifellos PAULINA den PAULUS meint, so in der zweiten FULVIA (*die Gelbe*) den Adoptiv-Flavier JOSEPHUS (*flavus* = der Gelbe); doch VESPASIAN wurde erst 50 Jahre nach TIBERIUS (im Jahr 69) Kaiser. – Mit SATURNINUS ist dann jedenfalls beide Male der Kaiser gemeint: der stellvertretende Gott nach JUPITER, dem Sohn SATURNS. – Und DECIUS MUNDUS als kleines Anagramm gelesen ergibt den *Mundus [J]udæicus* – *die kultuelle und politische jüdische Welt* der Provinz Judæa. - Beiden Fabeln gemeinsam ist, daß die Juden auf Antrieb eines ‹Römers› –

PAULUS? - durch einen Kaiser verbannt werden. Indem man sie zurück-verkehrt, könnte man also die erste Fabel so lesen:

PAULUS als Adoptiv-Flavier mit dem Kaiser ‹vermählt› verfolgte erbittert die jüdisch-christliche Welt, mit dem Auftrag, die messianische Plage (DECIUS MUNDUS) mit Gewalt abzutöten, welche die Geschehnisse an den IDEN des Monats Nissan (Passah) im Jahr 33 erneuert hatten. Gemäß JOSEPHUS finden alle späteren maßgeblichen Ereignisse zu diesem selben Datum statt. Ob genau innerhalb einer Generation (40 Jahre) [151] ist nicht überprüfbar. Indes sind 40 Jahre (oder Tage) in vielen Überlieferungen ein rituelles, kein historisches Maß. In logischer Umkehrung der Fabel ist die (erfolgreiche) Bestechung der Priesterschaft Jerusalems, die ebenfalls der Lehre Jesu feind war (200'000 Drachmen, bzw. Gold und Purpur für den Tempel!), gut zu verstehen. Dem paulinischen ‹Gott›, JESUS, wird gleich ISIS aus politischen Erwägungen ein Mythos mit Staatskult geweiht; der ‹originale› Jesus aber überlieferungstechnisch *«im Tiber versenkt»*. - Die beiden Vorgänge gleichen sich: Der Isiskult wurde von JULIUS CÆSAR nach der ‹Eroberung› Ägyptens in Rom *öffentlich* installiert; in der ‹Verschlußsache Jesus› weiß nur der engste Kreis um TITUS Bescheid. Die geniale Strategie, den Christen-Verfolger PAULUS aus einem Agenten für Rom in einen jüdischen, direkt mandatierten Apostel JESU zu verzaubern ist die plausibelste Antwort auf alle diesbezüglichen Fragen. Von beiden – Paulus und Josephus - kennt man übrigens keine echten Lebensdaten. Nur das der Lehre Jesu weitgehend widersprechende pompös missionarische Wirken von Paulus bleibt, worin faktisch der reale «SOHN DES VATERS» JESUS dem Blick der Öffentlichkeit entzogen und zum Gott neuer (römischer) Mysterien erklärt wurde.

Unübersehbar ist ja die Parallelität der zwei Fabeln mit dem alleinigen Unterschied, daß im ersten Fall der Gewinn direkt an die Priester geht, im zweiten an die vier Schläulinge – einen Juden (PAULUS?) und drei Römer (TITUS, BERENIKE UND DOMITIAN?). – Überdies hatte TITUS (so JOSEPHUS) *«ein derartiges Verlangen, daß das Wissen um diese Vorgänge nur diesen* (JOSEPHUS') *Büchern allein entnommen werde, daß er sie selbst signierte* (zensierte)*, und den Befehl zu ihrer Veröffentlichung höchst persönlich gab»* (a.a.O. S. 68 f.).

Liest man nun Apg 13:47-49 unter der Optik einer *Religion im Namen des Kaisers,* so tönt Folgendes ganz anders als gewohnt:

«Denn also hat uns {Paulus & Co.} *der Herr* {der Kaiser} *geboten: "Ich habe dich zum Licht der Nationen gesetzt, auf daß du zum Heil seiest bis ans Ende der Welt". Als aber die Heiden es hörten, freuten sie sich und*

EINSETZUNG DER RÖMISCHEN JESUS-MYSTERIEN

verherrlichten das Wort des Herrn {des Kaisers}; und es glaubten all jene, denen das ewige Leben versprochen wurde[152]. *Das Wort des Herrn {des Kaisers} aber wurde ausgebreitet durch die ganze Gegend».* –

– Und so tönt es aus der Feder des ‹Paulus› (Rom. 13:1-7) :

«Jede Seele unterwerfe sich den obrigkeitlichen Gewalten; denn es ist keine Obrigkeit, außer der des Gottes (Kaisers), *und diese, welche es sind, sind vom Gott verordnet. Wer sich daher der Obrigkeit widersetzt, widersteht der Anordnung des Gottes {des Kaisers}; die aber widerstehen, werden ein Urteil über sich bringen. Denn die Regenten sind nicht ein Schrecken für das gute Werk, sondern für das böse. Willst du dich aber vor der Obrigkeit nicht fürchten, so übe das Gute, und du wirst Lob von ihr haben; denn sie ist des Gottes {des Gott-Kaisers} Dienerin, dir zum Guten. Wenn du aber das Böse übst, so fürchte dich, denn sie trägt das Schwert nicht umsonst; denn sie ist des Gottes Dienerin, eine Rächerin zur Strafe für den, der Böses tut. – Darum ist es notwendig, ergeben zu sein, nicht allein der Strafe wegen, sondern auch des Gewissens wegen. Und deshalb entrichtet ihr auch Steuern; denn sie sind des Gottes {des Kaisers} Beamte, die eben hierzu fortwährend beschäftigt sind. – Gebet allen, was ihnen gebührt: die Steuer, dem die Steuer, den Zoll, dem der Zoll, die Furcht, dem die Furcht, die Ehre dem die Ehre gebührt.*[153]

Hingegen betreffs des ‹echten› Jesus lesen wir ganz offen :

2 Cor 11:1-4: *« ... Ich eifere um euch mit Gottes-Eifer; denn ich habe euch einem Manne {dem Kaiser} verlobt, um euch als eine keusche Jungfrau dem Christus {*JEHOSHUAH*} darzustellen. Ich fürchte aber, daß etwa, wie die Schlange durch ihre List Eva verführte, auch euer Sinn verderbt und abgewandt werde von euerer Einfalt bezüglich des Christus. Denn sollte einer kommen und einen anderen Jesus predigen, den wir nicht gepredigt haben, oder ihr einen anderen Geist empfangen, den ihr nicht [von mir] empfangen habt, oder ein anderes Evangelium, das ihr nicht [von mir, Paulus] angenommen habt, so könntet ihr es leicht annehmen*[154] *... ».*

Man bedenke: Nur wer *einen anderen Jesus kennt*, kann von einem solchen reden – gleich wie JALDABAOTH mit seinem *«Es gibt keinen anderen Gott neben mir!»* - Und so ist denn die Selbstdarstellung des Paulus hier wie bei anderen Gelegenheiten unübertrefflich (2 Cor 11:7-13) :

«Denn ich achte, daß ich in nichts den ausgezeichnetsten Aposteln nachstehe ... Oder habe ich eine Sünde begangen, indem ich mich selbst erniedrigte, auf daß ihr erhöht würdet, weil ich euch das Evangelium Gottes umsonst verkündigt habe? ... Die Wahrheit des CHRISTUS *ist in mir, daß mir dieses Rühmen nicht verwehrt werden soll ... Was [immer] ich aber tue, werde ich auch tun, um denen zuvor zu kommen, die in dem, dessen sie sich rühmen [mögen], mir ebenbürtig gefunden zu werden Gelegenheit suchen».*

INTERROGATIO IOHANNIS UND APOKRYPHON JOHANNIS

Er erklärt sich also ausdrücklich im Wettstreit um Gläubige für seine Lehre, indem er wie ein Schachspieler den *Judenchristen* einen Zug zuvor zu kommen sucht: Wer zuerst predigt, dem glauben die Hörer eher; wer zuerst einen Jesus predigt, dessen JESUS glauben sie; wer zuerst alle Anderen zu Pseudo-Aposteln erklärt, schützt damit vorweg sich selbst vor eben diesem Vorwurf. Und so wurde PAULUS tatsächlich zu einem *«Licht bis ans Ende der Welt – katholikōs»* - wie heutzutage Google, Facebook, Wiki etc. ... -

Indes: Die Wahrheit darf und kann nie ganz unterdrückt werden; nur braucht es seelische Wachheit, um sie durch alle Schleier hindurch zu erkennen: Und so kommt man endlich nach über 2000 Jahren doch zur Wahrheit über den römischen CHRISTUS JESUS.

DIE EXPANSIONS-POLITIK DES PAULUS

SIMON PETRUS (der Bruder des DOSITHEOS, nicht identisch mit dem Jünger, der JESUS verleugnete), hielt es für rätlich, den Umgang der Judenchristen mit den ‹Heiden› zu unterbinden. Auch BARNABAS war dieser Ansicht (so Lange). – PAULUS jedoch vertrat die Zielsetzung, möglichst viele Heiden an seine Botschaft anzuschließen (*katholikōs = das ganze römische Weltreich umfassend*), ohne Unterschied der Nation und mit dem alleinigen Kriterium des Glaubens an *seine, des Paulus Lehre*. Dies entschied den technischen Sieg des paulinischen Evangeliums über das Judenchristentum (und Beider definitive Trennung) – und damit auch seinen Sieg über die frühchristliche Gnosis. Heidenchristen waren vorallem *hellenistische Canaaniten, Römer und Griechen* – mit deren relativ engem Weltbild. Diese hatten ja kaum Kenntnis von orientalischen Überlieferungen, der Qabbalah, den Lehren Buddhas, der Essener, der Syrier und des Zoroaster: Die Juden selbst aber wurden durch des Kaisers Stadtverbot von ihrem auf den ‹Tempel Salomonis› fixierten Kult abgeschnitten. Zwar standen in allen Gemeinden Leute gegen die Lehre des Paulus auf; aber seine durchdachte Strategie war unschlagbar. - Die Argumente der Gegner waren:

- PAULUS sei kein wahrer Apostel des Herrn (wirklich ist seine ‹Bekehrung› eine real sehr fragwürdige Geschichte, indem sein wunderbares ‹Damaskus-Erlebnis› bei drei Gelegenheiten in drei widersprüchlichen Versionen erzählt wird).
- Beschuldigungen an Paulus, wie Eigennutz, Ehrgeiz, Feigheit und Opportunismus (tatsächlich stellt sich der Thraker Saulus im Rahmen seiner diversen Gefangennahmen dem Sanhedrin gegenüber als *in Jerusalem aufgewachsenen* phari-

säischen Judendar; – dem Römischen Prokurator bzw. Kommandanten gegenüber aber als *römischen Bürger*, der er *durch Adoption der Flavier* geworden war - ja sogar als *Patrizier*. Dies nebst Anderem führt zum Verdacht, er könnte mit dem ebenfalls adoptierten FLAVIUS JOSEPHUS identisch sein: *Nur dieser Beider* Aussagen über die Christen und ihr Umfeld stimmen überein – siehe obiges Zitat aus JOSEPHUS' Autobiographie !

- Sein Bemühen, das mosaische Gesetz (Beschneidung und Absonderung der ‹Heiden› / ‹Goyim›) auszuschalten, paßt zur Judenfeindlichkeit Roms.
- PAULI Evangelium sei ein menschliches, kein göttliches: Wirklich erscheinen die vielen ‹gnostischen› Aussagen des Paulus als Zitate aus ‹apokryphen› Texten anderer Sekten – insbesondere von solchen, die früh ausgeschaltet wurden.
- Des PAULUS *Lehre* sei eine andere; sein JESUS ein anderer als jener, den die echten Apostel vertraten: Daran kann kein Zweifel bestehen; indes konnte dadurch der Messianismus zur klassischen Mysterien-Religion umgestaltet und sozusagen international aufgewertet werden.
- Die *Samarier* SIMON PETRUS und JOHANNES sowie Jesu Bruder JAKOBUS hätten, in Oposition zu PAULUS, auf die Einhaltung des jüdischen Gesetzes beharrt: Beschneidung; Einhaltung der Festtage, Neumonde und Sabbate; Reinheits- und Speise-Vorschriften. Das ist der Unterschied zwischen dem hellenistischen JOHANNES Dositheos und dem römisch gesinnten PAULUS, während die Gruppe um JAKOBUS offenbar als ‹Gemäßigte› dazwischen stand.
- *Die Vorsteher der Gemeinden der Judenchristen* traten intern als kollegiale Diakone auf (διακονοι = *Diener, Almosen-Pfleger*) – Paulus aber als allwissender *Guru*.

Die Entgegnungen des PAULUS auf diese Vorwürfe, soweit es deren gibt, sind durchwegs unüberzeugend: Er sei der eigentliche, von JESUS DEM CHRISTUS *ganz persönlich berufene* Apostel (κλητος αποστολος; αποστολος Ιησου Χριστου); – er werde von Jesus Christus ebenso unterstützt wie [der samarische] PETRUS. - Auch er habe das Evangelium *von Jesus direkt erhalten – Jene aber seien «falsche Apostel – ψευδαποστολοι»* – In Wirklichkeit stellten sich Jene aber nur der Methode entgegen, wonach auch den Heidenchristen das Jüdische Gesetz hätte aufgezwungen werden sollen. –

Typisch an Pauli Lehre ist besonders, daß sie JESUS höher stellt, als dieser selbst es getan, indem er *Jesu Vergöttlichung* taktisch und doktrinär vorbereitete, während Rom die Anerkennung des TITUS FLAVIUS als MESSIAS und Gott geplant hatte [155]. – Auch entwarf PAULUS ein ganz neues Bild von JESUS: Er ließ dazu dessen eindeutig gnostisch orientierte *Logien* weg. Diese erscheinen erst bei JOHANNES DOSITHEOS, PHILIPPUS und THOMAS wieder. Als einwandfrei *judenchristlichen Brief* sieht Lange hingegen den *Hebräerbrief* an. (siehe oben).

DER SIEGESZUG DES PAULINISCHEN CHRISTIANISMUS

Die heutigen Leser des NT sind an die Vormachtstellung des PAULUS derart gewöhnt daß sie sie mit keinem Gedanken in Frage stellen. Dabei taucht PAULUS a priori als Christenverfolger ebenso unmotiviert in Jerusalem auf, wie er anschließend einen völlig neuen, von Jesu Botschaft unabhängigen, ja *dieser widersprechenden weltweiten* Christianismus vorantreibt.[156]

Dieser Tatsache wohlbewußt, nimmt Paulus als erfahrener orientalischer Teppichhändler jede Gelegenheit wahr, seinen Anspruch auf seine alle Anderen überragende, edelste Stellung als Apostel, als Lehrer, als Kirchenoberhaupt, ja, sogar als ‹Sünder› zu betonen. Der erste Timotheus-Brief beginnt so:

«Paulus, Apostel des Christus Jesus nach dem Auftrage Gottes unseres Heilandes und Christi Jesu, der unsere Hoffnung ist, an Timotheus, sein echtes Kind im Glauben ... ». –

Das ist zweifellos die geballteste Ladung an Marketing-Slogans, die in der Bibel zu finden ist. – So dick ist das Ganze aufgetragen, daß die Unstimmigkeiten schon nicht mehr auffallen:

«Nach dem Auftrag [des] Gottes, unseres Heilandes ... » ist aus der Feder von PAULUS eine Vorwegnahme der Vergöttlichung der beiden Cæsaren: VESPASIAN als Gott, und dessen Sohn TITUS als *Sohn Gottes*. Für alle Judenchristen war JESUS Der, den sie als den größten Propheten und Weisen verehrten, der ihnen aber als Sohn klar definierter Eltern *persönlich bekannt* war. – Der postulierte *«direkte Auftrag des Heilands»* an Paulus kommt also nicht vom Christus Jesus, sondern vom Kaiser. – Dem folgen willkürliche Anschuldigungen an Jene, die einer anderen als seiner, des PAULUS Lehre folgen, und dies im Ton eines Ketzerverfolgers, bzw. so wie man ihn in den 60-er-Jahren des letzten Jahrhunderts aus Rußland betreffs der Westmächte zu hören gewohnt war. Die Definition des

SIEGESZUG DES PAULINISCHEN CHRISTIANISMUS

Gesetzes, woran die Juden festhielten, das aber aus paulinischer Sicht (das ist verständlich) fallen mußte, bereitet – und das ist das Interessanteste – bereits sämtliche Invektiven vor, die nachmals an die nicht-paulinischen Christen – «Ketzer» genannt – gerichtet werden sollten. – Mit TIMOTHEUS aber war wohl keine präzise Person gemeint, sondern jeder brav paulinische *Gottesfürchtige: timeo – fürchten, theos – Gott.* – Es mag dies daher auch einer der pseudopaulinischen Briefe aus später Hand sein.

Der Thimotheusbrief fährt fort mit Eigenlob, mit kühnen Autoritätsansprüchen, mit leeren Sprüchen auch, deren einziger Zweck *und Erfolg* darin bestand, alle ihm Widersprechenden zu desavouieren und *«dem Satan zu übergeben».* Jedenfalls zeigen dieser wie auch der nächste Brief alle Akzente demagogischer Volksreden zum Zweck des alleinigen Machtanspruchs, wie das 20. Jh. sie besonders oft hörte, um einen Weg vorzubereiten, der anschließend mit Blut getränkt wurde. Das offizielle Christentum ist auch wirklich die blutigste aller Religionen: Keine ist, noch war je, widersprüchlicher, intoleranter, machthungriger, blutiger als diese, läßt man die altjüdische des ‹Exodus› und der Makkabäer außer Betracht. –

Auch der *2. Petrusbrief* ist voll böswilliger Behauptungen bezüglich Andersgläubiger – insbesondere wenn er sie vergleicht mit *unvernünftigen Tieren, die als Naturwesen geboren sind, um gefangen und umgebracht zu werden.*[157] – Diese Ansicht über unsere tierischen Mitgeschöpfe ist nicht nur eine von der Lehre Jesu ganz verschiedene, sondern auch eine in Griechenland und Kleinasien damals unbekannte. Aber sie ist *typisch römisch*[158]. – Fast wörtlich gleich drückt sich auch der Verfasser des *Briefs des* JUDAS aus, der gewiß *kein «Bruder von Jakobus dem Gerechten»*[159] war. —

Zum Abschluß dieses Kapitel muß einmal klar ausgesprochen werden, was *Die Kirche* geflissentlich ignoriert, um nicht zu sagen leugnet: NICHT der CHRISTUS JESUS war der Gründer oder Stifter eines neuen Glaubens, genannt christliche Religion, sondern der pharisäische Jude PAULUS VON TARSUS, der eine neue Mysterienreligion unter dem *auf zwei Personen bezogenen Namen* JESUS erfand, um – nach dem Willen des römischen Kaisers - dem jüdischen Messianismus mit seinen dauernden Aufständen ein für alle Male ein Ende zu setzen. -

Diese kirchlichen JESUS-MYSTERIEN aber, die während der letzten zwei Jahrtausende ganz im exoterischen, sinnlich begreifbaren Gutmenschentum hängen geblieben sind, werden weit überragt durch das vorallem in den letzten zehn Jahrzehnten weltweit zunehmende Verständnis für die übermenschliche Dimension des kosmischen – ja des *universalen* Christus-Mysteriums, das – allen Menschen, die es *begreifen* können, gemeinsam ist – sei es auch bei anderen Völkern unter anderem Namen: Es ist das Mysterium der weltumspannenden Gemeinschaft brüderlich gesinnter Menschen, die in Einheit, und in der Liebe, die jede Vernunft übersteigt, dem geistigen Evolutionspfad aller Lebewesen ihrem Schöpfer und dem EINEN LICHT entgegen, FREUDIG DIENEND!

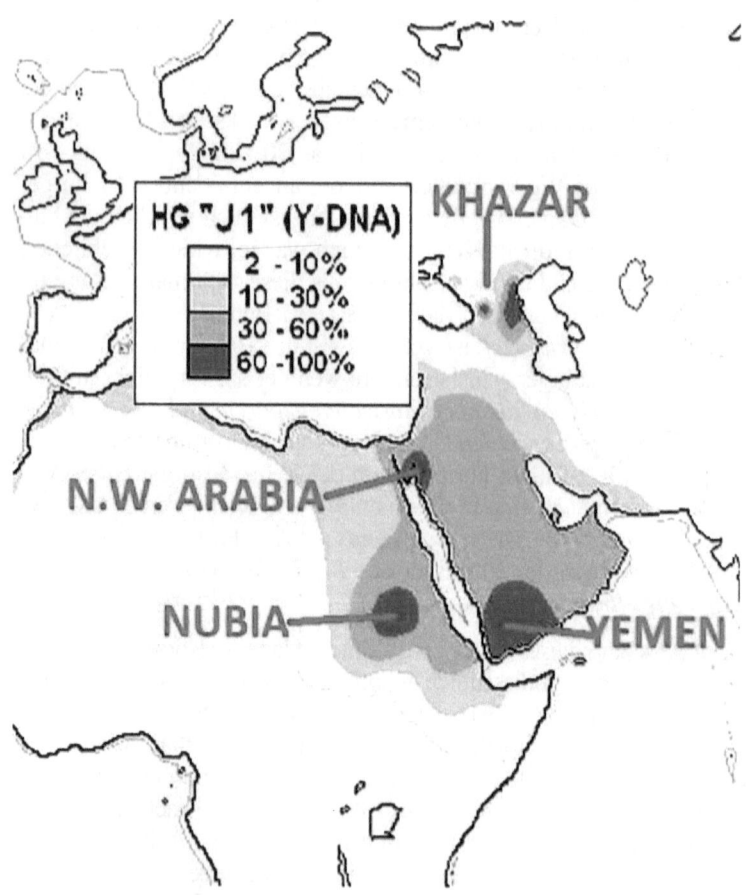

Bernard Leeman PhD: *Black Moses - the DNA Evidence* (→ AARON = HARÛN!): Siedlungsgebiete der Juden (Kasaren) vor sie mit anderen aufständischen Stämmen durch TIGLAT PILESAR nach Babylon ins Exil geführt wurden, bestimmt durch DNA-Analysen im Hinblick auf das «jüdisch priesterliche /Cohen/Aaron-Gen». Quelle: https://www.academia.edu/36957797/Black_Moses_the_DNA_evidence

*2000 Jahre Jesusforschung
und kein Ende ...*

INTERROGATIO IOHANNIS UND APOKRYPHON JOHANNIS

Im vorhergehenden Kapitel wurden die grundsätzlichen Orientierungen christianistischer Systeme vorgezeichnet: Juden, Judenchristen, Heidenchristen - hellenisch, römisch und ägyptisch geprägte Lehren reflektieren einerseits die missionierten Bevölkerungsgruppen und Siedlungsgebiete, werfen aber auch bereits ihre Lichter in die Neuzeit, wo sie als ‹Orthodoxe› und ‹Römische›, aber auch als indische ‹Thomas-Christen› und in vielerlei andere sich Christen nennende Gruppierungen in aller Herren Länder weiter wirken. Mit Ausnahme Roms tolerieren alle Farbschattierungen dieses reichen Regenbogens einander noch heute, auch wenn sie munter neben einander missionieren. - Sie alle überliefern Texte, die Worte und Taten von JESUS wiedergeben sollen; doch das kann heute niemand mehr beweisen. Was bleibt, ist die stets subjektive Beurteilung, was am ehesten der Intention des CHRISTUS JESUS *zu jener Zeit* entspreche.

Der erste ANFANG VOR PAULUS war geprägt durch Menschen, die die beiden JESUS noch gekannt hatten – darunter die «70 Jünger» (Lk 10:1-24) und die «12 Apostel» - d.h. der innerste Kreis der Vertrauten und präsumptiven Missionare für die Lehren des Nazareners in der Welt. Mehrere von diesen waren mit Beiden verwandt. Ihre Anzahl ist eher mystisch symbolisch als numerisch zu verstehen: Die 70 oder 72 ist eine auch im Mythos um die *Septuaginta* erscheinende ominöse Zahl, die 12 deutet u.a. hin auf die 12 Æonen im Tierkreis, mit dem SOLAREN CHRISTUS als dem 13. Æon in der Mitte.

Von einer eigentlichen selbständigen christlichen Religion war zu Beginn keine Rede; vielmehr gab es nicht nur mehrere Gruppen ähnlicher Glaubensrichtung, sondern sogar gleichzeitig mehrere ‹Christusse› - also ‹Messiasse›: magisch und mystisch gebildete Personen, die sich «MESSIAS» (d.h. CHRISTUS, also zum Priesterkönig gesalbt) nannten, und die z.T. mit einander rivalisierten, wie man jener Stelle im Evangelium entnehmen kann, wo die Jünger des JOHANNES diesen fragen, was von JESUS zu halten sei, der jenseits des Jordans ebenfalls taufte. – Oder jene andere Stelle, wo JESUS gefragt wird, ob er der ELIAS sei - also die Wiederverkörperung dieses großen solaren Propheten der Vorzeit.

ENDZEIT UND DAS FRIEDENSREICH GOTTES

Im Zentrum dieses Komplexes stehen zwei hellenische Begriffe: Erstens der Millenarismus oder *Chiliasmus* – von χιλια, chilia, Tausend, in Bezug auf das erwartete *tausendjährige Friedensreich* mit seinem oft besungenen ‹Friedefürst›. Auch heutige Weltreligionen erwarten noch die Wiederkunft von JESUS, gelegentlich mit Israel als politischer und religiöser Welt-Allmacht. - Zweitens der Begriff der *Eschatologie*, von εσχατος, *eschatos – das/der Letzte, Äußerste*, d.h. der Zeitabschnitt unmittelbar vor dem Welt-Ende). Unter dem CHRISTOS verstehen verschiedene Gemeinschaften Allerlei: von der simplistisch exoterischen Vorstellung einer körperlichen Wiederkunft JESU, in allzu wörtlichem Verständnis des Johannes-Evangeliums mit dem versprochenen ‹Tröster›, dem Parakleten, bis hin zum mystisch exaltierten Glauben an ein physisches Erscheinens von *«Jesus Christus in den Wolken des Himmels»* (siehe unten).

Im Wesentlichen kann man den MESSIAS mit dem genannten Friedefürsten identifizieren, der «Alles in Ordnung bringen, Alle erlösen (bzw. richten), zwingend von Judah ausgehen» und ganz weltlich regieren soll. Der Großteil der Menschheit ist leider noch immer nicht bereit für das rein geistige kosmische Christentum, das von jeder Rasse, Nation und Politik unabhängig ist. Wie kleine Kinder zanken sie sich noch um die niedrigsten menschlich begrenzten Details betreffend den einen allumfassenden Weltgeist der Liebe, als ob es sich beim CHRISTOS um ein Wesen mit den menschlichen Eitelkeiten und Verletzlichkeiten gewöhnlicher Leute handeln könnte. Eines der Ziele des vorliegenden Buchs ist es, diese so arg beschränkte Optik etwas aufweiten zu helfen, sofern dies möglich ist ...

DIE ‹JÜDISCHEN JESUS-MYSTERIEN›

Eine ganz besondere These stellt ein neueres, breit recherchiertes Buch vor, mit dem Titel *Die Jesus-Mysterien – War der ursprüngliche Jesus ein heidnischer Gott?*[160]

Zum Ausdruck *heidnisch (pagan)* muß vorweg Folgendes erklärt werden: Bereits früher wiesen wir darauf hin, daß die *pejorative Interpretation* dieses Begriffs vom Ausschließlichkeits-Anspruch der jeweiligen anders orientierten *Staatskirche* herkomme: Der Ausdruck *Heiden-Christen* steht im Gegensatz zum gesetzestreuen Judenchristentum, und dieses zum *anti-jüdischen Paulus-Christentum*: *Heiden* waren hier also ganz unverbindlich alle *Nicht-Juden*.

In unserem 17 Jh. wurde der Ausdruck ‹*Heiden*› im Sinne von ‹*Muslim*›, und im weiteren Sinne für *Orientalen* und *Afrikaner* benutzt, oft auch pauschal für Menschen sogenannt «unterentwickelter Zivilisationen». - In Analogie zu den, und im Anschluß an die ‹Türkenkriege› benutzte man auch den Ausdruck ‹*Türken*› für

⟨Heiden⟩. - Im Koran hingegen wid unterschieden zwischen «*Heiden*», die respektiert werden (Sure 2, *Die Kuh*) und «*Ungläubigen*», die an gar nichts glauben (siehe oben. - Im 18. Jh. wurden in den Logen der CARBONARI alle Außenstehenden ⟨Heiden⟩ genannt, was gut obiger Erklärung entspricht.

Im genannten Buch *Die Jesus-Mysterien* gehen die Autoren davon aus, daß, in Analogie zu den Mysterienreligionen im Osten, in Griechenland und Ägypten, eine nicht näher genannte Instanz den Wunsch gehabt habe, einen eigenen (jüdischen) Mysterien-Mythos zu ⟨besitzen⟩. *Für diese These* spricht die Tatsache, daß Details des durch Paulus aufgebauten und in den Evangelien und der Apg. ausgestalteten Mythos um ⟨JESUS⟩, seine Geburt, Wundertaten, Passion, Auferstehung und ⟨Himmelfahrt⟩ etc. in früheren Mysterienkulten bereits vorkommen. - *Dagegen spricht*, daß schlecht vorzustellen ist, wie der starre, misogyne jahwistische Monotheismus plötzlich zu einem Mysterienkult hätte werden sollen, und woher (besonders zu jener Zeit!) die dazu nötige Einstimmigkeit und Disziplin aller Juden hätte kommen sollen oder können.

Ebenso spricht dagegen, daß dieses Buch - in den Einzelheiten inkonsequent - das heute noch immer etablierte Verständnis des 19. Jh. bezüglich der im Anfang noch gar nicht ausformulierten Evangelien stillschweigend voraussetzt und für seine Argumentation benutzt. So übernimmt es den biblisch christianistischen Mythos ganz unverändert. Diese Variante stellt also eher eine Komplikation dar, keine Klärung oder Erklärung dieses ⟨Mysteriums⟩. Obige Sicht eines FLAVIER-CHRISTENTUMS mit PAULUS als Beauftragtem des Kaisers hingegen liefert genau diese Erklärung!

Der Wert jener anderen These liegt also eigentlich allein in der Originalität des Standpunkts, der wortreich aber wenig überzeugend vorgetragen wird. Indes ist das PAULUS-CHRISTENTUM wirklich ein jüdisch-römisch-hellenisches.

DIE KASHMIR-VARIANTE: JESUS IN INDIEN

Gemäß anderen Quellen wurde Jesus im Alter von 13 Jahren von (Zieh-)Vater JOSEPH zur Ausbildung nach Indien geschickt (siehe S. 115 und Anm. 26!). - Mit 29 - also 16 Jahre später - kehrte er nach Canaan zurück. Nach seiner Auferstehung reiste er über Ladak (Tibet) wieder nach Kashmir (Indien), wo er lehrte und predigte und mit über 80 Jahren hochgeehrt starb. - Es gibt dort einen Schrein mit einem Stein-Sarkophag im Untergeschoß, worin er beigesetzt sein soll.

Im Erdgeschoß desselben Schreins steht ein zweiter Sarkophag, worin ein hoher moslemischer Sheik des 17. Jh. bestattet ist. Im Potala von Lhasa wird ein Schriftstück mit einer Unterschrift von YUSA ASAF (d.i. JESUS) aufbewahrt. Auch das *Wassermann-Evangelium* erwähnt einen Aufenthalt Jesu in Indien. Die *Thomas-Akten* beschreiben Wirken und Martyrium von Thomas Didymos, Jesu Zwillingsbruder, der von Jesus als *Schreiner* an einen indischen Kaufmann verkauft worden sei. In Indien gibt es noch heute die durch ihn gegründete Gemeinde der *Thomas-Christen*. Es wird daher auch argumentiert, dieser ‹indische JESUS› sei wirklich THOMAS gewesen.

Wie ließe sich nun diese Darstellung mit der aufgrund der tradierten Geburt, Wirken, Passion und Auferstehung von Jesus aufgebauten christianistischen Religion vereinen? – Sie ist damit vereinbar, wenn man sich der Auffassung von RUDOLF STEINER anschließt, der die verschiedenen Individualitäten beschreibt, die den Knaben und Mann JESUS ‹bewohnt› haben, und deren vorletzte der kosmische CHRISTOS war.[161] – Siehe das nachfolgende Kapitel über den KOSMISCHEN CHRISTOS im gegenwärtigen Buch.

Die Universität von TAKSHILA und das damit verbundene Kloster NALANDA, blühten von 700 v.Chr. bis 500 n.Chr. im indischen Königtum Gandhar. Hier wurden 68 Fächer gelehrt. Zu einem bestimmten Zeitpunkt lebten hier 10'500 Studenten, einschließlich jener von Babylon, Griechenland und China. Kundige Meister lehrten die Veden, Sprachen, Grammatik, Philosophie, Medizin, Chirurgie, Bogenschießen, Politwissenschaft, Kriegskunst, Astronomie und Astrologie, Buchhaltung, Handel, Dokumentation, Musik, Tanz und andere gestaltende Künste, okkulte (magische und mystische) Kenntnisse und Praxis, höhere Arithmetik und Mathematik. Zu den Lehrern dieser Universität zählten die besten und legendärsten Wissenschafter. Es gab also in Indien, Jahrhunderte vor unserer Zeit, eine voll ausgebildete Universität, umfassender als jede heutige. Das große Kloster von Nalanda wurde gegründet im 6. Jh. v.Chr., aber wegen einer feindlichen Invasion (Islamisierung) im 13. Jh. verlassen. Im 20. Jh. wurde leider durch eindringende Muslim auch die riesige Bibliothek ‹Berg der Weisheit› zerstört.

«Während ihrer Aktivität, (so lesen wir), *war diese Universität sehr berühmt. Ihr Gelände war eine Meile lang und eine halbe Meile breit; es gab 300 Hörsäle mit steinernen Sitzbänken, Laboratorien und andere Einrichtungen. Unter Anderem gab es ein großes astronomisches Observatorium* {siehe ‹Sternenschrift›}; *die Bibliothek hieß* Berg des Wissens *und bestand aus drei Gebäuden. – Die Ein-*

trittsprüfung war sehr streng, und die Durchfall-Quote war 7 von 10». Dennoch schrieb der chinesische Wandermönch HIEN-TSANG in seinem Tagebuch (Mitte 7. Jh.), er habe dort 10'000 Studenten und 200 Professoren angetroffen. – An dieser Universität mußte man obligatorisch 16 Jahre bleiben, lebte und lernte aber gratis.

Diese Universität wurde gegründet in der sog. Gupta-Periode (vgl. Gupta = Kopten in Aegypten !!). – Die Gupta's sind ein ursprünglich indisches Familien-Imperium, vergleichbar dem Rothschild-Clan, vielleicht damit verbunden. Heute herrschen sie von Südafrika aus.

In Nalanda gab es noch andere spirituelle Zentren – z.B. buddhistische und eines der Jain-Sekte. Rassismus war hier unbekannt. Die ‹apokryphen› Thomas-Akten beschreiben die Ankunft Jesu in Takshila/Takshashila, und die eben erwähnten Indischen und Tibetischen Quellen liefern einige Details über das Leben Jesu in Indien. Die Frage, ob hier THOMAS und JESUS verwechselt oder /und vermischt wurden, muß unbeantwortet bleiben.

WER WAR DER «HISTORISCHE JESUS»?

Einen ganz besonderen – ja den eigentlich zentralen Themenkreis bilden seit Jahrhunderten die Fragen um die historische, die mystische, die mythische und die magische Existenz JESU selber: Hat er wirklich gelebt? – Gab es wirklich einen ‹historischen JESUS›? – Oder gibt es eher nur einen mythischen JESUS, dem ein irdischer zeitentsprechender Lebenslauf aufgeprägt wurde? – Oder wurden, wie dies andere Autoren suggerieren, einem real-historischen JESUS, die mythischen Komponenten eines MESSIAS und früherer Sonnen-Boten aufgeladen? – Oder gibt es mehrere ‹reale›, d.h. historisch identifizierbare ‹Jesusse›? – Und falls es einen wirklichen JESUS gab: Wurde er wirklich als Sohn eines bescheidenen Zimmermanns und einer einfachen Jungfrau aus dem Volk in Bethlehem, in einer Höhle oder einem Stall geboren? – Sind seine Wundertaten authentisch? – Wurde er wirklich gekreuzigt? – Und falls ja: starb er wirklich am Kreuz? – Ist er wirklich im irdisch menschlichen Sinne körperlich auferstanden, seinen Jüngern wieder erschienen und später in den Himmel entrückt worden – «aufgefahren» wie es heißt? – Was ist von der erwähnten *Kashmir-Tradition* zu halten? – Und was wäre für jede dieser denkbaren, z.T. behaupteten, bzw. mit konkreten Zeugnissen belegten Varianten die reale Bedeutung und Auswirkung für die sog. christlichen Kirchen, die wir wegen der tiefen Bedeutung des Adjektivs «christlich» lieber nur *christianistisch* nennen? –

So viele Fragen, die in zahlreichen, ja, zahllosen theologischen, linguistischen, historischen, pro- und anti-christlichen, atheistischen, rassistischen etc. Traktaten, Büchern, Seminarien und Pamphleten «aufgearbeitet» wurden – das für uns neueste mit dem Titel: *«Jesus war auf dem Gotthard»* …! – und dennoch ist nach über 2000 Jahren noch immer keine definitiv befriedigende Antwort aus diesen Diskussionen hervorgegangen – auch aus dem vorliegenden Buch nicht - jedenfalls nicht auf der real-menschlichen Ebene mit ihren materialistisch akademischen Sichtweisen. Es gibt keine auch nur annähernd so ausdauernd diskutierte und kritisierte ‹Lehre› – und *niemand* kann etwas davon *definitiv* beweisen noch widerlegen!

Die vielen Auffassungen und Antworten zu den genannten Fragen haben zu ebensovielen Thesen, Bekenntnissen, Riten, Ritualen, Lehren und Personennamen geführt, und damit auch zur Verketzerung jeweils widersprüchlicher Meinungen, bis hin zu physischen Auseinandersetzungen: Prügeleien an päpstlichen Konzilien, Morde und Kriege weltweit seit den frühesten Jahrhunderten bis heute. Manches davon wurde in der Anfangszeit des Christentums mit entsprechenden Berichten, Legenden und Anekdoten zu Mythen und ‹Fakten› für die Nachwelt überliefert. Anderes wurde durch die ‹Kirchenväter› sei es positiv, sei es böswillig glossiert, oder ganz verleugnet. Aktuell ‹kämpfendes Christentum› im Jahr 2019 sind öffentliche Angriffe auf offener Straße in den USA auf harmlose christliche Straßenprediger, sowie die Christen, die aus China fliehen, weil sie vom Staat um ihrer Religion willen verfolgt werden: Man möchte dort lieber nur eine einzige ‹Religion› haben - den modernen Marxismus – oder noch lieber gar keine.

JESUS UND JOHANNES – ODER
DIE LÖSUNG EINES MEHRFACHEN DILEMMAS

Die verschiedenen Figuren um den Namen JOHANNES wurden weiter oben gründlich kommentiert – wobei doch Manches offen bleibt. Ähnlich sieht es im Falle des Paars JOHANNES und JESUS aus, das auf allen Ebenen eng verknüpft ist, sind doch die Beiden (gemäß Wautier) doppelt blutsverwandt: seitens ihrer Beider Mütter sowie seitens des gemeinsamen Vaters, JUDAH VON GAMALA. Dies neben Anderem führte zur Folgerung, die wahre Absicht der Evangelien sei die verdeckte Beschreibung eines dynastisch motivierten Handlungs-Ablaufs in zwei Linien: die eine dokumentiert unter dem Namen von JOHANNES, die andere unter dem Namen JESUS.

Aus der konventionellen Optik, die Beiden seien nicht so eng verbunden, entstand ein Buch von fast 400 Seiten: *«Jesus und Johannes der Täufer - Ermittlung über eine legendäre Begegnung».*[162] Dieses Buch legt das Gewicht auf die weiter oben angetönten Parallelen diverser Täufer und Christusse, und besonders auf die Tatsache, daß JESUS zu einer gewissen Zeit ein Jünger des Täufers JOHANNES war, was von den Evangelien verschwiegen wird: Hier wird die Stellung Johannis erstens als Vorläufer, zweitens als Zeuge betont, obschon in Wirklichkeit nur JESUS ausdrücklich Zeugnis für JOHANNES ablegt: *«... der größte aller von einer Frau Geborenen ...».*

Dagegen wird in Jo 1 betont, daß JOHANNES *nicht der Christos* sei, sondern nur dessen Vorläufer, der er altersmäßig wirklich war – und *«nicht das Licht, sondern ein Zeuge fürs Licht»* – was für jeden fortgeschrittenen Jünger auf dem Erlösungspfad gilt. - Guyénot merkt an, das berühmte *«Ich muß weniger werden, damit Er wachsen kann»* sei wirklich als auf das Ministerium des JOHANNES gegenüber dem des JESUS bezogen zu verstehen. Das paßt zu Dositheos, der sich nach Samarien zurückzog, solange Jesus in Judäa wirkte, und würde bedeuten, daß JESUS a priori – eventuell aufgrund seiner Ausbildung in Takshila, falls diese wirklich stattfand – durch den Clan dem als Rebellenführer gefährlich lebenden JOHANNES vorgezogen, nach seinem Tod aber wieder durch diesen ersetzt worden sei. - FLAVIUS JOSEPHUS erlaubt sich, die Verbindung der Beiden ganz zu verschweigen, obgleich er Beide erwähnt; - und dies wiederum stützt die zweite Hypothese, er und PAULUS seien engstens verbunden, da sie in so Vielem gleich sind und Gleiches formulieren: Beide sind engste Vertraute des Kaisers. Die *Endredaktoren* der Evangelien ihrerseits scheuten sich nicht, sog. «Prophezeihungen *post eventum»* aus dem AT ins NT einzuschieben und dort für Original-Aussagen auszugeben, um ihre Erzählungen desto glaubwürdiger erscheinen zu lassen. Diese *«Manipulation der Figur von Johannes dem Täufer»* (Guyénot) dauerte vom frühen 2. bis ins 5. Jh. (Guyénot a.a. O.zit. Simon Légasse).

Es kann sich nun nicht darum handeln, hier ein Resumé des vorzüglich recherchierten und dokumentierten Buchs von Guyénot abzugeben, dessen Literaturverzeichnis allein schon ein Schatz ist. Worauf es wirklich ankommt, ist, daß auch aus dieser Sicht JOHANNES DER TÄUFER eine eigene Figur ist, und *nicht identisch* mit dem ‹Eintaucher›, dem Täufer JOHANNES DOSITHEOS. Diesen betreffend lesen wir bei Guyénot eine interessante Ergänzung zum weiter oben über die Taufe Gesagten: Hier wird aus bereits kirchlicher Christen-Sicht SIMON DER MAGIER «ein Samaritaner» genannt, welcher der erste Jünger von JOHANNES DEM TÄUFER gewesen sei, und auch der

‹Rivale› des samarischen SIMON PETRUS bei der Übernahme der Täufer-Bewegung von JOHANNES DOSITHEOS (siehe dort). Diese fand, wie erklärt, nach des Letzteren Tod statt, bevor JAKOBUS, der Bruder Jesu, die verwaisten Judenchristen zu sich nahm.

Das Besondere an der Quelle zu dieser Darstellung ist: Es handelt sich um einen Autor des 10. Jh., der berichtet, die Täuferbewegung sei zur Zeit des DOSITHEOS vorallem groß gewesen in einem Gebiet *von der arabischen Wüste bis ins Zweistromland*: Man erinnere sich: daß dies – entgegen der biblischen Geschichte - der Lebensraum der Juden bis zum Babylonischen Exil war, nachdem sie Æthiopien und Nubien verlassen hatten (siehe Abbildung S. 136)! Gegründet und geführt wurde diese *Urtäufer-Bewegung* durch einen arabiaschen Sheik namens al-Hassa'h, der einen Jünger namens Shimun (Simon) gehabt habe.[163] Guyénot suggeriert, es könne sich bei diesem SIMON um JOHANNES DEN TÄUFER gehandelt haben, und er betont an derselben Stelle: Heutige Bibelkritik lege offen, daß JOHANNES DER TÄUFER im 4. Evangelium «zum Christen [der Jesus-Gruppe] gemacht» worden sei, um zu verbergen, daß in Wirklichkeit die erwähnte arabische Täuferbewegung nicht nur weiter bestand, sondern der jüdischen Messias-Bewegung feindlich gesinnt war. Auch stellt er fest, daß daraus die Bewegung der heute fast ganz ausgerotteten *Mandäer im Süd-Irak* entstanden sei.

Betreffend das Dilemma zwischen JESUS und JOHANNES liest man nun in den pseudo-clementinischen *Recognitiones* (3.Jh):

«Und siehe da, einer der Jünger des Johannes kam und gab vor, Johannes, nicht Jesus sei der Messias, da ja Jesus selber von ihm gesagt hatte, er sei größer als alle Propheten. Wenn er also größer ist als Alle, so schloß er daraus, dann folgt zwingend, daß er größer sei als Mose und als Jesus; und wenn er der Größte ist, so ist er der Christos (der Messias).[164]

Daß hier zwei Christoi (deren es damals ohnehin mehrere gab) gegen einander gesetzt werden, wäre an und für sich ein gewöhnlich menschliches Phänomen. Aber diese Darstellung wird noch betont durch die Überlieferung der Gemeinde um den CHRISTUS JOHANNES DOSITHEOS, der wirklich *gekreuzigt* wurde: Er sei zum VATER *aufgestiegen*, habe von diesem den Geist und den geistigen Namen JEHOSHUAH erhalten (also nicht bei seiner Taufe wie der nazarenische JESUS), um dann während einiger Zeit noch in einem diaphanen Körper auf der Erde *weiter zu wirken*. Über den Namen JEHOSHUAH verschmolzen die Evangelien die beiden Persönlichkeiten in eine; das Dilemma des Paars von gesteinigtem Nazarener JESUS und gekreuzigtem JOHANNES DOSITHEOS fällt so zusammen; es bleibt die einheitliche Narrative zugunsten der römischen Christus-Mysterien, wie wir sie aus der Bibel kennen – eine wirklich geniale Lösung, wofür PAULUS zu bewundern ist!

DREI KREUZE AUF GOLGOTHA

Seit Jahrhunderten ist Jedermann an die Vorstellung der drei auf Golgotha Gekreuzigten gewöhnt: In der Mitte JESUS als der ‹geopferte Gott›, links und rechts von ihm je ein ‹Verbrecher› bzw. ‹Mörder› (siehe unten), deren einer Jesus lästert, indes der andere ein Glaubensbekenntnis ablegt, worauf er von JESUS den definitiven Segen der Aufnahme ins Gottesreich empfängt.

Kritisch betrachtet fallen hier drei Punkte auf: In der Passionsgeschichte sagt der Hohepriester, *«es wäre gut, daß ein Mensch würde umbracht für das Volk»* (Luther, Jo 18:14) - was an die alten Menschenopfer erinnert. Diese Rede war aber unnötig, wenn bereits zwei andere Opfer vorhanden waren! – Zweitens werden die beiden ‹Mörder› im griechischen Text *Lèstai* – λησται genannt, was wirklich *Räuber* heißt, hier also *Sikarier* bedeutet. Dasselbe gilt im Falle des von PILATUS angebotenen BARABBAS (‹Sohn des Vaters›, also eines zweiten religiösen ‹*Lästerers*›). – Drittens wurde die Kreuzigung weder auf religiöse noch zivile Vergehen angewandt, sondern auf Staatsverbrecher, z.B. Sikarier-Rebellen gegen Rom, wie eben DOSITHEOS, der sich selbst als vollgültiger MESSIAS – Gottessohn, König, Priester und Prophet zugleich – bezeichnete, nebst seinen beiden Brüdern: Diese drei wurden wirklich, als Rebellen gekreuzigt, obzwar nicht gleichzeitig, wie andersnorts erklärt.

Als Begründung für die Einführung der drei Kreuze im Lauf der Erzählung darf der Gang des GROSSEN WERKS DER ALCHEMIE erwähnt werden, der aus *«drei Wiederholungen»* («drei mal FEUER», «drei SPITZEN/NÄGEL») besteht, was gerne durch drei Bäume, Blumen, Könige oder eben Kreuze symbolisiert wird. Ausführlich wird das in den beiden berühmten Werken von FULCANELLI kommentiert, welche die gesamte hermetische Symbolik erklären.[165] -

Zur Kreuzigung auf Golgotha sind noch zwei Bemerkungen nötig: Erstens, wäre da nicht der Bezug der «Kreuzigung Jesu» zu den Orphischen Mysterien, es wäre unbegreiflich, weshalb der *tote Gottessohn* zum Insignium der ganzen Religion wurde, und nicht der *auferstandene Christos* (BIOS). Daher wäre es heute angebracht, im

2000 Jahre Jesus-Forschung und kein Ende

Rahmen des Paradigmenwechsels zum neuen Jahrtausend des Christianismus auch die bildliche Vorstellung des Erlösers zugunsten des lebendigen CHRISTUS TRIUMPHANS zu verändern - d.h. eines CHRISTOS mit ausgebreiteten Armen OHNE KREUZ (ᛉ - Rune Ylhaz: Erhöhung, Apotheose): *«Laßt die Toten ihre Toten begraben!»* – Zweitens ist damit auch das im Mythos «zur Erde tropfende» sowie das «im Graal aufgefangene» Blut unstofflich, d.h. neu-astral ätherisch zu verstehen: Die Heilsbotschaft geht damit von der samaritanischen Linie des ägyptisch beeinflußten Sethianers DOSITHEOS zur indisch (d.h. buddhistisch) beeinflußten Linie des Joseph von Arimathia und der Magdalena über, die nach der Sage «den Graal nach Europa brachten und dort die ersten christlichen Kirchen erbauten». - Das *«Blut auf Golgotha»* und der *«Christos im Herzen der Erde»* aber sind Metaphern, die die Auswirkung erklären, die ein einziger vollkommener, vollbewußter transfigurierter Mensch zum Wohl der ganzen Welt und ihrer Menschheiten haben kann und wird!

UND WO BLIEB DER ‹WAHRE JESUS›?

Aufgrund der totalen Entmystifizierung der Passionsgeschichte durch die Textforschung an einem ‹Endpunkt› angelangt, erscheint die Situation des Forschers als ein unauflösliches Dilemma: Zwar erhielt er durch sein vertieftes Studium der Texte und Kommentare neue und umfassendere Erkenntnisse als je – doch fiel er in Ratlosigkeit: *«Dafür ist mir auch alle Freud entrissen ...»*, sagt Faust.

Die über JESUS gefundenen Lebensdaten sind verwischt; manche betreffen andere, historisch besser dokumentierte Figuren. Kein wirklicher Beweis für Leben und Wirken von JESUS als physischer Träger der kosmischen CHRISTUS-KRAFT wurde gefunden – außer den obigen Zitaten. Seine Wundertaten sind von früheren Avataren wie ZARATHUSTRA, BUDDHA, HORUS etc. bekannt und können daher kaum als authentisch – schon gar nicht als Beweise gelten.

Nun mußte es klar so sein, daß die staatlilch beabsichtigte Lehre Roms für Alle maßgeblich im Vordergrund stand. Aber aufgrund der ewigen geistigen Gesetze mußte auch die Stimme der Wahrheit ihren Platz erhalten. Das geschah dann aber so, daß es den Staatszweck nicht gefährdete: Sind die autoritätsgläubigen Leute (und das sind die Meisten) einmal auf die ‹richtige Lehre - Orthodoxie› - eingespurt, können auch viele Skeptiker hinzugewonnen werden; vorallem wenn bekannte Namen als Autoritäten vorgeschoben werden. Und das ist im Christianismus seit dem 2. Jh. n.Chr. der Fall. Mehrere Textstellen äußern sich positiv zum *nicht-kanonischen* Nazarener Jesus.

So kann z.B. Apg 3:13-15 nur diesen meinen:

«Der Gott Abrahams und Isaaks und Jakobs, der Gott unserer Väter, hat seinen Knecht Jesus verherrlicht, den ihr überliefert und Angesichts des Pilatus verleugnet habt, als dieser geurteilt hatte, ihn loszugeben. Ihr aber habt den Heiligen und Gerechten verleugnet und gebeten, daß euch ein Mann, der ein Mörder (lestès!) war, geschenkt würde; den Urheber des Lebens aber habt ihr getötet, welchen Gott aus den Toten auferweckt hat, wovon wir Zeugen sind zur Genesung, und (Zeugen), daß Zeichen und Wunder geschehen durch den Namen deines heiligen Knechtes Jesus. –

Wer sind diese *«ihr»*? – Der LUKAS genannte Autor scheint ein echter Jesus-Jünger zu sein: Man liest hier mehrmals: *«Knecht Gottes»*, nicht *«Sohn»*, wie dies für TITUS der Fall sein müßte; denn als SOHN GOTTES und HERR konnte ja (römisch gedacht) nur TITUS angesprochen werden, auch wenn sich dadurch Verdoppelungen ergaben. – Indes ist die Verwirrung der Namen gewollt, damit die Charade ungestört ablaufen konnte *und noch heute kann.* –

Auch 1. Pet ist unmöglich ein Bezug auf TITUS und konnte (anders als etwa 2. Pet.[166]) nur bezüglich des wahren JESUS ausgesagt werden[167]. Teilweise wörtlich Ähnliches gilt auch für den sog. *Jakobus-Brief*[168], den *Hebräerbrief*[169] und den *Judas-Brief*[170]. Einzelheiten zu diesen Briefen entnehme man den Anmerkungen.

So blieb der durch ROM willkürlich erstellte und mehrfach willkürlich veränderte ‹christliche› Kanon über alle ‹Reformationen› hinweg in der herrschenden Theologie unwidersprochen – wenn auch nicht im befreienden Sinne – samt der oft arbiträren Zuordnung von Namen, wie z.B. in den Kommentaren zu den nicht-paulinischen Briefen: Wird ein Name genannt, wird er *eo ipso* der Liste anerkannter Apostel zugeordnet, auch wo mehr dagegen als dafür spricht; und so werden, mit einer Prise Zutat von Rom, auch Briefe für die Staatslehre vereinnahmt, die eigentlich gegen sie zeugen. Nur wer das Gefüge dieser gespaltenen Wahrheit kennt, wird das bemerken. Die geniale Struktur des Lateinischen, Hebräischen und Griechischen ermöglicht aber manchen Doppelsinn. – Dieses für die Machthaber unerwünscht breite Verständnis mag auch der Grund sein, weshalb man heute Theologie studieren kann, ohne solide Kenntnisse dieser alten Sprachen zu haben: Das ist, als wollte man Schuhe machen – ohne Pfriem noch Ahle noch Schusterpech. – Der Leser kennt vielleicht diese Dinge nicht mehr? – *«Hic iacet lepus in pipere»* … !

Der gegenwärtige Buch-Text bietet einige Beispiele für Obiges an; einige Anmerkungen zeigen, wie die offizielle Forschung seit Jahrhunderten versucht, aus den uralten Fiktionen *doch noch* wahre Aussagen zu ziehen. Dazwischen aber wird das *weltweite Licht des wahren* CHRISTUS JESUS als geschichtliche kosmische Realität sichtbar: Die beschriebene Metapher wird zur verbindlichen geistlichen Aufforderung an Jedermann, durch eigenes Suchen die direkte Verbindung mit dem Geist Gottes zu finden und zu beleben! – Der WAHRE JESUS muß also im Herzen jedes einzelnen Menschen geboren werden und – aus Gnade und eigener Anstrengung - zum Christus heranreifen: zur vollkommenen Transfiguration nach Seele, Geist und Körper: DAS ist der Grund, weshalb Maria Magdalena den transfigurierten CHRISTUS JESUS erst an seinem WORT erkennt.

DURCH FINSTERNIS ZUM LICHT

Nun hat der große geistige Forscher, Seher und Lehrer RUDOLF STEINER mehrere Vorträge gehalten, worin er die zeitweilige menschliche Manifestation des SONNEN-LOGOS, des höchsten Geistwesens ‹hinter› der kosmischen Sonne beschrieb. Die geistige Bedeutung und Wirkung der klassisch überlieferten Passion für die Menschheit und für das Schicksal unseres ganzen Kosmos faßte er im Konzept der *kosmischen Christus-Intention* zusammen. Die Erkenntnisse aus seiner geistigen Forschung lesen wir heute in einer Reihe von Vortrags-Transscriptionen in so plausiblen und eindrücklichen Einzelheiten, daß ein einfühlsam denkender Mensch weder sich ihnen zu entziehen noch ihnen zu widersprechen das Bedürfnis fühlt.[171] – Das ist nun keine *Lehre* im Sinne eines Dogmas, sondern *Überlieferung* aus direkter geistiger Schau.

Angesichts so vieler konvergierender historisch gesicherter Angaben zur wahren Wiege des Christentums in der ersten Hälfte des 1. Jh. n.Chr. könnte man nun die rein geisteswissenschaftlichen Darstellungen ganz einfach ins Reich der Phantasie verweisen wollen, hätten nicht so viele konkrete Aussagen von Rudolf Steiner sich in der subjektiven Wirklichkeit bestätigt. – Auch gibt es noch eine weitere Stimme, die sich aus dem Reich des Geistes zur Passion Jesu geäußert hat, und deren übrige Aussagen ebenfalls als Bestätigung für eine zumindest in den Hauptpunkten makellose Schau dienen. Es ist dies die Stimme einer SETH genannten Wesenheit aus der fünften oder sechsten Dimension, die sich ein «Sprecher» nennt, d.h. ein geistiger Lehrer aus den obersten devachanischen Sphären des Universums.[172] - Dieser SETH sagt (a.a.O., S. 415 ff.; wir zitieren wieder nur auszugsweise):

Dirk Crabetth (Gouda, † 1576): KREUUZABNAHME

Dieses Bild (mit MAGDALENA mit Graal, den sie nach Gallien bringen wird) ist zweifellos absichtlich so gemacht, daß der *vom Teufel gerittene* Knecht *zwei Figuren* zu halten scheint: den Leichnam eines jungen Mannes und den LEBENDIGEN CHRISTOS, was an die Überlieferung anknüpft, die will, statt des wahren Jesus habe ein anderer Mensch sich als Messias kreuzigen lassen (siehe z.B. S. 151 dieses Buchs) – bzw. daran, daß wohl ein gekreuzigter Mensch, aber nicht der CHRISTOS sterben kann.

DURCH FINSTERNIS ZUM LICHT

«Der historische Christus wurde nicht gekreuzigt (→ S. 80!) ... Er hatte keine Absicht, auf diese Weise zu sterben, aber Andere fanden, daß eine Kreuzigung nötig wäre um die Prophezeihungen ... zu erfüllen.[173] Der dafür gewählte Mann stand unter Drogen, daher mußte man ihm das Kreuz tragen helfen ... er war auch von sich aus überzeugt, daß er, und nicht der historische Christus die Prophezeihungen erfüllen müsse ... - Die verantwortliche Gruppe wollte, daß es so aussah, als hätte eine bestimmte Partei der Juden Christus gekreuzigt. Sie hatten es sich nicht träumen lassen, daß einmal das ganze jüdische Volk die ‹Schuld› davontragen würde ...

«Christus war ein großes Medium. Er ... erschien seinen Jüngern sowohl leiblich als auch im außerkörperlichen Zustand. Er versuchte, ihnen zu erklären, was geschehen war, aber sie verstanden ihn nicht. Petrus verleugnete seinen Meister deshalb, weil er feststellte, daß jener Mensch nicht Jesus war ... - Judas wies [die Schergen] auf diesen Mann hin, weil er von der Verschwörung wußte und befürchtete, daß sie den wirklichen Christus einfangen würden. Darum überantwortete er den Behörden einen Mann, der als selbsternannter Messias galt, um das Leben Jesu zu retten – nicht, es zu zerstören.

«Auf der symbolischen Ebene war jedoch in der Kreuzigungsvorstellung als solcher das tiefe Dilemma der menschlichen Seele und ihrer Bedeutung enthalten, und so wurde die Kreuzigung als solche eine viel größere Realität, als die eigentlichen physischen ‹realen› Abläufe der damaligen Zeit ... Nur wer noch an Vorstellungen von Schuld und Sühne gebunden ist, würde sich von einem solch blutigen Drama angezogen fühlen und darin einen tiefen Widerhall seiner eigenen subjektiven Gefühle finden ... ». -

Dazu ist fürs heutige Verständnis zu erklären:

Das bekannte Kreuzigungsdrama ist eine Wahrscheinlichkeits-Realität, die den damaligen Menschen aus der und für diese Zeit entsprach: Weil die damalige Vorstellungs-Realität noch eine kollektive war, ‹mußte› (fürs subjektive Realitäts-Empfinden) nochmals ein individueller *Gott-Mensch als Erlöser für Alle* (‹Messias›, ‹Friedefürst›) erscheinen, der «alles in Ordnung bringt». In der heutigen individualistischen Welt muß und kann dieselbe Erlösung durch jedes Individuum – seinem Selbst entsprechend – selber erwirkt werden, also in einem individuell «geborenen» Seelenbewußtsein, Geistbewußtsein und Bewußtsein des Selbst als innereigener Gott. Von dieser neuen *Not-Wendigkeit* kommt die esoterische Vorstellung von inner-eigener *Bethlehemsgeburt, Erdenwanderung, Heilstätigkeit* und einem *Kreuzestod*, der als *seelisches Realitäts-Empfinden* mit der gewöhnlichen physischen Geburt beginnt. Von diesem ‹lebenden Tod› aufersteht das Seelen-Individuum, sobald es seine exclusive Individualiät als ein Ich – in vollem Verständnis für dessen segensreiche Wirkung - *zu Grabe getragen* und *«einbalsamiert»* hat, von wo es nur noch wie aus der Ferne wirkt. Ist dann die Auferstehung aus dem seelischen Todesschlaf zur *Realität ohne Zweifel* geworden, so ist die ‹Illusion der Individualiät›, diese niedere Realitäts-Wahrscheinlichkeit, aufgehoben, der Mensch als einzelnes Seelenwesen «erlöst», *«aufgelöst»* - Eins mit der unendlichen ‹stehenden Welle› des All-Einen, als eine BEWUSSTE infinitesimale *Fraktale* davon.[174]

Und SETH weiter: *«Als Christus beim Letzten Abendmahl sagte: „Das ist mein Leib", und „das ist mein Blut", wollte er damit zeigen, daß der Geist in aller Materie ist – mit ihr verbunden und doch von ihr getrennt – und daß Sein eigener Geist vom Körper nicht abhängig war. Das wurde alles mißverstanden. Darauf erschien [Er] seinen Jüngern ziemlich häufig in außerkörperlichem Zustand ... Er versuchte auch, ihnen klar zu machen, daß er nicht tot sei; aber sie zogen es vor, dies symbolisch zu nehmen. - Seine physische Gegenwart war dann nicht länger nötig, und unter den gegebenen Umständen sogar peinlich. Da zog er sich einfach daraus zurück.»*[175]

Diese Aussagen lassen sich ohne Weiteres in einem Gemisch mit der offiziellen Lehre Roms vereinen Die Frage, die sich dem ernsthaften Forscher eben noch stellte, nämlich: *«Gibt es eine Synthese, die allen Standpunkten gerecht würde, sodaß* ALLE VIER *gültig würden?»* - diese Frage kann wirklich positiv beantwortet werden; und das geht so:

Im weltweit verbreiteten System des Christianismus finden sich alle ‹Fakten› eines stofflichen Ablaufs, phasenweise gemäß den jeweiligen Staats- und Kirchen-Interessen vieler Schattierungen eingefärbt: Vom kaiserlichen Auftrag und der Absicht des römischen Religions-Agenten PAULUS im 1. Jh. unserer Zeit über die Codifizierung in der *Vulgata* und deren Adaptationen bis zur sog. *Bibel von Jerusalem* (2001), stehen aber alle auf den Grundvesten einer *Orthodoxie a priori*: Menschenwort als Gotteswort darstellend und den Traum von der allmächtigen Welt-Einheitskirche aufrecht erhaltend.[176] Überdies integriert die biblische Version – bewußt und gewollt – typische Elemente der vor 2000 Jahren noch allgemein bekannten Inhalte früherer Mysterien-Mythen. Manche biblischen Texte sind nur mythisch zu verstehen und widersprechen daher dem materialistisch orientierten Menschenverstand. Sie sind nur ‹stimmig›, solange man dem Mythos als einer Realitätswahrscheinlichkeit folgt. Geistige Sicht hingegen ist vollkommen logisch, folgerichtig und nie wirklich widersprüchlich, selbst wo es so scheinen mag. Sie kümmert sich um keine stoffliche Vordergründigkeiten wie Clangeschichten und politische Absichten der Menschen; und so schließt sie auch den gesamten Kosmos mit allen Planeten ein – ja, die Gesamtheit aller Galaxien mit ihren Kosmoi. – R. Steiners Darstellung der Vergangenheit ist klärend und bereichernd; manche seiner Prognosen sind bereits eingetroffen, bzw. gerade jetzt aktuell, und sie vermitteln auch die *geistige Verantwortung jedes Menschen* für Gegenwart und Zukunft der Welt. SETH [151] aber öffnet das Tor zur Mehrdimensionalität.

JESUS UND DER KOSMISCHE CHRISTUS

Hier wird nicht zwischen zwei Wesenheiten (Mikrokosmen) unterschieden, sondern zwischen zwei völlig verschiedenen Kategorien: JESUS (*ιησους – Jèsūs, der Feurige*) ist der Name einer mythischen Persönlichkeit, deren physische Existenz vorallem seit dem 19. Jh. – eigentlich aber seit je – von Theologen und Historikern etc. diskutiert wird. Das biblisch mythische JESUS-KIND jedoch ist keine gewöhnlich menschliche, sondern eine halb-göttliche Individualität, geeignet, die Seelen-Essenz höchstentwickelter ‹Vorläufer› in sich aufzunehmen und sich daher, sobald ihre vierfache Persönlichkeit voll ausgebildet ist, direkt mit der eigentlichen Gottheit – dem Sonnen-Logos - zu verbinden: *«Ich und der Vater sind Eins!»* Auf Details zu diesem Aspekt soll hier aber verzichtet und die Aufmerksamkeit auf den Begriff des UNIVERSALEN CHRISTOS gelenkt werden:

Mit dem MAKROKOSMISCHEN CHRISTOS wird eine einmalige, rein geistige, immerwährende, universale Kraft in der Gesamtheit aller Universen seit Anbeginn aller Welten gemeint - auch DAS LICHT DER WELT genannt: Das ist die fundamentale Kraft im Universum, vom ‹VATER› als ‹SOHN› emaniert.[177] - Um nun Existenz und Wirkung des KOSMISCHEN CHRISTOS einigermaßen verstehen und *als Tatsache erkennen* zu können, ist es nötig, meditativ einzutauchen in das Mysterium des Christus-Wesens als Teil des irdischen Allgeschehens: als die Alles überspannende, den dreifachen Körper der Erde als zeitloser Weltgeist ganz durchdringende solare kosmische Kraft. Diese ist völlig unabhängig von Zeit, Ort, Kultur und lokaler Religion.

Um dann den tiefen Sinn und die kosmische Wirkung des CHRISTUS JESUS zu begreifen, also des Menschen, der für einige Zeit – als einmaliges menschliches Wesen in mehrfacher Beseelung - ein Träger dieser letztlich unbegreiflichen Kraft wird, ist es nötig, sich ganz frei zu machen von den Vorstellungen der gewohnt begrenzten dreidimensionalen ‹Realität› - besonders von jeglicher Kirchenreligion, deren jede auf degenerative Art durchmenschlicht ist und daher keineswegs erlösend sein kann. Wer also das Wesen des CHRISTOS in allen Dimensionen begreifen will, muß tiefst-innerlich ergründen das *Mysterium von Golgotha* in seinen sieben Stufen – vom ‹Letzten Abendmahl› der Evangelien bis zu deren ‹Himmelfahrt›. –

Um sich aber der kosmischen Intention des CHRISTOS wirklich zu nähern, ist es nötig, den inner-eigenen mikrokosmischen CHRISTOS *im eigenen Selbst* zu erkennen, ihn von seiner «Geburt im Stall zu Bethlehem» bis zu seinem «Kreuzes-Tod» im eigenen Mikrokosmos zu beleben und im eigenen physischen Menschenleben geistig, seelisch und ätherisch zu verwirklichen. Das ist ein Prozeß, der die biblischen Erzählungen als Metaphern der esoterischen Symbolik auffaßt, keinesfalls als historische Tatsachen, der aber diese Symbolik als verbindlichen Plan des Daseins in physisches, geistiges und ätherisches innerliches Erleben umsetzt. Im gegenwärtig aufsteigenden Zeitalter des Wassermanns geht es darum, daß möglichst viele Menschen mit diesem göttlichen Plan des Daseins bekannt werden, die kosmische Christus-Intention verstehen und individuell umsetzen, und sich dann bemühen, all dies in lebendigem Beispiel und Zeugnis anderen Menschen mitzuteilen, indem *Religion wieder als Lebensgrundlage jedes Menschen* erkannt worden sein wird.

Mit anderen Worten: Der biblische CHRISTUS JESUS zeigt sich durch seine wiederholten Aussprüche *«Ich bin ... »* als eine *absolute, universelle, einmalige kosmische Manifestation* mit zeitlich unbegrenzter Wirkung. Sein Opfer betrifft *das ganze Universum* sowie *die gesamte Menschheit.* - Der Mensch als *Nachfolger Christi*, z.B. als Schüler oder Kandidat einer *Mysterienschule*, ist als solcher eine *einmalige vorübergehende Manifestation*, doch auch Träger eines unsterblichen Mikrokosmos, der so lange wiederkehrt, bis einer seiner Träger die Bedingungen zu seiner Erlösung erfüllt. Erreicht ein Mensch diesen Stand, so ist auch er ein *«Ich bin ... »* geworden; bis dahin aber ist er im besten Falle ein seiner selbst bewußter *Werdender*.[178]

Wenn nun Rudolf Steiner immer und immer wieder von *Christus*, von der *Christuskraft* und von den *«Intentionen des Christus»*

JESUS UND DER KOSMISCHE CHRISTUS

spricht, ist keines der Lehrgebäude gemeint, welche die Unzahl christlicher Kirchen ausmachen:

Unter DEM CHRISTUS ist die universelle, allumfassende *Lebens- und Liebeskraft* zu verstehen – mithin die eine ätherisch göttliche Kraft, die seit dem von R. Steiner immer wieder aufgerufenen *Mysterium von Golgotha* die Erde und deren Ätherkörper vom Herzen der Welt aus durchdringt. - Im höchsten und weitesten Sinne handelt es sich zugleich um die feurige Liebeskraft Gottes selber, die sich in den Tiefen der Manifestationswelt – also der Gesamtheit aller Welten – als göttliche Kraft hingibt, um die Menschen von ihrer fundamentalen ‹Sünde› – oder, da dieses Wort an und für sich garnichts bedeutet: von ihrer völligen geistigen Unwissenheit zur vollkommenen Erkenntnis des Geistigen in der Schöpfung und in den Geschöpfen – also in jeglicher sinnlich wahrnehmbaren Manifestation überhaupt – zu führen: Das wäre, in groben Zügen, eine einfache Formulierung für die sogenannten «Intentionen des Christus» in Anlehnung an die Schau von Rudolf Steiner.

Darum lehrt heutige Geisteswissenschaft : *«Der* CHRISTOS *mußte in den Lebensleib der Erde (das ist ein lebendiger, empfindsamer Organismus!) eintreten, um als Geist der Erde, von deren Mittelpunkt aus, den Geschöpfen zu helfen, bis sie ihre wahre Bestimmung erkennen und freiwillig erfüllen: Dies ist das wahre Opfer des Geistes; und es dauert so lange, bis die Menschen keinen physischen Körper mehr benötigen (den sie heute für ihr Selbst halten)!»*

Was bedeutet nun dies für die neue Menschheits-Epoche im Wassermann-Zeitalter, d.h. fürs dritte Jahrtausend nach Jesus Christus? – In der Urzeit bis Babylon und im ‹vordynastischen› Ägypten «wandelten» Götter und Engel noch als sichtbare ‹Persönlichkeiten› auf der Erde – teils in Menschengestalt, teils als Mischwesen, die heutige Menschen meist als pure Phantasie betrachten (→ Abb. ab S. 215). Bevor dann die Götter die Erde ‹verließen›, installieren sie ausgesuchte, mikrokosmisch weit entwickelte Menschen als Priester-Könige und weihen sie in die Magie der heiligen und profanen Wissenschaften ein. Diese pflanzten sich in ‹reinen Blutlinien› fort, die noch mit den alten Göttern in Verbindung standen und reincarnierten sich jeweils in derselben Familie. –

Dieses Wissen lernten die um 734 durch TIGLAT PILESAR deportierten semitischen Nomadenvölker als ‹Qab-Allah› kennen. Zu ihnen gehörten auch die alten Hebräer, die, aus dem babylonischen Exil entlassen, «auch einen König wollten» (1 Sam. 10:19). Von den direkt mit dem Sonnenlogos (‹EL›) verbundenen Priestern (ELIAS) ging so die Macht an die Könige über. Deren letzte waren die von den Römern

Interrogatio Iohannis und Apokryphon Johannis

eingesetzten HERODIANER. Das allerletzte Beispiel einer direkten Göttererscheinung scheint der ‹Vater› von Johannes dem Täufer, ZACHARIAS darzustellen, dem im Allerheiligsten IAO MIT DEM ESELSKOPF erschien (siehe Abb. S. 211). Im Widder-Zeitalter zeigte sich Gott den Menschen sonst nur noch «in der Wolke», als «Stimme aus der Höhe», als Rauch- oder Feuer-Säule. Die biblischen Hohepriester beanspruchten, direkt das «Wort Gottes» wiederzugeben, was vorallem in deuteronomischer Zeit oft zweifelhaft erscheint. Dann kam die Zeit, wo selbst die Priester - auch im Traum - den Zugang zu den göttlich geistigen Sphären nicht mehr fanden. Das ist der Punkt, an dem die große Messias-Erwartung einsetzte, die jederzeit auf die größte göttliche Kraft im Kosmos ausgerichtet war: auf den höchsten solaren Planetengeist - den kosmischen CHRISTOS:
Die direkte Verbindung mit dem Sonnenlogos hatten die Menschen verloren; die Manifestation des Sonnenlogos in der stofflichen Welt wahrzunehmen fehlte ihnen noch das Bewußtsein. Allein das Wissen blieb ihrer Seele, daß sie, wenn sie zur Sonne aufschauten, nicht nur einen Himmelskörper sahen, sondern die Erscheinung des Sonnengottes – für die Perser AHURA MAZDAO. – Wir zitieren dazu nochmals Rudolf Steiner in seinen Vorträgen[179]:

«Als Zarathustra gelernt hatte, den Blick zur Sonne empor zu wenden und in der Sonnen-Aura den Sonnengott zu schauen, da wußte er bereits, daß das kein anderer als der Christus-Geist ist, der sich vorläufig nur von außen offenbaren konnte ... - Was als Ahura Mazdao früher in der Sonne gesehen ward, das mußte herabsteigen auf die Erde. Erst jetzt konnte der Mensch lernen, durch sein Inneres wieder ... ein göttlich Geistiges in sich selber zu sehen ... Wir müssen uns mit dem Gedanken bekannt machen, daß nur zu jenen Menschen, die sich vorbereitet hatten, der [Sonnenlogos] kommen konnte, der durch das Innere geschaut werden konnte ... Die Menschen konnten sich sagen: Indem du den Christos als dein Ideal hinstellst, wirst du etwas entwickeln in dieser Welt, was selbst durch den Tod nicht zerstört werden kann. Dieses Bewußtsein konnte sich nur dadurch ausbilden, daß der Christus wirklich auf der Erde war ... als Wesenheit, die in einem Menschenleib sich verkörperte ...

*«*ZARATHUSTRA *lehrte als* ZARATHOS*: Es wird eine Zeit kommen, da wird das Licht sich verkörpern innerhalb der Erde selbst, und dadurch wird die Seele, wenn sie vorwärts schreitet, dem Göttlichen näher kommen. –* BUDDHA *sagt: im Zurückschreiten;* ZARATHUSTRA *sagt, im Vorwärtsschreiten ... - Ob man den Gott sucht im Alpha oder im Omega, man findet ihn ... aber mit erhöhten Kräften soll*

der Mensch ihn finden. Diejenigen Kräfte, die nötig sind, den Gott des Alpha zu finden, sind die Urkräfte im Menschen. Die Kräfte aber, die nötig sind, den Gott des Omega zu finden, die muß sich der Mensch selber erringen auf der Erde ... Wer nur den Gott finden will, nur hineinkommen will in die geistige Welt, der mag vorwärts oder rückwärts gehen; aber wem daran liegt, daß die Menschheit die Erde in einem erhöhten [Bewußtseins-]Zustand verlasse, der muß den Weg zum Omega weisen ...

«ZARATHUSTRA *ward wiedergeboren als* JESUS VON NAZARETH *... Und einverleibt wurde dem* JESUS VON NAZARETH *auch die auf verschiedenen – Wegen weitergeführte Wesenheit des* BUDDHA *... Das Ich des* JESUS *verließ bei der Taufe im Jordan den physischen, Äther- und Astralleib, und der Sonnengott, der Christus-Geist zog ein und lebte drei Jahre in den Leibern des Jesus von Nazareth ... Damit war ein wichtiger Moment der Entwickelung gekommen. Es war jetzt möglich geworden, daß die Menschen den Gott in ihrem Inneren finden konnten ... Daß das in mancher Seele dunkel geahnt wird, das macht den Menschen fähig, heute das Wort der Geisteswissenschaft zu verstehen ... Die Seelen dafür hat der Christus selber vorbereitet, und eine völlige Gewähr für ihr Bleiben ist die Tatsache, daß das Christus-Licht, nachdem es einmal angezündet ist, nicht mehr erlöschen kann.*

«*Ja,* EINE *menschliche Persönlichkeit mußte sich so weit entwickeln, daß ermöglicht wurde, daß das Licht hinabsteigen und in einem Menschenleibe sagen konnte: „Ich bin das Licht der Welt!"* – *Es leuchtete zuerst herab in die Seele des* ZARATHUSTRA *und sprach zu dieser Seele, und diese Seele begriff das Licht der Welt und hat sich für dasselbe hingeopfert, damit es eine Stätte fand, um den Menschen aus einem irdischen Leibe heraus sagen zu können: „Ich bin das Licht der Welt!"».* –

(Ende des Zitats nach Rudolf Steiner, a.a.O.)

Der Beginn des Johannes-Evangeliums stellt die positive Erfüllung dieser Sehnsucht dar, und zugleich die Verkündigung, daß die Finsternis der Getrenntheit von Gott zuende sein und das Licht seiner Gegenwart wieder erscheinen werde. – Aber im Gegensatz zu alten Zeiten erschien weder ein eigentlicher Gott noch ein großer Prophet wie ehedem: dadurch wäre der Menschheit kein Fortschritt möglich geworden - hätte ihr Bewußtsein nicht wachsen können. Vorbei war ja die Zeit der puren Gesetzestreue nach den 10 Geboten: Deren Erfüllung wurde vorausgesetzt, als Jesus das dreifache Liebesgebot zu predigen begann. Nach der langen Reihe von ‹Sonnenhelden›, die in der

Frühgeschichte seit Atlantis den CHRISTOS angekündigt hatten[180]., war JESUS als menschlicher Träger des Sonnenlogos selbst endlich die Erfüllung dieser Prophezeihung. Nicht mehr *nur* die Menschheit als Ganze, sondern *auch jeder einzelne Mensch* ist daher seit jenem Augenblick selber verantwortlich für die Umsetzung des Christus-Impulses im Stoff! Einmal war aus göttlicher Gnade wahr geworden die Verkörperung des CHRISTOS in der Welt, und wurde entzündet das Licht des CHRISTOS für Welt und Menschheit; und einmal muß es nach diesem Vorbild selbst entzündet werden in jedem lebenden Mikrokosmos seit damals.

Darum muß jetzt und künftig *in gut vorbereiteten Menschen* der Christos-Mythos, das Christos-Drama, das Christos-Mysterium des Sonnenhelden – das ist ihr göttliches Selbst - verstanden und verwirklicht werden im stofflichen Dasein in der Welt: Als in voller Einsicht Verstehende, getrieben von der tiefen Sehnsucht nach der Wiedervereinigung mit dem Göttlichen betreten sie ihren eigenen Einweihungs-Pfad, indem sie die Evolution ihres Seelen-Lebens ganz ihrem inneren Christos weihen – in neuer Lebenshaltung, neuem Glauben, neuem Wollen, bis zur bewußten Verkörperung des Sonnenlogos im einzelnen Menschen selbst: So wird, wie R. Steiner sagte, wenn der neu-bewußt gewordene Mensch sich in den Dienst der seelischen Entwicklung der Menschheit stellt, seine Seele, «*indem sie vorwärts schreitet, dem Göttlichen näher kommen*»!

Das bedeutet: Die im Stoff verhaftete Erzählung der Evangelien muß für die neue Zeit tief in ihrer *theo-logischen* Bedeutung erfaßt – ins Geistige ‹übersetzt› werden als ein Mythos oder ein Mysterienspiel; und von dort aus muß wieder ins konkrete stoffliche Leben jedes einzelnen Menschen ‹zurück-übersetzt› werden die praktische Bedeutung für die geistige – *theo-sophische* – Evolution.

Die Seele, der Seelenzustand des Menschen ist im Blut. - Wird der stoffliche Begriff BLUT also *konkret geistig* als SEELE verstanden, so öffnet dieses tiefere Verständnis die Tür für den Eintritt des Geistes «ins Fleisch» des dafür offenen Menschen!

Der Mensch als Mikrokosmos ist ein *Abbild*, ein *Compendium* des Universums, so wie jedes Geschöpf seinen Schöpfer wiederspiegelt. In Einem aber sind Mensch und Natur verschieden: Zwar sind beide im direkten Gespräch mit Gott; aber nur der Mensch WEISS es; - nur der Mensch kann es WOLLEN; - nur der Mensch kann Gott BEWUSST LIEBEN: In der Natur, in allen Geschöpfen, in der innigen seelischen und geistigen Verbundenheit mit einem oder mehreren

Menschen; - im Erkennen Seiner selbst; - im ‹Gebet› - im direkten Gespräch mit Gott!.

Beten heisst ja nicht: Gott anschreien mit menschlichen Ängsten, Sorgen, Wünschen und Begierden; Beten heisst: Gott ZUHÖREN LERNEN in der steten stillen Bitte: Sage DU mir, was DU willst, daß ich tue, Herr! – oder, wie der lutheranische Theologe und Theosoph VALENTIN WEIGEL es im 16. Jh. formulierte:

«*Was heißt Gott anbeten im Geiste und in der Wahrheit? - Antwort: Das Nichtbeten.*

Wenn der Mensch durch ernstliches Bitten, Suchen und Anklopfen endlich kommet in ein Nichtbeten, wo der Geist über sich erhoben wird und aus sich selber kommt, sodaß er nichts [mehr] weiß von Ort und Zeit, noch von einer Creatur, und ganz zu nichts wird. In diesem Vergessen und Verlieren seiner selbst betet der Mensch nichts; und das ist das Nichtbeten, *da Gott selber betet im Menschen. Also ist im Geist und in der Wahrheit beten nichts Anderes als ganz frei zu sein von Emotionen, Tätigkeiten und Ich-Bewußtsein. Item: zeitlos, Ortlos, Creaturlos, indem man nichts mehr begehret; wo man sich weder fürchtet noch freuet, weder liebet noch hasset; wo man nicht wirkt mit Sinnen noch Gedanken, wo man seiner selbst ganz nicht mehr achtet; wo man auch nichts mehr weiß von Zeit noch Ort, noch von Einem, Diesem oder Jenem. In Summa, wo man ganz in Christo gestorben ist und in Gott verborgen liegt. – Aus diesem Tod und Begräbnuß stehet fürwahr auf* Christus, der Neue Mensch!

Oh wer dazu kommen möchte, der erlangete alle Dinge durch das Nichtbeten in solcher Vollkommenheit in einem Augenblick – wie Mercurius saget: ESTO ÆTERNITAS – SEI [SELBST] DIE EWIGKEIT![181]

König Otto IV. und Papst Innocenz III. reichen einander vor den
ankommenden Schiffen Friedrichs II. die Hände.
Aufschrift:
…? ben Gesellschaft sah nicht, als zu predigen den Glauben der
Dominicus Orden anfing // Das sagt uns [dem] Kön[ig] Otto dem Vierten …?

Bogumilentum und Katharertum

INTERROGATIO JOHANNIS

ZUM RELIGIONSPOLITISCHEN RAHMEN DER INTERROGATIO

Die *Interrogatio Iohannis* oder das *Geheime Buch der Katharer* gilt als besonders wichtige Quelle, um die dualistischen Auffassungen darzulegen, die im ‹Westen› erst in der Spät-Antike aufkamen und im Spät-Mittelalter vorwiegend durch Bogumilen, Katharer und mönchische Tempelritter ausgetragen wurden. Das ganz Besondere ist, daß diese Lehre als ‹Häresie› mit Feuer und Schwert und unter furchtbarem Blutvergießen durch die herrschenden Kirchen verfolgt und wo immer möglich vernichtet wurde, und daß es gerade trotz- und des-wegen die *Inquisition* ist, die zur Haupt-Bewahrerin ihres Inhalts und ihrer Argumente wurde: Von den Kanzeln herab wurde sie verflucht; fast alle vorhandene Dokumente wurden als Abschreckung mit lautem Haro-Geschrei – konfisziert und ... als *corpora delicti* vor dem gnadenlosen Feuer bewahrt!

Warum also heißt dieses Buch «geheim»? – Und warum wurde es von der Inquisition so ausdrücklich verfolgt und doch bewahrt? – Die Antwort ist eine widersprüchliche: Die Zeit, in der die Katharer wirkten, ist charakterisiert durch die ersten Versuche – nicht nur in besonderen ‹Sekten› und bei einzelnen Eremiten etc., sondern auch im Klerus selbst – die «vom rechten Weg abgekommene Kirche» zu erneuern und auf den Weg wahren Christentums zurück zu führen, so wie JESUS – und die Gnostiker in den Jahrhunderten unmittelbar vor und nach ihm – es verstanden hatten. Es ist daher nur natürlich, daß der innere Anstoß zu reformatorischen Impulsen zusammenfällt mit der Zeit des Zusammenbruchs des Reichs von Byzanz und mit der damit verbundenen endgültigen Loslösung der Ostkirche von Rom. Und es ist nicht verwunderlich, daß die nun aufsteigende christliche Mystik unter Anderem am gnostischen Apostaten AUGUSTINUS anknüpft – besonders in Italien, wo, infolge der Machtkämpfe des deutschen Erbfolgekriegs, die gesamte mittelalterliche Gesellschaftsordnung Oberitaliens aufgewühlt, umgegraben und aus der Dynamik des Volks heraus umgestaltet wurde. – Und das kam so:

Im 11. Jh. wanderte die Prinzenfamilie d'ESTE von Italien nach Deutschland aus und siedelte sich in Süddeutschland und zwischen Brenner und Gotthard in zwei Zweigen an: AZZON, Herr des einen Zweigs, heiratete nach altem Khasaren-Muster seine Kusine des anderen Zweigs, Kunigunde WELF und vereinigte deren Güter mit den seinigen in Norditalien (vgl. das berühmte *«tu felix Austria nube!»* der späteren Habsburger).

Die Folgegeschichte ist verquickt – wir vereinfachen und kürzen:

ZUM RELIGIONSPOLITISCHEN RAHMEN DER INTERROGATIO IOHANNIS

Unter Kaiser HEINRICH IV, der sich mit Othon II stritt, erhielt AZZO als ‹Guelf der Große› dieses Zweigs das Herzogtum von Bayern als Erbe. Er überwarf sich aber mit Heinrich IV, schlug dessen Heer vor Würzburg, fuhr Ende 11. Jh. mit dem Kreuzzug nach Zypern und starb auf dem Rückweg (!). Sein Sohn und Nachfolger, GUELF II. starb ohne Nachfolger. Seine Herrschaft über Bayern ging an *Heinrich den Stolzen*. Der machte Kaiser CONRAD III VON HOHENSTAUFFEN die Herrschaft streitig, ging dabei aber des Großteils seiner Besitztümer verlustig. GUELF III wollte die *Güter von Bayern*, die Conrad dem LEOPOLD VON ÖSTERREICH übergeben hatte, zurückerobern, wurde daher 1140 vom Reichstag verbannt, lieferte darauf hin Conrad die *Schlacht bei Weinsberg* und unterlag. Hier ist es, wo zum ersten Mal der Schlachtruf *«Guelfen!»* und *«Ghibellinen!»* ertönte. Sein Erbe, OTHON DAS KIND, Großsohn von HEINRICH DEM LÖWEN huldigte FRIEDRICH II VON HOHENSTAUFEN. Dieser gab ihm die Güter wieder zurück – als Lehen des Kaiserlichen Reichs.

Guelfen und Ghibellinen waren nun also zwei feindliche Parteien, nämlich:
1. Partei von CONRAD, Sohn von Friedrich II von Hohenstaufen, *Herr von Wiblingen*, was im Italienischen zu *Ghibellinen* wurde.
2. Partei von HEINRICH DEM STOLZEN, Herzog von Saxen und Neffe von Welf II, dem Herzog von Bayern – die *Guelfen*.

Nach dem Tod von KAISER LOTHAR machten sich die beiden Clans die Kaiserkrone streitig. Die Guelfen trugen die Zwistigkeiten nach Italien, und erhielten dort Städte von fast ganz Italien zu Anhängern. Zugleich wurden sie von PAPST ALEXANDER III, *anerkannt*, der über die Widersetzlichkeit von Conrad beleidigt war. Die Städte der Lombardei, voran Milano, erklärten sich reichsfrei und bildeten ein Bündnis (‹Liga›) zugunsten der Guelfen.

Ein anderer Bund entstand rings um Pavia und wurde zur ‹Liga› der Ghibellinen. Ab 1159 wurde Italien zum allgemeinen Kriegsschauplatz, Die Ghibellinen wurden Sieger, Friedrich II Barbarossa nahm Milano gegen den Widerstand von Papst Alexander III, schleifte es, unterwarf alle lombardischen Städte, wurde vom Papst exkommuniziert, dann seinerseits durch die Liga Lombarda bei Legnano geschlagen und am Reichstag von Konstanz 1183 gezwungen, den *lombardischen Städten die Reichsfreiheit zu geben*.

Im Jahr 1225 bildete sich eine zweite Liga Lombarda; ebenfalls mit Zentrum Mailand. Die Päpstlichen obsiegten endlich im Jahr 1249.

INTERROGATIO JOHANNIS

Die Liga Lombarda eignete sich im Verlauf noch viele Städte der Lombardei an. Darauf traten in den Städten der Lombardei lokale ‹Tyrannen› auf, was in der Folge den Kern der späteren Grafschaft Mailand bildete.

Nun begann der Kampf gegen die Liga Lombarda der Guelfen von Neuem. Friedrich siegte, wurde aber vom Papst zum zweiten Mal exkommuniziert. Die Deutschen setzten ihn nun selber ab und schlossen sich Wilhelm dem Eroberer, Graf der Niederlande an, also Friedrichs Widersacher unter PAPST INNOZENZ IV. - Friedrich zog sich nach Neapel zurück. – 1249 dringt der Sohn von Friedrich II, FRIEDRICH VON ANTIOCHIEN in Neapel ein; die Guelfen müssen flüchten. Aber beim Tod von Friedrich II (1250) geraten wieder die Ghibellinen unter Druck, werden 1258 aus Florenz verdrängt und ziehen sich nach Siena zurück ...

1266 dringt CHARLES D'ANJOU in Florenz ein und vertreibt die Ghibellinen definitiv aus Florenz. Das ist der Zeitpunkt wo der Papst der Stadt eine Verfassung gibt, wonach die beiden Parteien gleiches Gewicht erhalten sollten: Dies ist die Geburtsstunde der ‹Schwarzen› und der ‹Weißen› von Florenz. Zu Letzteren wird später auch Dante gehören.

Um 1300 bricht der offene Kampf der beiden Familienparteien der ‹Schwarzen› und ‹Weißen› auf dem Platz von Florenz aus; die papsttreuen (BONIFAZ VIII) schlagen die ‹Weißen›; CHARLES DE VALOIS marschiert zur Unterstützung des Papsts in Florenz ein; die ‹Weißen› werden verbannt – mit ihnen Dante und Petrarca.

In dieses langwierige Hin und Her von 1100 bis 1300 und in die damit verbundene Polarisierung von päpstlich und antipäpstlich gesinnten Familien, Sippen und Städten fügt sich logisch die konfessionelle Polarisierung nicht nur des Adels, sondern auch des niederen Landvolks. Das ist der Nährboden, auf dem das um 1190 nach Italien gelangte Katharer- und Bogumilentum wachsen und sich festsetzen können – auch diese in mancherlei Fraktionen von extremen und gemäßigten Vertretern. Darauf werden wir noch zurück kommen.

DER ORIENT KOMMT IN DEN WESTEN

Dies ist nun die Zeit, in der arabisches Gedankengut nach Europa kam – einerseits aufgrund der Kreuzzüge und Handelswege, andererseits über die Islamisierung Nordafrikas und deren Überschwappen nach Spanien: AVICENNA (*Ibn-Sina*), AVERRHOË (*Ibn Ruchd*) und die Lehren von ARISTOTELES, welchen die Araber als

DER ORIENT KOMMT IN DEN WESTEN

Erste aus dem Griechischen übersetzten. So kamen sowohl die mystischen Strömungen von Sufis und Wüstenvätern als auch die aristotelische Ratio ins bisher fast völlig barbarische Europa.

Europäische kirchliche Exponenten begannen alsbald, dieses Gedankengut an ihr christianistisches Weltbild anzupassen: ALBERTUS MAGNUS und THOMAS VON AQUIN spielten wichtige Rollen in dieser Entwicklung. So entstand der tragische Konflikt zwischen dem Stolz ‹wissenschaftlichen› Erkennens und der Demut mystischen ‹Nichtwissens›, wodurch die Menschheit endgültig gespalten wurde.

Inmitten dieser vordergründig ausschließlich von Männern dirigierten Welt mit ihren aufwallenden kriegerischen Heerzügen entstanden die stillen Frauenklöster – teils aufgrund asketischen Drangs, teils aufgrund der noch jungen Marien-Verehrung – mit ihren visionären und selbstsicheren Damen und der höfischen Frauenverehrung besonders der *Trouveurs* – der ritterlichen *Trobadores*: Diese ritterliche Sitte war – wie die Graals-Tradition – aus dem Mittleren Osten (Sabah und Arabien) gekommen.

Bei den Mönchen wurde aus der MUTTER MARIA bald in mystisch biblischer Verfremdung die BRAUT. So entstand das männliche Dilemma des Klerus im ur-menschlichen Mangel an Unterscheidung zwischen geistiger Erhebung und körperlicher Niederlage, der bis zu den drastischen Verhältnissen an den päpstlichen Höfen der Renaissance und in den Priester-Seminarien der Neuzeit führte. –

Zugleich entstand – und mußte entstehen – die Unzufriedenheit von Klerus und Volk auf dem Land – und daraus das erste Regen moralischen Widerstands und geistiger Emanzipation, die aber erst Jahrhunderte später zu ihrem Ziel gelangte: Freiheit des Geistes im Glauben und im Ausdrucks davon – ob Kleriker oder Profaner.

Vielleicht deshalb finden sich die berühmtesten Mystiker zwischen 1100 und 1300: ALBERTUS MAGNUS, ST-VICTOR, THOMAS VON AQUIN, ANSELM VON CANTERBURRY (ein geborener Lombarde), der große BERNARD DE CLAIRVAUX und der demütige FRANCESCO D'ASSISI, der freidenkerische ABÉLARD und der hingebende BONAVENTURA: «*Alles Geistige ist von Gott nur geschaffen, um der Liebe zu dienen!*» ...

DER AUFTRITT DES BOGUMILEMTUMS

Eigenartigerweise hat die Fachwelt nie gefunden, wo so die Bogumilen wie die *Interrogatio* ihren wirklichen Ursprung haben: Es scheint, daß russische Kommentatoren den Ursprung des Bogumilentums in der Umgebung von ZAR PETER finden, bulgarische und rumänische eher in Bulgarien und Byzanz, bzw., weil das nicht zu beweisen ist, im Byzantinischen Reich griechisch-orthodoxer Färbung. Dasselbe gilt für eines der zwei Original der *Interrogatio*. In Anbetracht der quasi direkt parallelen Schrift des *Apokryphon des Johannes*, dessen Original gemäß Marvin Meyer sowohl in Koptisch als auch in Griechisch existiert, und wo Fragen und Antworten ähnlichen Stils wie in der *Interrogatio* auftauchen, liegt es nahe, daß die beiden Schriften sowohl in derselben Sprache als auch in derselben Umgebung entstanden und primär verbreitet wurden: In Kreisen der Sethianisch beeinflußten Christen des 1.-2. Jh. unserer Zeit.

Daß durch die rege Reisetätigkeit im Altertum eine solche Schrift nach Byzanz und von dort nach Italien kam, liegt auf der Hand, betrachtet man Byzanz als den religiösen Schmelztiegel, als der es dokumentiert wird. Kurioserweise ist auch der Ursprung der Katharer ungewiß: Gemäß heutiger Forschung werden sie einfach als in Italien vorhanden angenommen, und die Frage wird nicht gestellt, *ob*, sondern allein *wie* sie - durch die italienischen Bogumilen beeinflußt - nach Frankreich kamen und sich dort ausbreiteten.

Der Grund dafür liegt sicher auch darin, daß schriftliche Dokumente zum Thema als Antwort bezüglich 10. und 11. Jh. sehr selten sind, was nicht wundert, bedenkt man, daß damals zahllose Versuche Einzelner und kleiner Gruppen unternommen wurden, gegen die zerfallenden Sitten im Klerus aufzustehen und zugleich die in Erz gegossene Dogmatik der Kirche bezüglich der Rückkehr zum Urchristentum zu hinterfragen.

Der Autor des Gegenwärtigen sieht vorallem ein Element, das diesen ‹Aufstand des Volkes› angeregt haben könnte: Die durch die unchristliche Kirche gepredigten Schuldgefühle gegenüber einem zornigen Weltenrichter mit seinem ewigen ‹Fegefeuer›, dem kein Gläubiger entgehen konnte, es sei denn, er bezahle genügend Bußgeld an die Prediger, oder beteilige sich an einer Kreuzfahrt: Daneben sehen wir das Wachstum des Islam, dessen *Quran* immer und immer wieder betont: «*Gott ist verzeihend und gnädig*»; – und das besonders im primär von Edessa ausstrahlenden Sufitum.

Zwei Elemente: die *Liebe zu Gott* und die *Gewißheit der Liebe Gottes zu jedem Geschöpf* bilden sozusagen den Nerv des Sufitums, das im 8. Jh. von Edessa nach Baghdad kam und sich von dort aus quer durch die Islamisierung und auch nach Byzanz ausbreitete, indem es dank MUHAMMAD AL-GHAZALI harmonisch neben dem *Quran* gedeihen konnte. Zweifellos kam so seine Botschaft auch nach Europa, und natürlich zuallererst in geistige, kommerzielle und politische Zentren wie Venedig und Mailand. Unsere Hypothese ist so unbeweisbar und unwiderlegbar wie alle anderen, daß so sich das slavische Bogumilentum und das lombardische Katharertum prägen konnten in Gemeinschaften, die sich selber als die von Gott (‹Bog›) Geliebten (miły) und Ihn Liebenden (miłosniki) bezeichneten: der Ausdruck *miło* heißt primär *süß, angenehm*, und hat daher Raum für beide Orientierungen. – Und die ‹Devise› der Katharer lautete bekanntlich ebenso: «*Gott ist Liebe!*»

Allein schon die Kenntnis des *Liebesgebots von Jesus* sowie dessen Verbreitung in den apostolischen Briefen des NT standen in starkem Kontrast zur klerikalen Unterdrückung aufkeimender Bewegungen, welche die Rückkehr zur echten Botschaft des CHRISTUS JESUS forderten. Daß auf dieser simplen Basis dennoch ein Regenbogen von sich widersprechenden und sogar streitenden Parteien auch unter Katharern und Bogumilen entstand, liegt nicht nur an den allen Häretikern aufgezwungen Disputen mit der herrischen Kirche, der sie auf Unterschiebungen und Verleumdungen so gut wie nur möglich antworteten: Es ist ganz allgemein die menschliche Art von Geltungsdrang und Rechthaberei, die trotz allen Devisen von Toleranz und Brüderlichkeit jederzeit das LICHT trübt.

Die *These des Dualismus*, ermöglichte über Jahrhunderte den Kampf des Establishments gegen fast alle Sekten unter einem einfachen Feindbild. Ob Zar, Kaiser oder Papst, ist eigentlich gar nicht so wichtig: Worauf es all diesen ankommt, ist allein die Macht: Zu allen Zeiten waren es stets die Gier nach Macht und materiellem Reichtum›, die den Frieden der Völker störten und zerstörten!

Und die Gegenseite? – Noch im 16. und 17. Jh. waren sich die einander sonst eifrig bekämpfenden Weltreligionen einig in ihrer zornigen Abwehr gegen Alle, die ihre Dogmen negierten: Patarener und Manichäer, Katharer und Albigenser, Täufer und Gottesfreunde. Eine entscheidende Öffnung geschah durch Gottfried Arnolds berühmte *Kirchen- und Ketzerhistorie*, die wie erwähnt Vieles ins rechte Licht rückte und Licht in die Düsternis brachte. – Doch gehen wir zurück zu den Bogumilen und Katharern!

Der eigentliche Startpunkt beider Bewegungen ist unklar: In Byzanz sei im letzten Jahrzehnt des 10. Jh. (das ist die Zeit des ersten

Kreuzzugs) das Bogumilentum aufgetreten, in Italien etwa ebenso. Die *Interrogatio* erschien dort um 1190. In Frankreich sei das Katharertum ab 1160 dokumentiert anhand von Repressionen durch Behörden und Kirche). Seit dem Mittelalter wiederholen Kommentatoren, die dualistische Lehre der Bogumilen leite sich ab von *Manichäern, Paulicianern* und *Messalianern*; die meisten übergehen dabei die große dualistischen Religion des *Zoroastrismus*, wo der erste Dualist Europas – Pythagoras – dieses Konzept ohne Zweifel her hatte. Die originalen Texte, die nach 1945 in Nag-Hammadi gefunden wurden, und die die Einreihung der im Gegenwärtigen betrachteten ‹Johannes-Quellen› in die Lehren der Sethianer etc. nicht nur möglich machen, sondern geradezu vorschreiben, werden leider noch heute nicht allgemein berücksichtigt.

Indes bleibt das Phänomen des Wegs von Constantinopel (Mischgefäß aller möglichen Lehren und Sekten) über den Balkan nach Italien ein Kuriosum, das schon beim *Corpus Hermeticum* begegnet. Es ist, als ob die Geschichte hier Dokumente verschweigen wollte, die zweifellos auch in den ‹stummen› Jahrhunderten – das ist recht genau die Dauer des Byzantinischen Reichs! – auf den weiten Pilger- und Handels-Routen zwischen Asien und Europa transportiert, kopiert, diskutiert und in Bibliotheken archiviert worden sein *müssen*.

Wir nehmen daher an, daß Byzanz für die gegenwärtige Betrachtung eine wesentlich wichtigere Rolle besaß, als historisch festgelegt, und daß die Seehandels-Wege von Süden und Osten über Constantinopel nach Westen einen ebenso wichtigen Faktor bildeten wie der klassisch terrestrische Handelsweg. Da Venedig stets das erste wichtige Ziel war (zur Zeit der Kreuzzüge ebenso wie schon zur Zeit der Gründung Roms durch den Trojaner Æneas), liegt die Ausbreitung des Bogumilentums vom Bosporus nach Nord-Italien sozusagen auf der Hand. Nimmt man die dargelegte politische und soziale Situation in der Lombardei dazu, so versteht man leicht, daß die Empfänglichkeit für die neue Lehre in Italien bei Vielen groß war.

Wir übergehen die sattsam bekannten Abhandlungen zum Thema und erwähnen bloß, daß alle italienischen Sozialschichten beteiligt waren, und daß hier wie überall in der Menschheit Gruppierungen, Differenzen, Schismen und Wiedervereinigungen stattfanden, sodaß zahlreiche Untergruppen sich bildeten und mehrere Versionen der ‹rechten› Bogumilischen und Katharischen Lehre existierten: radikale, gemäßigte und intermediäre; darunter solche mit unterschiedlicher Meinung betreffend die Auferstehung, Geburt und Leiblichkeit

JESU, die kanonischen Schriften sowie das Auftauchen des Widersachers – SATAN oder SATANAEL, den überdies unser Text auch mit MOSE, ENOCH und JOHANNES DEM TÄUFER assoziiert. – Die Gesamtheit der Lehren dieses Komplexes weisen eine so große Ähnlichkeit auf, daß der Schluß überaus nahe liegt, die sethianischen und dergleichen Lehren stellten tatsächlich die ominöse «Quelle Q» dar, woraus so Paulicianer wie Manichäer, Katharer und Andere ihren Teil entnommen und in einer ihnen genehme Tradition weitergeführt hätten.

Auch die Diskussion über die originale Sprache der *Interrogatio* wurde lange geführt: Für die (unbekannte) slavische Urversion wurde eine griechische Alternative erörtert. Das war *vor* den Funden von Nag-Hammadi eine gute, doch kaum zu erklärende Option. Heute wissen wir aus der Bearbeitung und Übersetzung von Marvin Meyer, daß *die Quelltexte beider Traktate* – des *Apokryphon Johannis* und der *Interrogatio* in Griechischer und koptischer Sprache verfaßt wurden.

Wenn wir also heute bei E. Bozóky aus der Hand des berühmten Forschers H.Ch. Puech lesen, *«der in der* Interrogatio *entwickelte Mythos* (sei) *in seinen großen Zügen konform mit den Lehren der Bogumilen, so wie* EUTHYMOS ZIGABENES *sie wiedergibt ... »*, so sehen wir darin eine Spiegelung von Ursachen und Wirkung: Am plausibelsten scheint die Annahme einer frühchristlichen, mit alexandrinisch gnostischen Elementen angereicherten Fassung des in den beiden Schriften eines oder zweier ‹Pseudo-Johannis› entwickelten Mythos, der von den Bogumilen auf ihre Art ‹abgerundet› worden sei. – Indessen ist weder dies noch jenes beweisbar.

VON DEN BOGUMILEN ZU DEN KATHARERN

ALEXIOS I KOMMENOS, byzantinischer Kaiser von 1081-1118 – war der Neffe des ersten jüdisch-kasarischen Kaisers, ISAAK I, des Sohns eines Schulaufsehers. Er war ein liberaler Herrscher, der theologische Dispute liebte, an denen er aktiv teilnahm: Das konnte dazu beitragen, daß Byzanz zu einem Schmelztiegel verschiedenster Religiöser Strömungen wurde, worin die bogumilischen Lehren einen interessanten Bestandteil gebildet haben mögen. Auch ist bekannt, daß die zahlreichen religiösen Bewegungen und Sekten bis ins 13. Jh. sehr viel friedlicher neben einander existierten, als danach – man darf sagen: bis zur Ausrutung dieser Vielfalt, seit den Kreuzzügen: Offenbar verfolgten ALEXIOS und sein Sohn JOHANNES II plötzlich Andersgläubige, und zwar als Gegenleistung dafür, daß die europäischen Westmächte sie gegen die Türken zu unterstützen versprachen, während Jene den politischen Profit genossen, den sie daraus ziehen konnten: Religion als politisches *quid pro quo*. – Höhepunkt dieser Verfolgungen war die öffentliche Verbrennung des ‹Bogumilenbischofs› BASILIOS, der vom Kaiser höflich zu einem Gespräch nach Constantinopel geladen, dann aber umgebracht wurde.[182]

Man bedenke auch, daß genau zur Zeit, in der das byzantinische Reich unter kasarischer Herrschaft zerfiel (900-1100), im späteren Frankreich die Sippe der japhetitisch kasarischen Capétiens sich ausbreitete, nachdem *Robert le Fort* 922 König geworden war. Der größte Streich der *damaligen* Khasaren war die Vernichtung der Tempelritter und Katharer (1312/1314/1344) unter den letzten Capétiens: PHILIPPE LE BEL und seinem Vetter, Papst CLEMENS V.

Alexis' Sohn, JOHANNES II, genannt der Gute und Schöne (Ioannokalós) engagierte sich vorallem für die Reparation erlittener Kriegsschäden von vor seiner Regierung. Er begrenzte seine religiöse Führungsrolle auf den Bau mehrerer christlicher Kirchen und auf die Konkordanz mit ROM: Das gemeinsame Interesse der bisher feindlichen Mächte an JOHANNES lag vorallem im Zurückdrängen der Türken in Anatolien, Cilicien und Syrien sowie im Vernichten muslimischer Staaten auf dem Balkan, was ihm in der offiziellen Geschichtsschreibung den Titel ‹der Große›, und in den Mosaiken der Hagia Sophia mehrere Portraitdarstellungen eintrug. Dennoch wurde er natürlich im entscheidenden Moment von den Kreuzzugs-Mächten hängen gelassen. Sein Kaisertum dauerte von 1118-1143.

Johannis Nachfolger MANUEL wird in den schönsten Farben geschildert. Insbesondere wird er mit dem Zunamen ‹*Gottgeliebter*› - *Bogumił* - benannt: Er schloß mehrere Bündnisse mit dem Papst, bekriegte erneut muslimische ‹Heiden› und den Balkan und erhielt die Suprematie über die eroberten Gebiete Palästinas, besonders über Jerusalem und das ‹Grab Christi› Manuel stand unter starkem westlichem Einfluß: Seine beiden Frauen waren Franken-Töchter, und im Westen war er berühmt für seine Tüchtigkeit im Turnieren: Diese Zeit kommt mit den zeitlichen Verhältnissen des von Wolfram v.Eschenbach erzählten PARZIVAL mit FEIREFIZ überein!

MANUEL starb; sein Nachfolger war ALEXIOS II, ermordet durch seinen Bruder ANDRONIKOS, der zuerst eine Tochter von Louis VII heiratete, dann ADELE DE CHAMPAGNE, womit wir wieder bei der kasarischen Heiratspolitik wären.[183] – Seine Herrschaft wurde zur Tyrannei, Aus einem Aufstand ging ISAAK II als wiederum bürgerlich geborener kasarischer Kaiser hervor.

MANUELs religiöse Haltung war eine vorallem politische: Nach dem Tod von Kaiser Conrad III träumte er von der Erneuerung des Heiligen Römischen Reichs mit ihm als Kaiser, überwarf sich aber sowohl mit dem Papst als auch mit FRIEDRICH II BARBROSSA. Die Religion der Bogumilen war ihm keine Reichs-Angelegenheit und erscheint nur in antihäretischen Schriften von Kirchenvätern und ihresgleichen. Der DGWE (a.a.O.) stellt fest, die Bogumilen seien zur Zeit von JOHANNES II KOMMENOS mehrfach verurteilt worden. Gemäß einem Tractat ANSELMS VON ALEXANDRIEN seien Westfranzosen (Champagne ↔ Templer!) mit dieser Häresie während der zweiten Kreuzfahrt in Byzanz bekannt geworden); nach Italien sei sie erst Ende des 12. Jh. gekommen. – Der Ausdruck *Katharer* erscheint offenbar zum ersten Mal im Jahr 1163 bei einem Mönch, ECKBERT VON SCHÖNAU. Die Unterscheidung von Bogumilen und Katharern ist aber vorallem eine akademische Frage, da Färbungen ohnehin existierten. – Und ob die *Interrogatio* von Bulgarien über Italien nach Frankreich gelangte oder nicht, ist für die eigentliche Ausbreitung der auch ‹*neu-manichäisch*› genannten Bewegung ohne Belang.[184]

BIBLIOGRAPHISCHES ZUR INTERROGATIO IOHANNIS

Als Voraussetzung für neue Überlegungen zu diesem Themenkomplex sei dies vorweg genommen: Die Abhandlungen der letzten Jahre und sogar Jahrzehnte zum Thema Bogumilen und Katharer haben den Charakter prinzipiell synoptischer Versionen auf der Basis gemeinsamer Annahmen, in Ermanglung von Dokumenten, die die Dinge konkret zeigen und beweisen könnten. Betrachtet man die Sache aber aus etwas mehr Distanz, so kann auch das *Fehlen* konkreter Fakten zu positiven Argumenten umgemünzt werden, und zwar in den folgenden drei Hauptpunkten:

Als Erstes nimmt man Abschied von der fast allen Historikern seltsam eigenen Sicht der *linearen* zur Sicht einer *vernetzten Geschichts-Entwicklung.* – Zweitens geht man über vom steifen Entweder-Oder zur Offenheit für mehrere gleichzeitige und gleichwertige Möglichkeiten. Und drittens – das wurde bereits angetönt – läßt man das Konzept des «*Dualismus*» zwar als solches stehen, nimmt ihm aber seine diskussorische Allmacht.

Um gleich mit dem dritten Punkt zu beginnen: Fühlt man sich ein in die Situation der Kirche des 10. bis 14. Jahrhunderts, so erkennt man sofort deren Hauptschwierigkeit: Im Zentrum der (aus kirchlicher Sicht) neuerungssüchtigen Häretiker stehen die Anliegen:

1° Auflehnung gegen die die profane Bevölkerung bedrückenden Privilegien des Klerus, ob in Klöstern, in Kirchen oder beim Papst, samt deren sittlichem Zerfall.

2° Auflehnung gegen die aufkommende Adels-Kaste, die mit der Kirche dieselben Privilegien und Machtübergriffe teilte und z.T. sogar noch das *Jus Primæ Noctis* mit einschlossen (vgl. z.B. Mozarts *Don Giovanni* und *Figaro's Hochzeit*).

3° Auflehnung gegen eine Kirchenlehre, die anstelle des dreifachen Liebesgebots Jesu das Konzept von Teufel, Fegefeuer, Geld- und anderen Bußen setzte und auch diese über zwei Leiste maß.

4° Wieder-Errichtung des Christentums wie Jesus es gepredigt hatte, bekannt wahrscheinlich dank aus dem Orient kommenden Dokumenten, mündlichen Berichten sowie Gepflogenheiten außerkirchlicher Gemeinschaften – eventuell jene diverser Arten von Wanderpredigern und wandernder Mönche.

Wie jede politische Organisation benötigte die Kirche nun ein Argument, dank welchem man die Häretiker unbedingt schlagen konnte. Dieses Argument mußte – typisch politisches Konzept – *außerhalb der vier genannten Postulate stehen*, dabei die kirchliche Doktrin stärken, zugleich als ein von den Häretikern selbst gewähltes Thema von den unbestreitbaren übrigen Punkten ablenken und diese möglichst übertönen. Dieses Thema konnte nicht besser gewählt werden, als im Rahmen der orientalischen Lehren von der Dualität von Gut und Böse!

Zwar erfaßt diese Lehre ein alle Menschen irgendwann berührendes Problem, denn die Dualität der Gegensätze ist eine universelle, nie versiegende Quelle der Verblüffung und Frustration für jeden Menschen. Auch ist diese Lehre uralt; ihre Quelle ist als solche gar nicht feststellbar. Kein einziger Bußprediger, Kirchenlehrer oder Inquisitor konnte diese universelle Dualität als Tatsache bestreiten; – nur durfte das öffentliche Glaubensbekenntnis des jüdisch-christlichen Monotheismus seit Nicæa nicht angetastet werden. – Der von den Häretikern dargebotene Mythos hat seine Ursprünge ebenfalls in sehr alter Zeit: Die Lehren über Archonten, Æonen und deren untergeordnete Götter und Engel sind Legion. Ihre Nennung ist weltweit verbreitet – also ein «prähistorisches» Erbe der ganzen Menschheit. Und um dieses Argument abzurunden, stellen wir noch fest, daß das Dualitäts-Prinzip als solches keineswegs das zentrale Thema der katharischen und der bogumilischen Häresie ausmacht, sondern nur *einen Teil ihrer Kosmogenese*. Daß diese in einen anderen Mythos eingekleidet wurde als der Babylonische Mythos des AT, wäre an sich kein Grund für Entsetzen, konnte aber bequem als solcher vorgeschoben werden, da man den Protest gegen die Privilegien sowie die mystische Sehnsucht nach echtem Christentum ja wirklich nicht offiziell verurteilen konnte.

Die beiden anderen Haupt-Gesichtspunkte lassen sich in einen zusammenfassen: Man verläßt das Bedürfnis nach linearer ‹Historisierung› punktförmiger Fakten und Geschehnisse und läßt parallele Abläufe zu: Was sich im Rahmen des byzantinischen Reichs als Bogumilentum manifestierte, kann dieselben Quellen benutzt haben wie das Katharertum im ‹Römischen Reich Deutscher Nation›. Diese Quellen konnten zwischenzeitlich verlorene Dokumente und Traditionen sein, deren Kopien erst im 20. Jh. wiedergefunden wurden. Nach Jahrhunderten der Vernichtung außerkirchlicher Menschengruppen und von deren Büchern konnte fast nichts überlebt haben – mit wenigen heute bekannten Ausnahmen: Nicht die Tatsache daß fast keine Schriften überlebten ist verwunderlich, sondern das Gegenteil: Daß eine Schrift wie die *Interrogatio* sogar in mindestens zwei Versionen überlebte!

Auch die Verschiedenheit ‹häretischer› Quellen ist nicht verwunderlich und bedingt keineswegs eine stammbaum-artige Entstehung der Versionen: Bis ca. ins 12. Jh. gab es im europäischen Westen überhaupt kaum schriftliche Dokumente, außer was in Klöstern codifiziert bzw. von orientalischen Originalen kopiert wurde. Mündliche Überlieferung war die übliche Form – dank den heute kaum mehr denkbaren Gedächtnis-Fähigkeiten von damals [185] ebenso, wie mangels anderer Mittel. Mündliche Überlieferung aber ist flexibel: Der Rhapsode wird selbstverständlich sein Lokalkolorit einfließen lassen oder gar – wie im vorliegenden Fall – die Hauptpunkte der Lehre seiner Gemeinschaft.

Was z.B. den Text der *Interrogatio Iohannis* betrifft, so wären zwei ‹halblineare, doppelte› Hypothesen nicht ganz auszuschließen: Der genannte, durch Alexios Kommenos verbrannte BASILIOS (aka WASSILI) konnte diesen vollständigen Text zuvor verfaßt und zu getreuen Handen hinterlassen oder übergeben haben – vielleicht sogar in Vorausschau, was ihm bei Hofe geschehen würde. Dann erzählte er dort seine ganze Geschichte – zweifellos von vielen Zwischenfragen unterbrochen, und vielleicht durch den berühmten ZIGABENES nicht wörtlich genau aufgeschrieben (er übersetzte ja aus der – oder in die – Sprache des Herrschers, welche kaum das Lateinische war). All das würde erklären, warum die beiden Versionen sich sowohl sehr ähnlich sind als auch gelegentlich sich unterscheiden. Indessen sind all diese Erörterungen und Hypothesen fürs Wesentliche ohne Belang; – und daher: «*Schwamm drüber*»!

So gibt es also mehrere ‹Urtexte›, die aber offenbar aus ein und derselben Quelle stammen. E. Turdeanu nennt in seiner Einführung die Unterschiede erheblich; wir sehen darin die üblichen Abweichungen selbst zweier gewissenhafter Kopisten bzw. Übersetzer von einander.

Die vorliegende Ausgabe der *Interrogatio* benutzt das sogenannte *Wiener Manuskript* – d.h. den Text des Manuskripts, das unter der Quote: *ms. lat. 1137 ff 158^v-160.* in der Nationalbibliothek von Wien, aufbewahrt wird. Außerdem übernimmt sie die fortlaufende Zeilen-Einteilung der ebenfalls in der Einführung erwähnten lateinisch / französischen Ausgabe von Edna Bozóky, in der neueren, verbesserten Auflage erschienen in Paris, Edition Beauchesne, 1980, mit einem Vorwort von Emil Turdeanu - mit Dank für dessen Erlaubnis zur Nutzung dieses Materials.

Der Text wird heute an vielen Orten erwähnt, und zwar unter allerlei Titeln. Der Haupttitel «*Interrogatio Johannis* ... » wird ergänzt durch Untertitel wie:

« ... *apostoli et evangelistae in cena secreta regni coelorum de ordinatione mundi istius et de principe et de Adam.*» – was dem Incipit des Texts entspricht. – Daraus leiten sich zwei Kurztitel ab: «*Das Geheime Abendmahl*» – und «*Das Buch von Johannes dem Evangelisten.*». – Es wird auch gelegentlich verwechselt mit dem hier nachfolgenden *Apokryphon Johannis* – auch *Liber Secretum Ioannis* genannt – und sogar mit den ebenfalls apokryphen *Akten des Johannes*. – Folgende Ausgaben der *Interrogatio Iohannis*, teils nur übersetzt, teils auch kommentiert – nennt die heutige Literatur vor der gegenwärtigen:

    1) Das Original von Concorezzo (vielleicht das Wiener-Exemplar), aus Bulgarien nach Wien gebracht durch den Katharer-Bischof Nazarius um 1190.

BIBLIOGRAPHISCHES ZUR INTERROGATIO IOHANNIS

2) Das Exemplar in Carcassonne, dorthin gelangt zwischen 1190 und 1209 (nach dem Beginn der Verfolgungen durch die Kirche unter Papst INNOZENZ III.
3) Ausgabe durch I. Benoist in seinem Buch *Histoire des Vaudois ou des Albigeois* (1691).
4) Ausgabe von J. K. Thilo in seinem *Codex Apocryphus Novi Testamenti* (1832).
5) Text und Übersetzung ins Englische durch M.R. James in seinem Buch *The Apocryphal New Testament* (1924).
6) Ausgabe von R. Reitzenstein in seiner *Vorgeschichte der christlichen Taufe* (1929).
7) Textkritische, kommentierte Ausgabe (Text, Übersetzung, Kommentare) auf Französisch durch E. Bozóky (1980, 1981).
8) Zweite Ausgabe auf Englisch durch W.L. Wakefield und A.P. Evans, in *Heresies of the High Middle Ages* (1991), Seiten 458ff. (basierend auf einer korrigierten Version der Übersetzung von R. Reitzenstein.
9) Die genannten, für die gegenwärtige deutsche benutzten Ausgaben im Rahmen der Nag-Hammadi-Texte.

KATHEDRALE VON TOULOUSE:
Abendmahls-Szene am südlichen Seitenaltar (17. Jh.):
Deutlich erkennbar Maria Magdalena, ausnahmsweise links von Jesus.
Was hielt dieser Jesus wohl einst in der Hand, worauf er und Maria blicken?

AIX EN PROVENCE: KIRCHE ST-JEAN
Das Baptisterium mit dem vertieften mittelalterlichen Taufbecken im typisch ‹karolingischen› achteckigen Grundriß. (Bild des Hrsg.)

Interrogatio Iohannis
Text und Übersetzung

INTERROGATIO IOHANNIS

In nomine Patris et Filii et Spiritūs sancti
Amen.

Interrogatio Iohannis et apostoli et evangelistæ in cena secreta regni cælorum de ordinatione mundi istius et de principe et de Adam.

5   Ego, Iohannes particeps in tribulatione et regno Dei [*] ut essem particeps qui et recumbens in cena supra pectus Ihesu Christi domini nostri dixi: Domine, quis tradet te?[**] Et dominus dixit mihi: Qui intinxerit manum in catino[***] et introibit in eum Sathanas[#], ille tradet me.

10 Et dixi: Domine, antequam Sathanas cecidisset, in qua gloria assistebat apud patrem?
    Et dixit: In virtutibus cælorum et in trono patris invisibilis et ordinator erat omnium. Et sedebam ego apud patrem meum.
    Ille erat ordinans virtutes cælorum et illos qui secuti sunt
15 patrem. Et descendebat de cælis usque ad infernum et ascendebat usque ad tronum Dei invisibilis patris et custodiebat illas glorias quæ erant supra omnes cælos.
    Et cogitavit volens ponere tronum suum super nubes et esse similis altissimo.[##] Et cum descendisset in aerem invenit ange-
20 lum sedentem super aerem et dixit ei: Aperi mihi portas aeris. Et aperuit ei.[186]
    Et descendens invenit angelum qui tenebat aquas et dixit ei: Aperi mihi portas aquarum. Et aperuit ei.
    Et descendens invenit totam terram coopertam de aquis et
25 ambulans per subtus invenit duos pisces iacentes super aquas et erant quasi iuncti substinentes totam terram per præceptum patris invisibilis.[187]
    Et descendens desubtus invenit magnas nubes tenentes pelagum maris.

---

[*] Apoc. 1:9
[**] Jo 13:23-25;
[***] Mt 26:23
[#] Lk 22:3
[##] Js 14:12-14

DIE DEUTSCHE ÜBERTRAGUNG DES TEXTS

DIE FRAGEN DES JOHANNES[188]

Im Namen des Vaters, des Sohns und des heiligen Geistes Amen.

Die Fragen von Johannes, dem Apostel und Evangelisten beim geheimen Mahl des Reichs der Himmel betreffend die Anordnung dieser Welt sowie den Fürsten [dieser Welt] und Adam.

Ich, Johannes und Teilhaber an der Bedrängnis [dieser Welt] sagte, auf daß ich auch Teilhaber am Reich Gottes sei, indem ich beim Mahl an der Brust Jesu Christi unseres Herrn ruhte: Herr, wer überliefert Dich? Und der Herr sagte zu mir: Er, in den, wenn er die Hand ins Becken eingetaucht haben wird, Satan hinein fahren soll, der verrät mich.[189]

Und ich sprach: Herr, bevor Satan fiel: in welcher Herrlichkeit stand er beim Vater?

Und Er sprach: Er war unter den Mächten der Himmel und auf dem Thron des unsichtbaren Vaters; und er war der Ordner von Allem.[190] Und ich saß bei meinem Vater. Jener war indes damit beschäftigt, die Mächte der Himmel zu ordnen sowie Jene [Engel], die dem Vater gefolgt sind. Und er stieg von den Himmeln hinab bis in die Unterwelt, und stieg empor bis zum Thron des unsichtbaren Vaters und bewahrte die Herrlichkeiten, die über allen Himmeln waren.[191] Und er sann nach, indem er danach trachtete, seinen Thron höher als die Wolken zu setzen und dem Allerhöchsten gleich zu sein. Und indem er niederstieg in die Luft, traf er den Engel, der über die Luft gesetzt ist, und sprach zu ihm: Öffne mir die Pforten der Luft! – Und er öffnete sie ihm.

Und indem er niederstieg, traf er den Engel, der die Wasser verwaltete und sprach zu ihm: Öffne mir die Pforten der Wasser! Und er öffnete sie ihm.[192]

Und indem er niederstieg, fand er die gesamte Erde von Wasser bedeckt; und indem er da unten umher wandelte, fand er zwei Fische auf den Wassern liegen; die waren wie zusammengebunden[193] und stützten die ganze Erde, gemäß dem Auftrag des unsichtbaren Vaters.

Und indem er noch tiefer stieg, fand er große Wolken, die hielten die Massen der Wasser zusammen.

30 Et descendit subtus et invenit suum infernum hoc est geenna ignis. Postea vero non valuit descendere subtus propter flammam ignis qui ardebat.
　　　Tunc reversus est Sathanas retro implens se de malitiis et ascendit ad angelum qui erat super aerem et ad illum qui erat
35 super aquas dicens eis: Omnia sunt mea: si me audieritis, ponam tronum meum super nubes et ero similis atissimo. Et substolam aquas supra firmamentum istum et ceteras aquas in loca maria congregabo et postea non erit aqua super faciem omnis terræ. Regnabo vobiscum in sæcula sæculorum.
40 　　Et hoc dixit angelis et ascendebat ad illos cælos usque ad tertium cælum, subvertens angelos invisibilis patris et dicens singulis eorum:
　　　Quantum debes domino tuo? * — Et primus respondit: C *chados olei.* — Et dixit ei: *Accipe cautionem et sede et scribe L.*
45 　　Et alii dicit: *Tu vero quantum debes domino tuo?* – Qui ait: C *choros tritici.* – Et ait illi: *Tolle cautionem tuam et sede et scribe cito octuaginta.* – Et ascendebat ad alios cælos ita dicens, adscenditque usque ad quintum cælum, seducens angelos invisibilis patris.
50 　　Et exivit vox de trono patris dicens: *Quid facis deiecte, subvertens angelos patris? Factor pecati, cito fac quod cogitasti.* **
　　　Tunc pater præcepit angelis suis: Deponite stolas et tronos et coronas ab omnibus angelis audientes eum. Et tulerunt
55 angeli vestimenta et tronos et coronas omnibus angelis audientes eum.
　　　Iterumque ego Iohannes interrogavi dominum dicens: Quando Sathanas cecidit, in quo habitavit? Et respondens dixit mihi: Præcepit [eo] pater meus et [Sathanas] transfiguravit se propter
60 elationem suam et abstulit lumen gloriæ suæ ei, et facies eius sicut ferrum fuit fervens ab igne et tota species faciei eius fuit sicut hominis, et habuit VII caudas trahentes tertiam partem angelorum dei. ***
　　　Et eiectus fuit a trono dei et a villicatione cælorum.

---

* Lk. 16:4-8 : Das Gleichnis vom ungetreuen Verwalter.
** Joh 13:27 Und nach dem Bissen fuhr alsbald der Satan in ihn. Da spricht Jesus zu ihm : *Was du tust, tue schnell* !
*** Vgl. Off. 12:4

Und er stieg noch tiefer hinab und fand seine Unterwelt, das ist das Feuer Gehenna.[194] – Danach vermochte er nicht weiter hinab zu steigen, wegen der Flamme des Feuers, die [ihn] brannte.

Da drehte Satan sich um und kehrte zurück, erfüllte sich mit List und Bosheit und stieg auf zum Engel, der über die Luft gesetzt war, und zu jenem, der über die Wasser war, und sage zu diesen: Alles gehört mir. Wenn ihr auf mich hört, will ich meinen Thron höher als die Wolken setzen und werde sein wie der Allerhöchste. Und ich werde die Wasser über dieses Firmament erheben, und die übrigen Wasser werde ich in den Meeres-Gebieten zusammenführen; und danach wird es auf dem Angesicht der ganzen Erde kein Wasser mehr geben.[195] [Und] ich werde regieren zusammen mit euch, bis in alle Ewigkeit. So sprach er zu den Engeln und stieg auf zu jenen Himmeln, bis zum dritten Himmel[196], indem er die Engel des unsichtbaren Vaters anstiftete und jedem Einzelnen von ihnen sagte:

Wieviel schuldest du deinem Herrn? – Und der Erste antwortete:

Hundert Krüge Öl. – Und Er sprach zu ihm: Nimm den Schuldschein und schreib Fünfzig. Und zum Nächsten sprach Er: Und du, wieviel schuldest du deinem Herrn? – Der sagte: Hundert Maß Weizen. – Und Er sprach zu ihm: Heb deinen Schuldschein auf, setze dich und schreib schnell Achtzig. Und so sprechend stieg er zu den anderen Himmeln auf bis zum fünften Himmel indem er die Engel des unsichtbaren Vaters verführte.

Und es ging eine Stimme vom Thron des Vaters aus und sagte: Was tust Du, Verworfener, der du die Engel des unsichtbaren Vaters anstiftest!? – Du Macher der Sünde, was du beabsichtigt hast, das tue eilig! – Dann gebot der Vater seinen Engeln: Nehmt allen Engeln, die auf ihn hören, ihre Schärpen und Throne und Kronen weg!

Und wiederum fragte ich, Johannes, den Herrn und sagte: Als Satan fiel, wo wohnte er da? Und als Antwort sagte er zu mir: Mein Vater befahl, und [Satan] verwandelte sich seiner Anmaßung wegen, und Er nahm ihm sein Licht der Herrlichkeit weg, und sein ganzes Gesicht wurde glühend wie glühendes Eisen im Feuer, und der Anblick seines Gesichts wurde wie [das] eines Menschen, und er hatte sieben Schwänze, die zogen einen Drittel der Engel Gottes hinter sich her. Und er wurde vom Thron Gottes und aus der Verwaltung der Himmel weggejagt.

65   Et descendens de cælo Sathanas in firmamentum hic nullam
requiem poterat facere, neque hi qui cum eo erant. Roga-
vitque patrem dicens: *Peccavi, patientiam habe in me: omnia
reddam tibi*[*] Pater misertus est eius et dedit ei requiem facere
quod vult usque ad diem septimum.
70   Et tunc sedit super firmamentum præcepitque angelo qui
erat super aerem et illi qui erat super aquas, et elevaverunt
duas partes aquarum sursum in aerem, et de tertia parte fecerunt maria. Et fuit divisio aquarum per præceptum patris invisibilis. Et præcepit iterum angelo qui erat super aquas: Sta super
75   duos pisces. Et elevavit capite suo terram et aparuit arida.[**]
    Et fuit quando accepit coronam ab angelo qui erat super
aerem, media fecit tronum suum et medium lumen solis. Accipi-
ensque coronam ab angelo qui erat super aquas medietatem
fecit lumen lunæ et medietatem lumen diei. Et de lapidi-
80   bus fecit ignem, et de igne fecit omnem militiam et stellas, et
de illis fecit angelos spiritūs ministros suos[***] secundum formam
ordinatoris altissimi fecitque tonitrua et pluvias et grandinem
et nivem et misit ministros suos super ea.
    Præcepitque terræ ut educeret omne vivens, animalia, arbores
85   et erbas, et mari præcepit ut educeret pisces et aves cælorum.
    Et cogitavit facere hominem in servitio sibi et tulit limum de
terra et fecit hominem similem sibi. Et præcepit angelo
secundi cæli introire in corpus luti et tulit de eo et fecit alium
corpus in forma mulieris præcepitque angeli primi cæli introire
90   in illum. Angeli ploraverunt multum videntes super se formam
mortalem esse in divisis formis.
    Præcipiebatque eis carnalia opera facere in corporibus luti,
et illi nesciebant facere peccatum. Initiator autem peccati cum
sua seductione ita fecit: plantavit paradisum et misit homines
95   intus et præcepit eis ne comederent ex eo.
    Diabolus intravit in paradisum et plantavit arundinem in
medio paradisi et de sputo suo fecit serpentem et præcepit ei in

---

[*] Mt 18:26; – und Essener-Evangelium des Friedens, a.a.O. : Das dortige *Gleichnis vom verschwenderischen Sohn.*
[**] Gen. 1:9
[***] Ps 103:4. – MS Dôle hat (sprachlich befriedigender, und wir übersetzen auch so) :
... *fecit omnes militias stellarum et de hoc ....*

Und als Satan vom Himmel ins Firmament hinunter stieg, konnte er sich keinen Ruheplatz machen, und auch die mit ihm waren nicht. Und er bat den Vater, indem er sagte: Vater, ich habe gesündigt; sei mild mit mir; ich will Dir alles zurückgeben. Der Vater hatte Mitleid mit ihm und erlaubte ihm, [sich] einen Ruheplatz zu machen wo er wollte, bis zum Siebenten Tag.[197] Und schon setzte er sich über das Firmament und befahl dem Engel, der über die Luft war, und dem Engel, der über die Wasser [gesetzt] war, und sie erhoben zwei Teile der Wasser hoch in die Luft, und vom dritten Teil machten sie die Meere. Und [das] war die Teilung der Wasser nach dem Geheiß des unsichtbaren Vaters. Und wieder befahl er dem Engel, der über die Wasser [gesetzt] war: Steh auf die beiden Fische! – und mit dem Haupt hob er die Erde hoch, und sie erschien trocken. Und es geschah, als er die Krone vom Engel erhielt, der über die Luft gesetzt war, da machte er die Hälfte zu seinem Thron, und die [andere] Hälfte zum Licht der Sonne. Und als er die Krone vom Engel erhielt, der über die Wasser gesetzt war, machte er die Hälfte zum Licht des Monds, und die [andere] Hälfte zum Licht des Tages. Und von Steinen machte er das Feuer, und vom Feuer machte er all die Heerscharen der Sterne, und von ihnen machte er die Engel, seine dienstbaren Geister[198] nach dem Vorbild des höchsten Anordners, und er machte den Donner und den Regen und den Schnee, und er setzte seine Diener über sie.

Und er befahl der Erde, daß sie alles Lebende hervorbringen solle: Tiere, Bäume und Kräuter; und dem Meer befahl er, daß es die Fische und die Vögel der Himmel hervorbrächte.[199] Und er erwog, den Menschen zu machen, ihm [selbst] zum Dienst, und er nahm Lehm von der Erde und machte einen Menschen, ihm [selber] ähnlich.[200] Und er befahl dem Engl des Zweiten Himmels, in den lehmigen Körper einzugehen, und nahm davon und machte einen anderen Körper nach dem Bild einer Frau und befahl [dem Engel] des Ersten Himmels, in ihn einzugehen. – Die Engel weinten sehr, als sie sahen, daß eine sterbliche Gestalt über sie gesetzt worden war, [und diese auch noch] von unterschiedlichem Aussehen.

Und er befahl ihnen, die fleischlichen Werke zu tun in [ihren] Körpern von Lehm, und sie wußten nicht wie man sündigt. Der Anstifter zur Sünde aber tat in seiner Versuchung so: Er pflanzte das Paradies und tat die Menschen hinein und befahl ihnen, nicht davon zu essen.

Der Teufel ging ins Paradies und pflanzte Schilf mitten im Paradies, und von seiner Spucke machte er die Schlange und befahl ihr,

arundine manere, et sic diabolus ascondebat sapientiam suæ
fraudis ut non viderent deceptionem suam. Et introibat ad eos
100 dicens: de omni fructu comedite qui est in paradiso, de fructu
iniquitatis ne comedatis. Postea malignus diabolus intrans in
serpentem malum et decepit angelum qui erat in forma mulieris
et effudit super caput eius concupiscentiam peccati: et fuit
concupiscentia Evæ sicut fornax ardens. Statimque diabolus
105 exiens de arundine in forma serpentis fecit concupiscentiam
suam cum Eva cum cauda serpentis. Ideo non vocantur filii dei
sed filii diaboli et filii serpentis, voluntates patris facientes
diabolicas, usque ad sæculi finem.
    Postea diabolus effudit suam concupiscentiam super caput
110 angeli qui erat in Adam, et ambo inventi sunt in concupiscentia
luxuriæ simul generando filios diaboli et serpentis usque ad
consummationem sæculi.[*]
    Et postea ego Iohannes interrogavi dominum dicens: Quare
dicunt homines: Adam et Eva a Deo sunt formati et in para-
115 diso positi fuerunt custodire mandata eius et ipsi propter trans-
gressionem præcepti patris morti traditi sunt? – Et dominus
dixit mihi: Audi Iohannes carissime, insipientes homines sic
dicunt quoniam in prævaricatione pater meus lutea corpora
fecit, sed de spiritu sancto omnes virtutes cælorum fecit. Ipsi
120 autem propter transgressiones et propter casum eorum inventi
sunt habentes lutea corpora et morti traditi sunt.
    Et adhuc ego Iohannes interrogavi dominum dicens:
Domine, quomodo incipitur homo de spiritu in corpore car-
nali? Dixitque mihi dominus: De lapsis spiritibus cælorum
125 ingrediuntur in corpora feminea lutosa et carnem accipiunt de
concupiscentia carnis et nascitur spiritus de spiritu et caro de
carne[**], et ita finitur regnum Sathanæ in hoc mundo.
    Et interrogavi dominum dicens: Usque quo regnabit Satha-
nas in hoc mundo super existentiam hominum? Dixitque mihi
130 dominus: Pater meus permisit illi regnare VII dies qui
Sunt VII sæcula.
    Et iterum ego Iohannes interrogavi dominum dicens: Quale
erit hoc sæculum? – Et dixit mihi: Ex quo cecidit diabolus de
gloria patris et propriam gloram voluit seditque supra nubes et

---

[*] Nicht menschlicher Eigenwille also, sondern Bezauberung der die menschliche Gestalt bewohnenden Engel verursacht hier also den Fall!
[**] Jo 3:6

im Schilf zu bleiben; und so verbarg der Teufel die Schlauheit seines Betrugs, damit sie seine Täuschung nicht sähen. Und er ging zu ihnen hinein und sagte: Eßt von aller Frucht, die im Paradies ist; [aber] von der Frucht der Ungerechtigkeit sollt ihr nicht essen.[201] Dann ging der hinterlistige Teufel in die böse Schlange und täuschte den Engel, der in der Gestalt der Frau war und ergoß über ihr Haupt die Begierde der Sünde, und Eva's Begierde war wie ein glühender Ofen.

Und sofort kam der Teufel in Gestalt der Schlange aus dem Schilf und tat mit dem Schwanz der Schlange seine Begierde mit Eva. Daher werden sie nicht Kinder Gottes sondern Kinder des Teufels genannt und Kinder der Schlange, die den teuflischen Willen [dieses] Vaters tun, bis zum Ende der Zeiten. – Danach ergoß der Teufel seine Begierde über das Haupt des Engels, der in Adam war, und Beide verblieben in der Begierde der Lust und zeugten Kinder des Teufels und der Schlange bis ans Ende der Welt.

Und weiter fragte ich, Johannes, den Herrn und sagte: Warum sagen die Menschen: Adam und Eva seien von Gott geformt und ins Paradies gesetzt worden, um seine Gebote zu wahren, und sie seien wegen der Übertretung des Befehls des Vaters dem Tod übergeben worden? Und der Herr sagte mir: Höre, Johannes, Liebster: Unwissende Menschen sagen so, daß mein Vater in der [Welt der] Verfehlung Körper von Lehm macht(e)[202] – aber vom Heiligen Geist machte er alle Mächte (virtutes) der Himmel. Jene aber wurden wegen der Übertretungen und durch ihren Fall im Besitz von Lehmkörpern gefunden und dem Tod überliefert.

Und wieder fragte ich, Johannes, den Herrn und sagte: Herr, wie wird ein Mensch aus dem Geist in einen fleischlichen Körper aufgenommen?[203] – Und der Herr sagte zu mir: Aus gefallenen Geistern der Himmel treten sie in einen Frauenkörper von Lehm ein und erhalten Fleisch aus der Begierde des Fleisches, und der Geist wird vom Geist geboren, und das Fleisch vom Fleisch, und so wird das Reich von Satan in dieser Welt beendet.

Und ich fragte den Herrn und sagte: Wie lange wird Satan in dieser Welt das Dasein der Menschen beherrschen? Und der Herr sagte zu mir: Mein Vater erlaubte ihm, 7 Tage zu herrschen; das sind 7 Zeitalter.[204]

Und wieder fragte ich, Johannes, den Herrn und sagte: Was für ein Zeitalter wird das sein?[205] – Und Er sagte zu mir: Als der Teufel aus der Herrlichkeit des Vaters fiel, wollte er seine eigene Herrlichkeit, setzte sich über die Wolken und setzte bseine Diener als das sengende

135   posuit ministros suos ignem urentem, et in terra hommines ab Adam usque ad Enoc. Et [eum] misit ministrum suum et assumpsit eum supra firmamentum et ostendit illi deitatem suam et præcpit illi dari calamum et atramentum; et sedens scripsit septuaginta VI libros. Et præcepit ei eos deferri
140   in terram. Detulit autem Enoc libros et tradidit filiis et docuit eos facere formam sacrificiorum et locum sacrificiorum. Et fecerunt ita et clauserunt regnum cælorum ante homines. Et dicebat eis: Videte quia ego sum Deus, et non est alius deus præter me.[*]
145   Ideo misit me pater meus in mundum istum ut manifestem nomen suum hominibus et ut cognoscam eum et malitiosum diabolum. Cum autem cognovisset Sathanas quod descenderem in hunc mundum, misit angelum suum et accepit de tribus arboribus et dedit Moysi prophetæ ad crucifigendum me, quæ
150   ligna mihi custodiuntur usque nunc. Et ipse annuntiabat ei deitatem, præcepitque ei legizare filiis Israel et ita eduxit eos per siccum per medium maris.[***]

        Quando cogitavit pater meus mittere me in mundum istum misit ante me angelum suum per spiritum sanctum, ut reciperet
155   me qui vocabatur Maria mater mea. Et ego descendes per auditum introivi et exivi.

        Et scivit Sathanas princeps huius mundi quod ego veni quærere et salvare quod perierat[#] et misit angelum suum Elyam prophetam baptizantem in aqua qui vocatur Iohannes Bap-
160   tista. Elyas autem interrogavit principem huius mundi quomodo poterit eum cognosere. Et ipse dixit ei: Super quem videritis spiritum sanctum descendere in specie columbæ et manentem super eum, ipse est qui baptizat in spiritu sancto et igni.[##] Ideo hoc dicebat Iohanni quia non cognoscebat eum. Sed
165   ille qui misit eum baptizare in aqua, ille dixit ei. – Testificatur Iohannes: Ego baptizo in aqua in pœnitentia, ille autem baptizat vos in spiritu sancto in remissionem peccatorum. Ille est qui potest perdere et salvare.

        Et iterum ego Iohannes interrogavi dominem: Potest homo

---

[*] Deut 32:39; Jes 43:10; 44:6; 45:5; 46:9 etc.
[***] Verdoppelung von *per* in Anlehnung ans MS von Dôle ist ungewiß.
[#] Luc 19:10
[##] Jo 1:33

Feuer ein, und auf die Erde die Menschen von Adam bis Enoch.[206] Und diesen wählte er zu seinem Vollstrecker, erhob ihn über das Firmament, führte ihm seine Göttlichkeit vor Augen und befahl, ihm Schreibrohr und Tinte zu geben: Und er (Henoch) setzte sich hin und schrieb 76 Bücher.[207] - Dann befahl er (Satan), daß sie zur Erde gebracht würden. Enoch aber brachte die Bücher, übergab sie den Kindern [Satans] und lehrte sie die Art der Opfer und die Orte zum Opfern[208]. Und sie taten so und verschlossen (dadurch) das Reich der Himmel vor den Menschen.

Und er sagte zu ihnen: Seht, dass ich Gott bin, und daß da kein weiterer Gott ist außer mir![209]

Darum hat mein Vater mich (JESUS) in diese Welt gesandt, auf daß ich seinen Namen den Menschen bezeuge, und damit sie ihn und den hinterlistigen Teufel erkennen sollen. – Als aber der Satan erfuhr, daß ich in diese Welt niedersteigen würde, sandte er seinen Engel, nahm [Holz] von den drei Bäumen im Paradies und gab sie dem Propheten Mose, um mich zu kreuzigen[210]; und diese Hölzer sind mir bis jetzt bewahrt.[211] Und er (Satan) versprach ihm (Mose) Göttlichkeit und befahl ihm, den Söhnen Israel das Gesetz zu verkünden; und so führte er sie trockenen Fußes mitten durchs Meer.

Als mein Vater beschloß, mich in diese Welt zu senden, da sandte Er vor mir her seinen Engel durch den Heiligen Geist, damit mich empfinge die geheißen wurde Maria, meine Mutter. Und indem ich niederstieg, ging ich durch ihr Ohr ein und [auch] heraus.[212]

Und Satan, der Fürst dieser Welt, wußte, daß ich kam, um zu suchen was verloren war, und er schickte seinen Engel Elias, den Propheten, der im Wasser tauft und Johannes der Täufer genannt wird.[213] Da fragte Elias den Fürsten dieser Welt, woran er ihn erkennen möchte. Und Jener sagte zu ihm: Über dem ihr den heiligen Geist in Form einer Taube herniedersteigen und über ihm bleiben sehen werdet, der ist es, der im heiligen Geist tauft und im Feuer. So sprach er zu Johannes, weil der Jenen nicht kannte. Doch der ihn sandte, im Wasser zu taufen, der sprach [so] zu ihm. —

Es bezeugt Johannes: Ich taufe im Wasser zur Buße, Jener aber tauft euch im heiligen Geist, zur Vergebung der Sünden. Der ist es, der verdammen und retten kann.

Und wiederum fragte ich, Johannes, den Herrn: *Kann ein Mensch die Seligkeit erlangen durch die Taufe [des Johannes, ohne deine*

170 habere salvationem per baptismum [Iohannis sine tuo baptismo]?
[Et dixit Dominus mihi]: Sine meo baptismate quo baptizo
in remissionem pecatorum, inquam, solum nullus potest habere salvationem dei. Ex quo ego sum panis vitæ descendens
de septimo cælo, quod qui manducat carnem meam et bibit
sanguinem [meum], hii dei filii vocabuntur.[*] – Et
175 interrogavi dominum: Quid est caro tua et quid est sanguis
tuus?
    Et dix§it mihi dominus: Antequam cecidisset diabolus cum
tota militia angelica patris, angeli patris orantes glorificabantur
patrem meum hanc orationem dicentes: *Pater noster qui es in
180 cælis.* Ita hic cantus ascendebat ante tronum patris. Sed angeli
ex quo ceciderunt iam non potuerunt glorificare deum in hac
oratione.
    Et iterum interrogavi dominum: Quomodo totus mundus
accepit baptismum Iohannis, tuum autem non omnes acci-
185 piunt? – Respondit mihi dominus: Ideo quia opera eorum mala
sunt et non veniunt ad lucem[**] Discipuli Iohannis nubunt et
nubentur, discipuli autem mei non nubunt neque nubentur, sed
sunt sicut angeli dei in cælo in regno cælorum. - Et ego dixi:
Si ita est peccatum cum mulieribus, non expedit nubere.[***] Et
190 dominus ait: Non omnes capiunt verbum istum, sed quibus
datum est. Sunt enim eunuchi qui de utero matris sic nati sunt,
et sunt eunuchi qui facti sunt ab hominibus, et sunt eunuchi qui
se ipsos castraverunt propter regnun cælorum.
    Et postea interrogavi dominum de diei iudicii: Quod
195 signum erit adventus tui? Et respondens dominus ait: Et erit
cum consumabitur numerus iustorum secundum numerum coro-
narum cadentium.
    Tunc solvetur Sathanas de suo carcere habens iram mag-
nam et faciet bellum cum iustis. Et clamabunt iusti ad
200 dominum deum suum.
    Et statim præcipiet dominus deus archangelo ut tuba cantet,
et exiet vox archangeli de cælis et usque ad inferiora audietur.
Et tunc obscurabitur sol, et luna non dabit lumen suum, et stellæ
cadent de cælis.[#]

---

[*] Jo 6:30-58; davon ist der Abendmahls-Text eine Verdichtung.
[**] Jo 3:19
[***] Mt 19:10 ss.
[#] Mt 24:29.

deine Taufe? – [Und der Herr sagte zu mir]: Ohne meine Taufe, womit ich taufe zur Vergebung der Sünden, sage ich, allein kann niemand die Erlösung Gottes erlangen.[214] *Denn ich bin das Brot des Lebens, das vom siebenten Himmel herab steigt, sodaß jene, die mein Fleisch essen und [mein] Blut trinken, Kinder Gottes genannt werden sollen. – Und ich fragte den Herrn: Was ist dein Fleisch, und was ist dein Blut?*

Und der Herr sagte zu mir: Bevor der Teufel fiel samt dem ganzen Heer der Engel des Vaters, lobpriesen die Engel anbetend meinen Vater, indem sie folgendes Gebet hersagten: *Unser Vater, der du in den Himmeln bist.* So stieg dieser Gesang auf bis vor den Thron meins Vaters.[215] Doch die Engel, die von dort gefallen waren, konnten Gott nicht mehr in diesem Gebet lobpreisen.

Wiederum fragte ich den Herrn: Warum übernahm die ganze Welt die Taufe des Johannes, die deinige aber übernahmen nicht Alle? – Der Herr antwortete mir: Deswegen, weil Jener Werke böse sind und sie nicht zum Licht kommen. Die Jünger Johannis freien und werden gefreit, meine Jünger aber freien nicht und werden nicht gefreit, sondern sie sind wie die Engel Gottes im Himmel, im Reich der Himmel.[216] Und ich sagte: Wenn so die Sünde mit den Frauen ist, lohnt es nicht, zu freien. – Und der Herr sagte: Nicht Alle fassen dieses Wort, außer Jenen, denen es gegeben ist. Es gibt nämlich Eunuchen, die so aus dem Schoß der Mutter geboren wurden, und es gibt Eunuchen, die von Menschen [dazu] gemacht worden sind, und es gibt Eunuchen, die sich selber kastriert haben, um des Reichs der Himmel willen.

Und danach befragte ich den Herrn betreffs des Tags des Gerichts: Welches wird das Zeichen sein deiner Ankunft? – Und als Antwort sprach der Herr: Das wird sein wenn erfüllt sein wird die Zahl der Kränze der Gefallenen.[217]

Dann soll Satan aus seinem Kerker befreit werden, und er wird einen großen Zorn haben und gegen die Gerechten Krieg führen. Und die Gerechten werden zum Herrn, ihrem Gott, schreien.

Und sogleich wird Gott der Herr dem Erzengel befehlen, daß die Posaune ertönen solle. Und die Stimme des Erzengels soll ausgehen aus den Himmeln und bis in die Unterwelt gehört werden. Und da wird die Sonne sich verdunkeln, und der Mond wird sein Licht nicht geben, und die Sterne werden vom Himmel fallen. Und die vier großen Winde werden losgelassen werden von ihren Grundpfeilern, und die Erde wird erzittern, und das Meer und die Berge und die Hügel zugleich.[218]

205 Et solventur IV venti magni a constitutione eorum, et tremet terra et mare montesque et colles insimul.[*]
Et tunc revelabitur signum filii.
Et plangent omnes tribus terræ.
Statimque cælum tremet et obscurabitur, et sol lucet usque
210 ad horam nonam.[**]
Et tunc manifestabitur filius hominis in gloria sua omnesque sancti et angeli cum eo, et sedes ponentur supra nubes, sedebitque supra sedem gloriæ suæ[***] cum XII apostolis supra XII sedes suæ gloriæ.
215 Et libri aperientur et iudicabunt[ur] omnes gentes omnis terræ.
Tunc prædicabitur fides.
Tunc mittet filius hominis angelos suos et colligent electos suos a summis cælorum usque ad fines eorum.[#] Et adducent eos secum sua in obviam mihi super nubem in aerem.[##]
220 Tunc mittet filius dei dæmones malos et eiecit eos cum ira et omnes linguas quæ crediderunt in eos: Venite et[iam] qui dicebatis *„manducemus et bibamus et recipiamus de hiis quæ hic sunt"*. Et videamus quale adiutorium habebunt de hiis (sic).
Et confestim [conveniant] omnes gentes ante iudicium timide.
225 Et aperientur duo libri et manifestabunt omnes gentes cum prædicatione eorum, et glorificabunt iustos in sufferentia eorum cum operibus bonis. Gloria et honor inaccessibilis custodientibus angelicam vitam, et obedientes iniquitati iram et furorem et angustiam et indignationem accipient.
230 Et separabit filius hominis iustos suos de medio peccatorum dicens eis: *Venite benedicti patris mei, percipite paratum vobis regnum a constitutione mundi*. Et tunc dicet peccatoribus: *Discedite a me, maledicti, in ignem æternum paratum diabolo et angelis eius*.[###]
235 Et ceteri videbunt novissimam separationem, et convertentur peccatores in infernum.
Et per licenciam patris exibunt de carcere spiritūs increduli aliquando.
Et vocem meam audient et erit unum ovile et unus pastor.

---

[*] Sir 16:19 ; siehe Endnote.
[**] Lk 23:44-45 : Ende der Passion Jesu.
[***] Mt 19:28; 25:31
[#] Mt 24:31; Mk 13:27
[##] Thess 4:17
[###] Mt 25:34, 41

Und dann wird das Zeichen des Sohnes offenbart werden.
Und es werden klagen alle Völker der Erde.
Und sogleich wird der Himmel erzittern und sich verfinstern, und die Sonne wird scheinen bis zur neunten Stunde.[219]
Und dann wird der Sohn des Menschen sichtbar werden in seiner Glorie, und alle Heiligen und Engel zusammen mit ihm; und sie werden [ihre] Sitze aufschlagen über den Wolken, und er wird sitzen auf dem Sitz seines Ruhms (*gloriæ*) mit den zwölf Aposteln auf den zwölf Sitzen ihres Ruhms.
Und man wird die Bücher öffnen[220], und alle Völker der Erde werden gerichtet werden.
Dann wird der Glaube gepredigt werden.
Dann wird der Sohn des Menschen seine Engel aussenden, und sie werden die Auserwählten versammeln, aus den höchsten Himmeln bis zu ihren Grenzen. Und sie werden sie mit sich her führen vor mein Angesicht auf der Wolke in der Luft.
Dann wird der Sohn Gottes nach den bösen Dämonen senden, um sie im Zorn hinauszuwerfen, zusammen mit allen Zungen, die an sie geglaubt haben: Kommt und ..., die ihr sagtet *laßt uns essen und trinken, und nehmen von dem was da ist.* Und wir werden sehen, welchen Nutzen sie davon haben werden.
Und schon werden alle Völker angstvoll vor Gericht stehen.
Und man wird zwei Bücher öffnen, und alle Völker mit ihren Verkündigungen werden gezeigt werden, und die Gerechten werden frohlocken in ihrem Dulden mit guten Werken. – Glorie und unerreichbarer Preis Denen die das engelhafte Leben bewahrt haben; aber Jene, die der Ungerechtigkeit gehorchten, werden Zorn und Schrecken und Angst und Schimpf erlangen.
Und der Sohn des Menschen wird seine Gerechten aus der Mitte der Sünder heraussuchen und zu ihnen sagen: „*Kommt, Ihr Gesegneten meines Vaters; empfangt das für euch seit Erschaffung der Welt bereitete Königreich!*" Und dann wird er zu den Sündern sprechen: „*Weicht von mir, Verfluchte, ins ewige Feuer* [mit euch], *das dem Teufel bereitet ist und seinen Engeln!*"
Und die Übrigen werden die(se) letzte Scheidung sehen[221] und die Sünder in die Hölle stürzen.
Und mit Erlaubnis des Vaters werden irgendwann aus ihren Kerkern herausgehen die ungläubigen Geister.
Und sie werden meine Stimme hören, und es wird sein *ein* Schafstall und *ein* Hirte.[222]

240 Et tunc per licentiam patris exiet de inferiori terræ obscuritas tenebrosa et geenna ignis et ardebit omnia inferiora terræ usque ad aerem firmamenti. Erit ignis affic[iens peccatores (pœnis) ...]

(Continuatio ex manuscripto Dolense)

... ...
 Sicut homo habens triginta annos levaret lapidem et mitteret deorsum, vix per tres annos fundum attingeret, tanta est profunditas laci et ignis ubi peccatores habitabunt. Et tunc
D-230 ligabitur Sathanas et omnis militia eius et mittetur in lacum ignis.
 Et deambulabit filius dei cum electis suis desuper firmamentum.
 Et claudet dyabolum ligans eum insolubilibus vinculis
D-235 fortibus cum peccatoribus. Plorantes et lugentes dicent: Absorbe nos, terra, et operi nos in te.
 Et tunc fulgebunt iusti sicut sol in regno patris eorum. Et educet eos ante sedem patris invisibilis: Ecce ego et pueri quos dedit mihi deus. Iuste, mundus te non cognovit,
D-240 ego autem cognovi te in veritate quia tu me misisti.
 Et tunc respondebit pater filio suo dicens: Fili dilecte mi, sede a dextris meis donec ponam inimicos tuos scabellum pedum tuorum. Qui negaverunt me et dixerunt: *Nos dii sumus, et præter nos non est alius deus.* — Qui prophetas tuos
D-245 occiderunt et iustos tuos persecuti sunt. Et tu persecutus es eos in tenebras exteriores, ibi erit fletus et stridor dentium .
 Et tunc sedebit filius dei a dextris patris sui et præcipiet pater angelis suis et ministrabit eis et ponet eos in choros angelorum et induet eos indumentis incorruptibilibus et dabit eis coronas
D-250 inmarcessibiles et sedes immobiles.
 Et deus in medio eorum erit et non esurient nec sitient amplius neque cadet super illos sol neque ullus estus, et absterget deus omnem lacrimam ab oculis eorum.
 Et regnabit cum patre sancto suo et regni eius non erit finis
D-255 in sæcula sæculorum.
 Explicit secretum hæreticorum de Concoresio portatum de Bulgaria Nazario suo episcopo plenum erroribus.

DIE DEUTSCHE ÜBERTRAGUNG DES TEXTS

Und dann wird nach dem Gefallen des Vaters aus der Unterwelt alle Finsternis der Schatten herauskommen, und das Feuer Gehenna wird alles Untere der Welt verbrennen bis [hinauf] in die Luft des Firmaments. Das wird sein das Feuer, welc ... ...»[223]

Rest entsprechend Ms. Dôle:

Wie ein Stein, den ein Mann von 30 Jahren aufhebt und abwärts schleudert, kaum in drei Jahren den Grund erreicht, so ist die Tiefe des [feurigen] Sees, wo die Sünder wohnen werden. Und dann wird Satan gebunden mit seinem ganzen Heer, und in den Feuer-See geworfen.

Und der Sohn Gottes wird mit seinen Auserwählten übers Firmament wandeln. Und er wird den Teufel fesseln mit starken unlöslichen Banden, samt den Sündern. Heulend und klagend werden sie sagen: *«Verschling uns, oh Erde, und verbirg uns in dir!»*

Und dann werden die Gerechten erstrahlen wie die Sonne im Reich ihres Vaters. Und er (Jesus) wird sie vor den Thron des unsichtbaren Vaters führen: „*Hier bin ich mit den Kindern, die Gott mir gab. Gerechter! die Welt hat dich nicht erkannt. Ich aber habe dich in Wahrheit erkannt, weil du mich gesandt hast*".[224]

Und dann wird der Vater antworten und zu seinem Sohn sagen: «Mein geliebter Sohn! Setze dich zu meiner Rechten, bis ich deine Feinde zum Schemel für deine Füße gemacht habe; – Jene, die mich verleugneten und sagten: *«Wir sind Götter, und außer uns gibt es keinen anderen Gott!*» – Die die Propheten töteten und deine Gerechten verfolgten. Und du folgtest ihnen bis in die äußerste Finsternis; da wird Heulen und Zähneknirschen sein. –

Und dann wird der Sohn Gottes zur Rechten seines Vaters sitzen, und der Vater wird seinen Engeln befehlen und sie bewirten und sie in Engelschöre setzen und sie in unverderbliche Kleider kleiden und ihnen unverwelkliche Kränze übergeben, und unbewegliche Throne.

Und Gott wird in ihrer Mitte sein, und sie werden nie mehr hungern noch dürsten, und weder die Sonne noch irgend eine Hitze werden auf sie fallen, und Gott wird jede Träne von ihrem Gesicht wischen. Und er wird mit seinem Vater regieren, und seiner Regierung wird kein Ende sein, bis in alle Ewigkeit.

Ende der geheimen Lehre der Ketzer von Concorezzo,
aus Bulgarien gebracht durch ihren Bischof Nazarius –
voller Irrtümer.[225]

GRIECHISCHE VASE MIT MOTIV AUS DEN MYSTERIEN:

Drehleier-Spieler mit einem Einhorn-Zopf, der sein drittes Auge und seine Orientierung betont, bedeckt mit dem Pantherfell der Magier der Antike: vom ägyptischen Priester über den biblischen BALAAM zu den CHILAM-BAALAM-Priestermagiern der Incas: Neben einem Opferaltar spielt er für OPHIS, die heilige Schlange von Lebenskraft und Weisheit, begleitet von einer ein Monochord spielenden Priesterin. Die dritte Figur trägt eine rauchende Fackel oder einen blühenden Akanthus-Zweig.

Apokryphon Iohannis
Das Geheime Buch des Johannes

Apokryphon Iohannis

Bibliographisches zum Apokryphon des Johannes

Das *Geheime Buch des Johannes* existiert in vier teils längeren, teils kürzeren Versionen, alle in Koptisch; aber ein weiteres, nicht erhaltenes Exemplar wurde – sehr wahrscheinlich früher – in Griechisch verfaßt. Es gibt also zwei kürzere Versionen – eine im *Codex Berlinensis* und *Nag-Hammadi-Codex III* – und zwei längere – in *Codex II* und *IV*. Die hier vorgestellte ist eine ‹lange› Version, auf der Basis jener von Frederik Wisse und Anderen für die *Gnostic Society Library* publizierte[226], unter Berücksichtigung der beiden Übersetzungen von Marvin Meyer († 2012) in *The Nag-Hammadi Scriptures* und in *The Gnostic Bible* – nachgedruckt bei Harper Collins (2008), denen wir für die stillschweigende Erlaubnis zur gegenwärtigen Wiedergabe zu Dank verpflichtet sind.[227] Die drei englischen Versionen wurden noch verglichen und interpoliert mit der kommentierten Übersetzung von A. Wautier in seinem Buch *Le Mythe de Barbelo – la Mère Céleste* in seiner *Edition Ganesha*. Es handelt sich also um *keine echte textkritische Wiedergabe*, sondern um eine synoptische, nach mehreren vorhandenen, jedoch zum ersten Mal in diesem Jahrhundert in Deutsch abgedruckt e Fassung.

Als Titel für diese Schrift werden im Allgemeinen angegeben: *Apokryphon des Johannes – Die Lehren des Erlösers – Geheime* bzw. *Apokryphe Offenbarung des Johannes* – oder einfach: *Das geheime Buch des Johannes*.

Die *«klassisch sethianisch»* genannte Schrift enthält typische Elemente der Gnostiker im Vorderen Orient der vorletzten Zeiten, darunter auch eine der frühesten Versionen der ‹gnostischen Genesis›, die in verschiedenen Abwandlungen und mehreren Schriften der Zeit erschien. Hier findet sich auch SOPHIA erwähnt. Der Text enthält also z.T. ähnliche Aussagen in ähnlicher Form wie die *Interrogatio*; darum erscheint er hier auch zusammen mit dieser.

Das *Apokryphon* erscheint in der Schar Johanneischer Schriften, d.h. von Schriften des christianistischen Judentums (oder jüdischer Christen) noch vor deren definitiver Unterscheidung als zwei Religionen: Anfangs waren ja beide, die Jünger des JOHANNES DOSITHEOS und jene von JESUS zwei sehr ähnliche, jüdische Sekten. Darauf weist obige Einführung ausführlich hin.

Beide Schriften, zusammen mit den kanonischen Johannes-Texten (Evangelium, Apokalypse, Briefe) werden in der Textforschung

Die beiden untrennbar mit einander verbundenen Fische im Tierkreis weisen außer auf die Verbundenheit aller Duale aus Yin und Yang etc. auch auf jene unlösliche des Christus JESUS von Nazareth mit dem samarischen Christus JOHANNES DOSITHEOS hin, dem ‹JOHANNES der Täufer›, genannt der ‹Eintaucher› - ältester Sohn des letzten Stammvaters der Dynastie aus ‹DAVID›, nämlich des JUDAH VON GAMALA (siehe Text).

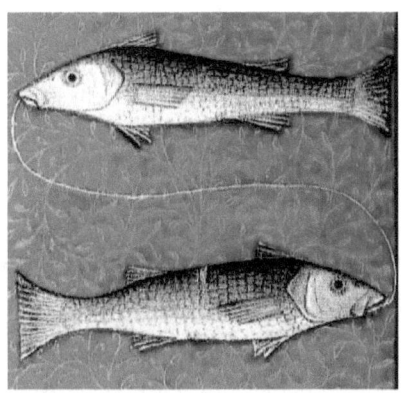

Heutige indische Mythologie will in der linken Figur nur noch *«Vishnu vom Wal ausgespien»* sehen («MATSYA AVATAR»). Wir sehen darin auch eine Erinnerung an den aus den Urwassern aufsteigenden «PRIESTER OANNES» aus der Sumer-Zeit (rechts).

unter dem Begriff *Johanneische Schriften* – oder auch als *Johannes-Kreis* zusammengefaßt. Letztere Bezeichnung scheint uns besonders glücklich, weil ja – schon der sehr unterschiedlichen Traditions-Elemente und Datierungen wegen, die sie anbieten – unmöglich alle vom selben Autor verfaßt sein können. Unsere heutige Auffassung ist, daß der Name JOHANNES tatsächlich kein eigentlicher Personenname, sondern eher ein Priester- oder Propheten-Titel sein könnte, der – aber nichts beweist dies – zusammenhängen würde mit dem mythischen *Priester Johannes*, dem *Priester-Gott Oannes*, der gemäß der babylonisch-sumerischen Überlieferung *aus den Urwassern aufstieg*, was einer Analogie zur Wassertaufe darstellt – und, einmal mehr nicht zu vergessen: mit der VISHNU-Tradition Indiens und ihrem VISHNU-MATSYA-Avatar, der als halb Fisch, halb Mensch dargestellt wird (siehe Abb. S. 197), obschon die Legende sagt, er sei *von einem Fisch ausgespien* worden (also eine Jonas-Parallele). Dennoch werden mehrere Texte dieser ‹Johannes-Literatur› noch immer dem ‹Geliebten Jünger› zugeschrieben. Das ist jedoch in fast allen Fällen mit Sicherheit auszuschießen, da ihre Entstehung entschieden auf spätere als das erste Jahrhundert unserer Zeit festgelegt wird.

Überdies ist der «geliebte Jünger» des NT – wie bereits vermerkt – sicher nicht JOHANNES und kaum MARIA MAGDALENA, sondern für mehrere Forscher übereinstimmend der auferweckte LAZARUS[228]. Als Ausnahme kämen eine verschollene erste Version des *Evangeliums* sowie eine Urschrift der sog. *Offenbarung des Johannes* in Frage, die heute allgemein angenommen und als eine Parallele zum *Buch Enoch* betrachtet wird. - Die christliche Ikonographie legt jedoch immer wieder – und vorallem in Abendmahls-Darstellungen – nahe, daß es sich bei dem Geliebten Jünger um MARIA MAGDALENA – die ‹*Apostola Apostolorum*› - handele, die offenbar nicht nur JESU SOROR MYSTICA war, sondern auch seine ‹Lebensgefährtin›, wie man dies heute zu nennen pflegt.

ZUM HANDLUNGSRAHMEN DES APOKRYPHON DES JOHANNES

Der unsichtbare Geist (NOUS) sendet sich selbst aus als einen Gedanken (ENNOIA), als *Vorgedanken* oder *Voraus-Kenntnis* (PRONOIA), bis dieser einen erleuchteten Gemütszustand (NOUS) und eine geistige Fülle (PLEROMA) erreicht. Ein Verlust der SOPHIA an Licht (‹mind›, Kenntnis, ‹Gemüt›) löst Gemütlosigkeit (APONOIA) aus. Die Wiederherstellung von Weisheit (SOPHIA) wird endlich erreicht durch das Auftreten des göttlichen Nachgedankens (Einsicht, EPINOIA).

All dies findet statt, so sagt das *Geheime Buch des Johannes*, damit der Geist, wenn er aus den heiligen Höhen niedersteigt, den Samen von SETH aufgehen lassen und ihn heilen kann von seinen Mängeln, *«auf daß die gesamte Sphäre der Fülle* (PLEROMA) *[wieder] heilig sei ohne Fehl».* –

Schließlich erlöst dann Gott Jene, die an Licht und Weisheit Anteil haben, und wird damit selbst erlöst – und mit Ihm Alle, die *der Same von* SETH *– die unerschütterliche Rasse* genannt werden. So wird die göttliche Weisheit in der Person von SOPHIA endlich gerechtfertigt, die höher erhoben wird als zuvor: und die ruhmreiche Fülle der Göttlichkeit wird verwirklicht bzw. wiederhergestellt.

YARAB, ein Nachkomme von NOAH, SEM UND JOKSHAN gilt als der Gründervater einer alt-arabisch-jüdische Kultur im Land Yemen, aus der das spätere Reich der Himyariten mit Hauptstadt Zafar (ca. 100-600 n.Chr.) und einer langen Reihe jüdischer Könige sich ableitete. Die vielen heutigen yemenitischen Juden sind deren Nachkommen. – Ein weiterer Beleg für das ursprüngliche jüdische Siedlungsgebiet bis ins Jahr 734 v. Chr.: ‹Babylonisches Exil› 734-539 v.Chr.)

APOKRYPHON DES JOHANNES:
Reproduktion der ersten Seite eines original-Manuskripts.
(Bildquelle Internet)

Apokryphon des Johannes
Der Text

Die Lehre des Erlösers und die Eröffnung der Mysterien und der in Schweigen verborgenen Dinge – Dinge, die Er seinen Jünger Johannes lehrte.

Und es geschah eines Tages, als Johannes, der Bruder von Jakobus – beide sind Söhne des Zebedäus – sich erhob, um zum Tempel zu gehen, daß ein Pharisäer namens ARIMANIUS[229] zu ihm trat und zu ihm sprach: «Wo ist Dein Meister, dem du gefolgt bist?» – Und ich[230] sagte zu ihm: «Er ist an den Ort zurückgekehrt, woher er gekommen ist». – Der Pharisäer sagte zu ihm: «Als ein Betrüger hat dieser Nazarener euch betrogen, und mit Lügen hat er eure Ohren gefüllt. Eure Herzen hat er verschlossen, indem er euch von den Traditionen eurer Väter abwendig gemacht hat».

Als ich, Johannes, dies hörte, wandte ich mich vom Tempel ab und nach einem verlassenen und wüsten (*desert*) Ort: Ich war tief betrübt in meinem Herzen und sprach [bei mir selbst]: «Wie denn wurde der Erlöser erwählt? Wozu wurde er von seinem Vater in die Welt gesandt? Und wer ist dieser Vater, der ihn gesandt hat? - Und was ist das für ein Äon, in den wir eingehen sollen? – Und was meinte Er wohl, als Er zu uns sagte: *„Dieser Äon, in den ihr eingehen werdet, ist geprägt vom unvergänglichen Äon"*? Denn Er hat uns nichts gelehrt über die Art, von der dieser ist.»

Sogleich, als ich diese Dinge erwog, siehe, da öffneten sich die Himmel, und die ganze Schöpfung, die unter den Himmeln ist, entflammte in einem Licht, das den unteren Teil des Himmels erleuchtete. Und die ganze Welt erbebte.[231] – Zitternd vor Furcht bemerkte ich plötzlich einen Jüngling neben mir in diesem Licht. Als ich mich vor ihm verbeugte, nahm er vor meinen Augen die Gestalt eines von Licht umstrahlten alten Mannes an. Und wieder veränderte er sein Aussehen, indem er wie ein Sklave aussah. – Nicht daß da eine Mehrzahl [von Erscheinungen] vor meinen Augen gestanden hätte; aber es war ein Wesen, das von mehrfacher Gestalt im Licht zu sein schien, und die Bilder schienen eines durchs andere hindurch, und die Erscheinung hatte eine dreifache Gestalt.

Er sprach zu mir: «Johannes, Johannes, warum bist du im Zweifel und voll Furcht? Diese Erscheinung ist dir doch nicht wirklich fremd? Sei also nicht unbeherzt: Ich bin Der immer bei euch ist. Ich bin der VATER, ich bin die MUTTER, ich bin der SOHN. Ich bin der Unbefleckte und Unverderbliche. Jetzt bin ich gekommen, Dich zu belehren über das was war, was ist, und was geschehen wird, damit Du erkennen sollst die unsichtbaren Dinge und die Dinge, die offenbart sind – und über die unerschütterliche Rasse des vollkommenen Menschen. Daher: erhebe dein Angesicht, auf daß du aufnehmen mögest was ich dich heute lehren werde, und es an deine Freunde im Geist berichten kannst, die von der unerschütterlichen Rasse des vollkommenen Menschen sind.

Und mich verlangte, es zu wissen, und er sagte zu mir: «Die Monade ist eine Alleinherrschaft, und nichts ist höher als sie. Sie ist dieser Gott, der als Herr über allen Dinge der All-Vater ist von allem Unsichtbaren; der über Allem steht, und der in Unverderblichkeit ist, gleich reinem Licht, in das kein Auge schauen kann.[231-A]

«Da er der unsichtbarer Geist ist, ist es unrecht, sich ihn als einen Gott oder ein dem ähnliches Wesen zu denken. Denn er ist über den Göttern, weil niemand höher ist als Er und niemand Herr über ihn ist. Und er ist in nichts, was geringer ist als er, aber Alles ist in Ihm, indem er als Einziger aufrecht steht[232]. Er ist ewig, denn er hat nichts nötig, indem er selbst die Vollkommenheit ist. Nie hat ihm etwas gemangelt, was ihn vollkommen[er] gemacht hätte; vielmehr ist er immer absolut vollkommen im Licht.

«Er ist ohne Grenzen; denn da ist nichts was vor Ihm wäre, Ihm Grenzen zu setzen. – Unergründlich; denn da ist Keiner über Ihm, ihn zu ergründen. – Unermeßlich; denn niemand war vor Ihm, der ihn ermessen könnte. – Unsichtbar; denn niemand hat Ihn je gesehen. - Ewig; denn Er ist immerwährend. – Unaussprechlich; denn da ist niemand, der Ihn [genügend] begreifen könnte, um über Ihn zu sprechen. – Unnennbar; denn da ist niemand vor Ihm, Ihm einen Namen zu geben.[233]

«Die Monade ist unermeßliches Licht – rein, heilig, fleckenlos. Sie ist unaussprechlich und unvergänglich, indem sie jede Seligkeit und jede Göttlichkeit bei Weitem überragt. Die Monade ist nicht körperlich und nicht unkörperlich. – Die Monade ist weder groß noch klein. Es ist unmöglich, es zu sagen: Welche ist ihre Menge? – Welche ist ihre Art? Denn niemand kann sie erkennen. Sie ist nicht Eines unter den seienden [Dingen]; sondern sie steht weit höher als jene. Vielmehr, indem sie in sich selbst begründet ist, ist ihre Essenz nicht Teil der Äonen oder Zeiten. Denn an einem Äon Teil zu haben, hieße, von etwas genommen zu sein, was im Anfang erzeugt wurde.[234] – Zeit wurde ihr nicht zugemessen, denn sie empfängt ja nichts von irgendwem: Was immer empfangen würde, wäre [nur] geliehen, und wer früher da ist als ein Anderer, hat nichts nötig, was er von Jenem erhalten könnte. Vielmehr ist es Jener, der hoffnungsvoll auf ihn blickt in seinem Licht.

«Denn die Monade ist majestätisch – reine, unermeßliche Größe. Die Monade ist ein Äonen-stiftender Äon; – Leben schenkendes Leben; – Segen-spendender Segen; – Kenntnis-verleihende Kenntnis; – Güte-spendende Güte; – Erbarmen schenkendes Erbarmen. – Sie ist Gnade-verleihende Gnade. – Nicht daß die Monade all dies besitzen würde, sondern vielmehr, weil sie so ihr unermeßliches, unbegrenztes Licht ausströmt.

Was könnte ich dir sagen über ihn - den unbegreiflichen, den Inbegriff von Licht? Denn wer ist imstande, ihn je zu verstehen?

Aber höre im Maß in dem ich es fassen kann, was ich dir erklären muß: Sein Äon (d.h. sein Reich) ist unzerstörbar, friedlich ruhend in der Stille[235], und er ist vor allen Dingen. Er ist das Haupt aller Äonen; er ist der Eine (Äon), der Jenen Beständigkeit gibt durch seine Güte. Wir aber kennten nicht das Unaussprechliche, und wir würden das Unermeßliche nicht begreifen, es sei denn dank dem Einen, der aus Ihm hervorgegangen ist – nämlich aus dem Vater: Dieser [Eine allein] ist es, der uns diese Dinge erklärt hat - Er, der sich selber ersann in seinem eigenen Licht, das ihn rings umstrahlt. [Er ist[236]] der Quell des Wassers des Lebens, das alle Äonen belebt und alle Gestalten. Er weiß, daß es sein Bild ist, das er in diesem Quell lichtvollen reinen Wassers erschaut, das ihn umgibt.[237]

«Und der Begriff, den Er von sich selber hat, bewirkte eine Tat, und Sie erschien vor Ihm im Glanze seines Lichts. Und seine ENNOIA vollendete eine Tat, die sie begonnen hatte – sie, die vor Ihm erschienen war im Widerschein Seines Lichts. Dies ist die erste Kraft, die war vor allen anderen (Kräften). Sie kam aus seinem Gemüt hervor als die Vorahnung (PRONOIA) des Alls. Ihr Licht strahlt gleich Seinem Licht – die vollkommene Kraft, die das Abbild des unsichtbaren jungfräulichen Geistes ist, der vollkommen ist. Diese erste Kraft – die glorreiche BARBELO, die vollkommene Glorie unter den Äonen und die Glorie der Offenbarung – lobpries den jungfräulichen Geist und lobte ihn; denn dank ihm war sie hervorgetreten. Sie ist Sein erster Gedanke, Sein Abbild. Sie wurde die Gebärerin aller Dinge, denn sie ging Allem voraus: Das Vater-Mutter, der erste Mensch, der Heilige Geist, dreifach männlich, dreifach allmächtig, der Androgyn mit den drei Namen, der ewige Äon unter den Unsichtbaren, und die Erste, die in Erscheinung trat.[238]

P. Martin: «Die Großen Vier» – URIEL. – Oel auf Holz (1989)
Das Bild steht in keinem direkten Zusammenhang mit dem Text.

«BARBELO bat den Unsichtbaren Jungfräulichen Geist, ihr *Erst-Kenntnis* zu geben, und der Geist sah zustimmend auf sie und erhörte sie.²³⁹ – Als der Geist zugestimmt hatte, trat *Erst-Kenntnis* in Erscheinung und stellte sich neben PRONOIA (Vor-Gedanke). Sie erhob sich aus dem Gedanken des Unsichtbaren Jungfräulichen Geistes und lobpries ihn und zugleich die vollkommene Kraft – BARBELO – denn ihretwegen war *Erst-Kenntnis* ins Dasein getreten.

«Nochmals bat sie [und diesmal] um *Unvergänglichkeit*; und er (der Unsichtbare Jungfräuliche Geist) sah mit Zustimmung auf sie. Als der Geist zugestimmt hatte, erschien *Unvergänglichkeit* und stellte sich neben *Erst-Gedanke* und *Vorauswissen*. – (*Unvergänglichkeit*) lobpries den Einen Unsichtbaren Geist und BARBELO – denn ihretwegen war sie ins Dasein getreten.

«Und wieder bat BARBELO, [und zwar,] *Ewiges Leben* zu erhalten, und der unsichtbare Geist sah zustimmend auf sie. – *Unsterblichkeit* trat in Erscheinung und stand aufrecht und lobpries den vortrefflichen Unsichtbaren Geist.

«Sie bat erneut, [und zwar darum,] ihr *Wahrheit* zu geben, und der Unsichtbare Geist stimmte zu. *Wahrheit* trat in Erscheinung, und sie standen da, dienend, und lobpriesen den süß duftenden Unsichtbaren Geist und die BARBELO, deretwegen sie alle ins Dasein getreten waren.

«Und das ist die Fünfheit der Äonen des Vaters, welche der *Ursprüngliche Mensch* ist - das Bild des Unsichtbaren. Nämlich Vorgedanke (PRONOIA) das ist BARBELO – Erst-Gedanke, Erstes Wissen, und Unvergänglichkeit, und Unsterblichkeit, und *Wahrheit*. Das ist die Fünfheit der androgynen Äonen, welche die (ersten) zehn Äonen sind, die der VATER sind.²⁴⁰

«Und Er blickte in BARBELO mit dem reinen Licht, das den Unsichtbaren Geist und seinen Strahlenglanz umhüllt, und sie wurde umschlungen von einem Seiner Strahlen. Denn er hatte einen Lichtfunken [auf sie] geworfen, von einem Licht das der Glückseligkeit glich, das aber nicht Seiner Größe gleich kam. Dies war das einzige durch das *Vater-Mutter* erzeugte Kind, das in Erscheinung trat - die einzige durch den Vater erzeugte Wesenheit – reines Licht.²⁴¹ –

«Der unsichtbare jungfräuliche Geist frohlockte über das Licht, das in Erscheinung trat - das hervorgebracht worden war durch die erste Kraft seiner PRONOIA (*Vorauswissen*), welche BARBELO ist. – Und er umgab es mit seiner eigenen Güte, bis es vollkommen geworden war und keinerlei Güte entbehrte; denn er hatte es ja umgeben mit der Güte des Unsichtbaren Geists. Und (Das Licht-Kind) stand aufrecht vor ihm (dem unsichtbaren Geist). Und sogleich, als es von Ihm den Atem empfangen hatte, lobpries es den Heiligen Unsichtbaren Geist und die vollkommene PRONOIA, dank der es in Erscheinung getreten war. Und es verlangte nach einem Gespanen (*Syzygos*), der *Verstand* (NOUS) wäre [242] – und er (der Unsichtbare Geist) stimmte zu. Als der Unsichtbare Geist zugestimmt hatte, erschien NOUS und stellte sich neben den Gesalbten (den CHRISTOS) und lobpries ihn und BARBELO. – Und alle diese waren ins Dasein getreten im Schweigen, durch eine Gedanken-Tat des Unsichtbaren Geistes.[243]

«ES (das Licht-Kind) wünschte, etwas zu vollbringen vermittelst des WORTS des Unsichtbaren Geistes. Und sein WILLE wurde zu einer TAT-SACHE, die erschien, indem NOUS und das Licht sie lobpriesen.[244] - Und auf den WILLEN folgte das WORT. Denn durch das WORT hat der Gesalbte (CHRISTOS), der göttliche AUTOGENÈS alles erschaffen[245]. UNSTERBLICHKEIT, WILLE, NOUS und PRONOIA erhoben sich und lobpriesen den Unsichtbaren Geist und BARBELO, denn Dank ihr waren sie ins Dasein gekommen.

«Nun machte der Heilige Geist seinen und der BARBELO Sohn, den göttlichen AUTOGENES, vollkommen, auf daß er vor dem allmächtigen Unsichtbaren Jungfräulichen Geist stehen [und ihm dienen] möge als der göttliche AUTOGENES, der CHRISTOS, den sie mit lauter Stimme geehrt hatten.[246] – Er trat in Erscheinung dank PRONOIA. Und der Unsichtbare Jungfräuliche Geist setzte den göttlichen AUTOGENES der Wahrheit über Alles, und er unterstellte ihm jegliche andere Macht, samt der Wahrheit, die in ihm [selber] ist, auf daß er (das Kind) Alles erkennen möge, was von dem Einen mit dem Namen über allen Namen benannt worden ist; daß Er diesen Namen aber nur Denen nennen solle, die dessen würdig sind.[247]

«Nun erschien, dank dem Licht, das der CHRISTOS ist und (dank) *Unzerstörbarkeit*, dank der Gunst des Geistes und der vier Leuchten, und auch dank dem göttlichen AUTOGENES, der es ihnen ermöglichte, vor ihm zu stehen, die Dreiheit von *Wille*, *Gedanke* und *Leben*. Und die vier Mächte sind *Verstand*, *Anmut*, *Empfindung* und *Achtsamkeit*.

Anmut gehört zum Licht-Äon ARMOZEL; das ist der erste Engel. Aber da sind drei weitere Äonen bei diesem [einen] Äon: *Gnade*, *Wahrheit* und *Gestalt*.

Die zweite Leuchte ist OROIAEL, der ist über den zweiten Äon gesetzt. Und da sind drei weitere Äonen mit ihm: *Verständnis, Wahrnehmung* und *Gedächtnis*.

Die dritte Leuchte ist DAVEITHAI, der neben den dritten Äon gesetzt ist.[248] Und bei ihnen: *Verstand, Liebe* und *Idee*. –

Und der vierte Äon wurde neben die vierte Leuchte, ELELETH, gesetzt. Und da sind drei weitere Äonen bei ihnen: *Vollkommenheit* und *Friede* und *Weisheit*.

«Dies sind die vier Leuchten, welche vor dem göttlichen AUTOGENES stehen; und das sind die zwölf Äonen, die beim Sohn des Allmächtigen Einen stehen, dem AUTOGENES, dem CHRISTOS, durch den Willen und die Gunst des unsichtbaren Geistes. Diese zwölf Äonen gehören zum Sohn des AUTOGENES. Und Alle Dinge wurden eingerichtet aus dem Willen des Heiligen Geists, zugunsten des AUTOGENES.»

«Aus *Erst-Kenntnis* des vollkommenen Gemüts (NOUS) und durch die Offenbarung des Willens des Unsichtbaren Geistes und durch den Willen von AUTOGENES wurde nun der *Wahre Vollkommene Mensch* als Erster zur Erscheinung gebracht. Das ist der, den der Jungfräuliche Geist PIGERADAMAS nannte[249], und den er über den Ersten Äon mit dem mächtigen AUTOGENES - dem CHRISTOS - setzte, neben die erste Leuchte, HARMOZEL. Und bei ihm sind seine Vermögen (*powers*) - denn der Unsichtbare gab ihm eine verstehbare aber unüberwindliche Macht des Gemüts (*mind*).

«Und [GERADAMAS] redete und lobpries und rühmte den Unsichtbaren Geist, indem er sagte: „Es ist um Deinetwillen, daß alle Dinge ins Dasein kamen; und zu Dir werden alle Dinge zurückkehren. Ich will lobpreisen und rühmen Dich und den Autogenes und die Äonen – die Drei: den Vater, die Mutter und den Sohn, welche die vollkommene Macht sind.

«Und sein Sohn SETH wurde über den Zweiten Äon gesetzt, beim zweiten Leuchter: URIEL. – Und im Dritten Äon wurde der Samen von SETH gesetzt: beim dritten Leuchter, DAVEITHAI. Und hier ist es, wohin [auch] die Seelen der Heiligen gesetzt wurden. Und in den Vierten Äon wurden die Seelen Derer gesetzt, die das PLEROMA nicht kennen, und die sich nicht sofort bekehrten, sondern einige Zeit [in ihrem Zustand] verharrten und erst danach bereuten.

DER TEXT

Diese sind beim vierten Leuchter, ELELETH. – Jene Geschöpfe lobpreisen den Unsichtbaren Geist.

«Aber die SOPHIA (*Weisheit*) der EPINOIA (*Nachsinnen*), die ein Äon ist, wurde schwanger aus sich selbst aus dem Widerschein eines Gedankens des Unsichtbaren Geists und der PRONOIA (Voraussicht).[250] Sie wollte etwas ihr Ähnliches hervorbringen ohne die Zustimmung des Geistes (er hätte nicht zugestimmt) - ohne seine Teilnahme und ohne seine Beistimmung. Und obgleich die Personifikation ihrer Männlichkeit nicht beigestimmt hatte und sie deren Zustimmung nicht gefunden hatte, und *gedacht hatte* ohne das Einverständnis des Geistes und ohne Kenntnis seiner Meinung – dennoch fuhr sie fort damit. Und wegen der unwiderstehlichen Macht, die in ihr ist, *blieb ihr Gedanke nicht unfruchtbar*, und es trat etwas aus ihr aus, was unvollkommen und mißgestalt war, denn sie hatte es ohne ihren Syzygos erschaffen.[251] Und dieses Etwas war unähnlich der Erscheinung seiner Mutter, und unförmig.

«Als SOPHIA die Frucht ihres Begehrens sah, verwandelte diese sich in eine Schlange mit Löwenkopf. Deren Augen waren wie feurige Blitze, die Flammen schossen! Sie stieß sie weit von sich, weit weg von dort wo sie war, damit keiner der Unsterblichen es sehen sollte; denn sie hatte es in Kenntnislosigkeit erzeugt. Und sie umgab es mit einer leuchtenden Wolke, und stellte einen Thron auf inmitten der Wolke, den niemand sehen konnte außer dem Heiligen Geist, der genannt wird die Mutter der Lebenden. Und sie gab ihm seinen Namen: JALDABAOTH.

«[JALDABAOTH] ist der erste Archon (Herrscher), der große Macht von seiner Mutter (SOPHIA) nahm. Und er entfernte sich von ihr und ging weg von den Orten, wo er geboren war und nahm einen anderen Platz ein. Er machte sich stark und erschuf für sich selbst andere Æonen mit der Flamme des leuchtenden Feuers, wo er noch jetzt ist. Und indem er sich paarte mit dem Unverstand in ihm selbst rief er Mächte für sich selbst hervor sowie zwölf Engel, deren Jeden er in seinen Æon setzte – nach dem Vorbild der unvergänglichen Æonen.[252]

«Der Name des Ersten ist ATHOT, welchen die Völker den Schnitter nennen. Der Zweite ist HARMAS, der das eifersüchtige Auge ist. Der Dritte ist GHALILA OUMBRI. Der Vierte ist JABEL. Der Fünfte ist ADONAI, der SABAOTH genannt wird. Der Sechste ist KAIN, den Generationen von Völkern die Sonne nennen. Der Siebente ist ABEL, der Achte ist ABRISEN, der Neunte ist JOBEL {Yubal!?}, der Zehnte

ist ARMUP(H)IEL, der Elfte ist MELCEIR-ADONEIN. Der Zwölfte ist
BELIAL: Er ist es, der Herr ist über die Tiefen der Unterwelt.²⁵³ -
Aber alle diese haben noch andere Namen, die von Eifersucht und
Zorn herkommen.²⁵⁴

«Und er (JALDABAOTH) setzte sieben Könige über die sieben Himmel - je einen für jede Himmelssphäre, um so über die sieben Himmel zu regieren – und fünf über die Tiefen des Abgrunds, über die sie herrschen konnten. Und er teilte sein Feuer mit ihnen, aber er gab ihnen nicht zuviel von der Lichtkraft ab, die er seiner Mutter entwendet hatte, denn er ist finstere Unwissenheit.

«Als nun das Licht sich mit der Finsternis vermischt hatte, verfinsterte sich seine Helle; und als die Finsternis sich mit dem Licht vermischt hatte, da war sie weder hell noch dunkel, aber beide wurden gedämpft.

«Nun hat auch d[ies]er geschwächte Archon drei Namen. Der erste ist JALDABAOTH, der zweite ist SAKLAS, der dritte ist SAMAEL. Und er ist ruchlos in seinem Hochmut, der in ihm ist – so sehr, daß er sagte: *„Ich bin Gott, und es gibt keinen anderen Gott außer mir"*. Denn er weiß nicht, woher er seine eigene Kraft (*strength*) hat, noch woher er gekommen ist.

«Die Archonten schufen Jeder noch sieben Mächte für sich selber, und diese Mächte schufen jeder für sich sechs Engel, bis 365 Engel da waren.²⁵⁵ – Und dies sind die Wesenheiten, die ihren Namen entsprechen: Die erste Macht ist ATHOT, und sie hat das Angesicht eines Schafs. Der Zweite ist ELOLAIOS, und er hat das Angesicht eines Esels. Der dritte ist ASTAPHAIOS, und er hat das Angesicht einer HYÄNE; – der Vierte ist IAO {ein anderes Allonym für JHVH, wie die nächsten auch}, und er hat das Gesicht einer Schlange mit sieben Köpfen; – der Fünfte ist SABAOTH, und er hat das Angesicht eines Drachen; der Sechste ist ADONIN, und er hat das Angesicht eines AFFEN. – Die Siebente: SABBATAIOS, und er hat das Angesicht einer leuchtenden Feuerflamme. – Das ist die Siebenheit der Woche. Dies also sind Die über die Welt herrschen.²⁵⁶

«Aber JALDABAOTH hatte außer jeder dieser [einen] noch viel mehr Gestalten, sodaß er gegenüber Jeder (Macht) von ihnen jede Gestalt zeigen konnte, wie er wollte, wenn er inmitten der Seraphim war. Er teilte sein Feuer mit ihnen und wurde so ihr Herrscher, dank der Macht der Glorie, die er von seiner Mutter hatte.

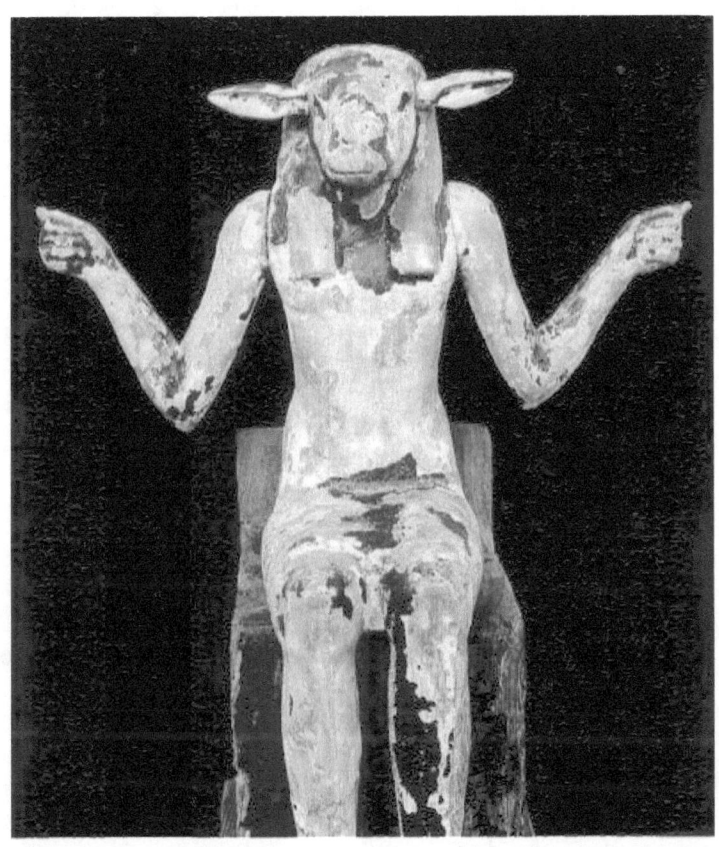

IAO MIT DEM (GOLDENEN) ESELSKOPF:
Schon im Alten Ägypten erscheint diese Gestalt als ein Gott, zweifellos wie die Anderen personifziert durch einen Priester mit Maske. IAO wird im *Apokryphon des Johannes* ausdrücklich unter Jenen erwähnt, die JALDABAOTH als Trabanten um sich versammelt. Die ägyptische Version hat eher eine segensreiche Connotation, indem sie an den ‹Pharao› anspielt.

Darum nannte er sich Gott, so überheblich war er gegenüber dem Ort woher er kam. Und er vereinte sein Denken mit den Kräften, die mit ihm waren – mit den sieben Mächten. und wenn er [etwas] aussprach, so geschah es.[257] Und er gab auch jeder Macht einen Namen, beginnend mit der höchsten: Die erste ist *Vorsorge*, für die erste [Gewalt]: ATHOTH; die zweite ist *Hellsichtigkeit*, für die zweite [Gewalt], ELOIAOS. Die dritte ist *Göttlichkeit*, für die dritte: ASTAPHAIOS. Die Vierte ist *Herrschaft* für die vierte: IAO. Die Fünfte ist *Königtum* für die fünfte [Gewalt]. SABAOTH; die Sechste ist *Neid* mit der sechsten: ADONEIN. Die Siebente ist *Verständnis* mit der siebten [Gewalt]: SABATHEON. Und dem Himmel eines jeden dieser Æonen entspricht ein Firmament (Himmelssphäre), entsprechend dem Vorbild der Unvergänglichen. Alle diese Namen erhielten sie in Übereinstimmung mit der Glorie, die zu jedem Himmel gehört, für die Zerstörung dieser [guten] Mächte. Denn in den Namen, die ihnen von SACLAS gegeben worden waren, war Macht. Aber die Namen, die ihnen gegeben worden waren in Nachahmung der Glorie, die dem göttlichen Himmel zukommt, haben nur den Zweck einer Irreführung; und sie bedeuten nur Zerstörung und Machtlosigkeit. – Daher haben sie [alle] zwei Namen.

«Als nun [JALDABAOTH] all dies geschaffen hatte,[258] ordnete er Alles gemäß dem Muster der ersten Æonen, die ins Dasein getreten waren, um alles gleich wie die Unverderblichen zu erschaffen. – Nicht daß er selbst die Unvergänglichen gesehen hätte. Vielmehr: die Macht, die in ihm ist, und die er von seiner Mutter entwendet hatte, bildete in ihm das Muster der Weltordnung nach.

«Als er die Schöpfung ihn umringen sah und um ihn her das Gedränge von Engeln, die aus ihm hervorgegangen waren, da sagte er zu ihnen: „*Ich bin ein eifersüchtiger Gott, und es gibt keinen anderen Gott außer mir*". – Aber indem er dies verkündete, wies er die ihn begleitenden Engel darauf hin, daß es wirklich noch *einen anderen Gott gibt*. Denn wenn da kein Anderer wäre: auf wen könnte er eifersüchtig sein?»

Da nun begann seine Mutter, sich hin und her zu bewegen. Sie wurde ihres Mangels gewahr, als die Helligkeit ihres Lichts abzunehmen begann; und dies, weil ihr Gegenpart (Syzygos) ihr seine Zustimmung nicht gegeben hatte.»

Ich [aber] sagte nun: «Herr, was bedeutet das, „*sie bewegte sich hin und her*"?» – Er aber lächelte und sprach: «Denke nicht, es sei so wie Mose sagt: „*über den Wassern*". – Nein, sondern: als sie das

Unheil sah, das geschehen war, und die Trennung, die ihr Sohn verursacht hatte, da schämte sie sich. Benommenheit bemächtigte sich ihrer in der Finsternis der Unwissenheit, und sie erregte sich. Sie wagte nicht, zurückzugehen, aber sie bewegte sich, und sich erregend bewegte sie sich hin und her.

«Und der Hochmütige bemächtigte sich noch eines anderen Vermögens seiner Mutter. Denn in seiner Unwissenheit dachte er, da gebe es nichts außer seiner Mutter allein. Und als er die Unmenge Engel sah, die er erschaffen hatte, da glaubte er sich über sie erhaben.

«Als nun die Mutter inne ward, daß die Mißgeburt der Finsternis alles Andere als vollkommen war[259], da ermaß sie die Tatsache, daß ihr Syzygos ihr sein Einverständnis nicht gegeben hatte. Sie bereute unter vielen Tränen. Und das ganze Pleroma hörte ihr Reue-Gebet, und Alle legten ihretwegen beim Unsichtbaren Jungfräulichen Geist Fürsprache für sie ein.

Indes übergoß der Heilige Geist sie mit seiner ganzen Fülle (PLEroma). Und ihr Syzygos selbst, der nicht zu ihr gekommen war, durchquerte das gesamte PLEROMA, um wiederherzustellen was ihr mangelte. Und sie wurde erhoben – nicht in ihren eigenen Äon, sondern über ihren Sohn, um in der ENNEADE zu bleiben, bis zur Wiederherstellung ihres Mangels.[260]

«Und eine Stimme erscholl aus dem höchsten Himmels-Äon: *"Der Mensch IST - und auch der Sohn des Menschen!"* – Und der erste Archon, JALDABAOTH, hörte es und dachte, die Stimme sei die seiner Mutter – denn er wußte nicht, woher sie gekommen war. Nun aber belehrte ihn das heilige Muttervater über alle Kenntnis des Anbeginns, über das Bild des Unsichtbaren, der der Vater von Allem ist, durch den Alles ins Dasein getreten ist, einschließlich des [Vollkommenen] Ersten Menschen – denn er ist zum Schein in der Gestalt eines Menschen in Erscheinung getreten.[261]

«Da erzitterte der ganze Äon des ersten Archonten, und die Grundvesten des Abgrunds wankten. Und die Unterseite der Wasser, welche die Stoffwelt bedecken, wurde erleuchtet, als sein (des Ersten Menschen) Abbild so erschien, wie es offenbart worden war. Und als die Mächte und der erste Archon, die sich verbeugt hatten, ihn anschauten, da sahen sie die Gestalt seines Abbilds im Wasser.[262]

«Und die Herrscher sagten zu einander: *"Kommt, laßt uns einen Menschen als Abbild von Gott und in Übereinstimmung mit unserer Erscheinung machen, damit dieses Abbild ein Licht für uns sei!"²⁶³ – Und sie formten ein Geschöpf indem jeder sein Vermögen (*power*) beitrug, entsprechend dem, was [ihnen] gegeben war. Und jede Macht trug eine Eigenschaft dazu bei, gemäß dem Bild, das sie sich von seiner psychischen Gestalt gemacht hatte. [So] erschufen sie eine Wesenheit in Ähnlichkeit des Ersten, Vollkommenen Menschen. – Und sie sagten: „*Laßt uns ihn* Adam *nennen, damit sein Name zu einer Lichtkraft für uns werde!*" – Und so stellten sie es an:

«Die erste, *Güte*, schuf eine Knochen-Seele; und die zweite, *Erst-Kenntnis*, schuf eine Sehnen-Seele; die dritte, *Göttlichkeit*, schuf eine Fleisch-Seele; und die vierte, *Herrschaft* (*lordship*), schuf eine Mark-Seele; die fünfte, *Königtum*, schuf eine Blut-Seele, die sechste, *Neid*, schuf eine Haut-Seele; die siebente, *Verständnis*, schuf eine Haar-Seele.

«Und die Menge der Engel war bei ihm, und sie erhielten von den Mächten die sieben Zutaten der Gestalt-Seele²⁶⁴, um so die Nieren zu formen, und die Hüften, und die Verbindungen zwischen den verschiedenen Teilen.

«Der erste begann damit, den Kopf zu formen. HETERAPHAOPE-ABRON schuf seinen Scheitel. MENIGGESSTROETH schuf das Gehirn; ASTERECHMÈ das rechte Auge, THASPOMOCHA das linke Auge, YERONUMOS das rechte Ohr, BISSOUM das linke Ohr, AKIOREIN die Nase, BANES-EPHROUM die Lippen, AMEN die Vorderzähne, IBIKAN die Molaren, BASILIADEME die Tonsillen, ACHCHA das Halszäpfchen, ADABAN das Genick, CHAAMAN die Wirbel, DERACHO die Kehle, TEBAR die rechte Schulter, [...] die linke Schuler, MNIARKON den rechten Ellbogen, [...] den linken Ellbogen, ABITRION den rechten Unterarm, Evanthe den linken Unterarm, Krys die rechte Hand, BELUAI die linke Hand, TRENEN die Finger der rechten Hand, BALBEL die Finger der linken Hand, KRIMAN die Fingernägel, ASTROPS die rechte Brust, BARROPH die linke Brust, BAOUM das rechte Schlüsselbein, ARARIM das linke Schlüsselbein, ARECHE den Oberbauch, PHTHAVE den Nabel, SENAPHIM den Unterbauch, ARACHETHOPI die rechte Niere, ZABEDO die linke Niere, BARIAS den rechten Hintern, PHNOUTH den linken Hintern, ABENLEN-ARCHEI das Knochenmark, CHNOUMERINORIM, die Knochen, GESOLE den Dünndarm, AROMAUNA das Herz, BANO die Lungen, SOSTRAPAL die Leber, ANESIMALAR die Milz, THOPITHRO den Dickdarm, BIBLO die Harnleiter, ROEROR die Sehnen, TAPHREO das Steißbein, IPOUSPOBOBA die Venen, BINEBORIN die Arterien, «ATOIMENPSEPHEI den Atem, der in allen Gliedern ist, ENTHOLLEIA alles Fleisch; BEDOUK die Gebärmutter, ARABEEI den Penis, EILO die Hoden, SORMA die [weiblichen?] Genitalien, GORMA-KAIOCHLABAR den rechten Oberschenkel, NEBRITH den linken Oberschenkel, PSEREM die Sehnen des rechten Beins, ASAKLAS die Sehnen des linken Beins[265], ORMAOTH das rechte Bein, EMENUN das linke Bein, KNYX das rechte Schienbein, TUPELONDS das linke Schienbein, ACHIEL das rechte Knie, PHNENE das linke Knie, PHIOUTHROM den rechten Fuß, BOABEL dessen Zehen, TRACHUM den linken Fuß, PHIKNA dessen Zehen; MIAMAI die Nägel der rechten Zehen, LABERNIOUM die Nägel der linken Zehen. Und Die über alle diese gesetzt waren, sind sieben: ZATHOTH, ARMAS, KALILA, JABEL, SABAOTH, KAIN, ABEL.

«Und Die besonders die Glieder betätigen sind:
Im Kopf DIOLIMOZADRA, im Genick YAMMEAX, in der rechten Schulter YAKOUIB, in der linken Schulter UERTON, in der rechten Hand OUDERIDI, in der Linken ARBAO, für die Finger der rechten Hand LAMPNO, für die Finger der linken Hand LEEKAPHAR, für die rechte Brust BARBAR, für die linke Brust IMAE, im Brustkorb PISANDRIOPTES, im rechten Schultergelenk KOADE, im linken Schultergelenk ODEOR, für die rechten Rippen ASPHIXIX, für die linken Rippen SYNOGCHONTA, im Bauch AROUPH, in der Gebärmutter SABALO, im rechten Oberschenkel CHARCHARB, im linken Oberschenkel CHTHAON, für alle Geschlechsteile BATHINOTH, im rechten Bein CHOUX, im linken Bein CHARCHA, im rechten Schienbein AROER, im linken Schienbein TOECHTHA, im rechten Knie AOL, im linken Knie CHARANER, im rechten Fuß BASTAN, in dessen Zehen ARCHENTECHTHA, im linken Fuß MAREPHNOUNTH, in dessen Zehen ABRANA. Und Sieben davon regieren alle diese: MICHAEL, OURIEL, ASMENEDAS, SAPHASATOEL, AARMOURIAM, RICHRAM und AMINORPS.

«Über die Sinnesorgane gestellt ist ARCHENDEKTA, der über die Empfindungen gesetzt ist: DEITHARBATHAS. Und er, der über die Einbildung (*imagination*) gesetzt ist: OUMMAS. Und er, der über die Zuordnung (*arrangement*) gesetzt ist, ist AACHIARAM. Und er, der über jeden Handlungs-Impuls (all impulse to act) gesetzt ist, ist RIARAMNACHO.

«Und der Ursprung dieser Dämonen, die im ganzen Körper sind, wurde auf vier festgesetzt: Hitze, Kälte, Nässe und Tröckne. Und die Mutter des Ganzen ist die MATERIE. – Und er, der über die Hitze regiert, ist PHLOXOPHA; und er, der über die Kälte regiert, ist ORO-

ORROTHOS; und er, der über allem ist, was trocken ist, ist ERIMA-CHO; und er, der über die Nässe regiert, ist ATHURO. Und ihrer aller Mutter – ANORTHOCHRASAI – steht in ihrer Mitte, denn sie ist uneingrenzbar, und sie ist eine Mischung aus Allen. Und sie ist in Wahrheit die MATERIE, denn durch sie werden sie ernährt.

«Die vier obersten Dämonen sind: EPHEMEMPHI, der zur *Lust* gehört, Yoko, die zu *Begierde* gehört, NENENTOPHNI, die zu *Vorwurf* gehört, und BLAOMEN, die zu *Sorge* gehört.

Und die Mutter von all diesen ist AISTHESIS-OUCH-EPI-PTOE.[266] – Aus diesen vier Dämonen gehen die Leidenschaften hervor. Von VORWURF kamen *Neid, Eifersucht, Verzweiflung, Verwirrung, Schmerz, Abgestumpftheit, Ängstlichkeit, Trübsinn* und so fort. Und aus LUST kommen viel Verderbtheit und hohler Stolz und ähnliche Dinge. Und aus BEGIERDE kommen *Ärger, Zorn* und *Bitterkeit,* und *Unbefriedigtheit* und dergleichen. Und aus *Sorge* kommen *Furcht, Schmeichelei, Angst* und *Schande*. All diese sind zugleich nützliche als auch üble Dinge. Aber die Einsicht in ihr wahres Wesen ist ANARO, der das Oberhaupt über die stoffliche Seele ist, denn er gehört zu den sieben Sinnen: OUCH-EPI-PTOE.

«Dies ist die Anzahl der Engel. Im Ganzen sind es 365. – Sie alle arbeiteten – Glied um Glied – (an dem Menschenbild), bis durch sie der seelische und der stoffliche Körper vollendet waren. Indessen sind da noch weitere Leidenschaften, die ich nicht genannt habe. Wenn Du sie kennen möchtest, so sind sie im Buch des Zarathustra aufgeschrieben.

«Und alle Engel und alle Dämonen bemühten sich, bis sie den seelischen (psychique) Körper aufgebaut hatten. Jedoch ihr Werk war eine lange Zeitlang völlig reglos und unbeweglich.[267]

«Als nun die Mutter die Kraft, die sie an den Obersten Archonten verloren hatte, zurücknehmen wollte, da richtete sie ein Bittgebet ans Mutter-Vater des Alls, das ganz Barmherzigkeit ist. Jenes sandte vermittelst eines göttlichen Erlasses fünf Lichter an den Ort, wo die Engel des Obersten Archonten sich befinden. Diese erklärten dem JALDABAOTH, daß sie die Kraft der Mutter brächten. Und sie sagten zu ihm : *„ Blas den Geist, der in der Macht der Mutter ist, in sein Gesicht, und dieser Leib wird sich aufrichten".* – Da blies er in sein Gesicht den Geist, der die Kraft seiner Mutter ist; aber er tat es, ohne ihn zu kennen, denn er lebt in der Unwissenheit. Und (so) ging die Kraft der Mutter aus JALDABAOTH weg und in den psychischen Leib, den sie nach dem Abbild des Einen ur-

P. Martin: «Die Großen Vier» – RAPHAEL. – Oel auf Holz (1989)
Das Bild steht in keinem direkten Zusammenhang mit dem Text.

sprüng-lichen Menschen gemacht hatten.[268] Und dieser Körper begann sich zu bewegen; und er nahm zu an Kraft; und er wurde mit Licht erfüllt.

«Im Augenblick wurden die Gewalten (*virtutes*) neidisch, denn er war ins Dasein gekommen durch sie alle, und sie hatten dem Menschen von ihren Vermögen gegeben, und sein Verstand war größer als der Derer, die ihn geformt hatten, und größer als der des Obersten Archonten. Und als sie erkannten, daß er Licht war, und daß er besser denken konnte als sie, und daß er frei von Lastern war, da bemächtigten sie sich seiner und stürzten ihn in die niedrigsten Gebiete des Stoffs hinab.[269]

«Aber der Heilige, der Eine, das Mutter-Vater, das Gütige und Erbarmungsreiche, hatte Mitleid betreffs der Kraft der Mutter, die dem Ersten Archonten entzogen worden war, damit der sinnliche Körper beherrscht werden könne.[270] Darum sandte er dem ADAM aus seinem wohltätigen Geist und seinem großen Erbarmen eine Hilfe: die lichtvolle EPINOIA (Klugheit), die aus Ihm hervorgegangen ist, und die LEBEN (ZOË) genannt wird.[271] Sie ist Jene, die aller Kreatur zu Hilfe kommt: Indem sie deren Qual auf sich nimmt und sie in ihrer Fülle wieder aufrichtet, belehrt sie sie über ihren Ursprung sowie über die Weise, wieder hinaufzusteigen auf demselben Pfad, auf dem sie hinuntergestiegen war. Und die lichtvolle EPINOIA wurde in Adam verborgen, um unerkannt [an den Archonten] vorbei zu kommen, und damit die EPINOIA dem Mangel der Mutter abhelfen könne (siehe Abb. S. 229).

«Und der Mensch erstrahlte wegen des Lichtfunkens, der in ihm war. Sein Denkvermögen aber war überlegen dem all Jener, die ihn geformt hatten. Als sie ihn ansahen, begriffen sie, daß sein Denkvermögen dem ihren überlegen war. Und sie taten sich mit dem ganzen Gewimmel von Archonten und Engeln zusammen. Sie nahmen Feuer und Erde und Wasser und vermischten sie mit einander mit Hilfe der vier Winde. Und sie wirkten sie zusammen und bewirkten eine unvorstellbare Mischung.

Dann brachten sie ihn (Adam) in den Schatten des Todes, um ihn aufs Neue zu formen aus Erde und Wasser und Feuer und mit dem Geist der aus der Materie hervorgeht: das ist der Geist des Widerspruchs, der unsere Kette ist, das Grab des neu geformten Körpers, womit diese Ruchlosen den Menschen bekleideten - die Fessel der Vergeßlichkeit. Und so wurde er ein sterblicher Mensch. Dies ist der Erste, der unterlag, und der Erste, der starb.[272] Aber das Licht der EPINOIA lebte weiter in ihm, und sie sie ist es, die sein Denken wiedererwecken sollte.

«Nun brachten die Archonten den ADAM weg und setzten ihn ins (irdische) Paradies. Und um ihn zu täuschen sagten sie zu ihm: *„Iß – dies ist eine Ergötzlichkeit".* – Aber seine Nahrung ist Bitternis, seine Schönheit ist Verkehrtheit, und seine Ergötzlichkeiten sind nichts als Illusionen. Seine Bäume sind ungöttlich, und seine Früchte sind tödliches Gift, und seine Versprechen sind nichts als Tod. Was aber ihren ‹*Baum des Lebens*› betrifft, so hatten sie den in die Mitte des Gartens gesetzt.

«Und ich (Jesus) werde euch lehren, was das Mysterium *ihres* Lebens ist, und wie der Plan ist, den sie zusammen gemacht haben, und der das Abbild ist ihrer Gesinnung. Die Wurzel dieses Baums ist Bitternis, und seine Äste sind tödlich. Sein Schatten ist nichts als Haß, und Täuschung sind seine Blätter. Seine Knospen sind Heiligung des Bösen, und seine Früchte sind [Früchte] des Todes. Denn sein Saft ist Begierde, und er quillt in der Finsternis. – Der Aufenthalt Derer, die ihn kosten, ist Hades, und Finsternis ist ihr Ruheplatz.

«Aber der, den sie den Baum der Erkenntnis von Gut und Böse nennen, der die durchlichtete EPINOIA (Klugheit) ist, und betreffs dessen ihnen befohlen worden war, nicht davon zu essen, den umstellten sie, sodaß er (ADAM) seine Fülle nicht wahrnehmen und die Schande seiner Nacktheit nicht erkennen möchte. – Aber ich, ich stachelte ihn an, [davon] zu essen.»[273]

Da sagte ich zum Erlöser: «Herr, war es [denn] nicht die Schlange, die dem Adam riet, zu essen?»

Der Erlöser lachte und sprach: «Die Schlange lehrte sie, von der Verderbtheit von Neid, Wohllust und Zerstörung zu essen, auf daß sie (ADAM) ihr (der Schlange) nützlich sein könnten. Aber (ADAM) wußte, daß er ungehorsam war, wegen dem Licht der EPINOIA, die in ihm ist, und die ihn verstehen ließ, daß er dem Ersten Archonten überlegen sei,. Und Jener wollte die Kraft, die er selbst ihm (dem ADAM) abgegeben hatte, zurück nehmen. Und er breitete ein Vergessen über ADAM.»

Und ich sagte zum Erlöser: «Was ist *„ein Vergessen"*?» – Und Er antwortete: «Es ist nicht die Art, wovon MOSE schrieb, [und wie] ihr es gehört habt; denn er sagte in seinem ersten Buch: *„Er versenkte ihn in Schlaf"* – sondern [es war] die Art seiner Wahrnehmung. Denn er (JALDABAOTH) ließ seinen Propheten sagen: *„Ich* *werde ihre Herzen schwer machen, werde ihre Ohren verstopfen und ihre Augen blenden".*[274]

«Aber die erleuchtete Einsicht (EPINOIA) verbarg sich in ihm (ADAM). Und der Erste Archon wollte sie aus seinem Inneren heraus drängen. Aber die Epinoia des Lichts kann nicht gefangen werden. Obgleich der Finstere sie verfolgte, konnte er sie nicht fangen. Sie ließ nur einen Teil ihrer Macht von sich ausgehen. Und er machte ein anderes Geschöpf, in der Gestalt einer Frau, ähnlich der EPINOIA, die ihm erschienen war. Und er übertrug diesen Teil der Macht, den er dem Mann entrissen hatte, auf das weibliche Geschöpf – [aber] nicht einen Knochen, wie MOSE schrieb.

Und er (ADAM) sah das Weib neben ihm. Und im selben Augenblick erschien die lichtvolle EPINOIA, und sie hob den Schleier auf, der ihrer [Beider] Verstand bedeckte. So er erwachte er also aus der Trunkenheit, welche die Finsternis bewirkt. Er erkannte sein Gegenbild, und sagte: *„Dies ist wirklich Knochen von meinen Knochen, und Fleisch von meinem Fleisch".* – Darum verläßt der Mann seinen Vater und seine Mutter, um seiner Frau anzuhängen, und sie werden zusammen ein Fleisch sein. Denn man wird ihm seinen Gespanen (*Syzygos*) senden, und darum wird er seinen Vater und seine Mutter ... ...

{drei Zeilen im originalen Text unlesbar}.

«Und es ist unsere Schwester SOPHIA, die in aller Unschuld herab gestiegen ist, um ihrer (Aller) Mängel zu beheben. Daher wurde sie Leben (ZOË) genannt, das ist die Mutter [alles] Lebenden, aus der Vorauskenntnis (PRONOIA) der Herrschermacht in der Höhe, und dank ihrer (ZOË's) Tugend haben sie die vollkommene Gnosis gekostet.

«Ich aber erschien in der Gestalt eines Adlers über dem Baum der Erkenntnis, welcher ist EPINOIA aus der Kenntnis des Ursprungs des reinen Lichts, und so konnte ich sie lehren und sie aus der Tiefe [ihres] Schlafs ziehen. Denn sie waren damals beide nichts als leblose Leiber der Unwissenheit. Dennoch wurden sie sich ihrer Nacktheit bewußt, denn die EPINOIA die ihnen in ihrem Licht erschienen war, hatte ihren Verstand geweckt.

«Als JALDABAOTH bemerkte, daß sie sich von ihm zurückzogen, da füllte er sein Herz mit Verderbtheit. Er suchte das Weib auf, als sie dabei war, sich für ihren Mann zu schmücken. Er überschatte-

P. Martin: «Die Großen Vier» – MICHAEL. – Oel auf Holz (1989)
Das Bild steht in keinem direkten Zusammenhang mit dem Text.

te ihre Gedanken, wiewohl er das Mysterium nicht kannte, welches aufgrund der göttlichen Erlasse geschehen war.[275] Aber Jene fürchteten sich, ihm zu mißfallen und den Engeln die Unwissenheit zu offenbaren, die in ihm war. Und er warf (das Menschenpaar) hinaus aus dem Paradies und bedeckte sie mit einer düsteren Finsternis. Und der Beherrscher der Archonten bemerkte die Jungfrau, die neben Adam stand, während die lichtvolle EPINOIA in ihr erstrahlte. Nun war aber JALDABAOTH voll Unwissenheit und Verrücktheit. Und als die Erstkenntnis des Anbeginns von Allem (PRONOIA) es bemerkte, da schickte sie Abgesandte, und diese nahmen der EVA die ZOË weg.

«Und der Oberste Archon beschlief sie (EVA) und erzeugte in ihr zwei Söhne; einen ersten und einen zweiten - ELOHIM und JAHVEH: ELOHIM hat ein Bärengesicht, und JAHVEH hat ein Katzengesicht. Der eine ist ein Gerechter, aber der andere ist ungerecht. Den JAHVEH setzte er über Feuer und Wind, ELOHIM setzte er über Wasser und Erde. Und diese nannte er mit Namen KAIN und ABEL, in der Absicht, zu betrügen.

«Seit damals bis zum heutigen Tag dauerte der Geschlechtsverkehr fort, aus Anlaß des Obersten Archonten. Er pflanzte geschlechtliche Begierde in Sie, die dem Manne gehört. Und dank ihrem Geschlechtsverkehr stellte er Kopien ihrer Gestalten her, wobei er ihnen entgegengesetzte Denkweisen eingab.[276]

«Und er setzte zwei Archonten über die Fürstentümer, damit sie die Meister des Grabs sein sollten.[277]

«Und als Adam das Ebenbild seines eigenen Vorbedachts (PRONOIA) erkannte {d.h. sich mit ihr paarte}, erzeugte er ein Wesen ähnlich dem Sohn des Menschen. Er nannte ihn SETH. Und nach der Weise der Erzeugung der Æonen sandte auch die Mutter (BARBELO) einen Geist herab, der ihr ähnlich sieht und ein Abbild Derer (Äonen) ist, die im PLEROMA sind, um eine Wohnung zu bereiten, wo die Äonen, die heruntersteigen würden, wohnen könnten.[278].

«Und er gab ihnen Wasser des Vergessens zu trinken, das aus dem Gebiet des Obersten Archonten kam, damit sie nicht mehr wissen sollten, woher sie gekommen seien. Und für einige Zeit blieb SETH dort und half, sodaß der Geist, wenn er aus den heiligen Gefilden zurück kommt, seiner Nachkommenschaft aufhelfen und sie von [ihrem] Mangel heilen könne, sodaß das ganze PLEROMA [wieder] heilig und ohne Mangel werden möge.»[279]

Nun sprach ich zum Erlöser: «Herr, werden dann alle Seelen sicher ins reine Licht gebracht werden?» – Er antwortete und sprach zu mir:[280]

DER TEXT

«Große Dinge haben sich in deinem Gemüt (*mind*) erhoben, denn es ist schwierig, sie Anderen zu erklären als Jenen, die von der unerschütterlichen Rasse sind: Die, auf die der Geist des Lebens herabsteigen wird, und denen er seine Kraft mitteilen wird. – Diese werden gerettet werden: Sie werden vollkommen werden und würdig der Größe; und sie werden gereinigt werden von aller Schlechtigkeit, und den Verstrickungen des Bösen. – Dann haben sie keine andere Sorge als die Unzerstörbarkeit allein, auf die sie von da an ihre Aufmerksamkeit richten werden: ohne Zorn noch Neid, ohne Eifersucht, noch Verlangen, ohne Begierde nach was es auch sei. Sie werden durch nichts geplagt außer allein vom Zustand, im Fleisch zu sein, den sie [geduldig] ertragen werden, während sie sehnsüchtig auf den Zeitpunkt warten, wo Jene zu ihnen kommen werden, die sie empfangen werden.[281] Diese also werden würdig sein des Rufs zum unvergänglichen ewigen Leben. Denn sie werden alles ertragen und erduaert haben, sodaß sie den guten Kampf gekämpft und das ewige Leben verdient haben werden.»[282]

Ich sprach zu Ihm: «Herr, werden dann die Seelen Derer, die diese Dinge nicht erfüllt haben, aber auf welche die Kraft und der Geist des Lebens herabgestiegen sein werden, zurückgewiesen werden?» – Er antwortete mir in diesen Worten:

«Wenn der Geist auf sie niedersteigt, werden sie jedenfalls gerettet und verwandelt werden.[283] Die Kraft wird nämlich auf Jeden niedersteigen, denn ohne sie kann Keiner aufrecht stehen. Und nachdem sie [so] geboren sind[284] – dann wenn der Geist des Lebens zunimmt und *die Kraft* kommt und diese Seele stärkt – dann ist niemand mehr fähig, sie mit Werken des Bösen in die Irre zu führen. Jene aber, auf die der *Widersacher-Geist* niedersteigt, die werden von ihm angezogen, und sie gehen in die Irre.»

Und ich sagte: «Herr, wohin werden ihre Seelen gehen, wenn sie ihr Fleisch verlassen haben?» – Und Er lächelte und sprach zu mir:

«Die Seele in welcher die Kraft stärker geworden ist als der nichtswürdige Geist, ist stark und flieht das Übel, und dank der Fürsprache des Einen Unvergänglichen wird sie gerettet und wird empor getragen zur ewigen Ruhe.

Und ich sagte: «Herr! Aber Jene, die nicht gewußt haben, zu wem sie gehören – wo werden ihre Seelen sein?» –

Und Er sprach zu mir:

«In diesen hat der niederträchtige Geist Kraft gewonnen, indem sie in die Irre gingen. Und er legt schwere Lasten auf diese Seele und zieht sie zu den Werken des Bösen; und er wirft sie hinab ins Vergessen. Und wenn sie heraus kommt [aus dem Körper] wird sie den Herrschern übergeben, die durch die Äonen ins Dasein gekommen sind; und diese binden sie mit Ketten und werfen sie ins Gefängnis und bleiben bei ihr, bis sie befreit wird vom Vergessen, und Kenntnis gewinnt. Und wenn sie auf diese Weise vollkommen geworden sein wird, wird sie erlöst werden.»

Und ich sagte: «Herr, wie kann die Seele kleiner werden und in den Schoß ihrer Mutter oder in den [Ersten] Menschen zurückkehren?»

Da freute Er sich sehr, als ich Ihn dies fragte, und Er sprach zu mir: «Wahrhaftig, du bist gesegnet, denn du hast verstanden! –

«Diese Seele wird veranlaßt, einer anderen [Seele] zu folgen, denn der Geist des Lebens ist in ihr. Durch ihn ist sie erlöst. Sie wird nicht wieder in ein anderes Fleisch geworfen.»

Und ich sagte: «Herr, und die auch, welche Gnosis besaßen, sich aber abwandten – wohin werden ihre Seelen gehen?» – Da sprach Er zu mir: An den Ort wohin die Engel der Armseligkeit gehen, werden sie gebracht: an jenen Ort, wo es keine Sühne gibt. Und [dort] werden sie verwahrt für den Tag, an welchem Jene, die den Geist gelästert haben, zur Buße gefoltert werden, und sie werden gestraft mit ewiger Strafe.»

Und ich sagte: «Herr, Woher ist dieser quälende Geist gekommen?» – Da sprach Er zu mir:

«Das Mutter-Vater, das voller Erbarmen ist, der auf jede Weise heilige Geist, und der Eine, der gnadenreich ist und mit Euch Mitleid hat – also die EPINOIA der erleuchteten PRONOIA des Lichts: Diese haben die Nachkommen der vollkommenen Rasse und deren Denken und das ewige Licht des Menschen angeregt. Als der Erste Archon bemerkte, daß sie höher als er erhöht worden waren und ihn im Denken überflügelten, da wollte er ihr Denken packen – nicht wissend, daß sie ihn im Denken überflügelten, und daß er unfähig sein würde, sie zu fassen.

«Er entwarf einen Plan mit seinen Herrschern, die seine Mächte sind, und sie alle begatteten Sophia, und das bittere Fatum wurde durch sie gezeugt: das ist ihr letztes, launenhaftes (*fickle*) Bündnis. Und das Schicksal (*Fatum*) ist so wie es ist, weil diese Mächte (*powers*) launisch (*fickle*) sind. Und dieses [Fatum] ist härter und stärker als jenes [Bündnis], womit die Götter, die Engel und Dämonen und alle Geschlechter geeint sind, bis zu diesem Tag.

DER TEXT

«Denn aus diesem Fatum sind hervorgegangen alle Sünden, alle Ungerechtigkeit und Lästerung, und die Fesseln des Vergessens und der Unwissenheit, und jeder schwerwiegende Befehl, und alle schweren Sünden und großen Ängste. Und so wurde die ganze Schöpfung geblendet, sodaß Keiner mehr den Gott erkennen konnte, der über ihnen allen ist. – Und wegen der Fesseln des Vergessens blieben ihre Sünden verwischt. Denn sie sind gebunden mit den Maßen und Zeiten und Augenblicken, seit Es (das Fatum) wegen seiner verderblichen und todbringenden Anschläge Herrin ist über Alles und Jedes.

«Und er (der Erste Archon) bereute alles was durch ihn ins Dasein gekommen war. Darum beschloß er, das ganze Menschenwerk durch eine Flut zu ersäufen (*submerger*). – Aber die Größe des Lichts von PRONOIA warnte NOAH, und dieser verkündete es allen Nachkommen, welche die Menschensöhne sind. Aber die ihm fremd waren, hörten nicht auf ihn. Es ist nicht wie MOSE sagte: *„Sie verbargen sich in einer Kiste"*, sondern sie *bargen sich an einem Ort* – nicht nur NOAH, sondern noch andere Völker der unerschütterlichen Rasse. Sie gingen *an einen Ort* und bargen sich in einer leuchtenden Wolke. Und sie anerkannten die Herrschaft von Oben und jene, die zum Licht gehört und die über ihnen leuchtete, indes er (der Erste Archon) Finsternis über die ganze Erde gebracht hatte.[285]

«Und er entwarf einen Plan mit seinen Mächten (*Powers*). Er sandte seine Engel zu den Menschen-Töchtern, auf daß sie welche von ihnen für sich nehmen und sie zu ihrem Vergnügen schwängern sollten. Aber Anfangs hatten sie keinen Erfolg damit. –

Als sie ihren Mißerfolg sahen, versammelten sie sich erneut und erarbeiteten einen neuen Plan: Sie schufen einen Geist des Übels, der glich dem Geist, der aus der Höhe herunter gekommen war – und dies, um durch ihn die Seelen zu besudeln. Und die Engel (von JALDABAOTH) verwandelten sich in ihr (der Menschen) Aussehen und in das Aussehen ihrer Partnerinnen und füllten sie mit dem [Samen der] Bosheit und des Geists der Finsternis, den sie für sie gemischt hatten. Sie brachten den Männern Gold und Silber zum Geschenk, und Kupfer und Eisen und Metalle und allerlei derartige Dinge. Und sie brachten große Bedrängnis über die Menschen, die ihnen gefolgt waren, indem sie sie mit vielen Täuschungen verführten. – Diese Menschen wurden alt, ohne die Freude gekannt zu haben; sie starben, ohne die Wahrheit gefunden zu haben, und ohne den Gott der Wahrheit zu kennen. Und so wurde die ganze

P. Martin: «Die Großen Vier» – RAPHAEL. – Oel auf Holz (1989)
Das Bild steht in keinem direkten Zusammenhang mit dem Text.

Schöpfung versklavt auf immer – von der Gründung der Welt bis heute. Und sie nahmen Frauen und zeugten Kinder der Finsternis nach dem Abbild ihrs Geistes. Und sie verschlossen ihre Herzen und verhärteten sich gemäß der Härte des falschen Geistes, bis zum heutigen Tag.

«Darum habe ich, die vollkommene PRONOIA des Alls mich in Saatgut verwandelt; und ich war die Erste, die auf allen Wegen ging.[286] Denn ich bin die überreiche Fülle des Lichts; Ich bin das Gedächtnis des PLEROMA.

«Und ich ging [hinab] ins Reich der Finsternis, und ich hielt durch, bis ich die Mitte des Gefängnisses betrat.[287] Da wankten die Grundvesten des Chaos. Und ich verbarg mich vor ihnen, ihrer Bosheit wegen, und sie bemerkten mich nicht.

«Danach kehrte ich zurück, und ein zweites Mal, und ging [dort] umher. Ich bin hervorgegangen aus Jenen, die zum Licht gehören, indem ich selber das Gedächtnis der PRONOIA bin. Ich ging in die Mitte der Finsternis und ins Innere des Hades, denn ich wollte meine Aufgabe ganz erfüllen. Und die Grundvesten des Chaos wankten, als wollten sie nieder fallen auf Jene, die im Chaos sind, um sie zu vernichten. – Und nochmals eilte ich hinauf zur Wurzel meines Lichts, damit Jene nicht zerstört würden vor der Zeit.

«Und ein drittes Mal ging ich dort hin – ich, das Licht, das im Licht ist; ich, das Gedächtnis der PRONOIA – auf daß ich die Mitte der Finsternis beträte, und den Bauch von Hades. Und ich tränkte mein Angesicht mit Licht der Vollendung ihres Äons, und ich betrat die Mitte ihres Kerkers, welcher ist der Kerker des Körpers. – Und ich sagte: *„Daß, wer immer [mich] hören kann, aufwache aus seinem tiefen Schlaf!"*

«Und Jemand weinte und vergoß Tränen. – Bittere Tränen weinte er, die er abwischte, indem er sagte: *„Wer ist das, der mich bei meinem Namen ruft; und woher kommt mir diese Hoffnung, wo ich [doch] in Ketten im Gefängnis liege?"*

«Und ich sagte: *„Ich bin die* PRONOIA *des reinen Lichts; Ich bin der Gedanke des Jungfräulichen Geists – jene die dir Zugang zu einem Ehrenplatz verschafft. Steh auf und erinnere dich, daß du es bist, der aufgehorcht hat, und folge deinem Ursprung – das bin ich, die Erbarmungsreiche – und hüte dich vor den Engeln der Armseligkeit, und vor den Dämonen des Chaos, und vor all Denen, die dich gefesselt haben. Hüte dich vor dem tiefen Schlaf und vor der Gefangenschaft im Bauch von* AMENTI.[288]

«Und ich hieß ihn, sich zu erheben und versiegelte ihn im lichtvollen Wasser der fünf Siegel, auf daß der Tod keine Gewalt über ihn haben solle, von diesem Augenblick an.

«Und sieh: jetzt werde ich aufsteigen zum vollkommenen Äon. Ich habe alles vollendet, was euch zu hören zukam. Und Alles was ich dir gesagt habe, sollst du aufzeichnen und insgeheim denen mitteilen, die deine Gefährten im Geist sind, denn dieses ist das Mysterium der unerschütterlichen Rasse.»

Und der Erlöser stellte all dies vor ihn, auf daß er es aufschreiben und bewahren möchte. Und Er sagte zu ihm:

«Verflucht sei Jeder, der diese Dinge eintauscht für ein Geschenk, oder für Nahrung, oder für einen Trunk, oder für Kleidung, oder für irgendeine ähnliche Sache.»[288-A]

Und als [ihm, dem JOHANNES] diese Dinge unter dem Mysterium übertragen worden waren, verschwand Er vor seinen Augen. Daraufhin ging er zu seinen Mit-Jüngern und erzählte ihnen, was der Erlöser zu ihm gesagt hatte.

JESUS CHRISTUS

AMEN

Das geheime Buch des Johannes

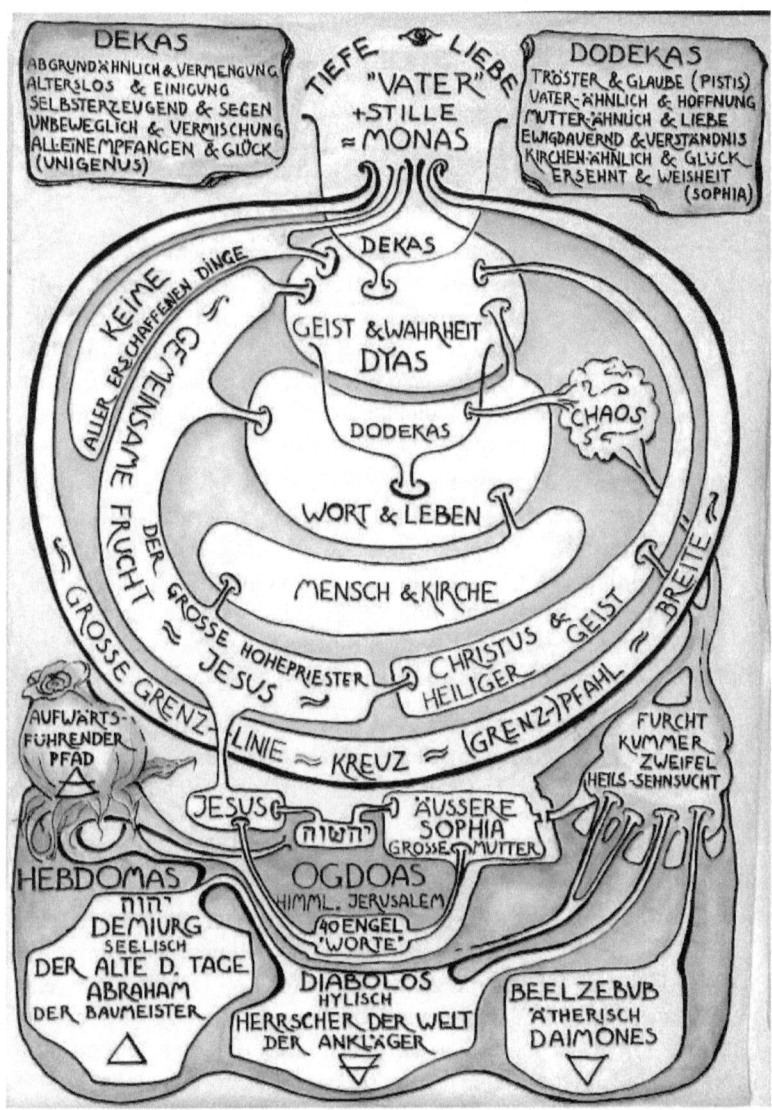

Die ‹Aeonologie› der Valentinianischen Gnostiker› zeigt die Entstehung des überkosmischen PLEROMA im Makrokosmos (die große alles enthaltende Blase), innerhalb derer die verschiedenen Untergebiete als Emanationen aus einander hervorgehen. Darunter die Mißgeburt aus SOPHIA (der unreine Geist JALDABAOTH) und die Vorstellung der makrokosmischen Gebiete, besonders des Siebenten (HEBDOMAS) und des Achten (OGDOAS) sowie des *Aufwärts führenden Pfads*.

SCHLUSSWORT ZUM ...

Das neue Christentum ist ein doppeltes: Einerseits die Erneuerung der klassischen Mysterien des Altertums, insofern als der CHRISTUS JESUS dieses Mythos der letzte und größte Avatar des «herabgestiegenen Sonnengottes» als Erlöser der Welt ist; andererseits als eine totale Erneuerung im religiösen Denken und Fühlen der Menschen, insofern als jeder Mensch aufgerufen ist, seinen potentiellen inneren, ‹mikrokosmischen› CHRISTUS jetzt in der geistigen Freiheit der weltweit neuen öffentlichen Paradigmata zu verwirklichen.

Nach 2000 Jahren nominalen Christentums auf dem Niveau einer gewöhnlichen Naturreligion mit ihren pompösen Hohepriestern, Heiligen etc. ist es jetzt Zeit, das rein geistige, wirklich spirituelle Christentum zum Leben zu erwecken. Dessen Basis sind die drei geistigen Prinzipien *Glaube – Hoffnung – Liebe*. Das ist der einzige solide Ausgangspunkt. Die einzige solide Dynamik aber ist *Die Liebe, die ihren Ursprung in Gott findet*.

Moderne Textforschung hat ergeben, daß die biblischen Überlieferungen den wahren geschichtlichen Verhältnissen und Vorkommnissen nur teilweise entsprechen. – Das tut dem Geist und der inneren Bedeutung des Christentums jedoch keinerlei Abbruch, denn das Christentum ist mehr als eine Religion. Es ist die universelle geistige Lebenssphäre, die alle Welten umfaßt, alle ihre Mysterien beinhaltet: Aus ihm kommen sie alle – in Es münden sie alle.

Die erste Pioniergruppe des Christentums sollten die Jünger Jesu gemäß den Evangelien sein, dann die Kirchen, dann die Ritter- und anderen geistigen Orden. Sie alle leisteten - und leisten noch - nur einen kleinen Beitrag. Die neuen Pioniere aber sind keine stoffliche Körperschaft. Sie sind sich eins im Geist, aber kaum vereinigt im Stoff. Über den ganzen Kosmos verstreut, aus allen ‹Religionen› kommend, brauchen sie einander nicht physisch zu kennen. Sie bilden ein hauchfeines goldenes Netz hohen religiösen Bewußtseins ohne Machstruktur, das die ganze Welt umfängt. Das ist eine weltumspannende Geist-Seelen-Gemeinschaft, weit, weit weg vom modernen pseudowissenschaftlichen Intellekt. Ihre Glieder heben unter einander jede menschliche Trennung in politische, soziale und ökonomische Bewußtseinssphären auf, denn sie sind innerlich vereint im weltweiten universellen Potential wahrer seelischer Brüderlichkeit und wahren geistigen Menschseins:

«Im Anfang war das Wort ... » - das universelle, geist-erfüllte, seelen-belebende Wort, das Natur und Übernatur zugleich in Kraft, Schönheit und Weisheit umfaßt.

... CHRISTENTUM DER NEUEN ZEIT

Menschen ohne ein religiöses Bewußtsein und ohne einen Glauben sind wie abgestorbene Äste am Baum des Lebens. Sie sind ohne konkrete Hoffnung und müssen seelisch tot genannt werden. Sie erleben Alles als Kampf zwischen den unzähligen Polaritäten, die das Universum ausmachen. Dem seelisch lebendigen Menschen jedoch ist Alles durchlebt und durchwebt vom Atem der Übernatur des Göttlichen und von der Liebe, die aller Natur ihr Leben gibt.

So ist das Neue Christentum – das Christentum des neuen Jahrtausends – wohl eine Fortführung des Alten, zugleich aber auch ein totaler Neubeginn *in geistiger Offenheit und Wachsamkeit*. Es ist zwar eingebettet in seinen Mythos, denn Menschen können sich nur mit einem Mythos geistig identifizieren. Zugleich aber muß es sich ganz lösen vom geschichtlichen Substrat, auf dem sein Mythos sich zwar aufbaut, das dieser Mythos aber nicht real umsetzen kann, weil er eben ausschließlich geistige Realität besitzt. Das neue Christentum muß *«als neue Offenbarung darauf abgestimmt sein, was jeder Mensch verstehen und annehmen kann».*

Dennoch wird es immer wieder auch Gruppen von Vorläufern und Bahnbrechern geben, die sich in besonderen Brennpunkten vereinigen und *aus einem kleinen Kreis heraus* ihre gnostisch magischen Kräfte zugunsten von Welt und Menschheit einsetzen.

Im Wissen und Wollen, daß alle bewußten Geschöpfe in freiem Seelenleben und freiem Geistesleben so vereinigt sind, und in deren Bewußtseins-Feld, wo sich Alle für Alle und Alles mitverantwortlich wissen, können sich dann auch die Vielen erheben zu wahrem Denken, zu lebendigem Bewußtsein und zu wahrlich intelligentem Handeln – dynamisiert durch die siebenfache Strahlung des Sonnen-Logos – des universalen CHRISTOS. So können und werden endlich mehr und mehr Menschen den kosmischen Christus-Impuls verstehen und «ergreifen» (Jo 1:12-14) – und damit dynamische Teilhaber an der Umsetzung der eigentlichen Christus-Intention werden. Deren alles übergreifendes Symbol ist und bleibt DER HEILIGE GRAAL.

«Das Mysterium des Graals ist im tiefsten Wesen das Mysterium des sich erneuernden, verwandelnden Blutes im einzelnen strebenden Menschen», auf der unerschütterlichen Basis von Glauben, Hoffnung und Liebe und – *als wahrer vernünftiger Gottesdienst* - in der neu-bewußten Hingabe an die Überlieferung und konkrete Umsetzung des alten, oft erneuerten christlichen Mythos vom herabgestiegenen Sonnengeist, Sonnengott oder Sonnen-Logos, der sich liebevoll für Welt und Menschheit opfert!

KIRCHE VON GARDE ADHÉMAR (DRÔME PROVENÇALE):
Statuette hinter Glas, angeschrieben als «Notre Dame du Bon Secours». – Man verzeihe uns, wenn wir hier lieber einen RITTER mit Kettenhaube und Gamaschen, sehen, der die SOPHIA auf den Knien hält (mit dem Buch der Geheimen Wissenschaft in der Linken, den Zeigefinger der Rechten als «Johannes-Finger» hoch gereckt). Das *beinah* weibliche Aussehen der großen Figur wird durch die Malerei bewirkt; aber das «Kind» hat eine eindeutig weibliche Kleidung, Kopfform und langes Haar. (Photo d. Hrsg.)

Anmerkungen

ANMERKUNGEN ZUR EINLEITUNG DES HERAUSGBERS

[1] *The Book of Jasher, as referred to in Josuah and 2nd Samuel [and Jesajah], faithfully translated from the original Hebrew into English».* - Parry & Co, Salt Lake City, 1887, erlaubt tiefe Einblicke in vorchristliche und präjüdische Traditionen. – Dort liest man:

«Und der König (kein Pharao!) ... befahl, das *Buch der Bücher, die Chroniken der Könige Ägyptens* vor ihn zu bringen, worin alle Götter Ägyptens {zweifellos einschließlich jener der *Länder unter ägyptischer Herrschaft*} aufgezeichnet waren; denn sie dachten, darin den Namen JEHOVAH's zu finden. Aber sie fanden ihn nicht. Und Pharao sagte zu MOSE und AARON: Wahrlich, ich habe den Namen Eures Gotte nicht in dieses Buch geschrieben gefunden, und seinen Namen kenne ich nicht (wörtlich: *«Und wer ist dieser YEVA, daß ich seiner Stimme gehorchen sollte?»* – (vgl. Ex. 5:2). – Zu diesem letzteren Text ist anzumerken, daß es gemäß heutigen Archäologen und Historikern im Alten Ägypten keine Sklaven und *in keinem Text* das Wort PHARAO gab. Man sieht auf Grabmalereien wohl einmal Bauern, die mit der Peitsche ihren Ochsen antreiben – aber keine Sklavenaufseher wie auf der Unzahl moderner Phantasiebilder zum Bau der Pyramiden.

«Und die Räte und Weisen antworteten dem König: Wir haben gehört, der Gott der Hebräer sei *ein Sohn von Weisen, der Sohn von Königen der Vorzeit.* Und Pharao wandte sich an MOSE und AARON und sagte zu ihnen: Nicht kenne ich den Herrn, den ihr da bekannt habt, und sein Volk werde ich nicht entlassen». – JHVH gilt hier also als reiner Stammesgott.

[2] Seit dem 3. Jh. v. Chr. werden im hellenistischen Judentum einzelne Schriften aus der Hebräischen mündlichen Überlieferung auf Griechisch redigiert. Schriftlich scheint es bis zur Herstellung der Septuaginta nur Teile der heutigen Texte zu geben. Ab Mitte des 2. Jahrhunderts n.Chr. umfaßt diese Redaktion die meisten der grundlegenden sakralen Schriftwerke (Pentateuch, Propheten, erste Weisheitsschriften, soweit letztere nicht von vornherein auf Griechisch entstanden; vgl. den Prolog des Buches *Das Weisheitsbuch Jesus Sirach in den Holzschnitt-Tafeln von Burkhard Mangold.* – Basel, Edition Oriflamme, 2014).

«An einzelnen Schriftkomplexen wird bis in die neutestamentliche Zeit weitergearbeitet, so namentlich an den Psalmen (abgesehen von den zahllosen Rezensionen vorallem seit dem 19. Jh. bis heute). Noch bevor die Übersetzung aller heute in der Septuaginta enthaltenen Schriften zum Abschluß kam, entstanden Sammlungen – zunächst vermutlich in durchaus verschiedener Gestalt –, die schon bald bei hellenistischen Juden den Rang heiliger Schriften erhielten. Die Zahl 70 wächst später als Etikett dem Gesamtwerk zu und prägt dessen Namen. – Die Septuaginta ist also eine gewachsene Sammlung diversester Schriften. Ihr Abschluss wird nie wirklich festgelegt. Eine erste einigermaßen klare Fixierung existiert erst seit Origenes. Doch auch sie ändert nichts daran, dass ein offener Rand bleibt, sogar bis ins 21. Jahrhundert hinein. Im Bereich der kleineren Schriften nehmen einzelne Handschriften nicht nur die großen Weisheitstexte des 3. Jh. v.Chr bis 3. Jh. n.Chr. auf (besonders Sirach und Sapientia Salomonis), sondern auch die {dem rein historisch bisher nirgends belegten David zugeschriebenen} Psalmen». (Quelle: Deutsche Bibelgesellschaft, Stuttgart.)

[3] Gemäß Bibeltext jagte Abraham seine Frau Kethura und seinen Sohn Ismael

davon und in die Wüste, wo er ihn später besuchte – und zwar in Yemen. Neue Forschung sagt, er habe bereits selbst zwischen dort und Babylon gelebt – jedenfalls im west-arabischen Raum (siehe Abb. S. 136 und 199). Nach Buch Jasher aber besuchte Abraham Kethura und Ismael in der arabischen Wüste – bzw.: Die Japhetitischen Khasaren (eingewanderte Ost-Hunnen) besuchten *in Persien die dortigen Juden*, gingen Ehen mit ihnen ein und verleibten sich dieses Volk so ein (siehe Anm. 12 und 149).

Ein dritter Text (Gen 35:18), der zeigt, daß die Juden in Yemen angesiedelt waren, beschreibt wie Jakob und Rahel von Bethel (das wäre Mesopotamien) nach Süden reisen, um ihre Kinder zu besuchen, und wie Rahel gebar: *«Da ihr aber die Seele ausging, daß sie sterben mußte, hieß sie ihn* BENONI {d.h. ‹mein Phönix›!}; *aber sein Vater hieß ihn* BENYAMIN {d.h. ‹Sohn von Yemen›, denn es war der einzige Sohn, der nicht im Zweistromland geboren wurde}. – siehe Abb. *Jüdische Siedlungskarte* S. 136.

Wieder andere Quellen zeigen Belege für den Ursprung der Juden (zumindest zum Teil) in Äthiopien. Die Siedlungsnamen in Kanaan hätten also denselben Stellenwert wie die nostalgisch europäischen Namen mancher Städte in ‹Neu-England› – den USA.

Zwei weitere Autoren stellen fest, daß Joseph nicht in Kanaan an Sklavenhändler verkauft werden konnte, weil Sklavenhandel dort ebensowenig existierte wie in Ägypten, sondern eine arabische Eigenart war – besonders entlang der Gewürzstraße zwischen Babylon und Basra: Ägypter sind Chamiten, Araber sind Semiten ...

Als Ganzes erklärt dies, weshalb der (persische) zoroastrische Einfluß auf den (jüdischen) Text des *Apokryphon des Johannes* so groß ist, daß dieser sogar ein zoroastrisches Hauptwerk ausdrücklich zitiert. Damit würde das redaktionelle Datum für unseren Text im 2. Jh. liegen, mit dem (staatlichen) Manichäismus (ca. 220 bis 280) als *terminus ante quem*.

[4] Edmond Bordeaux-Székély, *Das essenische Evangelium des Friedens*, neu auf Deutsch herausgebracht und kommentiert unter dem Titel: *Aus dem geistigen Erbe der Essener ...* – Basel, Edition Oriflamme, 2017.

[5] Auf die Einzelheiten der Herkunft dieses osthunnischen Volksteils der innerasiatischen *Hephtaliten* aus *Japhet* kann hier nicht eingegangen werden; dies ist in einer separaten Arbeit geschehen (siehe Anm. 149).

[6] Das Gebot von JAHWEH *« ... keine Götter neben mir ... und diene ihnen nicht»* schließt diese Klasse von Geistern zwischen dem Einen Gott und der Menschheit nicht aus. Sie weist jenen nur im erwähnten Sinne ihren subalternen Platz zu. Diese Unterordnung wird z.B. im chinesischen oder im aztekischen Götterhimmel fast ganz vermißt, im Christianismus aber verwischt durch die Gegenwart der rein menschlich verstandenen Maria und der Heerschar von ‹Heiligen›, die genau genommen nichts Anderes sind als die chinesischen, japanischen, afrikanischen etc. Naturgötter.

[7] Siehe *Dao-De-Ging (Tao-Te-King) – die Gnosis im Alten China ...* - Basel. Edition Oriflamme, 2013. – Chinesische Urtexte, direkt ins Deutsche übersetzt, illustriert und aktuell kommentiert; hier besonders die SS 34, 42 und 51.

[8] Beide in ihrer ersten umfassenden Zusammenschau mit den originalen Übersetzungen von Marvin Meyer aus den Primär-Sprachen Griechisch, Hebräisch und Koptisch: *The Gnostic Bible*, herausgegeben von Willis Barn-

stone und Marvin Meyer; Boston und London, Verl. Shambhala, 2009.
[9] BARBELO hat in verschiedenen Sekten unterschiedliche Bedeutungen: Zuerst die der ‹trimorphen PROTENNOIA›. Wörtlich übersetzt könnte man dies einerseits das *Innere Urwissen vor allem Sein* nennen, die kosmische dreifältige Gottheit. – Einige Gnositker sahen in BARBELO den weiblichen Aspekt des Allumfassenden Gottes – vorallem die samarischen Sethianer gemäß der Lehre oder «Offenbarung» des DOSITHEOS (siehe das Kapitel über die Täufer), der in der ganzen Entwickelung zum Christentum die Hauptrolle spielte. – BARBELO kommt aber um die Zeitenwende noch in zahlreichen Texten vor, einschließlich der Valentianischen Schrift der PISTIS SOPHIA und eben im hier vorgestellten *Apokryphon des Johannes*. Auch der Diakon NIKOLAUS (siehe das Kapitel über die Nikolaiten) führte in seine Lehre die BARBELO mit ein. Und auch ein zoroastrischer Einfluß wird bezüglich der Lehre um Barbelo geltend gemacht.

Gemäß den Sethianern ist es jedenfalls BARBELO, die – man könnte sagen durch Fahrlässigkeit - Urheberin des Bösen in der Welt wurde, wie das *Apokryphon Iohannis* es beschreibt. Von den Sethianern kommt offenbar auch die Verurteilung der Materie, besonders des ‹Fleisches›, und somit auch all dessen, was zu dessen Vermehrung beiträgt, was die MARIA im *Dialog des Erlösers «die Werke der Frau»* nannte. – Daher vermutlich die negative Wertung der Frau in den entsprechenden Religionen – obschon die Frauen sowohl als Priesterinnen und Prophetinnen als auch als Predigerinnen hohe Wertschätzung erfuhren – im Gegensatz zum konsequent misogynen Judaismus. So wurde bei den Sethianern BARBELO zur HIMMELSMUTTER – dem weiblichen Aspekt der Gottheit selbst - als Partnerin (‹Syzygos›) des VATERS, mit dem SOHN als dritter ‹Person› (gemäß ägyptischem Vorbild: ISIS, OSIRIS, HORUS). In der Frühzeit wurden diese Drei aber nicht als getrennte ‹Persönlichkeiten› aufgefaßt, sondern als drei Aspekte des Einen, wie man im dreigesichtigen Gott der Kelten sehen kann. Die indische Theologie kannte – gemäß der Tatsache, daß Alles in der Welt in Bipolarität existiert – sowohl eine dreifache Muttergöttin: Durga als Zusammenziehung von LAKSHMI, SARASWATI und KALI) als auch einen dreifachen Vater-Gott: TRIMURTI als Zusammenziehung von BRAHMA, SHIVA und VISHNU. Dem entspricht bei den Kelten die dreifache MORGANE, während DAGDA, CERUNNOS und WOTAN jeweils selbst alle drei Aspekte besitzen. Der jüdische JHVH hingegen wird als ausschließlich männlich abgehandelt, wiewohl er als BINAH im Baum der Sephiroth eine weibliche Rolle besitzt. Daneben wird hier der weibliche Aspekt Gottes in der SHEKINAH gesehen, der SOHN unter DATH verschwiegen (siehe P. Martin, *Wassermann-Genesis*, a.a.O.).

Das Christentum Roms war ebenfalls ausschließlich männlich orientiert, mußte sich aber dann doch der Notwendigkeit fügen und mit dem Marienkult (ab ca. 4. Jh.) die Muttergöttin als Göttermutter/«Mutter Gottes» wieder einführen, wie dies bereits bezüglich des römischen ISIS-Kults der Fall war.

Bei den Gnostikern Samariens *vor* DOSITHEOS hieß der All-Eine Gott ebenfalls «Vater», aber auch NOUS, der weibliche Aspekt aber PROTONOIA (als sein «Erster Gedanke»). Nach einer anderen Ansicht war es EPINOIA, die als Gedanke des Vaters in die Welt hinunter stieg und dort außer den Engeln auch die Archonten schuf – und durch diese die materielle Manifestation der Welt. Hier setzt der Mythos der PISTIS SOPHIA ein, die von den Archonten in der niederen Welt festgehalten wird, um sie ihres Lichtkleides zu berauben. EPINOIA fiel damit so tief, daß sie einen menschlichen Körper erhielt und als Frau in mehreren Existenzen durch die Welt irren mußte. Alle diese Frauen hießen HELENA – und dies mag nun erklären, weshalb die jeweilige *Syzygos* der Täufer und anderer Exponenten der Religionsgeschichte HELENA genannt wurden – ein Titel also, kein eigentlicher Name. André Wautier, den wir hier z.T. zitieren, geht auf diese ganze Thematik noch viel weiter ein in seinem Buch *Le Mythe de Barbelo, Mère Céleste* (Montréal, Éditions Ganesha, 1990).

[10] Siehe die Abbildungen in diesem Buch als Beispiel

[11] Siehe P. Martin: *Aus dem geistigen Erbe der Essener – Das essenische Evangelium des Friedens und die essenische Schöpfungsgeschichte. Drei englische Texte von Edmond Bordeaux-Székély neu ins Deutsche gebracht.* – Basel, Edition Oriflamme, 2017. – Dort in der Einführung, auf S. 16.

[12] Heutige akademische Studien ergeben das verblüffende Ergebnis, daß die ‹Juden› zuvor weder in Canaan noch in Ägypten je angesiedelt waren. Vielmehr waren sie im sog. Westasiatischen Raum (von Äthiopien über Yemen bis in die arabische ‹Rote Wüste› verteilt. Die Geschichte Yemens zeigt, daß sogar nach der Christianisierung Süd-Arabiens die Macht außer bei den eigentlichen Himyariten bei den Juden lag: Auch Feldherren und Könige waren jüdisch. Die heutige Situation ist unklar; jedenfalls aber wanderte erst im 3. Jh. n.Chr. eine Großzahl Juden nach Norden (siehe die Geschichte des Reichs Yemen). Die im AT erwähnte Deportation der‹Juden› (nebst anderen unbotsamen Nomadenstämmen durch TIGLAT PILESAR im Jahr 734 v.Chr. fand wohl statt, aber aus eben diesem westarabischen Raum. Die Geschichte des AT selber macht diese Verhältnisse plausibel:

Der historisch nirgends erwähnte König SALOMON (der aber in den *persisch-arabischen* Erzählungen von 1001 Nacht unter dem adäquaten Namen SULAIMAN IBN DAUD oft auftritt), wäre niemals mit der (schwarzen, d.h. äthiopischen!) Königin des Großreichs Sabah (das war der Großraum der gamzen arabischen Halbinsel einschließlich Äthiopien!) in Kontakt gekommen, hätte er im kleinen Canaan und nicht *in eben diesem Großreich als Kleinkönig* gelebt.

Diese sogar bis in Wikipedia populären Tatsachen werden zwar heute mit DNA- und Hormon-Untersuchungen an Lebenden (wie zu erwarten vorallem, aber nicht ausschließlich, durch arabische und ägyptische Wissenschafter) bestätigt – durch die Großmacht der akademischen Archäologen aber vollkommen mißachtet, die weiterhin in canaanitischen Tels suchen, was wirklich im heutigen arabischen Raum zu finden wäre (siehe Anm. 3).

In einer früheren Studie (siehe Anm. 149) schrieben wir: « ... *darf man sicher behaupten, daß das kasarische Nomadenreich im Raum Byzanz, Don und Wolga in engem Zusammenhang steht mit dem brillanten ‹Sassaniden›-Herrscher Chosru I – und mit seinem Feldzug ins Herz des byzantinischen Reichs, auf die Krim, über den Kaukasus und zur Mittelmeerküste Canaans; – nach Yemen, zu den Grenzen China's und bis zum Indus; – letzteres, indem er (als Westhunne!) die Großmacht der Ost-Hunnen, eines kasarischen Bruder-Volks brach (nach dem Muster der «feindlichen Brüder»).* –

Das bedeutet, daß, falls es einen Einfall nomadisierender Reiter in Europa je gab, dieser nicht etwa aufs Konto der eigentlichen Hunnen geht, sondern auf jenes der Kasaren (= Husaren) des Chosru, die nach dessen

Rückzug nach Osten auf eigene Faust die einst eroberten Länder «*zerstreut*» besiedelten ... - *DAS ist die wirkliche «Diaspora der Juden»*.

Alle diese neuen historischen Forschungs-Ergebnisse hätten kaum Auswirkungen auf die rein geistige Dimension dieser Studie, würden sie nicht zugleich einige der in den Gnostizismus eingeflossenen Überlieferungen und magischen Riten erklären (siehe Ophiten und Sethianer).

[13] Auch das Buch Jasher nennt JHVH fast ausnahmslos *«deinen», meinen»*, *«unsern Gott», «Gott der Hebräer»* etc.

Jasher zeigt יהוה nirgends als *Den Ewigen* (der anderen Orts auch ein Sohn des OSIRIS genannt wird), sondern als einen *Großen Weisen und Magier*, z.B. bezüglich des Saphir-Stabs, den Mose im Garten REUEL's fand, und über den die Bibel (2 Mo 4:2) auffallend einsilbig bleibt. – Dieser Umstand muß hier jedoch etwas weiter ausgeführt werden:

Es ist eine anerkannte Tatsache, daß es verschiedene Arten gibt, den Namen IHVH zu lesen und zu interpretieren – je nach spirituellem Niveau – von jenem gewöhnlicher Naturreligion und Magie über den Demiurgen und die Mysterien gehend bis hin zur höchsten gnostischen Ahnung von der sublimen, unveränderlichen und ewigen Essenz aller Welten: Erstens als IAO, was dem ägyptischen «Großen I-A» entspricht, dargestellt als Basilisk oder als eine menschliche Gestalt mit einem (goldenen) Eselskopf (siehe Abb. S. 211). Dieser kann verstanden werden als der SOHN, oder das WORT, (Sephirah DAT) als die höchste Emanation von Bewußtsein (BINAH). Dann (gemäß H.P. Blavatsky, in *Isis Unveiled*, E.A. S. 299 f.) als der *Hauch des Lebens*– oder als das H in ABRAHAM. Von ihm – IA – wird gesagt, er sei dem ZACHARIAS im Allerheiligsten erschienen als IAO *mit dem Eselskopf* (daher dessen vorübergehende Stummheit; siehe Buchtext Ss. 47, 238, 245 und Abb. S. 211).

Ein weiteres (das freimaurerische) Verständnis ist, ihn als IA-HEVEH zu lesen, worin IA dem (maskulinen), noch unstofflichen Himmlischen Menschen ADAM KADMON entspricht, erschaffen *«im Ebenbild Gottes»* – und HEVEH der weiblichen Potenz, welche die Bibel EVA nennt, und der wir in der römischen Mythologie als HEBE (Göttin von Met und Bier) begegnen (daher *Hefe* und der Ausdruck *«Einen heben»*). – Und wir dürfen ergänzen, daß, wenn wir denselben IAO mit einem lateinischen I (der *Vater*), einem hebräischen ה (HE, *das Wort*) und mit einem griechischen Ω (die *Mutter* als *Matrix*) schreiben, wir die *klassische Trinität* gemäß uralter Überlieferung in diesem einzigen heiligen «Wort» vereint finden. – H.P.Blavatsky lehrt, daß «die masoretischen Rabbiner *Den Namen* als ADONAI – oder HERR – lasen; – daß *Philo Byblos* ihn Ιευω– IEVO buchstabierte; – daß die Samarier ihn als ΙΑΒΕ (YAHVA) aussprachen, und die Juden daraus I-A-H-O machten {siehe oben}. Dann, daß – gemäß DIODORUS SICLUS *«bei den Juden gesagt wird, Mose habe seinen Gott Iao (Ιαω) genannt».* Ebenso schreibt sie, MOSE habe ihn nie IAHO – und *noch viel weniger* IEHOVAH *– genannt, bis er in diesen Namen eingeweiht* wurde durch seinen Schwiegervater REUEL, den midianitischen Magier gemäß *Jasher*, den die Bibel (in 2 Mo, 4) JETHRO («ein Mann»), bzw. REGUEL / REUEL, «Priester von Midian» nennt. Und allein den *masoretischen Rabbinen* des 13. bis 17. Jh. ist zu danken, daß die Les-Art JEHOVAH existiert: «יהוה – muß als YAHOO und IAH gelesen werden, nicht als Jehovah», so schreibt Blavatsky; und: «Der IAH der Hebräer ist der BACCHUS der [griechischen] Mysterien; – der Gott,

ANMERKUNGEN ZUR EINFÜHRUNG DES HERAUSGEBERS

„von dem die Befreiung der Seelen erwartet wurde – DIONYSOS, IAH *oder* IACCHOS", wie M.O. Müller in seiner *Geschichte der griechischen Literatur*, auf S. 283 schreibt». –
Mit anderen Worten: IHVH ist, *im höchsten esoterischen Sinn verstanden*, der JESUS (H ↔ CH = S) der gnostischen Ur-Christen – der *Erlöser*! Gemäß H.P.B. wiederum stellte Aristoteles fest: יהוה war OROMAZDES, d.i. AHURA MAZDÃO und AHRIMAN-PLUTO. Denn der Gott des Himmels – AHURA MAZDÃO – fährt auf einem Wagen, dem das *Pferd der Sonne* {ein *weißes* Pferd} folgt. Ein anderer Autor sagt: «Die {vor-islamischen} Araber stellten IAUK (IACH) als ein Pferd dar. Und *Ausonius* schrieb:

„Ogygia nennt mich BACCHOS, *Ägypten hält mich für* OSIRIS;
Die Musier nennen mich PH'ANAX; *die Inder heißen mich* DIONYSOS
Den Mysterien Roms bin ich LIBER, *dem Arabischen Volke* ADONIS ... " –

und ergänzt: «und das auserwählte Volk nannte ihn *ADONAI und JEHOVAH*».
Endlich versteht H.P.B. *Jasher* dahin gehend, er habe in seinen JEHOVAH den Begriff des SATURN integriert {Sohn des Himmels (Uranus) – also Sephirah KETHER, der ‹ALTE DER TAGE›, siehe die sogleich folgende –Anmerkung}; – also eine vorsinthflutliche Gottheit, zweifellos ‹älter› als OSIRIS.
Da nun der Name OSIRIS gefallen ist, muß bemerkt werden, daß er und NIMROD – wie IHVH – in *Buch Jasher Söhne der Weisen, Söhne von Königen der Vorzeit* (d.h. vor der Großen Flut) genannt werden, die zu nachsinthflutlichen *Lehrern der Menschheit* wurden:
Beide (OSIRIS und NIMROD) sind vom Stamm CHAM's, während IHVH sich ausschließlich an die Söhne von SEM hält. – Nur daß OSIRIS den ägyptischen Gelehrten (Chamiten) *bekannt ist*: OSIRIS ist ein Sohn des brahmanischen AMMON (bei *Jasher* ANNOM): Der römische JUPTIER (auch JUPITER-AMMON genannt) entspricht dem brahmanischen DJAUS PITR *(*dem *Vater-Gott Djaus = deus = Gott*; *Pitr = pater = Vater*) als Vermittler zwischen dem Weltenbaum und dem ‹AIN-SOPH-AUR›, dem ‹ALTEN DER ALTEN›.
AMMON ist ein Sohn von MISRAIM, Sohn von CHAM, Sohn von NOAH. Ebenso NIMROD, Sohn von KUSH, Sohn von HAM (= CHAM). Daraus folgt, daß die jüdischen Schriften, historisch verstanden, vorallem die dynastischen Machtkämpfe zwischen den ‹Kindern von SEM› und den ‹Kindern von HAM› beschreiben: Die Söhne von JAPHET waren längst Beider Herr geworden, wie dies die bereits erwähnte Studie über den *Unglaublichen Hintergrund des Islam* ... beschreibt (siehe Anm. 149).

[14] Wautier a.a.O. S. 17 zählt die Namen der Planetenherrscher nach diesem System auf: JALDABAOTH mit dem Löwenkopf Herr des SATURN; der des JUPITER: IAO, ein Stier; der von MARS: SABAOTH, ein Drache; jener der SONNE: ADONAI, ein Adler; der von VENUS: ELOA, ein Bär; der von MERKUR: ASTAPHAIOS, ein Hund; des MONDS: HORAIOS, ein Esel. (JEHOVAH wird auch mit dem MOND assoziert!). Diese beherrsch(t)en natürlich nicht nur die ‹stoffliche Kugel› des jeweiligen Planeten, sondern auch alle seine ätherischen und astralen Sphären samt der seiner Umlaufbahn. – Die Mehrheit dieser alten Dämonen-Namen, die ja im Textteil des gegenwärtigen Buchs erwähnt werden dort, wo Jaldabaoth seine Hierarchie aufbaut, sind auch nach der Tradition der Qabbalah Namen für JAHWEH bzw. für die Sephiroth, und damit Haupt-Aspekte der Gottheit (entsprechend den «Sieben Geistern vor Gottes Thron»), wobei die Namen IAO und SABAOTH am häufigsten begegnen, mehrmals auch Kain und Abel.   →→ Fortsetzung nächste Seite.

239

Überdies wurde jedem dieser NAMEN ein Erzengel als Hüter zugeteilt, nämlich, in obiger Reihenfolge: MICHAEL, URIEL, GABRIEL, RAPHAEL, TAUTABAOTH, ERATHRAOTH, PHANUEL. – Und die Gestalt der Schlange hatte *gemäß den Ophiten* RAPHAEL inne, wenn er die Menschen unterrichtete. Dieselbe Zuteilung kannten auch die Sethianer.

[15] Wautier in seinem Buch *Simon Le Mage* zitiert HYPOLITH VON ROM mit der Auffassung der Sethianer bezüglich der Schlange in folgender Weise (stark gekürzt; man vergleiche dies mit der Erscheinung der Schlange im Paradies gemäß dem Text der *Interrogatio Iohannis*): „Das *«vollkommene Wort des Lichts in der Höhe»* (der LOGOS) nahm die monströse Gestalt einer Schlange an, um in den Schoß einer Jungfrau einzudringen ... Danach aber wusch es sich und trank den Kelch des strömenden Wassers des Lebens, das Jedermann unbedingt trinken muß, der sich aus der Sklaverei befreien und sich mit dem Himmlischen Gewand bekleiden will".

Bei den Gnostikern wird die Schlange nicht unpassend als die *Vermittlerin von Erkenntnis an die fleischgewordenen Menschen* erwähnt, denkt man an die Redensart, die vorallem der Bibel eigen ist, wenn es um physische Zeugung geht: «A erkannte B», wobei Eva («das Weib») aus verständlichen Gründen als der Prototyp der Fleischwerdung gilt. Und ebenso logisch ist der Schritt, der aus der vom Logos geschwängerten Eva eine vom Heiligen Geist geschwängerte Maria und damit eine Halbgöttin, und aus ihrem Sohn einen Gott macht. So wird MARIA zur Personifikation der *Himmels-Mutter - «Himmelskönigin»* - zugleich zur *«Licht-Jungfrau»* der Manichäer, und sogar zum *jungfräulichen Heiligen Geist* der Sethianer und zur SOPHIA der Gnostiker: Magie und Symbolik verlangen bedingungslos nach dieser Frauengestalt als *Gegenpart – Syzygos* – des göttlichen All-Vaters.

[16] Herausgegeben durch das Nederlands Historisch-Archaeologisch Instituut te Istanbul, 1974/1975; auf Englisch, Französisch und Deutsch.

[17] Der Ausdruck ‹Sekte› bezeichnet hier rein sachlich eine eher kleine, eher untergeordnete spirituelle Gruppe im Unterschied – nicht unbedingt im Gegensatz – zu etablierten und Staats-Religionen. Er enthält a priori keinerlei negative Wertung. Siehe: V. WEIGEL, *Das Buch vom Gebet*, Einführung.

[18] D. Lobegott Lange: *Die Judenchristen, Ebioniten und Nikolaiten der apostolischen Zeit, und das Verhältniß der NT-Schriften zu ihnen, historisch und exegetisch beleuchtet.* – Lpz. A. Barth, 1828. – In: Beyträge zur älteren Kirchengeschichte sowie zur Einleitungswissenschaft in den Schriften des Neuen Bundes. – Erstes Bändchen.

[19] *adv. hær*. I, 35.

[20] Yves Schumacher, *Tiermythen und Fabeltiere.* - Bern, Edition Amalia, 2001 (ISBN 3-905581-15-9),

[21] in *De præscriptionibus*, 47

[22] JALDABAOTH ist der mißratene Sohn der SOPHIA, der selber zum Schöpfer wurde und die sichtbare stoffliche Welt erschuf und beherrscht; – auch SAMAEL, JEHOVAH, und mit manch anderen Namen genannt. – Siehe Anmerkungen zur *Interrogatio Iohannis* und Text des *Apokryphon des Johannes*.

[23] Wolfram von Eschenbach, *Parzival.* – a.a.O. – ‹Balgach› = Baghdad, – *Flegetanis («sein Vater war ein Muslim, seine Mutter eine Jüdin*) gemäß

ANMERKUNGEN ZUR EINFÜHRUNG DES HERAUSGEBERS

Wolframs Temurah umgestellt könnte einen Tan ergeben (Lehrer der Qabballah hießen so). Sein Name («*Flege-*») ist damit aber noch nicht bekannt.

[24] Siehe Kurt Richard Walchensteiner, *Die Kathedrale von Chartres – Ein Tempel der Einweihung.* – Verl. Neue Erde, Saarbrücken, 2006. – Hier wird u.a. der klassische Sternenweg – von einem Tempel zum anderen – im Detail beschrieben und erklärt.

[25] Robert Roberg schreibt in seinem Artikel *The Anonymous Gospel attributed to John in the 4th Century C.E.*: «Die Fehlübersetzung eines Worts in diesem Evangelium hat den christlichen Glauben ins Verderben geführt. Das griechische Wort heißt LOGOS. Die frühesten Griechisch-Übersetzer sahen nach den griechischen Philosophen, um das Wort LOGOS zu definieren, anstatt nach einem Christen: Philo {von Alexandria, gest. 50 n.Chr.} ... war ein früher Konvertit, dreisprachig in Hebräisch, Ägyptisch und Griechisch. Er sagt, der LOGOS sei der Erstgeborene und Anführer der Engel, der Schatten von EL SHADDAI, der Engel durch den EL SHADDAI sich der Welt offenbart; der *Architekt*, den EL SHADDAI benutzte, um den Kosmos zu erschaffen. Übernimmt man diese Definition ..., so wird klar, daß dem JEHOSHUAH {d.h. JESUS} der Schatten von EL SHADDAI innewohnte, und daß (er) nicht selbst der LOGOS war, aber durch den LOGOS in ihm heilte».

[26] Tatsächlich wäre dieser PETRUS nicht «SIMON, SOHN DES JONAS», als den die Evangelien «SIMON BARIONA» übersetzen, auch nicht SYMEON KÈPHA ein weitererBruder des JOHANNES DOSITHEOS, des EINTAUCHERS, der ein Sohn des JUDAS VON GAMALA war: Dieser wurde von DOSITHEOS wirklich KÈFA (griech. also PETROS) benannt; auch ging er nach dem Tod des DOSITHEOS mit zumindest einigen Jüngern Johannis zur «Jessèischen» Gemeinde um JAKOBUS «den Gerechten», Bruder von JESUS in Jerusalem über (JESSE = Vater von DAVID, also ‹Stammvater JESU›). Von da an hießen die Therapeutaes von Jerusalem alle *Nazoräer*. Zugleich ging auch SIMON KÈPHA'S leitende Rolle an JAKOBUS über. Nachdem SIMON KÈPHA der Gemeinde sein Entkommen aus dem Gefängnis des Herodes gemeldet hatte (Apg 12:17), «*ging er ins Haus von MARIA, der Mutter von JOHANNES, benannt MARKOS, wo die Gemeinschaft* {wörtlich: *die Geeigneten*} *versammelt waren*» – und von dort «*an einen anderen Ort*» (Apg 12:13-14). – In Apg 14 erscheint dieser ‹PETRUS› dann zusammen mit PAULUS und BARNABAS und obgenanntem *Johannes-Markos* in Antiochien etc. Er scheint sich also den römischen Christen angeschlossen zu haben. In Apg 15:7 ergreift jedoch wiederum ein PETROS (KÈPHAS), «*Bruder des Herrn*» (des DOSITHEOS) als Erster das Wort, der danach von JAKOBUS, der den Vorsitz der Versammlung führt, SYMEON (nicht SIMON!) genannt wird – und dies in Gegenwart von BARNABAS und PAULUS ! In Apg 15:7 heißt es nämlich:

«Als aber viel Wortwechsel entstanden war, stand PETRUS auf und sprach zu ihnen: „Brüder ihr wisset, daß Gott vor längerer Zeit *mich unter euch auserwählt hat*, daß die Nationen *durch meinen Mund* das Wort des Evangeliums hören und glauben sollten ... – Nun denn, was versucht ihr Gott, ein Joch auf den Hals der Jünger zu legen, das weder unsere Väter noch wir {er ist um eine Generation jünger als DOSITHEOS und dessen erster Jünger!} zu tragen vermochten? ... – Die ganze Menge aber schwieg *und hörte Barnabas und Paulus zu*, welche erzählten, wie viele Zeichen und Wunder Gott unter den Nationen durch sie getan habe». Die «Menge» hört also nicht auf Petrus.

SIMON PETRUS, Bruder von DOSITHEOS aber wurde im Jahr 47 zusammen mit seinem anderen Bruder JAKOBUS gekreuzigt; PAULUS dagegen besuchte die Gemeinde von Jerusalem erst im Jahr 53 oder 54, wie bereits erwähnt. – Es möchte also scheinen, daß – entgegen Wautier – der SYMEON PETROS (NICHT KÈPHA, 2. Petr 1:1-2, der in Apg 12:17 *«an einen anderen Ort gegangen»* war), entweder jenen anderen PETROS ersetzte – während in Antiochien SIMON sich PAULUS angeschlossen habe (Apg 4:20, 15:2 ff.), ohne seine Führungsrolle in einer der Christengemeinden ganz aufzugeben; es sei denn, die Autoren der Apg. hätten aus dem zu PAULUS übergegangenen SIMON BARIONA den BARNABAS gemacht und auch ihm den Zunamen KÈPHA gegeben. – Jedenfalls stimmt hier wieder Einiges nicht überein.

Zwar würde es so möglich, daß dieser samarische SYMEOIN KÈPHAS zum «ersten Bischof Roms» geworden wäre, der er aber dennoch nicht genannt werden kann: Erstens war er nie das Oberhaupt der Nazoräischen Gemeinde, und zweitens gab es bis zum Konzil von Nicea nur Diakone und keinen Bischof; Constantinus war wirklich der erste ‹christianistische *Bischof von Rom*›, wobei er sich ausdrücklich επισκπος εκ εκτος – *Bischof von außerhalb* nannte, sich also von der inneren Kirche *distanzierte.* Auch wurden die Diakone in Klein-Asien erst im 2. oder 3. Jh. *gegen ihren Widerstand* Rom unterstellt (siehe Kapitel *Nikolaiten).* –

Alle diese Vorkommnisse wurden in den Akten - vorallem in der Apostelgeschichte und in den ‹Paulus-Briefen› - so ‹geglättet›, daß der theokratische Anspruch der römischen Bischöfe befestigt und auf die Jünger um den konstruierten ‹JESUS› DES PAULUS bezogen wurde.

Um das Ganze noch abzurunden, meldet Wautier, der zuletzt genannte, ungesicherte PETROS sei der Sohn eines gewissen KLEOPHAS gewesen, der als Bruder JOSEPHS VON ARIMATHIA, des Ziehvaters von JESUS DEM NAZARENER gilt (siehe andere Hinweise dazu). SYMEON KÈPHA wäre somit ein Vetter zweiten Grades von JESUS gewesen – mit dem traditionellen Königs-Anspruch. Wautier nennt ihn, nicht STEPHANUS, den Nachfolger von JAKOBUS als Führer der Gemeinde, die von Jerusalem nach Pella auswich, und deren Nachkommen unter dem Namen EBIONITEN bekannt sind.

[27] Ein Extrem-Beispiel zum Beleuchten der Tatsache, daß das *Christentum als exoterische Staatsreligion* von realistischen Beschreibungen – Stammbäumen, Ereignissen etc. – ganz unberührt bleibt, stellt ein Buch von Salcia Landmann dar: *Jesus starb nicht in Kashmir.* – *Ohne Kreuzestod kein Christentum* (ein grundlegender Irrtum!). – Dieses Buch ist, was man in der Mathematik einen ‹negativen Beweis› nennt – aus folgenden Gründen:

Für den Esoteriker ist die realistische Lebensgeschichte Jesu samt deren direkten Folgen rein allegorische Bilder, die durch jeden Menschen individuell und konkret real umgesetzt werden müssen, der nach der eigentlichen (Selbst)-Erlösung strebt: Diese besteht in einem Prozeß der Reinigung, Erneuerung und Wandlung nach Seele, Geist und Körper, welcher die *Transfiguration* genannt wird. Das wahre Christentum als innere (esoterische) Religion ist also – ganz im Gegensatz zum messianischen Judentum – unabhängig von historischen und pseudohistorischen Personen und Vorgängen.

Hingegen sind die geistigen, astralen und ätherischen Folgen der Passion Jesu und des dabei vergossenen ‹Blutes› sowie die danach bleibende Gegenwart des kosmischen CHRISTOS im Herzen unseres Planeten – und die daraus durch entsprechend evolvierte Menschen gezogenen spirituellen und bewußtseinsmäßigen Konsequenzen – ein Mysterium, das *von keinem rein mentalen menschlichen Bewußtsein wirklich erfaßt – begriffen* werden kann (vgl. Jo 1:5 im griechischen Original: σκοτια ου κατελαβεν [αυτον]). Und dies (man stelle sich das einfühlend vor!) unabhängig davon, ob nach der echten Passion die ‹Auferstehung› auf diese oder eine andere Weise geschah: Das *Sterben selbst* ist ein *bewußter seelischer Prozeß* – auch ohne klinischen Tod!

Es ist verstehbar, was die reale Motivation hinter dem übelwollenden Buch von Frau Landmann war: Von einer strengen Jüdin und Zionistin verfaßt, nimmt es den un-jüdischsten aller Stoffe zum Ziel: das Mysterium des rituellen Kreuzestods des geopferten Gottes – nur um den Antichristianismus anzuheizen:

Als renommierte konservative Jüdin verteidigt sie die Lehre der Evangelien und der römischen Kirche zu Passion und Auferstehung Jesu (vom Sanhedrin verurteilt und seinetwegen (unter Druck-Ausübung auf Pilatus als Staatsfeind Roms) hingerichtet, weil er sich Sohn Gottes nannte) – und dies, im Angesicht dem widersprechender materieller Fakten,auch gemäß neuesten Quellen. – Warum würde Jemand in einem polemischen Buch von 340 Seiten ein Ereignis, dessen Bedeutung er/sie seit 2000 Jahren nicht erkannt hat, plötzlich verteidigen gegen eine Alternative (*«Jesus in Indien»*), die nicht nur den jüdischen Standpunkt befestigen kann, sondern überdies von nur ganz wenigen Menschen überhaupt positiv zur Kenntnis genommen – und von noch Wenigeren ernstgenommen wird? – Könnte es daran liegen, daß diese «Kashmir-Tradition» auf eine weitere Art die Tatsache untertsreicht, daß die Juden erst in der Spät-Antike, d.h. seit dem späten 6. Jh. v.Chr. (im Rahmen der forcierten Neubesiedlung Kanaans durch die damaligen Großmächte) das Land Canaan überhaupt zum ersten Mal betraten und auch aus anderen Gründen nicht als das ihnen von JHVH zugewiesene Land bezeichnen dürfen? – Oder liegt das daran, daß es entlang der Seidenstraße seit der Antike und noch heute unzählige Siedlungen klassischer, gesetzestreuer Juden gibt, deren Bewohner sich als die verlorenen Schafe (Stämme) Israels verstehen –also wiederum weit, weit weg von Canaan? – Oder handelt es sich endlich *bei allen jüdischen Siedlungen* um solche der Hephtaliten (der erwähnten weißhunnische Nomaden aus Mittelasien), die *nochmals tausend Jahre später*, im Lauf der Heerzüge der Hunnen unter Chosru I und II den Kaukasus überquerten, sich in ganz Europa verteilten, im Raum Don-Wolga aber das Volk der Kasaren bildeten?

Es kann jedenfalls kein wohlwollendes Motiv sein, das zu diesem Buch von Landmann führte, bedenkt man, besonders im Hinblick aufs jüdische Abbildungsverbot gemäß dem zweiten der 10 Gebote) als Umschlagsbild den Gekreuzigten aus einem Renaissance-Gemälde, der so abstoßend als nur möglich eingefärbt ist: Hier scheint wirklich jede Spekulation erlaubt. –

[28] Epiphan. *hær*. III, 3; Euseb. III, 28.

[29] Epiphan. *hær*. XXX, 17.

[30] Lange, a.a.O.; – cit. Plank, *Geschichte des Christentums in der Periode seiner ersten Einführung.*, Teil II, 3. Kap.

[31] *Apg* 2:44-45.

[32] Es muß sich um den weiter unten erwähnten HELLENISTEN JOHANNES handeln, denn die Übersiedlung nach Pella erfolgte im Jahr 36; JOHANNES DER TÄUFER (gemäß klassischer Tradition) wäre aber spätestens um 32 (also vor Jesu Tod) geköpft worden, und DOSITHEOS war gemäß heutigen Kenntnissen ein sethianistischer Judenchrist, ja der Anführer dieses Zweigs.

[33] Siehe Bildtafel *Æonologie der Valentinianer*, S. 229.

[34] Was für ein Joseph mag hier gemeint sein? Grundsätzlich könnte es Joseph von Arimathia sein (er war zugleich der Ziehvater Jesu; siehe Kapitel *Jesus in Indien*; doch aus der Feder des Epiphanius kommt eher FLAVIUS JOSEPHUS in Frage, wie weiter unten noch ersichtlich werden wird.

[35] *Corpus Hermeticum, Pymander.* – In *Corpus Hermeticum Lateinisch und Deutsch.* – Deutsche Übersetzung neben der lateinischen (aus dem Griechischen) durch Marsilio Ficino (1463), nach dem Zweitdruck (Mainz, 1503) mit einer Einführung und Anmerkungen. – Basel, Edition Oriflamme, 2014.

[36] *Mani's Lichtschatz.* – Eine Anthologie manichäischer Hymnen und Gebete. – Haarlem, Rozekruis Pers, 1999.

[37] vgl. auch Gilles Quispel, *Het Evangelie van Thomas. Uit het Koptisch vertaald en toegelicht door G. Q.* – Amsterdam, In de Pelikaan, 2004.

[38] D.h.: Bei der *ersten Begegnung* von JOHANNES DOSITHEOS und JESUS.

[39] Aus der Gesamtheit aller Informationen zu den verschiedenen ‹JOHANNES› muß man schließen, daß der – sozusagen – paulinische ‹JOHANNES› der Apostel sein müßte; denn als Autor kommt er höchstens für den ersten Brief unter diesem Namen in Frage – die beiden anderen werden plausibel dem DOSITHEOS zugeordnet (siehe jenes Kapitel). Wäre mit ihm aber JOHANNES DER TÄUFER (nicht DOSITHEOS) gemeint, so könnte dieser kein Essener gewesen sein; denn der PAULUS-JÜNGER JOHANNES war offenbar ein Hellenist.

[40] HIERONYMUS in *catal. v. Iohannem*:

[41] Giuseppe FORNASARI, *Celibato Sacerdotale e «Autocoscienza» Ecclesiale. – Per la Storia della «Nicolaitica Hæresis» nell'Occidente Medievale.* – Università degli Studi di Trieste, Facoltà di Magistero, III. Serie, N° 7. –

[42] IRENÆUS, *Adversus Hæreseos*, I, 26, 3; III, 11, 1)

[43] *De præscriptione hæreticorum,* cap. 5; und in: Franciscus OEHLER, *Corpus Hæresiologici Tomus primus* (von 3) *continens scriptores Hæresiologicos minores latinos.* ... Berlina, apud Asher & Socios, (1856)

[44] *Syntagma adversus omnes hæreseos.* – Verschollen - aber zitiert bei diversen Autoren.

[45] in *Adversus Marcionem.* Zitiert in: Franciscus OEHLER, *Corpūs Hæresiologici Tomus primus* ... – siehe oben.

[46] D. EPIPHANII episcopi Constantiæ Cypri / *Contra octoginta hæreses opus. Panarium sive Arcula, aut Capsula Medica appellatum, conntinens libros tres, tomos sive sectiones ex toto septem: Iano Cornario Medico Physico interprete.* – Basel, Winter, 1543. – ‹ UBB FJ IV 11›.

[47] PHILASTRUS, *Diversarum hæreseōn Liber,* capp. 33, 88, 115, 129, in: Franciscus OEHLER, *Corporis Hæresiologici Tomus primus* ; a.a.O.

[48] in: Franciscus OEHLER, *Corporis Hæresiologici Tomus primus* ... – a.a.O.

[49] YSIDORUS, *de sectis & nominibus hæreticorum.* – Wien, Ioannes Singrenius, exp. Leon & Lucæ Alantse fratrum, Anno Domini (1516. – ‹UBB fb 1254›. – Und in: Franciscus OEHLER, *Corpus Hæresiologicum* ... – a.a.O.

[50] *Stromata,* II, 118; III, 25; III, 26.

[51] *Historia Ecclesiastica,* III; 29.

ANMERKUNGEN ZUR EINFÜHRUNG DES HERAUSGEBERS

[52] D. Lobegott LANGE: *Die Judenchristen, Ebioniten und Nikolaiten der apostolischen Zeit, und das Verhältniß der NT-Schriften zu ihnen. – Historisch und exegetisch beleuchtet.* – Lpz. A. Barth, 1828. – In: *Beyträge zur älteren Kirchengeschichte sowie zur Einleitungswissenschaft in den Schriften des Neuen Bundes.* – Erstes Bändchen.

[53] LANGE, a.a.O.

[54] Siehe das Kapitel *Die Kashmir-Variante – Jesus in Indien.*

[55] Apg 23, 12-22.

[56] Joseph ATWIL, *Caesar's Messiah – The Roman Conspiracy to Invent Jesus.* Ulysses press, Berkley, Cal. 2005. - Deutscher Titel: *Das Messias-Rätsel.* Ullstein-Verlag, Berlin 2005; ISBN 9783-7934-2091-0

[57] Das ist der erste, rein geistige, göttliche Mensch – Urbild und Ur-Idee des Menschen, auch ADAM KADMON genannt.

[58] ENCAUSSE, Gérard Analect (genannt PAPUS), *La Cabale.* – 2. Ausg. Paris, 1903. – Deutsche E.A. s.l. s.a. (wahrscheinlich gleichzeitig): *Die Kabbala – Einführung in die jüdische Geheimlehre.* – Autorisierte Übersetzung von Julius Nestler, k.k. Professor. – Nachdrucke ab 1980 bei Verlag Fourier, Wiesbaden; – a.a.O. S. 109.

[59] Adolf FRANCK, *Die Kabbala oder die Religions-Philosophie der Hebräer.* – Aus dem Französischen übersetzt, verbessert und vermehrt von Ad. Gelineck. – Leipzig, Heinrich Hunger, 1844. – Reprint s.a. bei Reprint Verlag Leipzig (ISBN 3-8262-0600-2); – a.a.O., S. 164.

[60] J.J. HURTAK, Übers. & Hrsg.: *Pistis Sophia – a post-gospel dialog on consciousness light and the spirit of wisdom. – A translation of coptic and greek material found in the Askew Codex. With commentary ...* – The Academy of Future Science, Los Gatos, California, 1999. – Auch in deutscher Übersetzung ebenda erschienen, 2003.

[61] Der «Mann in Gestalt eines Esels» ist ein Hierophant im Gewand des IAO der hellenistisch-ägyptisch-phönizischen Mysterien., bei den Ägyptern IA genannt (siehe Anm. 13!) – das ist also das יה in יהוה – und dies wiederum ist, wie APULEIUS in seinem *Goldenen Esel* beschrieb, DIONYSOS-JEHOVAH-JALDABAOTH, der Demiurg (siehe Abb.). – ZACHARIAS wurde also sei es mit einem Avatar, sei es mit einem Priester im Götter-Gewand konfrontiert, wie sie noch im Mittleren Ägypten üblich gewesen waren, war aber unvorsichtig genug, dieses Mysterium zu profanieren und verfiel daher der Todes-Strafe, wie Jeder, der die Mysterien verriet. Die ‹Stummheit des Zacharias› weist also nur aufs Mysterium hin. – Jeder damalige Eingeweihte konnte das verstehen (vgl. den Text des *Apokryphon Iohannis* und Anm. 80 und 81).

[62] Das *Evangelium nach Philippus-* ist eine im Nag-Hammadi- Codex II enthaltene, vermutlich valentinianische, gnostische Spruchsammlung. Es handelt sich um Fragmente einer pseudepigraphischen Schrift aus dem 2. Jh.

Die 127 oft unverbunden aneinandergereihten Sprüche behandeln unterschiedliche Themen: Überlegungen über Adam und das Paradies, Erörterungen über Akte des Schaffens und Zeugens, Überlegungen über Braut und Bräutigam (besonders das Brautgemach). Viele Ansichten finden sich im Thomas-Evangelium wieder. MARIA MAGDALENA nimmt hier die Stellung der Lieblingsjüngerin ein, die in den kanonischen Evangelien JOHANNES erhielt. – PHILIPPUS scheint ein Jünger des DOSITHEOS gewesen zu sein.

[63] Das ist eine Anspielung an die ägyptischen Unterweltsbücher, wo der Gestorbene (seine Seele) aufzählen muß, was er an Üblem *nicht getan* hat.

[64] M. Eberhardi Rudolphi ROTHII, Gymn. Ulmii Conrectoris ... *De Nicolaitis in Apocalypsi c. II, 15 delineatis Dissertatio. In qua ... Nicolaitorum, Gnosticorum aliorumque ejusdem farina Hæreticorum immania flagitia et nominatim Thyesteas epulas & Oedipodeos concubitūs in dubium vocant, placidissime inquiritur.* Editio priore longe auctior. Jenæ, Literis Wertherianis, sumpt. Christoph Enoch. Buchta, Anno O. R. M. DC LXXIX. – <UBB Frey-Gryn E IV 24 # 41>.

[65] Übers. d. Hrsg.

[66] *de hæres.*, cap. 5

[67] Gottfrid ARNOLDS *Unparteiische Kirchen- und Ketzer-Historie/von Anfang des Neuen Testaments biß auff das Jahr Christi 1688.* – Franckfurt am Mayn, bey Thomas Fritsch, (1699). – UBB < FM VI 37>.

[68] Hier geht es ebenfalls um die ‹Bileamiten› als Allonym für die *Nikolaiten* – «... daß sie Götzenopfer aßen und Unzucht trieben ...» – siehe die Anm. 76.

[69] Anonymus: *Anabaptisticum et enthusiasticum Pantheon vnd Geistliches Rüsthauß Wider die Alten Quacker / vnd Neuen Frey-Geister / Welche die Kirche Gottes Zeithero verunruhiget und bestürmet/auch treue Lehrer vnd Prediger Göttlichen Worts / verachtet / verleumbdet / gelästert vnd verfolgt haben/mit vielen zur Sache dienlichen und nützlchen Kupffern / bloß zu Gottes Ehre und Erhaltung seiner Christlichen Kirchen / Auch den Geistlichen / Weltlichen und Hausstande zur Nachricht / Nutz und besten zusammen getragen und auffgerichtet.* – Jm Jahr Christ 1702 (s.l. – Marburg?).

[70] Gemäß WAUTIER handelt es sich allerdings um den Neffen von DOSITHEOS: JUDAS, Großsohn von JUDAH VON GAMALA, der den Behörden den geplanten neuerlichen Anschlag auf Jerusalem verriet, worauf der ‹Christus› DOSITHEOS gefangen und gekreuzigt wurde. – Siehe entsprechendes Kapitel.

[71] Es handelt sich wohl um das valentinianische *Evangelium des Vollkommenen Lebens* (1. Jh.), auch Evangelium der Heiligen Zwölf genannt. – Das ist ein ursprüngliches und vollständiges Evangelium. – Hrsg. G. J. R. OUSELEY, Humata Verlag, Bern, ISBN: 3-7197-0384-3.

[72] Ioachimi CAMERARII Pabebergensis, *in Plutarchi de Oraculorum Defecti Epistola.* – Enthalten in IAQUIERUS, *Flagellum Hæreticorum ...* (Frkf./M., 1581). – Tatsächlich fand, wenn man die Jahreszahlen im *Buch Jasher* konsequent verfolgt, die Noachische Sinthflut von ca. 950 bis 750 v. Chr. statt!

[73] Giuseppe FORNASARi, *Celibato Sacerdotale* ... – a.a.O.

[74] Zitiert in: UMBERTO IN SILVA CANDIDA, *Adversus Simoniacos*, I, III, cap. 39.

Von NIKETAS, dem berühmten Bischof der Bogumilen sind kaum Lebensdaten bekannt. Ums Jahr 1160 erscheint er in der Lombardei, um das *Consolamentum* – das Sakrament der Katharer – zu spenden oder zu erneuern, und um den Glauben zu stärken. Soweit man weiß, gehörte NIKETAS einer strengen Glaubensrichtung innerhalb der Bogumilen an, den sogenannten *Dragoviten*. – Der Führer der lombardischen ‹Ketzer›, ein gewisser MARCO, war hingegen ein eher gemäßigter Dualist.

ANMERKUNGEN ZUR EINFÜHRUNG DES HERAUSGEBERS

[75] Betrifft den Jünger JESU. Der Samarier PETRUS, a.k. SYMON KÈPHAS, Sohn des DOSITHEOS, war in Rom, aber nie Bischof. – Siehe Anm. 26 im Gegenw.

[76] Der DECA (*Dictionaire Encyclopédique du Christianisme Ancien*. – Ed. du Cerf, 1990, vol. II, p. 1747 f.) schreibt unter NIKOLAITEN: *«Es handelt sich um eine Bewegung doktrinalen und ethischen Charakters im 2. Jh., und, falls man sie mit den «falschen Aposteln» der Apg 2:2 identifizieren will, um Wanderprediger, die sich als Propheten und Apostel darstellten».* – Balaamiten wurden sie zubenannt, weil Balaam mit moabitischen Frauen und unreinem Fleisch die Israeliten verführte {vgl. 4. Mo 25}. Ferner weist der DECA auf «eine Frau, JEZEBEEL» hin: Dieser Name erscheint auch in einigen der obigen Quellen. – Man sollte wohl nach dem valentinianisch gnostischen Konzept so verstehen: (*Jès – Feuer*; *Beel – Herr* – also eventuell *Herr[in] des Feuers* oder *des Lichts*, und daher mit dem VESTA-Kult verwandt?); möglicherweise für „*Sophia außerhalb des Pleroma*" gesetzt. Alle Rezensenten sind sich indes darin einig, daß es sich um *ein schrecklich heidnisch Weib* handeln müsse; – der DECA bringt sogar eine historische Figur dazu: Der Name sei ein Archetyp, ein symbolischer Name, der personifiziert sei in *«der Phönizierin desselben Namens, Königin Israels, die ihren Mann* ACHAB *zusammen mit einem Großteil des Volkes zu den heidnischen Kulten veranlaßt»* habe. (→ Anm. 78).

Tatsache ist: Im Altertum trug das Volk automatisch die Religion des Königs. Trat der König oder Fürst zu einem anderen Glauben über, so mußte sein ganzes Volk dies sogleich mitvollziehen. Gallien, Britannien, die Kasaren und Azteken sind typische Beispiele dafür.

Die bewußte Stelle in der Apokalypse würde – so der DECA – bedeuten, daß es sich um *Prä-gnostiker* handle, die sich auf eine höhere Kenntnis beriefen und *«die Freiheit der Ausübung des christlichen Glaubens im Sinne von 1 Cor 8; Rom. 14 bis ins Extrem verfolgt»* hätten. Sie hätten auch dem Kaiser-Kult (Cäsar = Gott) gewisse Konzessionen gemacht, weil ja *nicht die Person des Kaisers verehrt wurde, sondern sein schützender Genius* – also im hellenistisch-gnostischen Sinne ein *Eudaimon*.

Andere benutzen den Spruch von NIKOLAUS: *«Man muß sein Fleisch vernachlässigen* (siehe unten)», um daraus den Vorwurf des Libertinismus abzuleiten. Und der DECA ergänzt: Im Mittelalter habe man all Jene, die sich dem klerikalen Zölibat widersetzten, Nikolaiten genannt.

[77] *Dictionary of Gnosis & Western Esotericism* (DGWE). Edited by Wouter J. Hanegraaff, in collaboration with Antoine Faivre, Rœlof van den Brœk and Jean-Pierre Brach. – Brill, Leyden, 2005; – Volume II, p. 867 f.

[77-A] Ebenda.

[78] JEZEBEL ist eine Figur in 1 Kö 16:31 des AT. Sie war die Tochter des syrischen Königs ITHOBAAL, und neben ihrem Mann ACHAB Königin des noch syrischen Jezreel unter Dominanz von Jebus (später Jerusalem). Ihre Verurteilung in der Bibel gründet darin, daß sie ihrer heimischen Phönizischen Religion anhing (Kult für BAAL und ASHERA) und diese anstelle des JAHVEH-Kults aufs ganze Volk übertrug (siehe oben). Die Priesterschaft lynchte sie, weil sie den Landbesitzer NABOTH hinrichten ließ, als ACHAB dessen Land begehrte. – Das ist eine genaue Parallele zu 1 Sam 25, wonach David (ebenfalls bereits König) ABIGEIL, die Frau von NABAL begehrte und daher den Mann in den Krieg schickte, mit dem klaren Befehl an den Heerführer, ihn dort eizusetzen, wo er sicherlich

247

getötet werden würde, was auch geschah. - Allerdings wird David a.a.O. nicht bestraft, sondern mit religiösen und nationalistischen Ausreden ‹gerechtfertigt›. Daß die JEZEBEEL-Anekdote überdies 500 Jahre vor den Nikolaiten stattfand, kümmert die Hexenjäger nicht.

[79] G.S-MEAD, *Fragments of a Faith forgotten.* – Deutsche Ausg. *Gnosis;* – Anakonda-Verlag, Köln, 2008; – S 450 ff.

[80] *Die verborgenen Akten der ersten Christen.* –Wiesbaden, Marixverlag, 2006.

[81] G.S. MEAD, a.a.O.; – Ss. 437 ff.

[82] Gemäß WAUTIER und Anderen nahm der Jünger JOHANNES, als er mit PAULUS nach Rom fuhr, den Namen MARKOS an und verfaßte unter diesem Namen das *Markus-Evangelium.*

[83] In: *Dao-De-Ging (Tao-Te-King) – Die Gnosis im Alten China;* Vollständig neu aus dem Chinesischen ins Deutsche übersetzt und aktuell erklärt. – Basel, Edition Oriflamme, 2013. - Und in: *Compendium Creationis – die universelle Symbolik der Wassermann-Genesis, erklärt durch P. Martin.* – Basel, Edition Oriflamme, 2016 (siehe Anzeigen am Schuß desBuchs).

[84] Vgl. *Corpus Hermeticum Lateinisch und Deutsch* nach der Ausgabe von Marsilio FICINO. - Basel, Edition Oriflamme 2015.

[85] Siehe Schluß des Kapitels über Rituale.

[86] Die esoterische Bedeutung des DIONYSOS- und des ORPHEUS-Kults, die eng mit dem OSIRIS-Kult Ägyptens zusammenhängen, wird im Folgenden zusammen mit der heutigen, aktuellen Bedeutung für jeden Menschen auf dem Pfad der geistigen Evolution erklärt. Hier der typischste DIONYSOS-Mythos:
ZEUS in Stiergestalt verführte die Königstochter SEMELE. Im Moment der Zeugung (des DIONYSOS) verbrannte SEMELE in den Blitzen des ZEUS zu Asche. Doch ZEUS rettete den Embryo aus der Asche und nähte ihn in seinen eigenen Schenkel ein, sodaß DIONYSOS schließlich aus dem Schenkel des ZEUS geboren wurde. Daher sein Allonym: *Der Zweimal-Geborene.* Er wuchs auf dem Olymp auf, wo er zuweilen auf des Vaters Thron kletterte und dessen Blitzbündel in kindlicher Faust schwang. Eines Tages wurde er dort von den TITANEN überrascht, zerrissen und verschlungen. ZEUS verbrannte daraufhin die Titanen mit seinen Blitzen zu Asche. Aus dieser Asche, in der ja auch die Asche des DIONYSOS enthalten war, entstand das Menschengeschlecht.

[87] Siehe: P. MARTIN, *Esoterische Symbolik heute – in Alltag, Sprache und Einweihung.–* Basel, Edition Oriflamme, 2010; –pp 71-73 mit Abb.

[88] So auch im *Apokryphon des Johannes,* mit «Spucke» als Euphemismus.

[89] Herausgeber-Kollektiv: *Relacion de las fabulas y ritos de los Incas,* Verlag Parecos y Australes; Internet-Site: https://de.scribd.com/document/349169377/Cristobal-de-Molina-Relacion-de-Las-Fabulas-y-Ritos-de-Los-Incas-1.

[90] *Huacas* – die mumifizierten Ahnen und die Götterbilder – wurden teils in der Familie aufbewahrt und gepflegt, teils in Tempeln, die ebenfalls *huaca* hießen.

[91] 1 Cor. 11:25 ss.

[92] Wir empfehlen weitere sehr interessante und exclusive Arbeiten zur Ur- und Frühgeschichte in der indischen Tradition, von Bibhu im Internet veröffentlicht unter www.bibhu DevMisra.com, betitelt: «*Myths, Symbols and Mysteries.*»

[93] *Das Evangelium des Vollkommenen Lebens – Ein ursprüngliches und voll-*

ständiges Evangelium. Aus dem aramäischen Urtext ins Englische übersetzt und herausgegeben von Rev. G.J. OUSELEY. – Deutsche Ausgaben seit 1938. So auch mit einem Vor-und Nachwort und Kommentaren von Rudolf MÜLLER. Bern, Humata Verlag S. Blume, 1953 und 1974. – Zitat a.a.O., S. 142 ff.

[94] Dasselbe gilt natürlich auch für jede Glaubensgemeinschaft!

[95] 1. Mo. 31:34. – Folgende Erklärung entnimmt man der erwähnten Chronik mit dem Titel: *The Book of Jasher*:
*«Und das ist die Art der Abbilder: Man nimmt einen Mann, der der Erstgeborene ist, schlägt ihm den Kopf ab, nimmt sein Haar von seinem Kopf {vgl. magische Riten in Afrika, und das ‹Skalpieren› der Indianer!}, und salzt den Kopf ein und ölt ihn in Öl {*gemeint wohl: *einbalsamieren}, dann nimmt man ein Kupfertäfelchen oder Goldtäfelchen und schreibt den* NAMEN *darauf und legt dieses Täfelchen unter die Zunge, und bringt [den Kopf] ins Haus und entzündet Lichter davor {*vgl. die Reliquien in katholischen Kirchen; z.B. zwei Köpfe der Maria Magdalena in Süd-Frankreich!*} – Und ... wenn sie sich davor verneigen, so spricht er zu ihnen in allen Dingen, worüber sie ihn befragen, durch die Macht Des Namens, der darauf geschrieben steht ... – Und Manche machen sie in menschlicher Gestalt ... und die Figuren empfangen den Einfluß der Sterne und sagen ihnen zukünftige Dinge; – und solcher Art waren die Abbilder, die Rahel von ihrem Vater stahl.»* –

Sehr wahrscheinlich haben wir hier überdies einen Hinweis auf den Kopf des ESAU, der auf dem Schlachtfeld bei Mamre ‹verloren ging› sowie auch einen Hinweis betreffend die Bedeutung des Kopfes oder Schädels, den die *Tempelritter* verehrt haben sollen ...!

[96] Z.B. das alemannische *«Heile-heile-Säge – drei Tag Räge – drei Tag Schnee – tuet's dem NN nümmeh weh!».–* Im NT nur: *«Und als sie den Lobgesang gesungen hatten ... »* – und niemand fragt nach der Natur dieses ‹Gesangs›!

[97] Siehe Helena Petrowna BLAVATSKY, *The Secret Doctine / Geheimlehre.*

[98] Offenbar kam das Dogma von der Jungfräulichen Geburt erst im 4. oder 6. Jh. auf. Kein einziger früherer theologischer Autor erwähnt dergleichen. Es ist also sehr wahrscheinlich, daß auch dieses Muster den antiken Mysterien entnommen wurde, denen der kirchliche Christianismus mehr und mehr angeglichen wurde – von einer päpstlichen Bulle zur nächsten ...

[99] Siehe *Corpus Hermeticum*, a.a.O. *– Pymander.*

[100] Vgl: *Corpus Hermeticum*, a.a.O.

[101] Vgl. Die Olympiaden, die bis zur Ankunft der Römer auch im antiken Jerusalem (Jebus) fünfjährlich durchgeführt wurden – wie in den (bis Mitte des 20. Jh. noch biblischen) Büchern der *Makkabäer* beschrieben.

[102] *Bous* = *Stier*; *dromos* = *Lauf, Rennen* – vgl. die antiken Tauroboliden seit dem Stier-Zeitalter, wie auf kretischen Vasenmalereien abgebildet und in Spanien und Südfrankreich (z.B. Boucoiran) noch heute gepflegten Kuh-Rennen, Rodeos und ähnliche vitalistische Volks-Festivitäten mit Stieren und Rindern. Der eigentliche Stierkampf kommt vom Mithras-Kult her.

[103] Vgl. Das rituelle Bad im Ganges in Indien – ebenfalls mit vollem Eintauchen des Körpers bis über die Schultern.

[104] Vgl. die Täufer-Riten. Der Rezipiend tauchte bis zum Hals im klaren Wasser – dem reinen «Lebens-Wasser aus dem Gottesstrom» unter, und zugleich

mit dem Schmutz der Straße wusch er auch den ‹Schmutz› seiner alten Persönlichkeit ab. Dies, nachdem er seine Verfehlungen bekannt, und *echte Reue* erfahren und gezeigt hatte darüber, wie fern er der Vereinigung mit Gott sei – also erfüllt vom *brennenden Verlangen*, ein ganz neues Leben in neuer geistiger Orientierung zu beginnen - natürlich in jener des Täufers - siehe das Kapitel über Taufe und Täufer.

Im Laufe der Zeit, und je nach Ort (lokalen Traditionen und Glauben) unterschieden sich die Tauf-Riten, was dann die allzu bekannten Feindschaften zwischen unterschiedlichen Bewegungen (Pharisäische Juden, Essener, Sethianer, Hellenisten, Gnostische Juden, etc…) hervorrief. Das ist der Ursprung der Religionskriege seit frühesten Zeiten und bis heute – entzündet stets eher aus Machtgier als aus frommem Eifer; denn alle wirklich religiösen Menschen – und umso mehr alle Eingeweihten in der ganzen Welt – stimmen in den zentralen Punkten ihrer Lehren überein … —

[105] Vgl. ähnliche Prozessionen wie jene des *Dies Academicus* heutiger Universitäten, jeweils im November (dem *neunten Monat* des Römischen Kalenders!). Ebenso jene Oster-Prozession im heutigen Bagnoregio (*Königsbad!*) in der italienischen Romagna - siehe Abb. S. 80.

[106] IACCHO(S) ist einer der vielen Beinamen des IHVH-ZABAOTH (ABRASAX-IAΩ/IAω/Bacchus).

[107] Vgl. Psalm 150: «*Lobt Ihn mit dem Schall der Trompeten: lobt ihn mit Psalter und Harfe. Lobt ihn mit Zimbeln und Tanz. Lobt ihn mit hell tönenden Zimbeln; lobt Ihn mit dumpf klingenden Zimbeln: Alles was Odem hat, lobe den Herrn …*» (und man beachte die inneren Bedeutungen von הלל - *hallel*).

[108] Vgl. Das Besprengen mit Weihwasser (und das Eintauchen der Fingerspitzen in es) in den heutigen katholischen Kirchen, und PILATUS, der durch Händewaschen *seine Unschuld befestigt*.

[109] Vgl. Die heiligen Rituale der Inca's, wie S. 70 ff. durch CRISTOBAL DE MOLINAS beschrieben – mit den Heilungs-Riten für die Kranken und wegen anderer ‹Unreinheit› Verhinderten.

[110] Eine *Sage* ist also, im Gegensatz zu einer *Schreibe*, eine Weise, das Unsagbare zu *sagen* («… so sagt man»).

[111] Zwei besonders deutliche Arten werden beschrieben in den *Lehren des Don Juan* von Carlos CASTAÑEDA.

[112] TRIPTOLEMOS wird in den Mythen stets mit DEMETER der Eleusinischen Mysterien verbunden. Er könnte auch als Sohn verbunden sein mit König KELEOS (oder ELEUSIS, dem Gründer der Stadt Eleusis in Attika), oder, gemäß PSEUDO-APOLLODORUS, als Sohn von GAIA und OKEANOS – eine andere Art, zu sagen: «Er war ein ursprünglicher Mensch - ADAM PROTOGENOS».

[113] IASION (*Ιασιων*) – nicht zu verwechseln mit dem Argonauten-Anführer IASON (*Ιασων*) – und dessen Mythos mit MEDEA als Sponsa. Dieser war der Sohn von ZEUS mit ELEKTRA, und ein Liebling von DEMETER.

[114] Vgl. die Geburt JESU, der in eine Futterkrippe gelegt wurde, oder MITHRAS, der aus einem Felsen bzw. einer Felsenhöhle hervor ‹geboren› wurde.

[115] Vgl. den Rundtanz von Jesus mit seinen Jüngern, weiter unten, wo Jesus als Tanzmeister von sich selber sagt, er hüpfe. (S. 78 ff.)

ANMERKUNGEN ZUR EINFÜHRUNG DES HERAUSGEBERS

[116] Vgl. Joh 1:12.

[117] KYBELE (griechisch Κυβέλη), die Große Göttermutter auf dem Berg Ida; lat. *Magna Mater Deorum Idae*. Sie wurde zusammen mit ihrem menschlichen Liebhaber ADONIS ursprünglich in Phrygien (Klein-Asien), dann in Griechenland und Rom verehrt, und zwar bis ins späte 4. Jh. v.Chr. hinein, wie die MITHRAS-MYSTERIEN.

PAUSANIAS und ARNOBIUS geben den ATTIS-MYTHOS wie folgt wieder: Einst schlief ZEUS auf dem Berg Ida in Phrygien (analog zum Berg Meru) und lließ «seinen Samen zuboden fallen». Sofort erstand daraus AGDISTÈS, ein hermaphroditischer Nachtfalter – ein Monstrum von so schrecklicher Art, daß die übrigen Götter ihn sofort kastrierten. Der entmannte AGDISTES wurde zu Mutter KYBELE; das abgeschnittene Gemächt wurde zu ATTIS.

Die beiden Teile zogen einander unwiderstehlich an. Indes beschloß AGDISTÈS, die Tochter von König PESSINOS zu heiraten – aber die eifersüchtige KYBELE machte die ganze Hochzeits-Gesellschaft wahnsinnig.

ATTIS rennt in den Wald, und kastriert sich selbst unter einer Pinie, worauf er verblutet. - KYBELE bestattet ATTIS in einer Felshöhle, installiert dort eine Priesterschaft von lauter Eunuchen und ordnet auch jährliche Mysterienspiele an. – Quelle: *https://anthrowiki.at/kybele-_und_attiskult#cite_note-1.*

[118] Es liegt nahe, hier den Ursprung der durch die Kirchenväter so dramatisch verurteilten und von Häresiologen immer wieder entsetzt angetönten Orgien zu vermuten, derer die Häretiker aller Jahrhunderte beschuldigt wurden und werden (Stamm εργ-/οργ- – erg / org-. *das Getane*, gemäß der oben erklärten dreifachen Lehre); – ein Vorgang, den heutige Menschen mit ihrem allem Mystischen entfremdeten Denken nicht mehr verstehen, und der doch ohne geistigen Hintergrund in der profanen Gesellschaft - weitergeführt wird.

[119] Auch hier sieht man wieder den Ursprung zu einer Blüte der Dogmensammlung der Römischen Kirche, die jahrhundertelang so eifrig gegen jegliches Heidentum vorging, daß sie fast allein als dessen Bewahrerin übrig blieb ...

[120] Vgl denselben Vers in Anm. 16.

[121] Gemäß einer Beschreibung könnte dies ein Relikt aus der Aufnahme-Zeremonie der Tempelritter sein, worüber ebenfalls viel moralisierende Tinte floß, ohne daß Genaues darüber öffentlich bekannt wäre (vgl. aber Anm. 95).

[122] Laurence GARDNER: *Bloodlline of the Holy Grail*. – Element Books, Statesbury, 1996. – ISBN: 1-85230-870-2; Kap. The King and His Donkey, Ss. 62-66.

Hier wird noch eine weitere Version entwickelt, wonach LAZARUS selber SIMON DER ZELOT gewesen wäre, der aus rituell-loyalistischen Gründen (eine weitere Geschichte um die Messiasschaft) zu lebenslänglicher Haft auf Qumran, genannt *Abrahams Schoß* verurteilt gewesen, aber vom Messias JESUS, hier DOSITHEOS, erlöst worden sei. Es folgen noch weitere neue Varianten um MARIA MAGDALENA und JESUS, die der Interessierte a.a.O. nachlesen möge.

[123] Siehe Kapitel *Jesus in Indien.*

[124] LANGE, a.a.O.; – im Kapitel: *Johannes als Gegner der Judenchristen und des Indifferentismus in Klein Asien.*

[125] Gal 2, 9

[126] Tarig ANTER, *The Biblical Promised Land was Asir Not Canaan, and the Exodus was from Ethiopia Not from Egypt.* – http://wp.me/p1OEJz-1aO . → Forts.

Und: Ashraf EZZAT, *Egypt knew no Pharaos nor Israelites.* – Und noch: Bernard LEEMAN, *Black Moses – the DNA evidence* (siehe Abb. S. 136).

[127] D.L. Lange, a.a.O.

[128] Vgl. 1 Cor 10, 28-29; – obschon unlogisch und widersprüchlich ...

[129] Vgl. auch Mt. 12, 4.

[130] Vgl. auch Mk. 2, 24-28.

[131] Vgl. auch Ro. 14, 1-8; 12-15; 17; 22-23; .

[132] E.R. ROTH, *De Nicolaitis in Apocalypsi* ... ; – a.a.O.

[133] vgl. *Codex Hammurabi*; – a.a.O.

[134] «*Nach diesem kamen Jesus und seine Jünger in das Land Judäa, und daselbst verweilte er mit ihnen und taufte. Aber auch Johannes taufte zu Aenon, nahe bei Salim {in Samaria}, weil viel Wasser daselbst war; und sie kamen hin und wurden getauft*».

[135] Hier wie in den beiden Haupttexten dieses Buchs gilt es offenbar zu unterscheiden zwischen dem Sohn des Menschen, ADAM PROTOGENOS oder ADAM KADMON – und den aus der gewöhnlichen Naturgeburt stammenden *Söhnen der Menschen*. Es ist jedoch je nach Text nicht immer klar, welche Bedeutung gerade aktuell sei.

[236] A. WAUTIER, *Comment naquit le Christianisme*, a.a.O.

[137] Im Ganzen gesehen, handelt es sich eigentlich bei keinem PETRUS je um den als solcher bekannten Jesus-Jünger, sondern stets um den SYMON BARIONA, den Sohn von Dositheos, sodaß man fast annehmen muß, ersterer habe überhaupt nicht existiert (siehe andere entsprechende Anmerkungen).

[138] Siehe Anm. 95.

[139] ... aus dessen Buch *L'Énigme de Jésus Christ* (Sphinx, Paris, 1927)

[140] WAUTIER, a.a.O., p. 44 f.

[141] Unsere Hypothese zu JOSEPHUS als Doppelfigur teilen weitere Forscher.

[142] Peter HOFRICHTER: ‹*Vorchristlicher› Ursprung und großkirchliche Redaktion der Didache?* – Enthalten in: Reinhard MESSNER/Rudolf PRANZL (Hrsg.): *Haec sacrosancta synodus. - Konzils- und kirchengeschichtliche Beiträge*. Verlag Friedrich Pustet, Regensburg, 2006.

[143] Siehe Zitat HOFRICHTER auf S. 122 hievor – und auch Apg. 7:58: «*Und als sie ihn aus der Stadt hinausgestoßen hatten, steinigten sie ihn. Und die Zeugen legten ihre Kleider ab zu den Füßen eines Jünglings, genannt* SAULUS».

[144] Siehe weiter oben, Seite 121.

[145] Ein «Filius» im römischen Sinne ist Jeder, der zur erweiterten Sippe *samt Sklaven* (= *familia*) angehört. Wer direkt einem Familienhaupt der JULIER, FLAVIER oder CLAUDIER angehört, wird selbst zum JULIER, FLAVIER oder CLAUDIER – so wie im Fall von PAULUS und FLAVIUS JOSEPHUS.

[146] Tit 1:1 ff.: «*Paulus, Knecht Gottes, aber Apostel Jesu Christi, nach dem Glauben der Auserwählten Gottes ... , der ... verheißen hat ... durch die Predigt, die mir anvertraut worden ist nach Befehl unseres Erlöser-Gottes Titus, meinem echten Kinde nach unserem gemeinschaftlichen Glauben: Gnade und Friede von Gott, dem Vater, und Christo Jesu, unserem Erlöser*»!

(→ → Fortsetzung auf nächster Seite)

ANMERKUNGEN ZUR EINFÜHRUNG DES HERAUSGEBERS

Die historische Literatur sagt gar nichts zum religiösen Engagement des TITUS, geschweige denn zu seiner Rolle fürs Christentum. Hingegen deutet ein Drama des englischen Dichters Longfellows eine solche Tradition an, worin der sich zu Christus bekennende Räuber am Kreuz TITUS heißt und die ‹Heilige Familie› auf ihrer Flucht nach Ägypten schützt. – Dies könnte leicht eine Anspielung an die hier von uns vertretene Version der Entstehung des Römischen Christentums sein.

Die hier gegebene etwas andere Lesart von Tit 1:3-4 ist leicht möglich, sieht man, daß dazu im griechischen Text die (Fehl-)Lesung der Dativ-Endung -ω als Genitiv-Endung -ου genügt, was leicht möglich ist: κατ επιταγμη του σωτηρος ημων θεου τιτου γνησιου - während im deutschen Text nur die Lesart ändert. Überdies: Welchen *besonderen gemeinsamen Glauben* sollten der Römische Kaiser TITUS und der Jude PAULUS haben, wenn nicht den des zwischen ihnen vereinbarten Christentums?

[147] Flavius Josephus in AJ XVIII, 3, 3-5:
Um diese Zeit lebte Jesus, ein weiser Mensch, wenn man ihn überhaupt einen Menschen nennen darf. Er war nämlich der Vollbringer ganz unglaublicher Taten, und der Lehrer aller Menschen, die mit Freuden die Wahrheit aufnahmen. So zog er viele Juden und auch viele Heiden an sich. Er war der Messias. Und obgleich ihn Pilatus auf Betreiben der Vornehmsten unseres Volks zum Kreuzestod verurteilte, wurden doch seine früheren Anhänger ihm nicht untreu. Denn er erschien ihnen am dritten Tag wieder lebend, wie gottgesandte Propheten dies und tausend andere wunderbare Dinge von ihm vorherverkündigt hatten. Und noch bis auf den heutigen Tag besteht das Volk der Christen, die sich nach ihm nennen, fort.

Dieser Text wird das *Testimonium Flavianum* genannt – also ein Zeugnis, das die Existenz des NAZARENERS JESUS beweisen solle und könne. Im Bewußtsein, daß DOSITHEOS gekreuzigt, der Nazarener aber gesteinigt, und Beide fürs römische Christentum in einen einzigen MESSIAH JEHOSHUAH – d.h. JESUS CHRISTUS - zusammengezogen wurden, darf man diesen letzten wirklich NICHT «einen Menschen nennen». Das *Testamentum* ist also eine geschickte Mischung aus Facts und Fiction, die für alle drei Linien ‹stimmt›: die des Nazoräers, die des Samariers und die der Römer, da alle drei die Auferstehung überliefern. Die Bedeutung der Nazoräer und Jessäer als alle römischen (paulinischen) Bemühungen überlebende Gemeinschaft (während doch beide ums Jahr 70 herum verschwanden, also bevor Josephus seine Geschichten schrieb), beschränkt sich aber auf ihre Verfolgung in Rom, von der der ‹römische› Zweig offenbar ausgenommen war.

Als zweite Stelle, wo auf die Gegenwart eines *zweiten Jesus* hingewiesen wird, kann *in extremis* das Datum der Kreuzigung betrachtet werden, wie dies ATWIL in seinem Buch *Das Messias-Rätsel* (a.a.O., S. 350) tut:
«In den synoptischen Evangelien wird Jesus *am Tag des Passah-Fests* gekreuzigt; im Johannes-Evangelium ist der Tag der Kreuzigung *am Tag vor Pessach*, wie dies fürs Passah-Lamm üblich war; und dies wiederum steht in direkter Relation zur Auffassung von JESUS als *Lamm Gottes, das die Sünden der Welt hinwegnimmt.* – Der Tag der Kreuzigung nach dem 4. Evangelium ist also der 15. Tag des Monats Nissan, und das ist auf den Tag genau 40 Jahre vor dem Sterben der Juden auf Masada. Am 15. Nisan begann, gemäß FLAVIUS JOSEPHUS, genau 40 Jahre nachdem Jesus dies geweissagt

hatte, die Belagerung von Jerusalem: das ist das *Ende einer Generation* seit
JESU Wort, daß dies noch innerhalb einer Generation (d.h. innerhalb von
40 Jahren) stattfinden werde.
ATWIL zitiert dazu (a.a.O. S. 351) den Kirchenhistoriker EUSEBIUS mit folgenden Worten über die Kreuzigung, die ebenfalls auf ein verschwiegenes
Wissen hindeuten:
*«Bezüglich dieses Unheils, das nach dem Leiden des Erlösers und nach
den Worten, welche die Menge der Juden äußerte, als sie um die Freilassung des Räubers und Mörders bettelte, gleichzeitig aber forderte, daß der
Fürst des Lebens aus unserer Mitte genommen würde, das gesamte jüdische
Volk ereilte ... ».* –

Außer einem apokryphen Text spricht übrigens auch SETH (siehe unser
Kapitel *Durch Finsternis zum Licht*) von einem ‹anderen Mann›, der anstelle
von Jesus (also von DOSITHEOS) gekreuzigt worden sei. –

Betreffend das *«Lamm Gottes, das geopfert»* wird schreibt aber Robert
ROBERG in *The anonymous Gospel Atrributed to Mark in the Fourth Century
C.E.*: *«Die älteste Religion mit einem Lamm war jene in Sumer, 4000 v.Chr.,
mit Lamm-Opfern für DUMMUZI, den «Guten Hirten», um für Sünden zu
büßen. JESUS nannte sich aber nie ein Opfer, sondern nur ein Lösegeld. Er
sagte auch, EL SHADDAI wolle keine Opfer, sondern gnädige Menschen. Und
JOHANNES, der Tempel und Blutopfer verlassen hatte, um zu predigen,
Schuld werde durch Reue getilgt, sollte Jesus als ein Opferlamm bezeichnet
haben? – Mehrere Religionen um Canaan herum hatten Hirten-Götter.
In Ägypten wurde CHNUM mit RA und OSIRIS identifiziert. PAULUS hätte wissen
sollen, daß Passah-Lämmer nie EL SHADDAI geopfert, sondern für ein Festessen geschlachtet wurden».* Auch JHVH, Propheten und Psalmen hätten
Opfer abgelehnt – gegenteilige Verse im AT seien falsch, sagt ROBERG. Er
zitiert zahlreiche Bibelstellen in diesem Sinn und fügt an:

*«Wenn EL-SHADDAI keine Blutopfer wollte, opferte er sicher nicht seinen
Sohn; und JESUS ... starb uns zum Vorbild, nicht anstelle von uns. Er rettete
uns durch sein Leben, nicht durch seinen Tod ... Die einzige Erklärung, die
ich finden kann, ist, daß jemand später die Lamm-Gottes-Aussprüche in den
Text einfügte – Vielleicht der Autor der Apokalypse, der von JESUS als vom
Geschlachteten Lamm seit Grundlegung der Welt spricht! (Off. 13:8)».*

Unser Wissen, daß das Ganze Teil der römischen Christus-Mysterien des
NT ist, genügt uns als befriedigende Antwort auf diese Erwägungen. – Doch
kehren wir zum ‹Bekenntnis› des FLAVIUS JOSEPHUS zurück:

Das Wort *«Unheil»* steht anschließend an den soeben zitierten Text über
JESUS, am Beginn der ersten von zwei Fabeln, die auf eigenartige Weise zeigen, wie raffiniert JOSEPHUS die wahren Verhältnisse samt der *Erfindung,
Gründung und Ausbreitung des paulinisch-Römischen Christentums* verpackte, um doch seiner wiederholten Behauptung gerecht zu werden, er
schreibe nur die Wahrheit – selbst da, wo er sie durch Sophismen pervertiert.
Diese Fabel beginnt so:

«Gleichfalls um diese Zeit traf auch noch ein anderes Unheil die Juden ... »
Es folgt die Erzählung von einer liebreizenden, vornehmen und tugendhaften
Frau Namens PAULINA, verheiratet mit einem Mann derselben edlen Art,
namens SATURNINUS. Diese umwarb ein «hochangesehener» Mann,
DECIUS MUNDUS, der sie mit allen Mitteln zu einer Nacht des Beischlafs zu

verführen suchte, aber nichts erreichte. Vergrämt, suchte DECIUS, sich Hungers sterben zu lassen. Aber seine Magd IDE {↔ Iden des März) – eine Freigelassene – gewann die Priester des Isis-Tempels mit Geld dazu, daß sie der PAULINA ankündigten, ANUBIS selbst habe sie zu einer Nacht mit ihm im Tempel eingeladen. Ihr Mann stimmt zu, PAULINA geht hin, alle Lichter werden gelöscht, DECIUS MUNDUS schleicht sich ein und genießt die Erfüllung seiner Wünsche. PAULINA brüstet sich anderntags überall wegen des ihr widerfahrenen Glücks; doch *am dritten Tag* begegnet ihr DECIUS MUNDUS und klärt sie lachend über die Wahrheit auf.

PAULINA zerreisst ihre Kleider, klagt alles ihrem Mann; SATURNINUS klagt beim Cæsar, dieser läßt sowohl die Priester als auch die IDE *kreuzigen und* (wie zur Zeit des TIBERIUS geschehen), *den Isis-Tempel zerstören*, das Standbild der ISIS im Tiber versenken. Den DECIUS MUNDUS schickt er nur in die Verbannung, aus Milde, weil er alles aus großer Liebe tat …

Nun folgt als Drittes eine zweite Fabel (hier leicht gekürzt):

Ein «nichtswürdiger und gottloser» Jude war aus seinem Land geflohen, weil er *einer Gesetzesübertretung angeklagt* war. Er hielt sich «damals» («*in eo tempore*», wie in Bibeltexten) in Rom auf und verband sich mit drei anderen Menschen, die in Allem seinesgleichen waren. Diese vier beredeten eine edle Frau Namens FULVIA, die das mosaische Gesetz angenommen und sich von ihnen dann hatte anrweisen lassen, Purpur und Gold nach Jerusalem in den Tempel zu senden. Die Vier übernahmen die Sendung, behielten sie dann aber für sich und verpraßten alles, wie vorher geplant. - «TIBERIUS, dem der ihm befreundete Gatte der FULVIA, SATURNINUS mit Namen, auf Veranlassung seiner Gattin den Vorfall angezeigt hatte, befahl darauf, alle Juden aus Rom zu vertreiben … - So kam es, daß die Juden wegen der Ruchlosigkeit jener vier Menschen aus Rom vertrieben wurden».

[148] Das Folgende ist nicht hieb- und stichfest zu beweisen, aber auch nicht zu widerlegen und stellt eine überaus plausible Variante der Geschehnisse dar: Wenn alle Besatzer auf Masada umgebracht worden waren, konnte niemand mehr des ‹Feldherrn› JOSEPHUS Erzählung Lügen strafen, wie dies immer mehr heutige amerikanische und europäische Textkritiker tun.

[149] Siehe dazu unsern Beitrag *Vom unglaublichen Hintergrund des Islam – oder wie der Dreibund der westlichen Weltreligionen entstand.* Zugänglich unter *https://independent.academia.edu/MartinPSteiner*. Text auf D, E und F; illustriert. – Und dito auch Anm. 183.

[150] Keine Schrift des NT erwähnt die Zerstörung Jerusalems und des Tempels. – Also war noch Vespasian Kaiser, Judah noch nicht römisch, etc.

[151] Mt 24:34: «*Wahrlich, ich sage euch: Dieses Geschlecht wird nicht vergehen, bis alles dieses geschehen ist*».

[152] Konventionell wird hier übersetzt: «*und es glaubten, so viele ihrer zum ewigen Leben verordnet* (!) *waren*». – Aber das ist wieder eine Wortspielerei für Schnell-Leser, denn: Wer bestimmte, ob sie glauben sollten? – Und wer, daß sie das ewige Leben haben sollten? Muß man bereits zum ewigen Leben bestimmt sein, um das Evangelium glauben zu können/dürfen? – Lockte man sie aber mit dem ewigen Leben, so war es leicht, Viele zu ‹überzeugen› … - Die hier gegebene Übersetzung aus dem Griechischen ist daher sowohl sinnvoll als auch wörtlich korrekt.

[153] So erhält auch das berühmte Wort Jesu eine neue und brisante Bedeutung: «Gebt dem Kaiser was des Kaisers, und gebt Gott was Gott gebührt». – Mit anderen Worten: «der Kaiser ist KEIN Gott!»

[154] Die typische Übersetzung hat « ... der da kommt ... so ertrüget ihr es gut», was wieder eine sinnlose Aussage ist. Die *Bible de Jerusalèm* (2001) hat immerhin: « ... *le premier venu* ... », was sinnvoller ist als alles Frühere. Die hier angebotene Alternative zum Satz-Ende ist logisch und sinnvoll: Paulus verkörpert schon im ersten Jh. die eifersüchtige Römische Kirche, die mit allen möglichen Mitteln andere Lehren vorweg als falsch und lügenhaft hinstellt, besonders im nachfolgenden Vers 11:13, der genau Paulus selbst beschreibt: Seit je bis heute bezichtigen Menschen und Regime wie das Römische ihre Gegner der Schandtaten, die wirklich ihre eigenen sind!

[155] vgl. Joseph ATWIL, *Das Messias-Rätsel*, a.a.O.

[156] Es sei hier an die Unterscheidung erinnert zwischen der ‹christianistischen› Doktrin (Judenchristentum), der esoterisch ‹christischen› Botschaft, und dem exoterisch ‹christlichen› Gutmenschentum – dem bonafiden *Christentum*.

[157] Das erinnert an die entsprechende Stelle im Koran, wo aber nicht *alle Andersgläubigen*, sondern nur *alle Ungläubigen* – d.h. Die *an gar nichts glauben* – «wie Tiere zu betrachten» sind.

[158] vgl. Yves SCHUMACHER, *Tiermythen und Fabeltiere*. – Edition Amalia, Bern, 2001; – a.a.O. Ss. 13-20. – «*Typisch römisch*» meint: *kasarisch*.

[159] vgl. Giles Quispel, *Het Evangelie van Thomas*. – a.a.O.

[160] Timothy FREKE & Peter GANDY: *The Jesus Mysteries. – Was the Original Jesus a pagan god?* (d.h. War der originale Jesus ein heidnischer Gott?) – Harper Collins, 1999. – Französische Ausgabe: *Les Mystères de Jésus – Le christianisme originel proviendrait-il d'une spiritualité antique et universelle?* – Paris, Editions Aletheia 2007. Dieses Buch wurde vom selben Autor noch verlängert in einem zweiten Band ...

[161] Clementinische Schriften. Die *Homilien* stellen bestimmt fest: «*Wenn jemand nicht zugibt, daß der von den Händen Gottes geformte Mensch den heiligen Geist Christi besitzt, ist er dann nicht schuldig der schlimmsten Ungläubigkeit, wenn er behauptet, Jemand geboren aus unreiner Herkunft besitze ihn? Er würde aber überaus fromm handeln, wenn er sagte, daß allein Er, der seine Gestalt und seinen Namen seit Anbeginn der Welt verwandelt hat, ihn besitzt, und so noch und noch in der Welt erscheint, bis er, zu seinen eigenen Zeiten gekommen, ... für immer Frieden finden wird».

[162] Laurent GUYÉNOT, *Jésus et Jean Baptiste – Enquête historique sur une rencontre légendaire*. –Chambéry, Éditions Exergue, 1999.

[163] Diese Angabe stammt aus Hugh J. SCHONFIELD: *The lost ‹Book of the Nativity of John›*. – T.& T. Clark, UK, 1929

[164] *Recognitiones pseudo-clementinæ*, I/60. Zit Guénot, a.a.O., p. 225 f.

[165] Siehe FULCANELLI: *Mysterium der Kathedralen und die esoterische Deutung der hermetischen Symbole des Großen Werks* (Original-Titel: *Le Mystère des Cathédrales* ..., E.A. Paris, J.J. Pauvert, 1926). – Deutsche Ausg. nach der dritten franz. Ausg. (1964) mit drei Vorworten von E. Can-

ANMERKUNGEN ZUR EINFÜHRUNG DES HERAUSGEBERS

seliet, F.C.H. – Deutsche Ausg. mit bibliographischem Anhang, Wortverzeichnis und den originalen Tafeln. ISBN 3-9520787-2-7. – Basel, Edition Oriflamme, 2004 – Und Fulcanelli, *Wohnstätten der Adepten* oder *Die hermetische Symbolik in der konkreten Wirklichkeit der Heiligen Kunst des Großen Werks*. Original-Titel: *Les Demeures Philosophales* .... – Nach der dritten, erweiterten franz. Ausgabe (Paris 1964 / 1979) mit den drei Vorworten von Eugène Canseliet, F.C.H. - Zwei Bände in einem Band. –ISBN 3-9520787-7-8. – Basel, Edition Oriflamme, 2008.

[166] 2. Pet. nennt Eingangs den Samarier SYMON PETRUS als Absender (das wäre der Sohn von DOSITHEOS). Der Hauptzweck des Briefs scheint der zu sein, konkurrierende Lehren zu beseitigen.

Rezensoren sehen die Sprache von 2. Pet. als die eines hellenistisch gebildeten Judenchristen, der unter diesem Namen ein Schreiben an die gesamte Christenheit (welche?) richte. Daß er Passagen der paulinischen Briefe besonders verteidigt, zeigt, daß er vorallem die Mission des PAULUS unterstützen will. Gewisse Kommentare lesen hier ein explizites *Bekenntnis zur Gnosis*; indes steht im Text meistens nicht *gnosis*, sondern *epignosis*, was nicht *Kenntnis*, sondern nur die *Abwesenheit von Widerspruch, Zustimmung* bedeutet: Kenntnis, γνωσις kommt nicht aus der Tugend, sondern ist eher umgekehrtdie zur Gnosis förderliche Lebenshaltung aus Erkenntnis des Allein-Guten. Andere Bezüge deuten eher auf eine sehr späte Entstehung hin. Die Apostrophierung von JESUS DEM CHRISTUS *als Gott ist* römisch und nicht einmal paulinisch, während der autoritäre Ton und die mangelnde Originalität wieder auf PAULUS oder einen seiner Epigonen hindeuten.

Der Brief ohne Hinweis auf Entstehungsort noch Zeit wird dennoch auf 110 datiert. Der so späte Bezug auf 1. Pet kann kaum als authentisch angesehen werden. Auch imponiert hier, im Gegensatz zu 1. Pet, ein stark apokalyptisches Denken.

Zwar sind einige Entsprechungen und Bezüge zu 1. Pet feststellbar, doch nicht überzeugend im originalen Ton. Vielmehr erscheinen die Verse 13-17 als später Einschub im Sinne der paulinischen Mission – umso mehr, als das *Johannes-Evangelium* und die *Apokalypse* zitiert werden. Eröffnung und Schluß des Briefs könnten aber immerhin eine originale Quelle benutzt haben: Dieser Art Briefe müssen zu jener Zeit zahlreich genug gewesen sein.

[167] Zu diesem Brief ist Folgendes zu sagen: Vers 1 zeigt – entgegen anderen Rezensionen – sichtlich NICHT den grobschlächtigen, misogynen Apostel der Evangelien als Verfasser an. Wir sind der Meinung, er sei eher *im Auftrag* oder *im Geiste Eines, der nicht (mehr) schreiben konnte*, verfaßt. Das würde dann auch zu 2. Pet. als diktiertes TESTAMENT (in der offiziellen Rezeption auch «*testamentarischer Brief*» genannt) passen. Man weist auch noch darauf hin, daß im 2. Jh. CLEMENS VON ALEXANDRIA und IRENÄUS, im 3. Jahrhundert TERTULIAN UND ORIGENES den APOSTEL PETRUS als Autor «*bestätigten*». Das erstaunt kaum, wenn man weiß, wie großzügig gerade jene Autoren die Aussagen Anderer ohne Hinweis übernahmen. Der Vorteil dieser apokryphen Autorschaft ist die Aufnahme des Briefs in den Kanon.

Was sicher scheint, ist, aufgrund der Bemerkung «*Die Ältesten, die unter euch sind, ermahne ich als Mitälteste(r) und Zeuge der Leiden des Christus und auch teilhabend an der Herrlichkeit, die geoffenbart werden soll ... »*, daß der Brief aus authentischer Zeugenschaft - also NICHT von PAULUS

257

geschrieben wurde. Man vergesse nicht, daß Jesus auch von *Jüngerinnen* bzw. von den *Frauen der Jünger* umgeben war, die sehr schriftkundig sein konnten, wie der Text der PISTIS SOPHIA zeigt.

Auch weist der Inhalt nicht auf den samarischen SIMON KEPHAS als Autor hin, der in der Überlieferung mehr autoritär und ambitiös erscheint. Dies hier könnte wirklich die am Schluß genannte (und spät durch einen unverbindlichen ‹PETRUS› ersetzte) FRAU sein; – dies umso mehr, beachtet man die außerordentlich tiefgründige Gleichberechtigungs-Passage über die Frauen einerseits, die Männer andererseits, und die Gruppe als Ganze, die so kaum von einem damaligen Mann – jedenfalls von keinem Juden oder Römer geschrieben worden sein kann. Der ganze Tenor erinnert sehr an die sanfte, ebionitische Geisteshaltung, aber ohne die enkratitische Betonung von 1. Pet.

Zur Theologie ist zu sagen, daß sie inhomogen erscheint: einerseits Passagen, die die der paulinischen Mission zu dienen scheinen, andererseits der bereits kommentierte weiche Grundton. Besonders imponiert die Wiederholung der Ausdrücke *«Leiden – Freude – Liebe – Demut.* - Ebenso der Hinweis auf den CHRISTUS, der litt, jetzt zur Rechten des Vaters sitzt, und der *«ist von Ewigkeit zu Ewigkeit»*, was ebenfalls nicht zur Religion des PAULUS paßt: *« ... hierzu seid ihr berufen worden; denn auch Christus hat für euch gelitten, euch ein Beispiel hinterlassend, auf daß ihr seinen Fußstapfen nachfolget»* (2:21) – und nochmals in 3:18: *«Denn es hat ja Christus einmal für die Sünden gelitten, ... auf daß er uns zu Gott führe, getötet nach dem Fleische, aber lebendig gemacht nach dem Geiste»* (das ist gnostisches Gedankengut) - und nochmals in 4:1.

Der Brief klingt persönlich engagiert und bezieht sich auf den ‹echten› CHRISTUS JESUS sowie auf die TRINITÄT aus VATER, SOHN und HL. GEIST. All dies kann NICHT als auf TITUS gemünzt verstanden werden, mit Ausnahme des Abschnitts bezüglich Gehorsam für die Oberen und einiger anderer Stellen, die später eingefügt worden sein mögen, denn sie passen schlecht zum Rest. All dies in herzhaft urchristlicher Sprache und innerer Hingabe formuliert und an die sprichwörtlichen *Juden in der Zerstreuung* (siehe oben) gerichtet – und endlich ‹unterschrieben von einer dem entsprechenden *«babylonischen»* Frau als Mutter eines vielleicht des unter Christen als Johannes bekannten, paulinischen? MARKOS.

Der Stil von 1. Pet. ist angenehm undoktrinär und spielt nur nebenbei auf die Endzeit an. Die genannten Silvanus und Markus sind hingegen nicht identifizierbar.

[168] Der *Brief des Jakobus* gilt als mahnende und ermunternde Ansprache «an die gesamte damalige Christenheit» (welche?). Auch er führte zu vielen ‹wissenschaftlichen› *Vermutungen*: Die Autorschaft sei die des Bruders Jesu (getötet im Jahr 62) - *«oder eines anderen bedeutenden»* (??) JAKOBUS. – Der Brief betont die jüdischen Traditionen, was indes auf alle Judenchristen zutreffen kann: *«Synagoge»* anstelle von *«Ekklesia»*; ABRAHAM bezeichnet als *«unser Vater»*; die grundlegende Bedeutung des *Gesetzes*.

Betont wird die Pflicht zu innerer Reinheit und Hingabe, und das Ungenügen nur formeller Frömmigkeitgegenüber der Wichtigkeit des Tuns (nicht bloß untätiger Glaube) in *«Taten der Nächstenliebe»*. – Die Betonung des Glaubens an JESUS DEN CHRISTUS konnte in dieser Form auch das römische Christentum einschließen. Daneben tritt die durch PAULUS erzeugte Trennung in Juden- und Heidenchristen auf, mit JAKOBUS als Oberhaupt der Judenchristen und PAULUS als Herr der Heidenchristen. Dieser Konflikt wurde bekanntlich zugunsten der paulinischen Lehre entschieden.

[169] Der Brief an die Hebräer (‹Heb›) ist ein Kuriosum. Alle Fragen nach Verfasser, Adressat(en) und Datum bleiben unbeantwortet. Auch wen genau die seit je überlieferte Überschrift *«An die Hebräer»* meint, ist unklar. Aber während PAULUS mehrfach seine *direkte ‹Offenbarungs-Erfahrung›* betont, nennt sich der Autor von Heb. *Hörer der Jünger Jesu.* Dennoch wird der Text seit je unter die Paulus-Briefe eingereiht, und *‹die Forschung› «nennt ein knappes Dutzend Personen aus dem Umkreis des PAULUS als mögliche Autoren».* Auch hier wird wieder *«ein gebildeter hellenistischer Judenchrist»* angenommen (was immer das bedeutet).

Mit *«Hebräer»* könnten sogar die *Nazoräer,* also die *Judenchristen* um JAKOBUS bzw. STEPHANUS gemeint sein, bzw. der Autor selbst (z.b. ein Samarier; siehe diese Unterscheidung im Kapitel *Dositheos).* Auch für die Datierung gibt es nur Vermutungen, die aufgrund von *terminis ante quos* summarisch auf einen relativ frühen Zeitpunkt – nämlich vor der Zerstörung des Tempels im Jahr 70 hindeuten – besonders, daß noch keine kirchlichen Ämter bestehen. Auch die starke Endzeit-Erwartung und die noch von den Aposteln JESU gehörte Erstverkündigung sprechen eher für eine frühe Zeit. Immer bleibt eindrücklich, wieviel Mühe darauf verwendet wurde und noch wird, das Ungewußte durch gescheite Vermutungen pseudowissenschaftlich zu packen. Auch die vielen Zitate aus dem AT werden mit Vermutungen eingedeckt, obschon sie in einem Kreis von Judenchristen ganz natürlich sind. - Eine erwähnenswerte Besonderheit von Heb. ist die Nennung des CHRISTUS JESUS als Hohepriester des Ordens von MELCHISEDEK, der *«als Priester des höchsten Gottes noch über* ABRAHAM *stand, weil er ihn segnete und von ihm Abgaben entgegen nahm».*

[170] Weder die Entstehungszeit noch die Empfänger des *Judas-Briefs* sind sicher feststellbar; doch müßte es *nach* dem Fall des Tempels von 70 n.Chr. sein. Der Brief ist eine Mahnung, für den ‹einzigen wahren Glauben› zu kämpfen und nicht den in 2. Pet vorausgesagten Irrtümern zu verfallen, die inzwischen die Gemeinde infiltriert haben: Obgleich sie an den Liebesmahlen der Gemeinde teilnehmen, leugnen sie den CHRISTUS JESUS *«und mißbrauchen die Gnade Gottes».* – Damit könnten sehr wohl sogar die Pauliner gemeint sein.

Der Verfasser nennt sich *Judas, ein Knecht Jesu Christi und Bruder des Jakobus.* Vielleicht handelt es sich um Judas, den Bruder Jesu – aber sicher nicht um den Sikarier, JUDAS ISKARIOTÈS, den die theologie den Jüngern JESU zurechnet (siehe dazu Kapitel *Dositheos)* Bezüglich Inhalt wird auch dieser Brief ‹judenchristlichen Kreisen» zugeordnet.

Die genannte Zwietracht will der Verfasser schlichten, indem er die gute Alternative aufzeigt: Vertrauen auf den alleinigen Herrn JESUS DEN CHRISTUS bringt die Rettung im Endgericht und ewige Freude. Für die Anderen *«ist das Urteil schon längst geschrieben».* Besonders verweist er auf Motive, die die Bibel sonst nicht kennt: einen Kampf zwischen dem ERZENGEL MICHAEL und dem Teufel um den Leichnam MOSIS, sowie eine Prophezeihung des *«*HENOCH, *Siebenter seit Adam»* (vgl. auch *das äthiopische koptische Henoch-Buch).* - Der Brief schließt mit der Aufmunterung: *«Ihr aber, meine Lieben, erbaut euch in eurem allerheiligsten Glauben, betet im Heiligen Geist und* *erhaltet euch in der Liebe Gottes ...»* - mit Berufung auf die einzige Autorität, die *«euch behüten kann vor dem Straucheln»* und *«stellen vor das Angesicht seiner* (Gottes) *Herrlichkeit, unsträflich und mit Freuden»*.

[171] Vorallem die Vorträge in Berlin (1908-1909), Oslo, Dornach, Köln über die Bedeutung von Ostern und Pfingsten fürs esoterische Christentum der Zukunft und dessen Bedeutung für die geistige Entwicklung der Menschheit.

[172] Jane ROBERTS: *Gespräche mit Seth – Von der ewigen Gültigkeit der Seele*. – Genf, Ariston Verlag, 1919. – Original: *Seth Speaks – The eternal Validity of the Soul*. – Prentice-Hall Inc., Englewood Cliffs, USA, 1972.

[173] Die hier geschilderte Version der Kreuzigungs-Geschichte mag uns spontan schockieren, weil sie so sehr der gewohnten widerspricht. Indes steht es uns absolut nicht an, sie ins Reich der Fabeln oder gar in das der «Ketzerei» zu verweisen – im Gegenteil: NT und Flavius Josephus verfolgen eine politische Absicht, nicht aber dieser SETH. Daß dieser nicht fabuliert, kann gut aus den anderen Kapiteln des genannten Buchs ersehen werden, die bereits im Jahr 1972 quantenphilosophische und noch höher stehende Überlegungen darlegen, im Übrigen aber aus klassischen Quellen bekannte Dinge aus einer neuen geistigen Sicht erklären. - Nennen wir es einen «Bericht aus der (Zeit- und Dimensions-losen) Geistigen Welt».

Zur Kreuzigungs-Geschichte ist zu betonen, daß neben der hohen geistigen Sicht unseres SETH der durch PAULUS formulierte stoffgebundene Mythos zwar dem gewohnten Denken in der 3. Dimension entspricht, aber keinen höheren Wahrheits-Anspruch erheben kann: Nur Augenzeugen wüßten die Wahrheit zu sagen. Wir Heutigen sind keinesfalls qualifiziert, die bekanntlich manipulierten ‹Berichte› des NT dem Channeling eines SETH – allein aus Voreingenommenheit zugunsten gedruckter Bücher des 2. Jahrtausends – vorzuziehen. Weitere Bemerkungen die Kreuzigung betreffend finden sich im Text dieses selben Kapitels. Auch die in apokryphen Texten und in den vorhergehenden Kapiteln beschriebenen historisch gültigen Details lassen für diese *Realitäts-Wahrscheinlichkeit* durchaus Raum.

[174] Bezüglich des geistigen Verständnisses stehender Wellen siehe P. Martin, *Die universelle Symbolik der Wassermann-Genesis*, a.a.O., Abb. 36 – mit der Ergänzung, daß die ‹Sieben› zusammen die Eine Universelle sind.

[175] Diese Tatsache spricht sehr für die Realitäts-Wahrscheinlichkeit der Version *Jesus in Indien* (siehe dort).

[176] Wie schon angemerkt: Diese Absicht wäre natürlich in der modernen Welt erst dann erreicht, wenn auch China, Afrika und die Eskimos derselben Religion anhingen. Und man darf nicht vergessen, daß dies gemäß der Absicht der heutigen Globalisten ausschließlich die jüdische Religion sein sollte. Inzwischen entgeht uns aber nicht, daß die sog. Christliche Œkumene *in praxi* unter der Dominanz Roms steht.

[177] Diese Verhältnisse werden in der Tiefe und dem Umfang ihrer Bedeutung gründlich erklärt im Buch: *Compendium Creationis – Die universelle Symbolik der Wassermann-Genesis erklärt* ... - Basel, Edition Oriflamme, 2012.

[178] Vgl. diese Passage mit dem Schlußkapitel des Buchs *Logen, Orden und das Rosenkreuz* ... - Basel, Edition Oriflamme, 2014; a.a.O. Ss. 177-181.

[179] Der kundige Leser wird feststellen, daß dieser Abschnitt ganze Absätze der Aussagen R. Steiners in seinem Vortrag vom 25. Mai 1909 in Berlin zitiert.

ANMERKUNGEN ZUR EINFÜHRUNG DES HERAUSGEBERS

Wir geben hier aber nur deren Essenz wieder, ergänzt um einige zusätzliche Bemerkungen, die als Brücke zur aktuellen Gegenwart gelten und dem Nicht-Esoteriker als Verständnis-Hilfe dienen mögen – Nur so kann klar werden, warum überhaupt die Manifestation des MAKROKOSMISCHEN CHRISTOS in der Welt so überaus wichtig, ja absolut notwendig war und ist, und was sie für die seelische Entwicklung der Erden-Menschheit bedeutet.

[180] DIONYSOS, ATTIS, BALDUR, SIEGFRIED, CUCHULLAIN, QUETZALCOATL, KRISHNA, HORUS u.s.w. sind derartige Sonnenhelden: Verkündiger der Realität des KOSMISCHEN CHRISTOS.

[181] Siehe Bücher-Hinweise S. 282 f. – Der Herausgeber des Weigel-Gesamtwerks, H. Pfefferl zitiert dazu aus *Theologia Deutsch*, Überschrift zu Kapitel 5: «*Wie man das verstehen soll, daß man weißloß, will-loß, liplos und begerdeloß* [frei von Denken, Wollen, Körperlichkeit und Begierden, wie im TAO] *und dergleichen werden solle*».

[182] Der *Dictionary of Gnosis and Western Esotericism* (DGWE) legt diese Verfolgungen auf die Jahre nach 1240 und auf die Schultern von ‹JOANNO-KALÓS› und seinem Sohn; – andere Quellen haben Anderes.

[183] Siehe Anm. 149.

[184] Der DGWE, a.a.O., S. 192 ff. sagt, das Bogumilentum sei von Byzanz her durch französische Kreuzfahrer – wir interpretieren: durch katharische Adlige bzw. Tempeltitter von Occitanien und der Champagne – *den italienischen Katharern der Lombardei und von dort nach West-Frankreich* gebracht worden. Auch der eigentliche Beginn des Katharertums ist ja unklar: Verschiedene Quellen haben verschiedene Zahlen.

INTERROGATIO JOHANNIS UND APOKRYPHON DES JOHANNES

Glasmalerei von Dirk Crabeth (Gouda, † 1576):
ABENDMAHLS-SZENE MIT MAGDALENA (langes Haar; auf den Knien von JESUS sitzend). Links JOHANNES (mit Kreuzstab) und ein anbetender Kaiser (Maximilian II?). Im Vordergrund: Szepter und Schwert, als KATHARERKREUZ arrangiert; ein Hund, der an einer CYSTA BACCHI schnüffelt; ein Weinkühler. – Auch diese Magdalena deutet auf einen nicht erkennbaren Gegenstand. – Das Phylacterium zitiert ungefähr aus Jo 14:8-10 die Ermahnung zum Glauben an den VATER und den SOHN als an die EINHEIT: [PHILIPPUS *spricht zu ihm: Herr, zeige*] *uns den Vater, und es genügt uns.* [JESUS *spricht zu ihm:* ...] *Philippe, wer mich sieht, sieht auch den Vater* ... —

ANMERKUNGEN ZUR INTERROGATIO IOHANNIS

[185] Vgl. UMBERTO ECCO, *Il Nome della Rosa*, wo dieses Thema den roten Faden des Romans ausmacht;– ebenso die allein mündliche Graals-Überlieferung, die zum ersten Mal durch W. v. Eschenbach *aus dem Gedächtnis* aufgeschrieben wurde.

[186] Eine von Lücken durchbrochene Glosse zu Zeile 20 sagt (soweit rekonstruierbar): Dieser Engel war von je her im Dienst des Fürsten [dieser Welt], *und er war Enoch und Mose und Jesaia* {wohl ein Schreibfehler für Elias} und Johannes. Und diese ... die ...ionen, die des Feuers, der Luft, der Erde und der Wasser von Gott erschaffen sind ... weil alle ... ... über *die/den Anfänge(n)* ... *des Feuers.*

[187] Glosse zu Zeile 25: *«Es ist wahr, daß es Fische sind und nichts Anderes. Aber sie bedeuten das Evangelium und den Brief, welche die Kirche aufrecht erhalten, wie jene die Erde stützen. Diese Kirche besteht aus sieben Säulen, d.h. sieben Kandelabern».* – Welches Evangelium (das vierte?) und welcher Brief gemeint seien, wird nicht gesagt. – Siehe Abb. S. 197.

[188] Der Ausdruck *interrogatio* (nicht *quæstiones*) bedeutet sowohl *Frage* und *Befragung*, als auch *Schlußfolgerung*. Damit gilt der Ausdruck sowohl für die Fragen dieses ‹JOHANNES› als auch für die Antworten ‹JESU›.

[189] Sieht man von den allbekannten Bibelversionen ab, ergeben sich hier mehrere neue Aspekte: Abgesehen davon, daß nicht ersichtlich ist, weshalb JOHANNES durch sein Fragen desto eher am Reich Gottes Anteil erhalten soll, sind die Zeitformen zu beachten: Schon jetzt verrät Einer JESUS (Präsens-Form); und man wird ihn daran erkennen (Futur), daß SATAN in ihn fahren *muß* (koniunktivischer Imperativ!). Und dies wiederum wird, gemäß Mk., geschehen, wenn er die Hand *«mit mir in die Schüssel eingetaucht haben wird»* (Futurum exactum) – gemäß Jo. aber, *«als er ihm den Bissen gegeben hatte».* – Das tönt beinahe nach einer magischen Beeinflussung: Unser Autor ‹JOHANNES› verknüpft jedenfalls das Eintauchen der Hand in die Schüssel und das Einfahren von SATANAS direkt kausal: Wer wollte das absichtlich bzw. offensichtlich tun? Ersteres käme einem Opfer gleich, das Zweite einem Geständnis – dann müßte aber nicht mehr gefragt werden *«Doch nicht etwa ich, Herr!?»* (wie in Mt 26:22), bzw. *» ... wer es wohl wäre [der dies tun würde]»* (Lk 22:23); – im gegenwärtigen Text aber wörtlicher noch: *«wer wohl dazu bestimmt sei, Solches auszuführen?».*

Nun wird aber kein anständiger Mensch, während ein Anderer dies auch tut die Hand in die gemeinsame Schüssel stecken, wie sie im Orient noch heute üblich ist – es sei denn, man wolle etwas Außerordentliches damit bezwecken – in diesem Fall also möglicherweise um den Auftrag Jesu an den Jünger, ihn zu überliefern. Es könnte sich nun auch um die Schüssel zum *Waschen der Hände* handeln; doch hier gälte dieselbe Regel, bzw. dieselbe Alternative.

Andererseits benutzt das griechische Original dasselbe Hauptverb sowohl für die Übergabe des Bissens an den (noch nicht bestimmten) Jünger, als auch für jene von Jesus an die Häscher (einmal επιδωσω, *epdōsō*, einmal παραδωσει, *paradōsei*). – Die Initiative dazu liegt in beiden Fällen bei Jesus, der S. 78 sagt: *« ... ehe ich mich ... überantworte».* Unklar bleibt in allen Fällen der Satz: *« ... fuhr Satan in ihn».* Denn weil es sich um einen Auftrag des Meisters handelt (genau übersetzt: *«was zu tun ist - das tue schnell»*), wird nochmals deutlich, daß dieser ‹JUDAS› den Meister nicht *hintergeht*, denn er handelt in dessen direktem Auftrag, «verrät» ihn also nicht böswillig. – Die Evangelisten sagen denn auch nicht *verraten*, sondern *übergeben*. Und Jesus, der kurz davor empfahl: *«Wer kein Schwert hat, gehe hin und kaufe eines!»* will die Übergabe nicht verhindern, sondern erleichtern – 1° indem er an einen einsamem Ort geht, 2° indem er dem Jünger, der sein Schwert wirklich zieht, dies verwehrt. Aus all diesen Gründen ist unklar, warum – oder doch unlogisch, daß – SATAN in diesen JUDAS fahren sollte. – Wir wissen aber, daß ein ganz anderer JUDAS nicht diesen JESUS, sondern den DOSITHEOS verriet (→ S. 145, 101; Anm. 70).

Daß JUDAS später seine ‹Übergabe› bereut, versteht man leicht: Da er die Konsequenzen sieht, wäre ihm Ungehorsam lieber gewesen – vorallem wenn es sich bei ihm auch noch um einen Bruder JESU handelte, was nicht ganz ausgeschlossen werden kann. Daß er sich aber auch noch erhängt haben soll, ist eine sicher bewußte anti-historische Dramatisierung des Texts.

[190] Hier ist es nötig, auf die berühmte Schrift von ‹DIONYSOS AEROPAGITA› zurück zu greifen, der in Kapitel VI die drei Ebenen höchster Geister aufzählt, die man gewöhnlich summarisch Engel nennt (zitiert aus Dionysos Aeropagita – *Die Hierarchien der Engel und der Kirche*, eingeführt durch Hugo Ball. München, O.W.Barth Verlag, 1955; siehe auch Anm. 210):

«Die himmlischen Wesen hat die Heilige Schrift mit insgesamt neun Namen benannt. – Der heilige Mystagoge, der mich in diese geheime Wissenschaft einweihte, faßte sie in drei je dreiteilige Ordnungen zusammen. Die erste ist jene, sagt er, die gemäß der Überlieferung immerdar um Gott versammelt, ununterbrochen, allen anderen voraus, unmittelbar mit Ihm vereinigt. Die heiligen Throne und die Ordnungen der Vielaugigen und der Vielgeflügelten, in hebräischer Sprache Cherubim und Seraphim genannt, stünden Gott am nächsten – so gebe es die Erklärung der heiligen Schriften. Diese triadische Ordnung bezeichnete unser großer Meister als die oberste, gleichsam drei-einige Stufe der ersten Hierarchie. Keine andere ist Gott näher und ähnlicher, keine den direkten Ausstrahlungen der Urgottheit stärker ausgesetzt als diese. Als die zweite Triade sprach er diejenige an, welche von den Gewalten, Herrschern und Mächten gebildet wird. Die dritte und unterste der drei himmlischen Hierarchien endlich bestehe aus den drei Ordnungen der Engel, Erzengel und Fürsten der Geister. – Siehe Abb. S. 88.

[191] Es ist unklar, wie dieser Satz genau gemeint ist: *Gloria* könnten sowohl den Zustand meinen, der über alle Himmel ausgebreitet ist, als auch ein Sammelbegriff sein für die *Hierarchien der Himmel, die über die Himmel gesetzt* sind. – Und das *custodiebat* kann sowohl im Sinne von Bewachen und gar Überwachen gemeint sein, als auch im Sinne von Behüten. Beide Begriffe sind daher auch hier so übersetzt, daß alle genannten Möglichkeiten offen bleiben. Die Tatsache, daß Satan *in die Luft hinab steigen* mußte, deutet darauf hin, daß die *Glorie über den Himmeln* ätherisch-geistig ist.

Mehrere Schriften, z.B. auch das *Buch Henoch*, erwähnen die *Im Anfang* hohe Stellung von SATAN, SATANAEL oder SAMAEL über allen anderen Engeln sowie seinen Wunsch, dem Allerhöchsten gleich oder höher als Er zu sein. Gemäß E.B. stufen ihn auch die Kirchenväter so hoch ein – und Papst Gregor nicht nur als den ersten. sondern auch als den erhabensten Engel, den Gott über alle Engel gesetzt habe. Dies betont die überragende Rolle des ‹Teufels› in der Römischen Kirche, wie schon früher bemerkt (Anm. 8). → Forts. nächste S.

Gemäß ZIGABENES gab es in Byzanz im 12. Jh. auch einen bogumilischen Mythos, wonach Satan *«in der himmlischen Hierarchie der Zweite nach dem Vater war, dieselbe Erscheinung hatte und dasselbe Kleid trug wie der Vater. Dieser Mythos wurde von den Katharern übernommen».*

[192] Vier Engel als Herren der Vier Elemente nennt auch das *Friedens-Evangelium der Essener* (vgl. *Aus dem geistigen Erbe der Essener* ... – Edition Oriflamme 2018, und die 4 Abb. weiter unten). – Auch die *Apokalypse des Johannes* nennt die Engel der vier Winde (7:1-3), und des Wassers (16:5).

[193] Kurioserweise zeigt eines der bekanntesten Symbole für das *Sternbild der Fische* die beiden Fische derart ‹aneinander gebunden›; und es gibt keine andere Erklärung dafür als diesen Mythos (siehe Abb. S. 197).

[194] Glosse zu Zeile 30-31 (*Feuer von Gehenna*): *«[Das ist] das Tal Josaphat. Oseph und Asco, Unterwelt und Tartaros sowie der Ursprung des Feuers sind dasselbe; aber es wird in verschiedenen Sprachen verschieden genannt. Es ist gar kein Geist, noch etwas Lebendiges, sondern es ist ein Ort wie Bosnien, die Lombardei oder die Toscana».* – {Das (slawische) Wort *ossop* bedeutet etwa: *«Er kam in sein Eigenes – an den ihm eigenen, seiner Eigenart entsprechenden Ort (den ‹Feuer-Pfuhl›)».*}

[195] Nach dieser Auffassung ist es Satan, der die «Wasser über den Himmel und die Wasser unter den Himmeln» trennt (Gen. 1:9). Das trägt natürlich zur weiteren Auffassung bei, daß Satan und der Schöpfer des Kosmos Eins seien. – Die Tugenden (*‹virtutes›*), die bisher Gott dienten sollen nun dem Widersacher dienen: eine Vorwegnahme von Geo-Engineering ...

[196] Das Ms. Carcassonne hat hier *« bis in den fünften Himmel».*

[197] Der sog. ‹Hebdomas Hebdomadum› der Erschaffung eines Universums in sieben ‹Tagen› entsprechen sieben Epochen eines Schöpfungstags (eines «Tags von Brahma», ca. 25'900 Jahre). Dieser Zyklus wird nach den Planeten benannt: Saturn – Sonne – Mond – Erde (diese Epoche unterteilt in eine Mars- und eine Merkur-‹Hälfte›) – Jupiter – Venus – Vulcanus (vgl. die große Literatur, die vor allem Max HEINDEL, Rudolf STEINER und H. P. BLAVATSKY hinterlassen haben). Diesem makrokosmischen Zyklus der Entwicklung vom noch rein geistigen übers ätherisch physische zum stofflichen Universum, mit der anschließenden Entstofflichung zu einem *bewußt göttlichen*, entspricht die mikrokosmische Evolution des Bewußtseins eines Menschen, der sich zum spirituellen Pfad entschlossen hat und ihm folgt. Die universelle physische Entstofflichung hat am Beginn des Wassermann-Zeitalters – also JETZT – bereits begonnen. Das Aufwallen der vielen spirituellen Strömungen und Entwicklungen seit Ende des 19. Jh. zeigt dies deutlich. Das Gros der Menschheit ist allerdings noch ganz dem Stoff verhaftet, und in jeder Epoche macht sich nur eine sehr geringe Anzahl geistiger Pioniere *bewußt* «auf den Weg»: Ihren Spuren können die späteren Sucher folgen ... – Auch in der *Wassermann-Genesis* (a.a.O.) wird die Aktivität und Bedeutung des Großen Widersachers oder Störers – des Fürsten des Zorn-Reichs, JALDABAOTH, deutlich gemacht – ebenfalls mit dem Hinweis, daß dessen Macht auf ‹sieben Tage› begrenzt sei, wonach Jener wieder in den Schoß des Eins-und-Alls, ins universal göttliche Liebesreich des Vaters zurückkehren wird.

[198] In der Antike galten die Planeten als Götter, die Sterne als Engel. Es ist eigenartig, daß hier die Götter Sonne und Mond durch Satan erschaffen werden (mit Duldung des Vaters). Im Folgesatz scheint dem Text ein Komma zu feh-

len (Interpunktionen waen erst später ‹Pflicht›): Es wäre selbstverständlich, daß nach der *forma* (*Angesicht, Schönheit, Vorbild*) *patris* nicht Hagel und Schnee gemacht würden, sondern die beiden Hauptgestirne.

[199] Ein Detail, das zeigt, wie frühere Schöpfungsgeschichten viel näher an der Wirklichkeit sind, als die pseudo-monotheistische *Genesis* im kanonisierten Pentateuch: Alles Leben – ob Tier oder Pflanze – kommt aus dem Meer, nicht sozusagen aus dem Nichts. Damit wird dem Konzept, daß alles *durchs* WORT *erschaffen* worden sei, in keiner Weise Abbruch getan: Es gibt hier kein Entweder-Oder, sondern nur Sowohl-als-Auch – Jedes auf der ihm entsprechenden Ebene betrachtet.

[200] Ein interessantes linguistisches Detail: Das Wort *limus* hat mehrere Bedeutungen, die im gegenwärtigen Kontext beachtet zu werden verdienen: Die bekannteste ist natürlich *Schmutz, Schlamm, Leim, Lehm* (einmal Lehm als Schmutz, einmal als Werkstoff); doch gibt es noch die Bedeutung *ge-* oder *verbogen, schief, schielend*, was aufs erste Mißlingen der Menschenschöpfung hindeutet – drittens um den (wahrscheinlich wie im Alten Ägypten *schief geschnittenen*) Schurz der Opferdiener zu bezeichnen – und viertens im Anklang an den Griechischen *Limes* als dem Grenzfluß zwischen der physischen ‹realen› Welt und der konkret geistigen Welt.
Auch in anderen Traditionen wird ‹DER MENSCH› aus Lehm erschaffen (bzw. aus dem vom Boden aufgehobenen Staub); – so auch im Popol Vuj, wo die so gemachten Männchen (Puppen) im Regen verlaufen (siehe Anm. 271). – Bezüglich des Menschen als Diener der Götter siehe dieselbe Anm. 271 sowie die Schöpfungsgeschichte Babyloniens.

[201] Vgl. Genesis 2:17: dort ist die Rede vom Baum der *Erkenntnis* des Guten und Bösen, hier aber vom Baum der *Ungerechtigkeit*, die mit *menschlichem Urteil* unvermeidlich verbunden ist: Des Einen Recht ist dem Andern stets Unrecht.

[202] Man könnte auch verstehen: «... *sagen so, mein Vate habe aus Irrtum* Lehmkörper gemacht. – MS Dôle hat plausibler: «*Die unwissenden Menschen sagen dies in ihrer Verfehlung, mein Vater habe Lehmkörper fabriziert, aber aus heiligem Geist machte er alle Mächte des Himmels. Jene wurden wegen der Verfehlung im Besitz sterblicher Lehmkörper gefunden, und so wurden sie ...* » etc. – Beide Versionen sind in sich nicht ganz schlüssig. Es ist aber jedenfalls interessant, in wie vielen Schöpfungsgeschichten die Menschen aus Schlamm, Lehm und dergleichen erschaffen werden.

[203] wörtlich *quomodo incipitur – wie beginnt* ...; – hier aber wohl im Sinne von *quomodo concipitur – wie wird empfangen* oder *aufgenommen* ...

[204] Siehe Anm. 14.

[205] Damit das Folgende als Antwort auf Johannis Frage gelten kann, darf nicht verstanden werden: «*Welches Zeitalter wird das sein?*» – sondern: «*Welcher Art wird dieses Zeitalter sein?*» Denn mit dem Erscheinen von Enoch hört die direkte Antwort auf die Frage auf; es beginnt eine ganz andere Geschichte mit anderer Perspektive, die aber kein Ende der erfragten Zeit angibt. – Dazu kommt, daß alle Evangelien betonen, daß «weder Tag noch Stunde» bekannt gegeben werden dürfen, sondern die Menschen so leben sollen, als ob dieser letzte Tag *morgen* sei. Indes ist die direkte Antwort zugleich das *Erste Zeitalter* der biblischen Geschichte, dem die anderen folgen.

[206] Ohne die Frage zu beantworten, geht ‹JESUS› zun Thema ENOCH über.

ANMERKUNGEN ZUR INTERROGATIO IOHANNIS

[207] Ms. Dôle hat 77 Bücher und führt noch einen unklaren *minister* ein.

[208] Version Dôle. hat hier: «... *und begann, sie zu lehren, <eine Gestalt> für Opfer und zu unrechten Gottesdiensten zu machen* – *et cœpit eos docere facere <formam> sacrificiorum et ministeria iniusta* (Einfügungen im Original). – Mit *forma* könnte auch nur der *formale* Ritus gemeint sein.

Das sind im weiteren Verlauf die *«Kinder Satans»* seit der Kopulation des schlangenschwänzigen Satans mit EVA. – Interessant ist, daß in dieser Version Opfer als Negativum und *Beginn des Satanismus* dargestellt werden, so wie dies durch Jesus im *Evangelium des vollkommenen Lebens* geschieht. Davon steht aber in den kanonischen Schriften verständlicherweise nichts: Institutionelle Opfer waren die beste Einkunfts-Quelle für Priester (siehe AT: Buch *Deuteronomium*, und Mt 21:12).

[209] Gemäß katharischer und bogumilischer Auffassung: eifersüchtiger «einziger» Gott, JALDABAOTH, der den irdischen Menschen als seinen Knecht erschaffen hat.

Das Buch *Nag-Hammadi Scriptures* {loc. cit.; p. 115 ss.} gibt hier eine Erklärung aus dem *Apokryphon Iohannis*, welche die Größe und Wirkung des Zornreichs unter dem Prinzen dieser Welt – JALDABAOTH – zeigt. Die Aufzählung der Namen dieser ‹Mächte und Herrscher› unter JALDABAOTH ist interessant, weil manche davon in biblischen und anderen Mythen wieder erscheinen, die *jünger sind* als die Endversion der biblischen Genesis, während die Aufzählung hier *älter* ist als jene.

Um diesen Abschnitt besser zu verstehen, ist ein Hinweis auf das Buch der *Hierarchien der Himmel* von DIONYSOS AEROPAGITA, genannt *Pseudo-Dionysius* angebracht: Dieser war ein Theologe des 5. bis 6. Jh. – Aus dessen Corpus von Büchern sind in diesem Zusammenhang diese wichtig: *Über die göttlichen Namen* (Περι Θηειων Ονοματων) und *Über die Hierarchien [alles] Himmlischen* (Περι της Ουρανιου ʽΙεραρχιας).

[210] MOSE als Antichrist!

[211] Gemäß einer anderen häretischen Tradition stahl SATANAEL vom Vater drei Samenkörner; die pflanzte er ins Paradies. Daraus wuchsen drei Bäume: Der Baum der Erkenntnis, der Baum des Lebens und ein dritter Baum, aus dessen Holz der Stab von MOSE gemacht wurde, und der fürs Holz zum Kreuz bewahrt wurde. Dieses letztere wurde von Satan dem MOSE gegeben. Auch die Kirchenväter vertraten offenbar die Meinung (so E.B.), das Kreuz der Passion sei vom Stab Mosis gemacht worden. Auch TERTULLIAN und Andere hielten diese Legende hoch: Nach der Durchquerung des Roten Meers fand MOSE diese *drei Ruten* und vollbrachte damit manche Wunder. Vor seinem Tod pflanzte er sie wieder – und zwar am Fuß des Berges Tabor, bzw. nach anderer Überlieferung in Moab am Jordan-Ufer.

Diese Legende mag die Tatsache erklären, daß so Gnostiker wie Katharer und Tempelritter das Kreuz verachteten und seine Anbetung verweigerten: *«Wenn jemand den Sohn des Königs mit einem Stück Holz tötete, wie könnte dann dieses Holz dem König besonders teuer sein?»* – Sie betrachteten das Kreuz daher als eine Erfindung des Teufels.

Folglich betrachteten sie auch MOSE als einen «Agenten des Teufels». Dieser habe ihm das Holz zum Kreuz gegeben, ihm seine «Göttlichkeit»

267

gewiesen, ihm aufgetragen, dem Volk Israel das Gesetz zu geben; und es sei mit seiner Hilfe, daß Mose das Rote Meer habe durchqueren können (EB). Schon die frühen Gnostiker waren aus ähnlicher Motivation Gegner von MOSE und dem Gesetz. Gemäß BASILIDES waren die Propheten des AT durch die niedrigen Hierarchien der Welt inspiriert. Auch die *Ophiten* waren ähnlicher Meinung, und die *Markioniten* lehnten außer dem mosaischen Gesetz sogar beide – AT und NT – ab. *«Die Bogumilen beachteten allein das Evangelium des Johannes und die apostolischen Lehren. Dasselbe gilt für die Katharer»* (EB), wobei es gruppenweise Unterschiede gab.

[212] *per auditum*: durch die Ohren. *«Non Vulva sed valva»* ist der übliche klerikale Ausdruck dafür. Tatsächlich kann man die Empfängnis Mariens mystisch interpretieren als die Wirkung DES WORTS – LOGOS, was noch unterstrichen wird durch die Antwort MARIA's an den ‹Engel›: *«Mir geschehe nach Deinem* WORT*!»* – Ähnlich wurde auch ABRAM's Frau SARAH schwanger durchs WORT der beiden ‹Engel› und deren Verkündigung. Diese Auffassung führte zur Interpretation durch ZIGABENES und die Inquisition: die Katharer hätten Jesum als einen Engel betrachtet. Allerdings hielten gewisse Katharer an der jungfräulichen Geburt fest – einige vertraten sogar die Ansicht, MARIA habe *«nur aus himmlischen Elementen bestanden»*.
Bezüglich JESUS führte das zur katharischen Lehre, JESUS habe manchmal einen stofflichen, dann wieder einen unstofflichen Leib gehabt. Die *Paulicianer* vertraten die Ansicht, er sei *«durch Maria hindurch gegangen wie das Wasser durch ein Rohr»*, und er habe «seinen Körper vom Himmel mitgebracht: *«So wie der Tod durchs Ohr von Eva eintrat, so trat das Leben durchs Ohr Mariens ein»*. Letzteres wird auch dargestellt mit einer TAUBE als das WORT (siehe Frontispiz dieses Buchs). – Die ‹absoluten Katharer› aber hätten geglaubt, der Christus sei mit Körper, Seele und Geist vom Himmel gestiegen, ohne dafür etwas von Maria genommen zu haben (EB).

[213] Die Auffassung, der ‹Geist› von ELIAS sei in JOHANNES, der von JOHANNES und ELIAS (nach der Enthauptung Johannis) in JESUM eingegangen findet sich an diversen Stellen im Werk von Rudolf Steiner. - Hingegen ist hier einmalig, daß ELIAS als JOHANNES DER TÄUFER sowohl als Person als auch als Engel von Satan auf die Erde gesandt, dann aber im selben Satz wieder in zwei ‹Personen› getrennt wird.

[214] Kursiver Text: Übernahme der Version Dôle, da die Version Wien mehrfach fragwürdig und sinnwidrig erscheint, wo JOHANNES sagt: *«... kann ein Mensch Erlösung durch die Taufe erlangen? Ohne meine Taufe, wodurch ich zur Vergebung der Sünden taufe, sagte ich, kann niemand allein die Erlösung Gottes erlangen. Daher bin ich das Brot des Lebens ... ».* Die Rollen von JESUS und JOHANNES sind hier offenbar vermengt (was wiederum auf ein gemeinsames, vielleicht mißverständliches Original hinweist, wovon die beiden Versionen herkämen. Man würde doch erwarten, daß die Wassertaufe JOHANNIS und die Taufe JESU mit Feuer von einander unterschieden würden.

[215] Gebete als Hymnen und Lieder sind ‹Wort-Opfer›; – vgl. *Corp. Herm.*

[216] Ein Zitat entsprechend Mt 22:29-30, betreffend die Eunuchen. – Es geht aber hier (wie bereits in der Fabel von des Königs Hochzeitsmahl, das, nebenbei bemerkt, dem ersten Mahl in der Fabel von CRC in der *Chymischen Hochzeit des Christian Rosencreutz* entspricht) nicht um eine ge-

wöhnliche Hochzeit, noch um ein gewöhnliches Mahl, sondern um jene Menschen, die die Taufe Christi annehmen, entsprechend Jo 3:20-21.

Im Falle des königlichen Mahls in Mt 22:1-14 wird jedoch auch noch die Würdigkeit angesprochen, indem ein Besucher, der «ohne Hochzeitskleid» erscheint – ebenso wie die unwürdigen Besucher an der königlichen Hochzeit in der Fabel von CRC – wieder hinausgejagt wird. Kürzer und direkter ausgedrückt findet sich dies in der Erzählung vom Letzten Abendmahl, wo den Jüngern klar und deutlich gesagt wird: *«Wer aber unwürdig ißt und trinkt, der ißt und trinkt sich selbst zu einem Verhängnis».* – Das bedeutet auch: Die Taufe mit Wasser ist Jedermann zugänglich; die Taufe mit Feuer aber verlangt, daß der Kandidat oder Hochzeitsgast sich entsprechend vorbereitet und das ‹*Neue Seelengewand*›, das «*goldene Hochzeitskleid*» erworben hat.

[217] Das meint die Zahl der gefallenen Engel; – die Zahl der 144'000 aus Offb.

[218] Siehe das im heutigen Kanon nicht mehr enthaltene *Weisheitsbuch Jesus Sirach*, Kapitel 16 (bibliophile Ausgabe Edition Oriflamme: Basel, 2014).

[219] In Mt 27:45 (am Ende des Kreuzigungs-Berichts) heißt es: *«Aber von der sechsten Stunde an kam eine Finsternis über die ganze Erde, bis zur neunten Stunde ... »* (Text Dôle hat hier: *« ... bis zur vierten Stunde). Dann wird das Zeichen des Sohns des Menschen erscheinen, und alle heiligen Engel mit ihm und er wird den Thron seiner Majestät errichten, zusammen mit den zwölf Aposteln auf den zwölf Thronen ihrer Glorie ... ».*

MS Wien hat zu Zeilen 210-211 (*«bis zur neunten Stunde»*) die Glosse: *«... bis zur neunten Stunde – das ist für tausend Jahre* (M *annos). Dann aber wird (die Sonne) ihr Licht verlieren. Nach der Neunten Stunde wird die Sonne Christi leuchten bis zum Ende der Tage* (wörtlich: *«usque ad sæcula sæculorum»*) – *amen».*

[220] Vgl. im Alten Ägypten die 40 Richter, die das ‹Buch› der neu angekommenen Seele (die Aura und den mikrokosmischen Himmel) lesen und beurteilen.

[222] Der gute Hirte ... – Vgl. Jo 10:16 etc...

[223] Hier bricht das MS Wien ab. MS Dôle hat dafür: *« .... Und der Herr wird am Firmament sein bis [hinunter] in die Unterwelt».* – Das MS Dôle fährt mit den restlichen 32 Zeilen fort bis zu seinem expliziten, z.T. offenbar ‹ergänzten› Ende. – Ergänzung in [...] durch den Hrsg.

[224] Hier wird offenbar noch eine dritte ‹Person› zugeschaltet, da der Sprechende JESUS ist, Gott aber in der dritten Person genannt wird. – Wer mag wohl der ‹Gerechte› sein? Könnte es sein, daß die Katharische Lehre hier den «guten Schöpfer-Gott» erwähnt, gegenüber dem bösen Demiurgen, der inzwischen mit Satan identifiziert wird? –
Andererseits antwortet im Folgesatz der Vater selber, was darauf hinweist, daß es sich um einen der verschiedenen grammatikalischen Übertragungs-Fehler so in der Transcription wie in der franz. Übersetzung von E. Bozóky handeln mag, welche in der gegenwärtige Übertragung stillschweigend zurecht gerückt sind, wenn sie als gewollte Variante nicht in Frage kommen.

[225] *« ... plenum erroribus.»* – Dieser Nachsatz könnte beides bedeuten: 1° daß es sich gemäß dem Kopisten um eine fehlerhafte Version handle; 2° um eine Glosse zu Zeile 25 eines ihm auch anderweitig bekannten Original-Manuskripts; 3° aber, daß diese Bemerkung von einem kirchli-

chen (‹katholischen› *ante terminem*) Kopisten stamme. In beiden Fällen kann man sich wundern über die fast genau wörtliche Konformität der diversen Versionen. Erhebliche Unterschiede sind in Anmerkungen kommentiert; meistens handelt es sich dabei um erkennbare Kopierfehler, oder aber um Umformulierungen in einem vielleicht etwas ‹moderneren› oder regional gebräuchlicheren Latein: Das Latein eines Italieners ist ja etwas verschieden von dem eines Bulgaren oder Franzosen, was solche kleine Abweichungen leicht erklärt.

Auch unsere eigene Übertragung zeigt kleine Abweichungen *im Latein*, indem die mittelalterliche Endung -e (phonetisch ä) durchwegs durch den Umlaut -æ ersetzt wird, während der eigentliche Diphthong natürlich beibehalten wird. Dies geschah der eindeutigen Lesbarkeit wegen: Als Beispiel diene das Paar. *aerem = Luft; ærem = Erz.*

Die Ausgabe von E. Bozóky bringt nun als kleinen Anhang die Randglossen des MS Wien; – wir haben sie jeweils direkt an Ort als fortlaufende Anmerkung eingeordnet, damit kein Hin-und-her-Blättern am Schluß nötig sei.

ANMERKUNGEN ZUM APOKRYPHON DES JOHANNES

[226] Die Original-Übersetzung dieses Texts wurde hergestellt durch Mitglieder des *Coptic Gnostic Library Project of the Institute for Antiquity and Christianity*, Claremont Graduate School. Das *Coptic Gnostic Library Project* wurde finanziert durch UNESCO und andere Institutionen.

[227] Wir danken Harper Collins für die stillschweigende Zustimmung zur Verwendung ihres Texts.

[228] Siehe Evangelium des Philippus.

[229] Es kann kein Zweifel bestehen, daß dieser Name absichtlich gewählt wurde, und zwar im Hinblick auf die zoroastrische Personifikation des Bösen im *Zend Avesta*: AHRIMAN, dessen Eigenschaft wie erwähnt jene ist, alles Licht zu verfinstern: «Ich, Ahura Mainyiu, der ich ganz Tod bin ... »

[230] Alle originalen Manuskripte unterscheiden sich hier darin, daß die einen aus der dritten Person reden, die anderen aus der ersten. Die gegenwärtige Wiedergabe zieht aus Analogie zum vorhergehenden Text die plausiblere erste Person vor – mit einer durch Anm. 224 erklärten Ausnahme.

[231] Auch in diesem Text beginnt die Schau oder Vision des Erzählers mit der Erfahrung eines kosmischen Sturms als Bild für die mikrokosmische Er-

ANMERKUNGEN ZUM APOKRYPHON IOHANNIS

schütterung dessen, der das Erlebnis hat – gleich wie in der *Interrogatio Iohannis*, gleich wie im *Corpus Hermeticum*, und gleich wie am Beginn der *Chymischen Hochzeit des Christian Rosencreutz*.

[231-A] Diese drei Absätze sind so ähnlich dem Beginn des Buchs *Pymander* des *Corpus Hermeticum*, daß man sie als dessen Quelle betrachten könnte.

[232] Εστως - *estōs* – *aufrecht stehend* – ein Ausdruck der in den Schriften der *Simonier* oft vorkommt, um eine Wesenheit oder Person zu bezeichnen, die im Licht und in der Kraft des Lichts – wie man sagt – *gerade steht*.

[233] Die letzten zwei ‹Eigenschaften› lehnen sich – wahrscheinlich bewußt – an die chinesische Aussage bezüglich des ※ 1 im DAO-DE-GING (a.a.O.) an:
«*Kein Name, den man [dafür] nennen mag, ist jemals des Ewigen Name. Keinen Namen hat des Himmels und der Erde Ursprung ...*» – Natürlich ist auch der Ausdruck «*Eigenschaften*» verfehlt; denn was Eigenschaften hat, ist damit auch meßbar, begrenzbar ... – Auch deshalb wurde von den vorhandenen Text-Varianten jene bevorzugt, die als Subjekt nicht «Er», «Ihn» etc. benutzt, sondern jene, deren Subjekt die ganz unpersönlich wirkende MONADE hat.

[234] Das Subjekt im Originaltext (ob «etwas» oder «jemand») ist im Akkusativ sicher für männlich und sächlich gleich, also ambivalent.

[235] Das erinnert an den Beginn der Schöpfungsgeschichte der MAYA:
«*Noch zeigte sich nicht das Angesicht der Erde. Da waren nur das Meer in Stille, und der Himmel in seiner ganzen Ausdehnung ... nur das Wasser in Ruhe, das Meer friedlich, einsam und still. [Noch] gab es nichts, was ein Dasein gehabt hätte. Da waren nur Unbewegtheit und Schweigen in der Finsternis – in der Nacht. Nur der Schöpfer und der Bildner ... die Erzeuger waren da im Wasser, umstrahlt von Licht ... In dieser Weise existierten der Himmel und auch das Herz des Himmels – das ist der Name Gottes ...
Dann erschien das Wort ... Und dann zeigte sich in Klarheit, während sie meditierten, daß bei Tagesanbruch der Mensch erscheinen müsse ....* –
No se manifestaba la faz de la tierra. Sólo estaban el mar en calma y el cielo en toda su extensión. - No había nada que estuviera en pié; sólo el agua en reposo, el mar apacible, solo y tranquilo. No había nada dotado de existencia. Solamente había inmovilidad y silencio en la obscuridad, en la noche. Sólo el Creador, el Formador, TEPEU, GUCUMATZ, los Progenitores, estaban en el agua rodeados de claridad. Estaban ocultos bajo plumas verdes y azules, por eso se les llama GUCUMATZ. De grandes sabios, de grandes pensadores es su naturaleza. De esta manera existía el cielo y también el CORAZÓN DEL CIELO, que éste es el nombre de Dios. Así contaban.
Llegó aquí entonces la PALABRA, vinieron juntos TEPEU y GUCUMATZ, en la obscuridad, en la noche, y hablaron entre sí TEPEU y GUCUMATZ. Hablaron pues consultando entre sí y meditando; se pusieron de acuerdo, juntaron sus palabras y su pensamiento. - Entonces se manifestó con claridad, mientras meditaban, que cuando amaneciera debía aparecer el hombre ...*»

[236] MEYER hat in seiner Übersetzung hier als Subjekt «der Vater» *eingefügt*, den der Text nicht erwähnt, und hat dies dann beibehalten, wodurch der erwähnte «Eine», der «dies alles erklärt», unbegründet bleibt. – WISSE hat, ohne dies zu begründen, als Subjekt das *Lebende Wasser* gewählt.
Wir aber sind der Ansicht, dieser aus dem Vater hervorgegangene *Eine, der die Dinge erklärt*, beziehe sich auf den *Unsichtbaren Geist*, der dann mit

dem *Quell des Lebenden Wassers* identifiziert wird: So kommt es, daß «ER» (der Heilige Geist) sein eigenes Bild im Lebenden Wasser «sehen» kann – so wie auch in späteren Schriften und in den Lehren Jesu im Johannes-Evangeliums dieser *«mit dem* VATER *Eins seiende* SOHN» mit dem Lebenden Wasser identifiziert wird – bzw. in der *Apokalypse des Johannes* das Lebende Wasser *an Andere austeilen* kann. Daß in anderen gnostischen Schriften des *Nag-Hammadi Codex* bzw. im *Corpus Hermeticum* diese Spiegelung im Wasser wiederkehrt, kann auf der Ebene des Mythos eine bewußte Nachahmung (Spiegelung des Spiegelbilds) sein, die dem entsprechend zu einem mangelhaften Resultat führt, mit JALDABAOTH, dem *Demiurgen* als Sohn der SOPHIA, u.s.w. –

Und da gerade der *Demiurg* erwähnt wird, sei noch erklärt, daß dieser ‹Name› aus dem Griechischen kommt: Αδαμας, *Adamas* bedeutet der Unverderbliche (vgl. engl. *damage*), was übrigens zur Bezeichnung für rostfreien Stahl – und daraus im geistigen Sinne für *unverderblich und unbeugsam* als *«adamant»* geführt hat. – Ebenso zum Ausdruck *Demiurg*: *Damiourgos*– δαμιουργος ist Der (nur) *Vergängliches* erschafft. Daher muß später dem neu erschaffenen Menschen die *unvergängliche Seele* vom VATER *«eingeblasen»* werden.

Die Fortsetzung des Texts (mit dem Erscheinen von BARBELO) bestätigt obige Interpretation, wird dort doch gesagt: «Durch den jungfräulichen *Geist war sie hervor getreten ... Sie ist ... das Abbild des Geistes».* - Unklar wird dann aber wiederum die Herleitung der *Fünfheit*, denn es ist nicht ohne Weiteres erkennbar, warum die beiden Aspekte des Androgyns BARBELO (der männliche und der weibliche) der Vorgedanke und das Denken seien.

[237] Spontan stößt man sich hier an einer Folge von Aussagen, die sich einmal auf den VATER, dann wieder auf den unsichtbaren jungfräulichen GEIST beziehen könnten – besonders an der Aussage, der Geist, der Quell des Lichts, habe sich im Quell des Lichts betrachtet. Indes ist es wohl besser, den Text anstatt in analytischer Konsistenz in seiner bildlichen Kohärenz zu lesen und zu verstehen. – So wie wir heute für ein Lichtbild (Photographie) den vereinfachten –Ausdruck Photo (Licht) benutzen, verstehen wir auch diese Wendung: Einmal geht es um das Lebende Wasser als Ausdruck des Lebenden Lichts, einmal um das darin gespiegelte (leuchtende) Bild des unsichtbaren jungfräulichen Geistes.

Hier teilt sich die Auffassung der beiden Quellen: WISSE übersetzt entsprechend dem Text mit *«Er ...»,* ohne aber diesen ER zu spezifizieren; MEYER setzt für dieses ER den Ausdruck «VATER», das wäre der Namenlose, Unbeschreibliche, Eigenschaftslose. Diese zweite Meinung übersieht jedoch den Kern des Satzes: « ... *denn wir kennten nicht die unaussprechlichen Dinge ... – ohne den Einen, der aus dem Vater hervorgegangen ist ... ».* – Dieser Eine, bzw. in der Folge «ER», kann selbstverständlich nicht der VATER selber sein, sondern nur der SOHN, oder, wie der folgende Text zeigt, *«der Unsichtbare Geist»,* den BARBELO um seine Gaben bitten wird.

[238] Das erinnert einmal mehr an den zur kirchlichen Lithurgie gewordenen uralten babylonischen Hymnus, der sich genau auf diesen Ur-Schoß bezieht:

«Der Herr hat mich besessen am Anfang seiner Wege. Ich war, bevor er das erste Geschöpf erschuf. Ich war da seit aller Ewigkeit, bevor noch die Erde erschaffen war. Noch war kein Abgrund, und schon war ich gezeugt. Noch entsprang der Erde kein Quell; – noch war die große Masse der Gebirge nicht aufgetürmt: Ich war geboren noch vor den Hügeln. Weder Erde

ANMERKUNGEN ZUM APOKRYPHON IOHANNIS

noch Flüsse hatte Er erschaffen, noch die Welt an ihren Polen befestigt. Als die Himmel Er ausbreitete, war ich schon da; – als Er die Abgründe mit ihren Grenzen umschrieb und ein unverletzlich Gesetz festlegte für alle Welt; – als über der Erde die Luft Er befestigte; – als den Wassern der Quellen ihr Gleichgewicht Er gab; – als das Meer Er mit seinen Ufern umschloß, und als den Wassern ein Gesetz Er aufzwang, auf daß niemals sie ihre Ufer verließen; – als die Grundvesten der Erde Er setzte, war ich mit ihm und ordnete alles.»

[239] Wörtlich: ... *sah auf sie mit Zustimmung*. Unsere beiden Vorlagen unterscheiden hier zwischen Vorausdenken oder Voraus-Ahnung (*Forethought*, was wir als PRONOIA wiedergeben) und Vorauswissen (*Foreknowledge* – also PROGNOSIS). – Die ganze Situation bestätigt nochmals unsere von beiden Vorlagen abweichende Interpretation: Die aufgezählten Mächte sind noch Eins mit dem Vater, und BARBELO wird *unter Anderem* – so sagt der Text – durch den *Jungfräulichen Geist* hervorgebracht, nicht durch die MONADE. Das kann auch in der Logik des ganzen Texts nicht anders sein, denn: Die MONADE ist ‹höher› als alles Andere und eigenschaftslos, da vollkommen unmanifestiert. – BARBELO wird also hervorgebracht *nicht durch die Monade*, denn diese könnte nicht *«sich betrachten im ihrem Abbild auf dem Wasser»*, da sie keine Wesensglieder und keine bildhafte Erscheinung hat. Die hiervor gegebene Aufzählung bezeichnet also nach unserer Auffassung einen Komplex von (unsichtbaren und unbeschreibbaren) Ansichten der Monade; vergleichbar eventuell dem Konzept des Baums der SEPHIROTH im *Sepher Yezirah*, mit seinen ‹zehn› (in Wirklichkeit elf) *Ansichten der Gottheit*, deren höchste – AYIN – noch ‹überschattet wird›, zwölftens durchs Ayin-Suph, und dreizehntens durchs Ayin-Suph-Aur. – Man vergleiche dazu: *Compendium Creationis – Die universelle Symbolik der Wassermann-Genesis* ... – Basel, Edition Oriflamme, 2016.

[240] Es liegt nahe, hier – in Anlehnung an die *Wassermann-Genesis* (siehe oben) – an zwei verschiedene ‹Väter› auf verschiedenen Dimensions-Ebenen zu denken – den zwei höchsten der vier, die dort erklärt werden: Auf der *überkosmischen Ebene* der ALL-VATER, der am Beginn des gegenwärtigen Texts steht: absolut geistig, sublim, unnennbar, unvorstellbar, unkennbar und sogar undenkbar; – auf der makrokosmischen Ebene das VATER-MUTTER, wovon hier die Rede ist, wo zwar noch immer Alles ganz geistig, physisch unmanifestiert – aber immerhin nennbar und denkbar ist. Aus dieser Ebene oder Sphäre (mit BARBELO als «universellem Schoß», wie der Text sagt) gehen dann die ‹zehntausend Dinge› der Kosmischen Ebene mit ihren vielen manifestierten Eigenschaften hervor, die wir sogenannt ‹kennen›. – Darum kann BARBELO auch MUTTER-VATER genannt werden, wie dies im Text bereits geschehen ist.

[241] ROBINSON meint: Mit «ES» ist die zuvor aufgebaute Pentade gemeint, nicht das Kind! Der in diesem Satz erwähnte VATER ist der Allvater, der ganz Licht ist, während das VATER-MUTTER (die Pentade) ja aus dem Licht (des Heiligen Geists) hervorgegangen ist. - MEYER ergänzt hierzu in seiner Fußnote 26:

«Geistige Begattung zwischen dem VATER *und* BARBELO *bringt ein Licht-Kind hervor. In der langen Version ist der* VATER *die erzeugende Kraft; in den kürzeren Versionen ist es* BARBELO, *die auf den* VATER *oder ins reine* LICHT *blickt und danach das* KIND *gebiert».* – Wir erlauben uns, dem zu

widersprechen: Die (typisch sethianische) Fünfheit besteht aus Gedanken-Emanationen des VATERS (NOUS); Das LICHT-KIND wurde erzeugt durch das Vatermutter BARBELO, das selbst zugleich Teil des VATERS und Eins mit ihm ist – und mit Einverständnis des VATERS (im Gegensatz zum Fall JALDABAOTH). Es erscheint auch später wieder – u.a. in den manichäischen Texten. – Im Gnostischen Sinn könnte man es gleichsetzen mit dem LICHT in Jo 1 – also mit dem LOGOS – also mit dem CHRISTOS, der dann sogleich erwähnt wird. -

²⁴² NOUS – Gemüt, Kenntnis, oft Seele, oft auch Geist, siehe *Corpus Hermeticum*, a.a.O. Ss. 14-15, wo es – speziell auf dessen Text bezogen – heißt: «*Eine Schlüsselstellung nimmt der Begriff NOUS = Gemüt ein: das ist eine Mischung aus Geist-Bewußtsein und Seelen-Bewußtsein; oder eben – als die Verbindung Beider, die als Schlüssel zur Transfiguration gelten kann: das sich entwickelnde, neu-geborene Geist-Seelen-Wesen eines Menschen: Dieser ‹neue› Geist-Seelen-Zustand zeigt sich in einer Gesamt-Schau – im sogenannten Er-Schauen der unveränderlichen Wirklichkeit: Das ist dann nicht mehr nur die kosmische Wirklichkeit Gottes, sondern zugleich auch die universale Geist-Seelen-Wirklichkeit des vom menschlichen Kandidaten zu einem gottmenschlichen Erlösten Herangereiften: des ‹Adepten›, ‹Heiligen› oder Mitglieds der Universellen Bruderschaft der Vollkommenen: Dem gilt der Inhalt des zweitletzten Kapitels des Corpus Hermeticum.*»

²⁴³ Dies weist nochmals auf den unstofflichen Zustand dieser Elemente als (unterschiedliche) Licht-Frequenzen hin (siehe oben). Mit der STILLE oder dem SCHWEIGEN wird angespielt auf einen Namen des Unnennbaren Geists entsprechend der Tafel «*Äonologie der valentinianischen Gnosis*», S. 229.

²⁴⁴ Alle vier benutzten Texte unterscheiden sich hier von einander, uneins darin, welches wirklich jeweils das Subjekt sei, und welches das Objekt. Die Wahl hier geschah in Analogie zu den früheren ‹Erscheinungen›.

²⁴⁵ Von hier wohl die kirchliche Vorstellung von CHRISTUS als Weltenschöpfer.

²⁴⁶ Oder auch: *den er geehrt hatte*. – Die beiden englischen Texte sind ungleich; MEYER läßt aber ausdrücklich beide Varianten gelten. Wahrscheinlicher erscheint die hier gewählte Variante, analog zu den früheren Situationen.

²⁴⁷ Auch hier sind die englischen Texte unterschiedlich betreffend den Ausdruck «*in ihm*» und «*innen*». Wir bevorzugen «*im Inneren*», im Hinblick auf die Äonologie der valentinianischen Gnostiker, wo das Innere *das Innere im* PLEROMA bedeutet . Diese Analogie scheint in Anbetracht der Stellung des CHRISTOS (dort «*Hohepriester Christus*» genannt) angebracht (siehe Abb.). Der hier gegebene ist ein möglichst sinnvoller synoptischer Text,

²⁴⁸Wäre es möglich, daß aus diesem Namen der Name David sich ableitet, der weder in einer Chronik noch in einem Stammbaum des AT existiert?

²⁴⁹ Verschiedene Lesarten des Namens gibt es hier: ADAM, ADAMAS, GERADAMAS, PIGERADAMAS («der träge Unverderbliche») mit weiteren entsprechenden Interpretations-Versuchen. Andere Schriften nennen ihn anders, z.B. PROTOGENOS (den Erst-entstandenen) – auch ADAM ELAHU (אדם אלאה), der göttliche, ADAM KADMON, und mit weiteren Namen.

²⁵⁰ «*... conceived of a thought from herself, with the conception of the Invisible Spirit and Foreknowledge*».

ANMERKUNGEN ZUM APOKRYPHON IOHANNIS

[251] Ohne auf die Unklarheiten in diesem Satz einzugehen, sei doch bei dieser Gelegenheit betont, daß hier sichtbar wird die Macht (*power*) jedes Gedankens – menschlicher Gedanken ebenso wie der Gedanken höherer Wesenheiten – und daß hier die Rolle von Voraussicht, Erwägung und Einvernehmlichkeit deutlich wird.

[252] MEYER suggeriert, JALDABAOTH habe dies durch Masturbation erreicht, was an den ägyptischen ATUM erinnert, der so die Welt und die Götter SHU und TEFNUT erschuf (bzw. an Zeus in der erzählten Anekdote betreffend ATTIS). – Auch in anderen Mythen, wo ein Gott «*mit seinem Speichel*» Leben erzeugt, ist dies wohl eher als eine Euphemie anzusehen.

[253] WAUTIER hat hier: «... *Der Fünfte ist* ADONAI, *den die Leute* DIE SONNE *nennen. Der Sechste ist* SABAOTH, *der Siebente ist* KAINAN-KASSIN, *der Achte ist* ABRISEN ... ». Wir bevorzugen den die 7 enthaltenden Namen.

[254] Dieser Satz fehlt bei Meyer.

[255] Die sieben hohen Mächte wurden die sieben Tage der Woche!

[256] Dieser Satz fehlt bei Meyer, wie übrigens noch weitere Teilsätze hier.

[257] Wie zuvor mit den Gedanken, so verhält es sich auch mit dem gesprochenen Wort (das sind ätherisch manifestierte Gedanken), und es ist wichtig, daß die Menschen begreifen und sich verantwortlich fühlen (denn verantwortlich sind sie!) für jeden Gedanken und jedes Wort, das sie ‹ausstoßen›. Denn die schöpferische Fähigkeit gehörte einst zu den hohen Vermögen der Menschen – vor Allem des Ersten Menschen, GERADAMAS, bevor diese Macht und Tugend (Vermögen) durch Mißbrauch degenerierte und fast ganz verloren ging. Das ist das ‹Verlorene Wort›, wonach die Freimaurer heute in ihren Riten suchen. Sie meinten, es zu hüten, und haben es wegen falscher Hochachtung, wegen übertriebener Geheimhaltung und wegen ungenügenden Bewußtseins selbst verloren, wie alle übrigen Menschen.

[258] Dieser Halbsatz fehlt bei MEYER, WISSE hat statt des Namens nur Klammern.

[259] WISSE hat hier: «... *garment of Darkness – Un-Kind der Finsternis*»; MEYER aber aus dem Koptischen: « ... *aborted fœtus of Darkness – das mißgeburtige Kind der Dunkelheit*» – beide im Hinblick auf JALDABAOTH.

[260] Meyer bemerkt hier sehr hilfreich: «*Sophia hält sich in der neunten Sphäre auf, oberhalb von Jaldabaoth, der die achte Sphäre bewohnt, die auch die* OGDOADE *(Achtheit) genannt und als die Sphäre der Fixsterne bezeichnet wird.* JALDABAOTH *ist also in einer Stellung oberhalb der sieben Könige mit ihren sieben Sphären. Diese Sphäre wird manchmal auch die* HEBDOMAS *(Siebenheit) genannt. – Siehe auch den Text über die Achte und Neunte Sphäre*». – Und siehe auch die Tafel der Æonologie der Valentinianer.

[261] Beide – WISSE und MEYER – geben kein vollständiges syntaktisches Konstrukt für diesen ganzen Absatz; Wir halten uns ganz an WAUTIER, der nicht nur übersetzte, sondern auch esoterische Kenntnis hatte. – Der Schluß des Absatzes deutet auf einen Ursprung des durch die spätere Kirche ganz besonders als Häresie gebrandmarkten *Doketismus* hin.

[262] Wieder ist hier nicht zu entscheiden, wer das Subjekt des Satzes sei – der Erste Vollkommene Mensch (entsprechend dem Abbild in *Pymander* des *Corpus Hermeticum*), oder die Gestalt der SOPHIA? - Die englische Übersetzung gibt keine Wahl vor; WAUTIER hat sich für SOPHIA («sie») entschieden; wir wagen keine definitive Bevorzugung.

²⁶³ Auch in anderen Schöpfungsgeschichten – besonders auch in der babylonischen Vorlage zur biblischen Genesis – erschaffen die Götter den Menschen als Diener oder/und ‹Arbeitstier›. Die Vorwegnahme des Beherrschens aller Geschöpfe (Gen. 2) bereits in Gen 1:26 ist also eine Verfälschung des ursprünglichen Texts. – Indes kann der Satz, der an dieser Stelle des *Apokryphon Johannis* steht, auch gelesen werden als: «*... damit das menschliche Abbild uns* sein *Licht gebe»* – so wie JALDABAOTH seiner Mutter Licht mit List entwendete, und wie in der Schrift der *Pistis Sophia* die Æonen und Geister das Licht der SOPHIA rauben wollten.

Zugleich sei darauf aufmerksam gemacht, daß all dies noch nicht im Stoff geschah, sondern erst ätherisch entstand. Dies entspricht sehr genau der Darstellung in der *Wassermann-Genesis* (a.a.O.), wo in diesem Stadium der Schöpfung ein noch rein geistig ‹*ätherisches Erstes Paradies*» vorherrschte, welches dann durch das Verhalten u.a. von JALDABAOTH zu einem stofflichen Paradies absank und später ganz aus den himmlischen Sphären entfernt wurde – «*fiel»*, wie die Überlieferung sagt.

²⁶⁴ Das wäre die NEPHESH der hebräischen Genesis: die animalische Lebens-Seele. (siehe Anm. 28).

²⁶⁵ MEYER hat hier *muscles of the right leg ... left muscles*; WISSE hat *kidneys of the right leg ... left kidneys*; WAUTIER scheint am gewissenhaftesten zu sein mit *Sehnen:* Muskeln und Nieren wurden ja schon vorher genannt. Die Übertragung nach Wautier erscheint daher am besten sinngemäß.

²⁶⁶ Man soll hier bedenken, daß der Ausdruck ‹Dämon› nur im jüdisch-christlichen Abendland eine durchwegs negative Connotation erhalten hat: In der großen arabischen Kultur zwischen Jordan und Indus war dies keineswegs der Fall; vielmehr waren hier Dämonen, Jins, Ifrits, Nymphen und Elfen (die im strengsten Sinne alle unter die ‹Dämonen› zu rechnen sind) sogar öfter als Diener und Helfer der Menschen geschildert.

Im vorliegenden Text haben die Dämonen eine Zwischenstellung zwischen Göttern und Naturgeistern (Naturkräften) erhalten. – Auch weist der Folgesatz darauf hin, daß jede Dynamik im Universum (und daher auch im Menschen) von einer Gegendynamik als *Syzygos* begleitet wird, bzw. daß jede Dynamik im Universum positive und negative – freundliche und gegnerische *Komplementär-Eigenschaften* aufweist: Alle diese bilden zusammen ein lehrreiches Ganzes fürs Erdenleben, was die Erfahrungen ermöglicht, die das Bewußtsein wachsen und die Seele reifen lassen.

Besonders interessant in dieser langen Darstellung von Aeonen, Mächten und Tugenden (Vermögen) ist das Gemisch aus (in modern westeuropäischer Auffassung) Erzengeln, biblischen Figuren und solchen, deren Namen ihre Funktion charakterisieren. So ist z.B. die Letzte, Alle zusammenfassende AISTHESIS-OUCH-EPIPSOË zu übersetzen als die *Wahrnehmung, die vor nichts ausweicht (zurückschreckt)* – also der Zustand neutralen Beobachtens, welcher den auf dem geistigen Pfad Fortgeschrittenen charakterisiert. Die typographischen Hervorhebungen sollen dem Leser den Überblick erleichtern und ihn daran erinnern, daß auch hinter Allem was wir heute nur so «menschliche Regungen» nennen, ein ‹Geist› steht, der diese Regungen anstößt und dynamisiert. Am Kandidaten liegt es, dieser Dynamik bewußt zu werden, sie zu beobachten und allmählich unter die unforcierte Kontrolle seines Bewußtseins zu bekommen (wir sagen absichtlich nicht: «zu nehmen»).

ANMERKUNGEN ZUM APOKRYPHON IOHANNIS

[269] Das erinnert an die Maya-Tradition über die Versuche der Götter, den Menschen zu gestalten, wie sie geschildert werden im *Popol-Vuj*:
«*Aus Erde, aus Schlamm formten sie das Fleisch des Menschen. Aber dann sahen sie, daß es nicht gut war, weil er auseinanderbrach, weil er weich war, weil er unbeweglich war, weil er keine Kraft hatte. Er fiel hin, er war nass (wässrig), er konnte den Kopf nicht bewegen und sein Gesicht fiel zur Seite. Er hatte einen getrübten Blick und er konnte nicht nach hinten schauen. Am Anfang sprach er, aber er hatte keinen Verstand. Schnell wurde er im Wasser feucht und konnte sich nicht halten. Da sagten der Schöpfer und der Gestalter: „Man sieht genau, daß sie weder laufen noch sich vermehren konnten. - Darüber sollte man sich beratschlagen", sagten sie. Dann zerstörten und vernichteten sie ihr Werk und ihre Schöpfung.*

«*Und dann sagten* HURACAN, TEPEU *und* GUCUMATZ *zu dem Hellseher und dem kleinen Gestalter, die die wahren Wahrsager (Zauberer?) sind: „Man muß sich treffen und die Mittel finden, damit der Mensch, den wir erschaffen werden, uns unterhält und ernährt und anbetet und uns in Erinnerung behält. ... "* ...

«*Und sofort wurden die Holzpuppen gemacht. Sie ähnelten den Menschen, sprachen wie der Mensch und bevölkerten die Erde. Sie lebten und sie vermehrten sich. Und die Holzpuppen bekamen Töchter und Söhne. Aber sie hatten weder Seele noch Verstand ... ...* » -

[268] Die englischen Versionen haben «*den natürliche Körper*», doch war zuvor schon unterschieden worden zwischen ‹*physischem*› und ‹*psychischem*› *Seelen-Körper*. Das ist hier, wo noch keine materiellen Dinge existieren, die einzige plausible Formulierung. Dabei unterscheidet die Geisteswissenschaft primär den natürlichen Seelenkörper - die sozusagen fleischliche (animalische) Naturseele, jedes Tier besitzt - hier «*stoffliche Seele*» genannt: (hebr. נפש - *nefesh*, arab. نفس – nafs). Zweitens die vom Geist berührte, geistig belebte («neu-geborene») Seele, die sich dem Geist nähert: hebr. *Ruach*. - Und drittens was wir heute die vollendete *Geist-Seele* nennen: hebr. *Neshamah*. - Siehe Rudolf Steiner, *Die Geheimnisse der biblischen Schöpfungsgeschichte*. – In der R.St. Gesamtausgabe, Dornach, 1961. – Und Anm. 264 hiervor.

[269] Das gibt Anlaß zu einer Fortsetzung des Vergleichs mit der Schöpfungsgeschichte im Popol-Vuj, wo es analog – nach dem dritten Versuch der Götter, Menschen zu machen – heißt:
« *... Nun nahmen sie menschliche Gestalt an und waren Menschen: Sie sprachen, sahen, hörten, gingen, setzten sich – gute, hübsche Menschen ... das Gedächtnis war da ... – Sie lebten. Sogleich hob sich ihr Blick. Alles sahen sie, erkannten sie: die ganze weite Welt. Wenn sie schauten, sah ihr Blick im selben Augenblick die Umgebung, sie sahen alles am Gewölbe des Himmels, auf der Oberfläche der Erde. Sie sahen alles Verborgene, ohne sich zu bewegen. Wenn sie schauten, sahen sie die Welt und auch alles was darin ist. Zahlreich waren ihre Kenntnisse. Ihr Gedanke ging viel weiter als das Holz, die Steine, die Seen, die Meere, die Berge, die Täler. – Wahrlich Menschen zum Liebhaben ... – und dann sagten sie Dank den Erbauern, den Formern:*
«*„Wirklich, zweimal Dank, dreimal Dank! Wir sind geboren, wir haben einen Mund, wir haben ein Gesicht, wir sprechen, wir hören, wir meditieren, wir bewegen uns, wir wissen gut, wir erkennen Nah, Fern. Wir sehen das Große, das Kleine, im Himmel, auf der Erde. Wir danken euch!"* → Forts.

«Die Erbauer, die Gestalter hörten das nicht mit Vergnügen. – "Das ist nicht gut, was unsere Geschöpfe, unsere Gestalten da sagen. Sie erkennen alles, das Große, das Kleine", so sagten sie. ... „Was sollen wir jetzt mit ihnen machen? ... Nennen sie sich nicht nur Geschaffene, Gestaltete? Sie werden sein wie Götter und sogar [selber] erschaffen ...!" – *Daraufhin wurden ihre Augen versteinert durch die Geister des Himmels, das verschleierte sie wie der Atem auf der Oberfläche eines Spiegels* {vgl. 1 Cor 13:12!}. *Die Augen trübten sich, sahen nur mehr das Allernaheste – nur dieses war deutlich. So gingen verloren alle Weisheit und alles Wissen der vier Menschen, ihr Anfang, ihr Beginn ...»*

[270] Die verfügbaren Übersetzungen sind sich hier im Wesentlichen einig, aber unklar. Es geht jedoch um Folgendes: Nachdem JALDABAOTH die Kraft, die er der MUTTER entzogen hatte, dem ADAM eingeblasen hatte, damit er sich bewegen solle, mußte diesem der *Aufwärts führende Pfad* gezeigt und ermöglicht werden, auf daß er diese Kraft selber wieder zur MUTTER ins PLEROMA brächte ...

[271] MEYER interpretiert diese Helferin ZOË als EVA, was aber durch den Folgetext nicht gestützt wird.

[272] Gemäß der *Wassermann-Genesis* a.a.O. ist es die Zweite Trennung; die erste war jene der ‹Geschlechter› und der Elemente, denn im Anbeginn existierten keine Eigenschaften: alles war Eins im reinen universellen Geist.

[273] Die *«Schande seiner Nacktheit»* ist nicht sittlich zu verstehen, sondern geistig-seelisch als der *Mangel an Kenntnis* betreffend Gott, das Universum und sich selbst. Daß der Erlöser *selbst dafür sorgte, daß er davon äße*, suggeriert, daß der physische Tod eine fürs Wachstum der Seele förderliche Wirkung haben muß - und die hat er auch:

Die Folge von Incarnationen eines Mikrokosmos ist (wenn es gut geht) ein Spiralengang durch viele Geburten, Menschenleben und die damit verbundene Erfahrungen aufwärts. Ohne stofflichen Lebensgang sind keine Erfahrungen in wachsendem freiem Willen und Bewußtsein möglich; aber ohne ein Zwischenleben zwischen physischem Tod und neuer stofflicher Geburt wäre es auch nicht möglich, aus diesen Erfahrungen gemäß dem Gesetz von Ursache und Wirkung die nötigen *bleibenden Erinnerungen* – die Essenz für den Lernprozeß, der im Mikrokosmos incorporiert wird – zu ernten. So betrachtet, ist der ‹Tod› ein Segen für den Menschen – besonders wenn er sich auf dieser Entwicklungs-Spirale weiß, die ihn *über die Unterscheidung von Gut und Böse hinaus* tragen wird - dem Ziel der vollkommenen, *bedingungslosen und allgegenwärtigen* Liebe entgegen.

[274] Jes 6:10. – Die Zitate nach ‹Mose› sind aus Gen 2:21 ff.

[275] WAUTIER hat hier *«... obwohl sie ... nicht kannte»*, und der Sinn des Satzes ist dunkel ...

[276] Das ist nun der Ursprung der Überlieferung der ersten Gnostiker und der christlich gnostischen Sethianer, daß alle Menschen außer JESUS ihren Körper von JALDABAOTH erhalten, ihre Seele und Geist (Gemüt) aber aus den göttlichen Sphären «des Himmels».

[277] MEYER hat hier: *Er setzte diese* (welche?) *zwei Archonten* (rulers) *über die Elemente, damit sie über die Höhle* (Variante das Grab) *herrschen könnten.* →

ANMERKUNGEN ZUM APOKRYPHON IOHANNIS

Mit der Höhle bzw. dem Grab ist entweder die irdische Welt oder aber der irdische Leib gemeint, die beide im Vergleich mit der geistigen Welt und gemäß der Ausdrucksweise seit dem *Corpus Hermeticum* zu Recht ein *«tanzendes Grab»* bzw. die *Grabkammer des Gemüts»* genannt werden, worin die Seele eingesperrt ist, bis sie sie sich zu erheben vermag.

[278] MEYER hat hier: «*... sandte auch die Mutter ihren Geist herab, der ihr Ebenbild und eine Kopie Derer ist, die im* PLEROMA *sind; denn sie wollte eine Wohnung bereiten für die Äonen, die [noch] herunterkommen würden»*. - WAUTIER hat: «*... sandte auch die andere Mutter einen Geist, der ihr ähnlich war, und von dem eine Kopie («réplique») sich im* PLEROMA *findet, um ...* ». – Wir haben hier eine Interpolation der beiden gewählt, die deren Ungereimtheiten umgeht.

Auch der Folge-Absatz ist – leider in allen Versionen – inkohärent, indem männlich/sächlich (JALDABAOTH, GEIST, SETH, der ‹Same› von SETH) und weiblich (BARBELO) verschieden als Subjekt und Objekt stehen. – Auch hier wurde eine ‹versöhnende› sinnvolle Mischung als Übertragung gewählt, die dem inneren Sinn am besten zu entsprechen scheint.

BARNESTONE (*Gnostic Bible*) bringt noch das Konzept des «Trunks des Vergessens» im Fluß Lethe ins Spiel, wodurch der Mensch sein vergangenes Leben vergißt, sodaß er frei wird für ein nächstes. -

[279] MEYER hat hier: «auf daß er, wenn der Geist aus den heiligen Äonen herabkommt, *den Samen aufziehen und heilen könne von was ihm fehlt, damit* ...»

[280] Die hier folgenden Absätze beziehen sich ganz deutlich auf die Kandidaten des geistigen Pfads – die Menschen der *«unerschütterlichen Rasse»*.

[281] Mit diesen *Empfängern* sind zweifellos die Glückseligen der *Universellen Bruderschaft der Erlösten* gemeint, welche die neuen Brüder und Schwestern bei ihrem ‹Aufsteigen› in die göttlichen Dimensionen *in Empfang nehmen und freudig begrüßen.*

[282] Der Ausdruck *«den guten Kampf kämpfen»* begegnet wiederholt in den Hymnen von MANI und seinen Jüngern (siehe *Lichtschatz von Mani*. Haarlem, Rozekruis Pers, 1999.

[283] Diese Passage erinnert an den Paulus-Brief (1 Cor 15:50 ss.), wo es heißt: *«Siehe, ich sage euch ein Geheimnis: Wir werden ... alle verwandelt werden, und dies plötzlich, in einem Augenblick, ... Denn ... dies Verwesliche muß anziehen das Unverwesliche, und dies Sterbliche muß anziehen die Unsterblichkeit. Wenn aber dies Verwesliche wird anziehen das Unverwesliche, und dies Sterbliche wird anziehen die Unsterblichkeit, dann wird erfüllt werden das Wort, das geschrieben steht: Der Tod ist verschlungen in den Sieg ...* ». – Dieses «Verwesliche» ist der naturgeborene Mensch, der das «Unverwesliche» anziehen muß, nämlich eben den Geist, und zwar in solchem Ausmaß, daß er (sie) vollkommen *transfiguriert wird nach Seele, Geist und Körper.*

[284] ... nämlich: *wiedergeboren in der neuen Geist-Seelen-Geburt* ...

[285] Diese Version des Noah-Mythos findet sich auch bei FULCANELLI (a.a.O.): Das letzte Kapitel in *Mysterium der Kathedralen*, betitelt *Das Kreuz von Hendaye*, ist ganz dieser Thematik gewidmet und nimmt sogar auf die *«esoterischen Überlieferungen der antiken Philosophie des Hermes»* Bezug.

[286] Der originale Text dieses Traktats benutzte ausschließlich vorchristliche Begriffe, um die makrokosmischen und überkosmischen ‹Akteure› der Erzählung ihrem Charakter und Wirkungsfeld entsprechend zu benennen. Erst in den späteren Versionen wurde, als handelnde Person für den Erlöser, JESUS eingesetzt. Das ist ja der Grund dafür, daß die gegenwärtige Übertragung die originalen ‹Namen› bevorzugt: Diese Begriffe können niemals genau der damaligen Empfindung gemäß übersetzt werden, weil damalige Begriffe (nicht nur Namen) im damaligen Verständnis leicht *nach mehreren Bedeutungen zugleich* verstanden werden konnten, während wir heutzutage einem Namen fast immer nur einen einzigen Begriff – und schon gar nur männliche oder nur weibliche Bedeutung zuzuordnen gewohnt sind. Darum setzen wir hier neben die ‹alten Namen› relativ konsequent den heutigen deutschen Begriff in Klammern – oder umgekehrt.

Aus demselben Grund empfiehlt es sich, die Bildtafel dazu genau zu studieren, obschon sie einer «anderen Schule» – der des VALENTINUS GNOSTICUS – entspricht und sich also von der Sethianischen Auffassung abweicht.

[287] Man versuche, sich einzufühlen in diese Situation, wo das reinste und ‹reichste› Licht – der universale CHRISTOS – sich hinab senkt in die tiefste, verdorbenste Finsternis. Vielleicht am ähnlichsten wäre der Vergleich mit einem Menschen, der in eine große Jauchegrube hinab steigen würde – Stufe um Stufe, bis zum Hals – eine Erfahrung so unbeschreiblich wie jene vom Licht. Aber ebenso unbewußt leben die meisten Menschen in der ‹Jauche› dieser Welt: Zwar «stinkt es ihnen» – aber sie kennen weder die Ursache davon, noch das Heilmittel, das sie daraus erlösen kann und wird, sobald sie *sich bewußt darum bemühen.*

[288] Hier ist ein typisches Beispiel für die weiter oben angedeutete *«gleichzeitige Mehrdeutigkeit»*: Die Bedeutung dieses Substantivs reicht von der ‹Umzäunung› des HADES als Äon und ‹Ort› bis zur Umhüllung und Fessel der Seele durch den stofflichen Körper als ‹Kleid›. Kurios ist, daß zum Schluß, quasi als Authentifizierung des ägyptischen Sethianismus, noch kurz das AMENTI erwähnt wird: der Aufenthaltsort der Gestorbenen, der im französischen Text anstatt des «HADES» bzw. der «UNTERWELT», der englischen NETHERWORLD (ägyptisch: GÖTTER = NETERU). – Was der Original-Text hier hat, entzieht sich natürlich unserer Kenntnis, aber es könnte gut eben dieses AMENTI sein.

[288-A] Dieser Fluch – ab *«Und er sagte zu ihm ... »* – erscheint sehr als ein später Einschub durch Christen des 3. oder 4. Jh., die den Vorwurf der Simonie schon kannten.

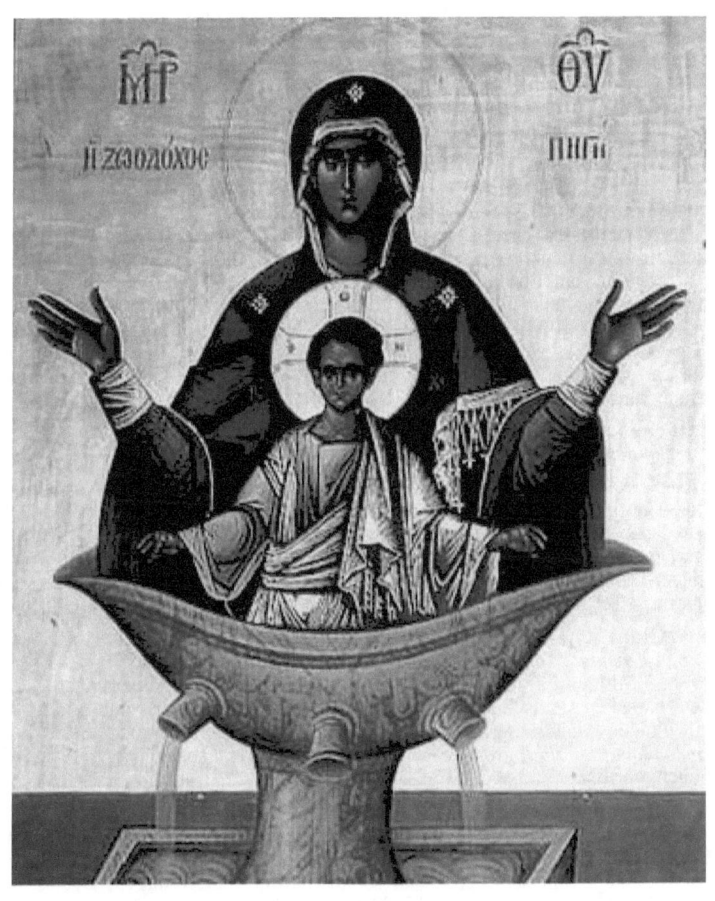

MARIA ALS ISIS-SOPHIA MIT DEM SOHN:
ΜΗΤΗΡ ΘΕΟΥ – ʻΗ ΖΩΟΔΟΧΟΣ ΠΗΓΗ´ - das heißt:
Mutter Gottes – die Leben empfangende Quelle

Auf die übrige reiche Symbolik dieses Bilds einzugehen ist hier nicht der Ort.

FULCANELLI: MYSTERIUM DER KATHEDRALEN *und die esoterische Deutung der hermetischen Symbole des Großen Werks.* Vollständige deutsche Erstausgabe nach der dritten franz. Ausgabe (Paris 1964) mit drei Vorworten von E. Canseliet, F.C.H. Übersetzt und herausgegeben von M.P. Steiner. Mit 49 ganzseitigen Tafeln und 1 Frontispiz. – 348 SS.ISBN 3-9520787-2-7. – € 35.00

FULCANELLI: WOHNSTÄTTEN DER ADEPTEN – *Die hermetische Symbolik in der konkreten Wirklichkeit der Heiligen Kunst des Großen Werks.* (Original-Titel: *Les Demeures Philosophales*). Vollständige deutsche Erstausgabe nach der 3. franz. Ausgabe (Paris 1964 / 1979) mit den drei Vorworten von Eugène Canseliet, F.C.H. Ins Deutsche gebracht und eingeleitet durch M.P. Steiner. Zeichnungen von Julien Champagne und spätere Photos sowie vier zusätzliche ganzseitigen Tafeln. – 2 Bde. In 1 Bd.. – PB, 624 Ss. – ISBN 3-9520787-7-8 — € 50.00.

DER SCHLÜSSEL ZU DEN ZWÖLF SCHLÜSSELN VON BRUDER BASILIUS VALENTINUS ZWEISPRACHIG: Weltweit erste Veröffentlichung des Manuskripts eines unbekannten elsässischen Adepten des Steins der Weisen, verfaßt um ca. 1700: Ein alchemistisch-rosenkreuzerischer Kommentar zu den *Zwölf Schlüsseln der Philosophie* von Basilius Valentinus. – Reich illustriert; mit ausführlichen Anmerkungen und bibliographischen Hinweisen. – TEIL I: Französische Transkription des MS, Text und deutsche Übertragung jeweils parallel auf der Gegenseite. – TEIL II: *Vom Stein der Uralten* und *Zwölf Schlüssel der Philosophie* (ill. 2. Ausg. von 1602). Übers. u. Hrsg.: M.P. Steiner; – Einführung und Anmerkungen: P. Martin. – PB, 348 Ss. – ISBN 3-9520787-4-3. – € 27.00 .

EDITION FRANÇAISE INCLUSE:
La Clef des Douze Clefs de Frère Basile Valentin ... - ISBN 3-9520787-4-3.

VALENTIN WEIGEL: DAS BUCH VOM GEBET
Das ‹Gebetbüchlein› von V. Weigel, dem ersten deutschen Theosophen, Vorläufer von Jacob Bœhme und J.G. Gichtel – in heutigem Deutsch herausgegeben nach dem Erstdruck von 1612. Ein Meilenstein der Geistesgeschichte, auf dem Weg zu freiem Denken und Glauben. – Mit einer Einführung und Anmerkungen von P. Martin. – Geb. m. S-Usl.; 152 Seiten, illustriert. – ISBN 3-9520787-5-1. – € 23.00 /.

J.G. GICHTEL: THEOSOPHIA PRACTICA – *Eröffnung und Anweisung der dreyen Principien und Welten im Menschen ...* — Nach der 3. Ausg., o.O. (Amst.?) 1736. – Mit den Farbtafeln des Originals sowie 5 weiteren Abbildungen. – Aus dem barocken Deutsch sanft in heutiges Deutsch gebracht und durch P. Martin mit einigen Anmerkungen und mit einer Einleitung versehen, die dieses Buch *zum ersten Mal bibliographisch vollständig und korrekt kommentiert.* – Ppb.; 172 Seiten; – ISBN: 978-3-9523616-0-3; – € 21.00.

AL-GHAZALI: BRIEF AN DEN JÜNGER («AYUHA-'L-WALAD»)
Arabisch und Deutsch jeweils parallel auf der Gegenseite. – Nach der französischen Übersetzung von *Tufiq as-Sabagh*, und mit dem Vorwort von *George H. Scherer* zur 1. Auflage (mit dem Lebenslauf von *al-Ghazali*; – Beyruth,1951 Deutsch von M.P. Steiner, mit einer kleinen Einführung in Geschichte und Esoterik der Sufi-Philosophie versehen durch P. Martin. Ppb., 124 Ss., 3 Tafeln (1 Porträt von *al-Ghazali*) und 4 Vignetten. – ISBN 3-9520787-9-4 – € 15 / CHF 21.00.
EDITION FRANÇAISE: ISBN 3-9520787-9-4 – € 15 / CHF 21.00.

P. MARTIN: ESOTERISCHE SYMBOLIK *in Alltag, Sprache und Selbsteinweihung.* – Die Elemente der universellen Symbolik und ihre geistige Wirksamkeit, mit Beispielen aus Alchemie, Mythologie, Hermetik und Heraldik sowie aus der heutigen täglichen Gegenwart. Eine Einführung ins selbständige Analysieren fast aller Symbole. – PB., 120 Ss., 28 Farbseiten, 54 Abb. im Text, über 100 Literaturhinweisen, einer Symboltabelle und einem Wortverzeichnis. – ISBN 978-3-9523616-1-0; € 16.00 / CHF 23.00.
EDITION FRANÇAISE : ISBN 9783-9523616-34. – Egalement comme e-Book.

ANZEIGEN DES VERLAGS

LAO-DSE: DAO-DE-GING (TAO-TE-KING) – DIE GNOSIS IM ALTEN CHINA.. (2013) Vollständig neu aus dem Chinesischen ins Deutsche gebracht und kommentiert durch P. Martin. – Die Übersetzung aufgrund dreier ‹Urtexte› berücksichtigt über 30 frühere westliche Übersetzungen in 6 Sprachen, zahlreiche heutige chinesische Übersetzungen und Kommentare sowie Sitten und Gebräuche des 6.- 4. Jh. v.Chr. Sie wurde von chinesischer Seite für gut befunden. Einige Textvarianten werden diskutiert; der Kommentar beleuchtet *drei Ebenen*: Das tägliche Leben von Jedermann – die Lehren an ‹den Weisen›, ob Herrscher, General oder spiritueller Lehrer – und die Ebene des inneren spirituellen Wegs. – PB., 352 Ss., mehrere Farbtafeln, Reproduktion des chinesischen Texts in bis zu drei Fassungen. — ISBN 9783-952361689. – € 30.00 / CHF 38.00.

P. MARTIN: LOGEN, ORDEN UND DAS ROSENKREUZ: *Das Rosenkreuzertum in Logen, Orden und initiatischen Gesellschaften, seit Beginn des 16. Jahrhunderts.* – PB, 196 Ss., 131 Abb. ISBN 97839524262-0-3; € 24.00.
ENGLISH VERSION: LODGES, ORDERS AND THE ROSICROSS:
Print book: 9783-9524262-58; – E-Book: 9783-9524262-8-9.

CORPUS HERMETICUM, LATEINISCH UND DEUTSCH (2014): Die lateinische Übersetzung aus dem Griechischen durch Marsilio Ficino (1468) nach dem Zweitdruck (Mainz, 1503), jetzt präzis ins Deutsche übersetzt. – Das Corpus Hermeticum – ein Text von poetischer Schönheit und höchster philosophischer Genauigkeit – spannt den Bogen von aristotelischer Elementenlehre bis zur Quantenphysik! – Facsimile des lat. Drucks und deutscher Text auf gegenüberliegenden Seiten. –Einführung, vertiefende Anmerkungen d. Hrsg., illustriert. – ISBN 0783952426241. – € 22.00.

M.P. STEINER (HRSG.): DAS WEISHEITSBUCH JESUS SIRACH UND DIE PASSION JESU CHRISTI IN DEN HOLZSCHNITT-TAFELN VON BURKHARD MANGOLD. (2014). – Bibliophiler Druck dieses *vorchristlichen Weisheitsbuchs*, mit den Holzschnitten des großen Basler Künstlers, ergänzt um die Serie der von ihm selbst handgedruckten, und colorierten Tafeln mit seinen Handnotizen. – Die Serie *Passion* ist die Krönung von Mangolds Holzschnitt-Kunst. – Einf. d. Hrsg.. – Einige Farb-Repros seiner Werke. – Kart. m. S-Usl., Format 19.5 x 27.5, 186 Ss. – ISBN 9783952426227. – € 23.00.

M.P. STEINER (HRSG.): JUBILÄUMS-GESAMTAUSGABE 400 JAHRE ROSENKREUZER-MANIFESTE (1614, 1615, 1616); ERSCHIENEN 2016 –. Zum ersten Mal alle drei Manifeste in einem Band, mit drei Zusatz-Kapiteln sowie 10 Sendschreiben an die und Antworten aus der RC-Bruderschaft (1612-1618). – Alles sanft in ein heutiges Deutsch gebracht, mit sprachlichen, historischen und philosophischen Anmerkungen. PB 288 Ss.. – Illustriert. – ISBN 9873524262-72. – € 24.00.

COMPENDIUM CREATIONIS: DIE UNIVERSELLE SYMBOLIK DER WASSERMANN-GENESIS, erklärt durch P. Martin. – Mit vier Zusatz-Texten: Warum Eva erschaffen wurde / Kain und Abel im Heute / Eva und Lilith: die Zweite Frau / Vom Wesen des Seins. – Eine ‹neue› Genesis im Licht des neuen Zeitalters des Wassermanns, die Universelle Symbolik, moderne Naturwissenschaften und antike Mythen, zu einem umfassenden Bild vereint. PB, 244 Ss., illustriert. – ISBN 9783 -9520787-09.
ENGLISH VERSION: COMPENDIUM CREATIONIS: THE UNIVERSAL SYMBOLISM OF AQUARIUS GENESIS – explained ... - ISBN 9873-907-103029. - € 22.00.

AUS DEM GEISTIGEN ERBE DER ESSENER – *Evangelium des Friedens und Buch der Schöpfung* – Drei englische Texte von E. Bordeaux-Székély, ins Deutsche gebracht durch M.P. Steiner. ISBN 9783907-103005. – Basel, Edition Oriflamme, 2018.

P MARTIN (HRSG.): DIE RAUTE UND IHRE BEDEUTUNG IN DEN SYMBOL-SPRACHEN. – **Teil II: RUNEN UND IHRE ENTSPRECHUNGEN IN DEN HIEROGLYPHEN.** — Eine vertiefte Einführung in die moderne Symbolik. Anhand der Glyphe des Rhombus (Raute) werden die vielen Bedeutungen dieses Symbols auf verschiedensten Ebenen entwickelt. – Teil II: Phonetische und geistige Entsprechungen von Runen-Namen und mittelägyptischen Hieroglyphen. Ein sehr spezieller Eingang ins Reich der Symbole. – PB, 96 Seiten, Illustriert. – ISBN 9783-907103-043. €/CHF 15.00

 QUID **I**UVAT **A**ETERNITAS
SINE **A**MORE **P**RO **I**N **A**MORE **S**ACRA!

www.ingramcontent.com/pod-product-compliance
Lightning Source LLC
Chambersburg PA
CBHW020121240426
43673CB00038B/556